Santuario Virgen de la Cabeza
Bailén
Linares
Úbeda
Andújar
Baeza
El Moral
MURCIA
Jaén
Peal de Becerro
Huéscar
Pozo Alcón
Vélez-Blanco
Cúllar-Baza
Alcaudete
Guadahortuna
Vélez-Rubio
Alcalá la Real
Baza
Águilas
Sierra Harrana
Guadix
Tijola
Lacalahorra
Río Genil
Loja
Granada
Los Gallardos
Sierra Nevada
La Vega
Alpujarras
Alhama de Granada
Santa Fe de Mondújar
Tabernas
Dúrcal
Lanjarón
Ugíjar
Níjar
Punta de los Muertos
Los Millares
Sierra de Gádor
Almería
Las Negras
Vélez-Málaga
Sierra de Tejeda
Nerja
Cabo de Gata
Torre del Mar
Almuñécar
Roquetas
Cabo de Gata
álaga
molinos
MAR MEDITERRÁNEO
Ausgrabungsstätte
Landesgrenze
Regionsgrenze
Provinzgrenze
Provinzhauptstadt
Nationalpark
N
0
15 km

Andalusien

Kunst & Architektur

Andalusien

Brigitte Hintzen-Bohlen

h.f.ullmann

Frontispiz:
Blick in die Säulenhalle der Mezquita in Córdoba

Anmerkung zum vorliegenden Band:
Angaben zur Werkplatzierung in Museen und Kirchen
sowie zu Öffnungszeiten können Änderungen unterliegen.

h.f.ullmann ist ein Imprint der Tandem Verlag GmbH

Art Direktion: Peter Feierabend
Projektmanagement: Ute Edda Hammer
Assistenz: Kerstin Ludolph
Lektorat: Barbro Garenfeld, Kerpen
Layout und Satz: Wilhelm Schäfer, Köln
Bildredaktion: Monika Bergmann
Kartographie: Astrid Fischer-Leitl, München; Frese, München; Rolli Arts, Essen

Printed in China

ISBN: 978-3-8331-4346-5

10 9 8 7 6 5 4 3 2 1
X IX VIII VII VI V IV III II I

Inhaltsverzeichnis

8 **Andalusien – Europas Orient**

Sevilla, Catedral de Sta María

16 **Provinz Sevilla**
18 Sevilla
24 Stadtplan
30 Grundriß Catedral de Santa María
36 *Schach um Sevilla*
54 Grundriß Alcázares Reales
60 *Maurische Gärten*
74 *Sevilla und das Siglo de Oro spanischer Kultur*
90 *Der Beginn der Schreckensherrschaft – Die spanische Inquisition*
100 *Der Maler unter den Malern – Diego Velázquez*
114 Carmona
114 Stadtplan
124 Écija
124 Stadtplan
132 Itálica
132 Stadtplan
137 Mulva (Munigua)
138 *Aus dem Alltag der Inquisition*
144 Osuna
148 Santiponce

150 **Provinz Huelva**
154 Niebla
156 Palos de la Frontera
158 *Ein großartiger Irrtum – Kolumbus entdeckt Amerika*

Huelva, Stadtmauer

Blick auf Cádiz

164 **Proviz Cádiz**
168 Cádiz
168 Stadtplan
174 *Der Ritter von der traurigen Gestalt*

184 Bolonia
184 Stadtplan
188 Jerez de la Frontera
190 *Der Koran und die »fünf Säulen« des Islam*
194 Stadtplan

Ronda

200 **Provinz Málaga**
204 *»A las cinco de la tarde« – Die Corrida beginnt*
208 Málaga
208 Stadtplan
212 Grundriß Catedral Nuestra Señora de la Encarnación
222 Antequera
224 Stadtplan
230 *Die neue Toleranz*
234 Ronda
236 Stadtplan
240 *Nationalschauspiel »Tod«*
252 Ronda la Vieja, San Pedro de Alcántara

254 **Provinz Almería**
258 Almería
258 Stadtplan
262 *Der Islam – »Unterwerfung« unter Gott*

Almería, Alcazaba

Granada, Alhambra

272 **Provinz Granada**
278 Alhambra
278 Grundriß Alhambra
292 *Von der Kunst der »kleinen Steine«*
308 Granada
308 Stadtplan
314 Grundriß Catedral
320 *Isabella – eine Königin geht ihren Weg*
340 *Maurischer Stuckdekor*
348 *Die Kunst der islamischen Kalligraphie*
356 Guadix, Lacalahorra

Olivenhain

358 Provinz Jaén
362 Jaén
362 Stadtplan
368 Grundriß Catedral
372 Baeza
374 Stadtplan Baeza
378 *Reyes católicos*
388 Úbeda

390 Provinz Córdoba
394 Medina az-Zahara
396 Grundriß
400 *Der letzte Seufzer*
404 Almodóvar del Rio, Cabra, Lucena
406 Priego de Córdoba
408 Córdoba
408 Stadtplan
412 *Juden in Andalusien*
416 *Maimónides und Averroes*
426 *Flamenco – Tanz um Leben und Tod*
432 *Abd ar-Rahman III. – der erste Kalif des Westens*
438 Grundriß Mezquita
442 *Der Ort, wo man sich niederwirft*
454 *Ziryab – ein Sänger schafft Standards*
460 *Der Patio – eine abgeschiedene Oase inmitten des Hauses*

Córdoba, Mezquita

Santillas del Mar

462 Anhang
464 Geschichte Andalusiens im Überblick mit Zeittafel
480 Glossar
502 Andalusische Bauformen
510 Künstlerbiographien
528 Literaturhinweise
530 Register
536 Bild- und Kartennachweise

Andalusien – Europas Orient

Cádiz, reizvolle Klarheit,
Granada, im Verborgenen weinender Strom,
Römisch und maurisch schweigendes Córdoba,
Singendes Málaga,
Goldenes Almería,
Silberglänzendes Jaén,
Huelva, der Strand der Caravelen,
und – Sevilla.
(Antonio Machado)

Andalusien – in Reiseberichten des 19. Jh.s zum »Orient Europas« verklärt – besitzt ein in der Welt einzigartiges Kunst- und Kulturgut, das aus der Begegnung verschiedenster Kulturen entstanden ist. Seit der Frühzeit war es das Einfallstor, durch das Eroberer aller Länder nach Spanien gelangten. Phönizier, Karthager, Griechen, Kelten, Römer, Westgoten, Berber und Araber kamen in das Land, vermischten sich mit der Urbevölkerung und hinterließen ihre Spuren. Hier nahmen verschiedene prähistorische Kulturen ihren Ausgang, lag das legendäre Reich von Tartessos, waren Handelsplätze der Phönizier, Griechen und Karthager angesiedelt. Unter den Römern wurde die Baetica genannte Provinz erstmals einheitlich verwaltet und dem Land eine Zivilisations- und Infrastruktur auferlegt, deren Nachwirkungen bis heute zu erkennen sind. Auch wurde eine offizielle Amtssprache, das Latein, eingeführt. Den Vandalen, die neben Alanen und Sueben bei der Völkerwanderung das Land plündernd und zerstörend durchzogen, verdankt Andalusien seinen Namen: Al-(V)andaluz (Land der Vandalen) nannten es später die Araber. Unter den Westgoten wurde das Christentum Staatsreligion. Den größten Einfluß auf das Land hatte die fast 800 Jahre währende Herrschaft der Araber, in der Andalusien nicht nur seine größte politische und kulturelle Blütezeit erlebte, sondern auch aufs tiefste geprägt wurde. Die moslemischen Eroberer errichteten in den Städten große Moscheen, Universitäten, öffentliche Schulen und Bibliotheken, welche Andalusien zu einem geistigen Zentrum in Europa aufsteigen ließen. Arabischen Gelehrten ist es zu verdanken, daß antikes Gedanken- und Kulturgut erhalten und tradiert wurde. Für wissenschaftliche Disziplinen der Neuzeit wie Medizin, Physik, Geographie, Mathematik und Astronomie wurde hier der Grundstein gelegt. Musik und Poesie erlangten an den fürstlichen Höfen einen hohen Stellenwert, die Künste und das Handwerk, das noch heute auf arabisch-islamische Wurzeln verweisen kann, wurden besonders gefördert. Die Landwirtschaft nahm dank einer komplizierten Bewässerungstechnik, diverser Kanalsysteme, Windmühlen, Schöpfräder und neu

Granada, Alhambra, Sala de los Reyes

Granada, Bañuelo de los Axares o del Nogal

eingeführter Kulturpflanzen einen raschen Aufschwung. Als das christliche Europa im tiefsten Mittelalter lag, blühte in Andalusien eine weit überlegene Kultur. Sie ermöglichte durch ein Klima von größter Toleranz ein friedliches Miteinander von Muslimen, Christen und Juden und hat durch die Vermittlung von antikem und orientalischem Wissen Europas Weg zur Neuzeit bereitet. Andalusiens berühmteste Baudenkmäler stammen aus jenen Jahrhunderten: die Mezquita, die Palaststadt Medina az-Zahara, die Giralda, die Alhambra sowie die zahlreichen arabischen Bäder.

Das christliche Andalusien

Doch die Christen aus dem Norden drangen unaufhaltsam in das Land vor – das dichte Netz trutziger Burgen ist nur ein Beleg für die ständigen Auseinandersetzungen zwischen Mauren und Christen. Nach dem erfolgreichen Abschluß der Reconquista 1492 wurde Andalusien Teil des spanischen Weltreiches und katholisch. Juden und Mauren hatten keinen Platz mehr in diesem Staat, der ihre Kulturen schließlich vollständig auslöschte. Nun begann – später als im übrigen Europa – die

Zeit der großen Kathedralen, die sich bis in das 18. Jh. hineinzog. Als monumentale Zeichen des christlichen Sieges über ein ehemals maurisches Reich findet man sie in allen großen Städten. Die an der Reconquista beteiligten Adeligen ließen sich in andalusischen Städten nieder, stifteten Kirchen und erbauten repräsentative Paläste. Dem feinen Stil der Mauren mit seinen reichen Ornamentdekorationen stellten die Christen den »europäischen« Stil der Renaissance entgegen: Der Palast Karls V. auf der Alhambra mit seiner klar durchgegliederten Fassade, die Casa Pilatos in Sevilla und die Kathedralen von Jaén und Granada sind schöne Beispiele dieser Epoche. Doch das Sevillaner Bauwerk zeigt zugleich, daß die Zeit der christlichen Eroberung, kulturhistorisch betrachtet, keinen Bruch darstellte. Arabische Bau- und Dekorationstraditionen wurden von maurischen Handwerkern, nun im Dienste christlicher Auftraggeber, fortgeführt und mit den neuen christlichen Formen verbunden. Azulejos, Stuckdekorationen und Artesonado-Decken finden sich in zahlreichen Kirchen und Adelsresidenzen jener Zeit. Berühmtestes Zeugnis dieses sogenannten Mudéjar-Stils ist der großartige Palast Peters I. des Grausamen in Sevilla. Ebenso entstanden am Übergang von der Gotik zur Renaissance Sonderformen wie der Isabellinische und der Platereskenstil, die den Stilpluralismus innerhalb der spanischen Kunst fortsetzten. Unter den Habsburgern (1516–1700) stieg Spanien zu einem Weltimperium auf, das im Zuge der

Christoph Kolumbus verläßt die Katholischen Könige, zeitgenössische Illustration

Conquista, der Entdeckung und Eroberung des mittel- und südamerikanischen Kontinents, über ein großes Kolonialgebiet und enorme Reichtümer verfügte. Aber die Konflikte mit den anderen europäischen Mächten nahmen zu. Niederlagen und Gebietsverluste trugen ab dem späten 16. Jh. zum allmählichen Machtverlust bei. Wirtschaftskrisen und verheerende Pestepidemien verschlimmerten die Situation. Unabhängig davon stiegen Kunst und Literatur im 17. Jh. noch einmal zu höchster Blüte auf und ließen Andalusien das Siglo de Oro (Goldenes Zeitalter) erleben. Die Ära des Barock war die letzte Glanzperiode der Region: Im Zuge der gegenreformatorischen Bewegung wurden Klöster und Kirchen erbaut und mit prachtvollen Retabeln, zahlreichen Gemälden und lebensgroßen »pasos« (Passionsfiguren) ausgestattet. In den Städten Sevilla und Granada entstanden bedeutende Maler- und Bildhauerschulen.

Cortés empfängt die Repräsentanten der Azteken, Madrid, Muséo América

Das Armenhaus Europas

Mit Kriegen, Thronstreitigkeiten und dem Verlust der Kolonien begann im 19. Jh. der Abstieg. Der Bürgerkrieg ab 1936 und die Diktatur Francos von 1939 bis 1975 ließen Andalusien im 20. Jh. zum Armenhaus Spaniens mit unterentwickelter Industrie und hoher Arbeitslosenrate werden. Die geringe Zahl an architektonischen und kunsthistorischen Hinterlassenschaften ist beredtes Zeugnis der Situation. Zwar verfügt Andalusien heute mit dem Tourismus und seiner produktiven Landwirtschaft über bedeutende Wirtschaftsbereiche, aber sie reichen nicht aus, das Problem der Arbeitslosigkeit zu lösen. Eine seit der Reconquista bestehende feudale Besitzstruktur – fast die Hälfte an Grund und Boden befindet sich im Besitz von etwa 4 % der Bevölkerung, dem ein Heer besitzloser Tagelöhner gegenübersteht – dürfte eine der Hauptursachen der wirtschaftlichen Lage sein. Die auf den Südosten und die Sierra Morena beschränkten Bodenschätze, die wenigen Industriestandorte und Technologiezentren tragen ebenfalls dazu bei. Große Auswanderungswellen in den 50er bis 70er Jahren waren die Folge. Fast 2 Millionen Andalusier verließen das Land, um im Norden oder im Ausland zu arbeiten. Trotz allem ist Andalusien längst kein Armenhaus mehr, sondern eine politisch selbstbewußte und wirtschaftlich aufstrebende Region, die durch die Weltausstellung 1992 weitere ökonomische Impulse erhalten hat.

Ein Land der Gegensätze

Betende Engel, 16. Jh., London, British Library

Neben seinem kulturellen Erbe besticht Andalusien gleichfalls durch seine Vielfalt an ganz unterschiedlichen, oftmals geradezu gegensätzlichen Landschaftsformen und großen Naturschutzgebieten. Von der kastilischen Hochebene durch die ausgedehnte, zerklüftete Gebirgskette der Sierra Morena abgetrennt, wird die Region von Nordosten nach Westen durch den »Großen Fluß«, den Guadalquivir, durchzogen. In seinem weiten Flußbecken liegen große Ebenen und fruchtbare Ackergebiete. Im Mündungsgebiet des Guadalquivir erstreckt sich der zum Naturschutzpark erklärte Coto de Doñana mit einem der größten bestehenden Vogelreservate Europas. Hinter der Küste verläuft der Gebirgszug der Betischen Kordillere mit einem Mittelgebirge im Westteil, dessen Sierras durch üppige Vegetationen bestechen. Den Ostteil nimmt das Hochgebirge der Sierra Nevada ein, wo bis in den Frühsommer hinein schneebedeckte Gipfel zu finden sind. Hier liegt der Mulhacén, der mit 3482 m höchste Berg des spanischen Festlandes. Auf den fruchtbaren Küstenstreifen der Costa del Sol folgt in der Gegend um Almería eine wüstenähnliche Landschaft, die im Cabo de Gata einen Naturpark mit überaus seltenen Pflanzen, einem Flamingoreservat und Vogelbrutstätten birgt. Am Ostrand der Sierra Nevada trifft man auf die einzige natürlich entstandene Wüste Europas. Und noch ein Gegensatz kennzeichnet die andalusische Landschaft: Bei Tarifa, am südlichsten Punkt Europas, stoßen Atlantik und Mittelmeer zusammen. Dort geht das milde Klima des Mittelmeeres in das wechselhafte und schroffe des Atlantiks über.

Andalusien, eine der 17 spanischen Comunidades Autónomas, mit einer Grundfläche von 87 000 km^2 und knapp 7 Millionen Einwohnern, ist mit vielen Klischees behaftet: Land des Flamenco, des Stier-

Sierra Nevada

kampfes, Heimat der Carmen und des Don Juan, Land des Sherry, der Oliven und Zitronen, der frommen Wallfahrten und ausgelassenen Feste, der arabischen Paläste und kühlen Patios – diese Bilder werden wie in den schwärmerischen Beschreibungen der Reisenden des 19. Jh.s noch heute gerne von den Managern des Massentourismus zitiert, um das sonnenreiche Land zu beschreiben. Aber sie sind nicht mehr als einzelne Facetten. Andalusien fasziniert durch seine Gegensätze – in kultureller, landschaftlicher und soziologischer Hinsicht. Wer durch Andalusien reist, trifft auf maurische Paläste und christliche Kathedralen, schroffe Berglandschaften und fruchtbare Ebenen, begegnet Analphabeten und großen Dichtern, sieht moderne Städte, weiße Bergdörfer und abgelegene Gehöfte ohne Strom und fließendes Wasser, kann Motorradrennen und Stierkämpfe besuchen – diese Reihe ließe sich belie-

Cabo de Gata

big fortsetzen. Wer nach Andalusien reist, hat viele Erwartungen. Erwartungen, die geprägt sind durch das, was man vorher über das Land gehört und gelesen hat. Erwartungen, die vielleicht am Ende einer Reise enttäuscht werden. Denn Andalusien erschließt sich nicht auf den ersten Blick, ergibt kein abgerundetes Bild. Für Andalusien braucht man Zeit, man muß das Land immer wieder von neuem entdecken, an einzelnen Orten und Plätzen, die jedes Mal einen anderen Blickwinkel, eine neue Sichtweise offenbaren. Ob fürstliche Residenzen oder trutzige Burgen, Moscheen oder Kirchen, Hochhaussiedlungen am Stadtrand oder verwinkelte kleine Gäßchen im Zentrum, prachtvoll angelegte Gärten oder blumengeschmückte Patios – Andalusien enthält eine Fülle von gegensätzlichen Bildern, die es zu einer der faszinierendsten Kultur- und Naturlandschaften in Europa machen.

Provinz Sevilla

Sevilla

Wer von Sevilla spricht, meint in der Regel die Stadt. Denn die stolze, schöne Hauptstadt beherrscht das provinzielle Umland mit seinen ausgedehnten Feldern und kleinen Städtchen. Sevilla, die größte Stadt Andalusiens, lebt noch immer vom Ruhm vergangener Zeiten, als der Guadalquivir sie im Zeitalter der Entdeckungen mehr als 200 Jahre lang zum Tor der Neuen Welt und damit zur blühenden Handelsstadt machte. Mit Sevilla verbindet man Flamenco, Carmen, Don Juan und den berühmten Barbier, aber auch den Wechsel von Passion und ausgelassener Festfreude in der Semana Santa, der Karwoche, oder die weit über die Grenzen Andalusiens hinaus bekannte Feria de Abril Mitte April. Heute ist die andalusische Metropole mit 700 000 Einwohnern Sitz von Parlament und Regierung der Autonomen Republik. Trostlose Neubauviertel kontrastieren mit den schönen »barrios« (Vierteln) der Altstadt, in denen man überall Kulturdenkmälern der vergangenen Jahrhunderte begegnet. Das Stadtbild wird von unzähligen Orangenbäumen entlang der breiten Straßen geprägt, die besonders im Frühjahr ihren einzigartigen Duft verströmen und zugleich einem zeitweise chaotischen Verkehr standhalten müssen.

Über einem der alten Stadttore ist Sevillas Geschichte in knappen Worten zusammengefaßt: »Herkules erbaute mich, Caesar umgab mich mit Wällen und Türmen, der heilige König nahm mich ein.« Die Anfänge der Stadt reichen vermutlich bis ins 2. Jt. v. Chr. zurück, als Iberer die Siedlung Hispalis gründeten, die später von den Phöniziern und Karthagern übernommen wurde und während des 2. Punischen Krieges in römische Hände geriet. 206 v. Chr. gründete Scipio Africanus in der Nähe die Veteranensiedlung Itálica, heute eine der interessantesten Ausgrabungsstätten Spaniens. Weitere Spuren der römischen Besiedlung finden sich nördlich von Sevilla, in Mulva. 45 v. Chr., im Krieg gegen Pompeius, ließ Caesar Hispalis mit Befestigungsmauern umgeben und erhob es zur

Sevilla, Torre del Oro, ältere Ansicht

Sevilla, Alcázares Reales, geschnitzte Holztür

Azulejos mit Stadtansicht von Sevilla nach einem Stich des 18. Jh.s

Colonia Iulia Romana, deren Hafen für den Export von Gütern nach Rom, insbesondere für das in Amphoren transportierte Olivenöl, eine bedeutende Rolle einnahm. Unter den Westgoten, die nach den Vandalen und Sueben ab 461 über die Stadt herrschten, verfügte Sevilla mit dem Hl. Isidor (556–636) über eine herausragende Persönlichkeit. Der berühmte Erzbischof, der seinem Bruder, dem Hl. Leander, in diesem Amt gefolgt war, hatte durch die Abfassung eines enzyklopädischen Werkes über antike und christliche Kultur, Religion und Philosophie hohes Ansehen erlangt und war das Haupt der Schule von Sevilla. 712 besetzten Mauren die Stadt, aber Ischbiliya, wie nun der Name lautete, stand bis zum Zerfall des Kalifats im Schatten Córdobas. Erst 1023 wurde sie glanzvolle Hauptstadt eines von den Abbadiden beherrschten Taifa-Reiches, deren König al-Mutamid einen ersten Palast an der Stelle des heutigen Alcázars erbauen ließ. 1091 kam sie in den Besitz der glaubensfanatischen Almoraviden, die 1145 von den Almohaden abgelöst wurden. In dieser Zeit wurde Sevilla zur Residenz ausgebaut und erlebte seine erste große Blüte, von der heute noch die Giralda, das Minarett der einstigen Moschee, und die Torre del Oro zeugen. Im Zuge der Reconquista eroberte Ferdinand III. der Heilige nach mehrmonatiger Belagerung 1248 die Stadt und vertrieb die gesamte maurische Bevölkerung. Wie sein Sohn und Nachfolger Alfons X. der Weise bedachte er Sevilla mit umfangreichen wirtschaftlichen Privilegien. Fortan sollte die Stadt eine königstreue Bastion bilden. Dafür zeichnete Alfons X. sie mit dem Ehrentitel »No majeda Do« (Sie hat mich nicht im Stich gelassen) aus, der noch heute ihr Wappen ziert. Auch die späteren christlichen Herrscher hielten sich mit Vorliebe hier auf, und Peter I. der Grausame ließ von maurischen Handwerkern im 14. Jh. seine Residenz, den Alcázar, errichten. Für die in Sevilla lebenden Juden begannen unter den Christen jedoch schlechte

Sevilla, Giralda

Adolf Schroedter, Don Quijote, im Lehnstuhl lesend, 1834, Öl auf Leinwand, 54,5 x 46 cm

internationalen Metropole, dem Verbindungsglied zwischen Alter und Neuer Welt, ließen sich Handelshäuser aus ganz Europa nieder. Unmengen an Gold und Silber kamen auf den spanischen Galeonen aus den Kolonien nach Sevilla, der mit 150 000 Einwohnern damals drittgrößten Stadt des Abendlandes. Erst im 17. Jh. begann die wirtschaftliche Macht zu brökkeln: Auf die verheerende Pestepidemie von 1649 folgte 1680 die Verlegung des Flottenstützpunktes. 1717 mußte Sevilla wegen der zunehmenden Versandung des Guadalquivir das Handelsmonopol mit Amerika an Cádiz abtreten. Trotz des wirtschaftlichen Niedergangs erlebte die Stadt im 17. Jh. eine kulturelle Blüte und brachte berühmte Maler und Bildhauer hervor, deren Kunstwerke die zahlreichen Kirchen und Klöster der Stadt schmücken. Viele von ihnen, darunter Diego Velázquez und Francisco de Zurbarán, sind an den königlichen Hof nach Madrid berufen worden. Zu dieser Zeit hat auch der Dichter Miguel de Cervantes im königlichen Kerker von Sevilla seinen berühmten Roman »Don Quijote« begonnen.

Zeiten: Nach dem Pogrom von 1391 nahm hier 1480 das erste Inquisitionsgericht seine Arbeit auf.

Die größte Blütezeit der Stadt begann mit der Entdeckung der Neuen Welt. Sevilla wurde Sitz der Casa de Contratación, der staatlichen Handels- und Finanzkammer, und damit einziger Umschlagplatz im Handel mit den überseeischen Kolonien. In der

Gustav Doré, Don Quijote, 1863, Holzstich

Von der tiefgreifenden Wirtschaftskrise, die durch die schweren Zerstörungen während des verheerenden Erdbebens von 1755 weiter verschärft wurde, hat sich Sevilla nur langsam wieder erholen können. Einen ersten positiven Einschnitt bildete die 1929 eröffnete Ibero-Amerikanische Ausstellung, aber die Diktatur Francos lähmte wie überall die weitere urbane Entwicklung. Einen nennenswerten Aufschwung erhoffte man sich von der großangelegten Weltausstellung 1992, die wie die Ausfahrt des Kolumbus 500 Jahre zuvor den Beginn einer neuen Epoche kennzeichnen sollte. Für die Expo wurden nicht nur bedeutende Kulturdenkmäler restauriert, sondern die Infrastruktur der ganzen Region auf den neuesten Stand gebracht. Wie bei allen Weltausstellungen waren die Erwartungen jedoch viel zu hoch.

Sevilla

Museo de Bellas Artes,
Calle Alfonso XII, S. 98

Catedral de Santa María,
Plaza Virgen de los Reyes, S. 28

Hospital de la Caridad,
Calle Temprado, S. 66

Torre del Oro,
Paseo de Cristóbal
Colón, S. 72

Palacio de San Telmo,
Avenida de Roma,
S. 73

Palacio Español,
Plaza de España, S. 82

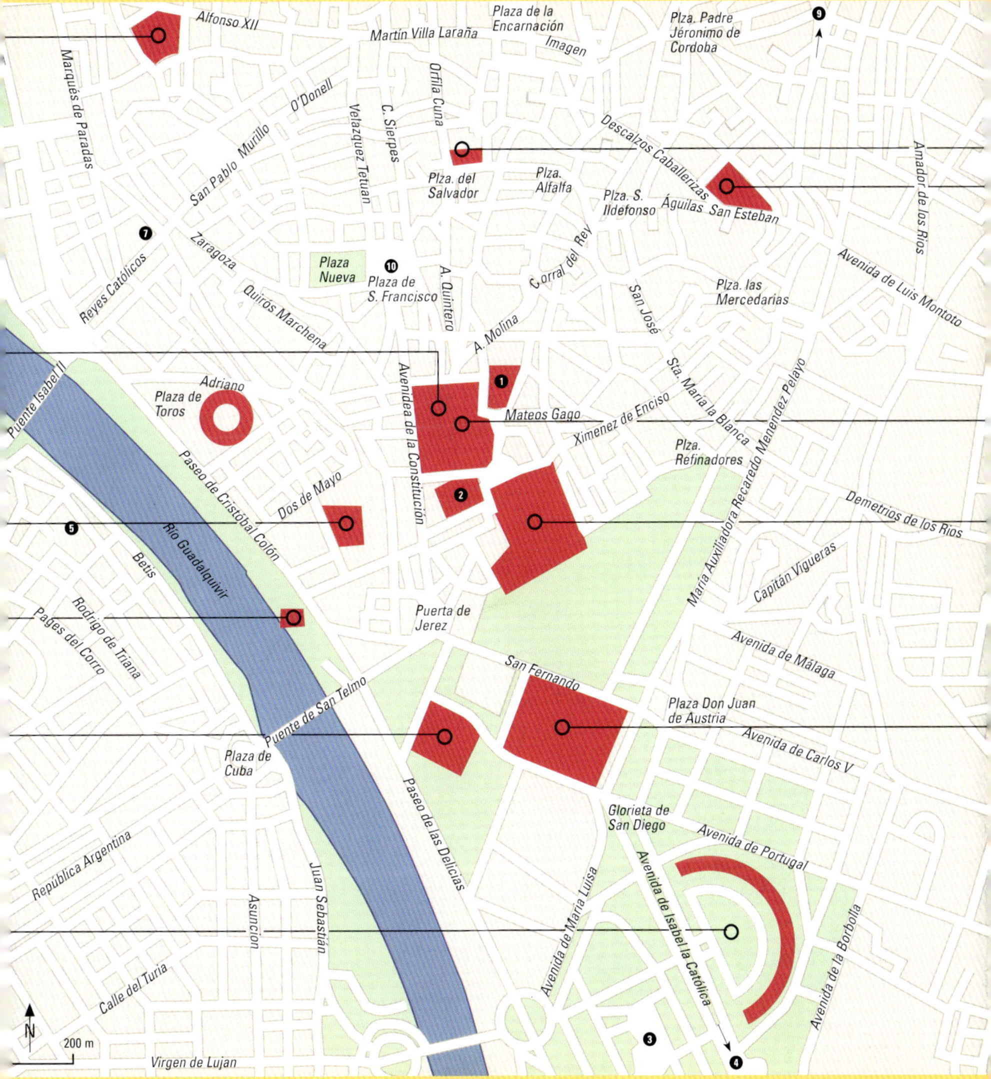

Alfonso XII
Martín Villa Laraña
Plaza de la Encarnación
Imagen
Plza. Padre Jéronimo de Cordoba
Marqués de Paradas
O'Donell
Orfila Cuna
C. Sierpes
Velazquez Tetuan
San Pablo Murillo
Descalzos Caballerizas
Amador de los Rios
Plza. del Salvador
Plza. Alfalfa
Plza. S. Ildefonso
Águilas
San Esteban
Zaragoza
Reyes Católicos
Plaza Nueva
Plaza de S. Francisco
A. Quintero
Corral del Rey
San José
Plza. las Mercedarias
Avenida de Luis Montoto
Quirós Marchena
A. Molina
Avenidea de la Constitución
Adriano
Plaza de Toros
Puente Isabel II
Mateos Gago
Ximenez de Enciso
Sta. María la Blanca
Recaredo Menendez Pelayo
Plza. Refinadores
Paseo de Cristóbal Colón
Dos de Mayo
Demetrios de los Rios
Río Guadalquivir
Betis
María Auxiliadora
Capitán Vigueras
Rodrigo de Triana
Pages del Corro
Puerta de Jerez
Avenida de Málaga
San Fernando
Puente de San Telmo
Plaza Don Juan de Austria
Avenida de Carlos V
Plaza de Cuba
Paseo de las Delicias
Glorieta de San Diego
Avenida de Portugal
República Argentina
Juan Sebastián
Asuncion
Avenida de María Luisa
Avenida de Isabel la Católica
Avenida de la Borbolla
Calle del Turia
N
200 m
Virgen de Lujan

Casa de Pilatos,
Plaza de Pilatos, S. 86

Iglesia de San Salvador,
Plaza del Salvador, S. 88

Giralda, Plaza Virgen de los Reyes, S. 46

Alcázares Reales,
Plaza del Triunfo, S. 48

Universidad, Antigua Fábrica de Tabacos, Calle San Fernando, S. 80

weitere Sehenswürdigkeiten

1 Palacio Arzobispal, Calle Mateos Gago

2 Casa Lonja (Archivo General de Indias) Plaza del Triunfo, S. 65

3 Parque de María Luisa, S. 82

4 Plaza América, Pabellón del Renacimiento, S. 84

5 Iglesia de Santa Ana, Calle Duarte, S. 112

6 Capilla del Patrocinio, Calle de Castilla, S. 113

7 Iglesia de Santa María Magdalena, Calle Reyes Católicos, S. 96

8 Expo-Gelände, Isla de la Cartuja, S. 110

9 Iglesia de San Luis, Calle de San Luis, S. 94

10 Ayuntamiento, Plaza de San Francisco, S. 89

Catedral de Santa María

Am 8. Juli 1401 faßte das Domkapitel von Sevilla den Entschluß, »eine so schöne Kirche zu bauen, daß keine andere ihr gleich käme, so groß und von solcher Art, daß alle, die sie schließlich sehen würden, denken müßten, daß wir verrückt waren!« Der Neubau wurde damit begründet, daß die alte Moschee, die seit der Wiedererobe- rung der Stadt durch Ferdinand III. 1248 zunächst als Kathedrale gedient hatte, bereits Anzeichen des Verfalls zeige und dem nächsten Erdbeben nicht standhalten würde. Wahrscheinlicher aber ist, daß man in der stolzen Stadt Sevilla das Symbol der spanischen Kirche, den Dom von Toledo, überflügeln wollte. So ist die Kathedrale von Sevilla denn auch die größte gotische Kirche der Welt und wird in ihren Ausmaßen nur vom Petersdom in Rom und der St.-Pauls-Kathedrale in London übertroffen.

Etwa ein oder zwei Jahre später setzten die Domherren ihr Wort in die Tat um. Die almohadische Moschee, die einst siebzehn Schiffe umfaßte, wurde abgerissen. Von dem maurischen Vorgängerbau blieben nur die Giralda, das ehemalige Minarett, und einige Reste im Patio de los Naranjos erhalten. Wer der planende Baumeister war, ist nicht bekannt. Möglicherweise ist der Entwurf Alonso Martínez zuzuschreiben, der bereits 1386 den Auftrag erhalten hatte, erste Pläne für einen Neubau zu erstellen. Kaum ein Jahrhundert nach Baubeginn, nämlich 1506, war das große Projekt – die erste Kathedrale Andalusiens – vollendet. Damit war zugleich ein monumentales Siegeszeichen der christlichen Könige geschaffen, die wenige Jahre zuvor die letzte maurische Enklave, das Königreich von Granada, besiegt hatten. Doch schon fünf Jahre später stürzte das Kuppelgewölbe ein, und Juan Gil de Hontañón errichtete die charakteristischen Netz- und Sterngewölbe, die in dem gotischen Bauwerk den Übergang zur Renaissance kennzeichnen. In der Renaissance und im Barock kamen weitere Anbauten hinzu, die die Kathedrale zu einem vielgliedrigen architektonischen Gesamtkunstwerk machen. Mit ihren von zahlreichen Strebebogen gestützten Dächern und Kuppeln sowie der darüber thronenden Giralda überragt diese die Umgebung weithin und ruft noch heute ungläubiges Staunen hervor. Ähnlich erging es Théophile Gautier nach seinem Besuch des Gotteshauses im Jahre 1840: »Das eigentliche Paradestück von Sevilla ist seine Kathedrale, ein Gebäude, das man bestaunt, selbst wenn man die Kathedralen von Burgos oder Toledo und die Mezquita von Córdoba gesehen hat. … Es ist ein ausgehöhlter Berg, ein umgestülptes Tal. Im Mittelschiff von schwindelerregender Höhe könnte Notre-Dame von Paris hocherhobenen Hauptes spazierengehen. Pfeiler wie dicke Türme, die einem so zerbrechlich erscheinen, daß man schaudert, steigen aus dem Boden und fallen von den Gewölben herab wie Stalaktiten in der Höhle eines Riesen.«

Catedral de Santa María

Anders als die großen französischen Königskirchen, die einem basilikalen Schema mit drei oder fünf Schiffen und einem klassischen Chorumgang folgen, vertritt die Kathedrale von Sevilla einen eigenständigen, nur in Spanien geläufigen Typus: Sie ist als hallenähnliche Basilika konzipiert und in einen rechteckigen Grundriß eingebunden, der vermutlich auf die maurischen Moscheen zurückgeht. Ihre fünf Schiffe haben eine Länge von etwa 126 m und erstrecken sich mit dem Mittelschiff, den gleich hohen Seitenschiffen und den Kapellen, die zwischen die Strebemauern eingefügt sind, über eine in keiner anderen Kirche erreichten Breite von etwa 82 m. Durch die Plazierung des Chores (Coro) und der Capilla Mayor im Mittelschiff östlich und westlich der Vierung entsteht der Eindruck eines riesigen, in sich abgeschlossenen Fremdkörpers, der einer gewaltigen Schatzkammer gleichkommt. Spätere Anbauten ergänzen den gotischen Grundriß: So ließ Karl V. in der Ostapsis über einer älteren Kapelle die Capilla Real erbauen, an der Südseite entstanden im 16. Jh. die Sacristía Mayor und der Kapitelsaal, und im 17. und 18. Jh. kam im Südwesten der barocke Verwaltungskomplex hinzu.

Capilla de San Andrés, S. 44

Capilla Mayor, S. 34

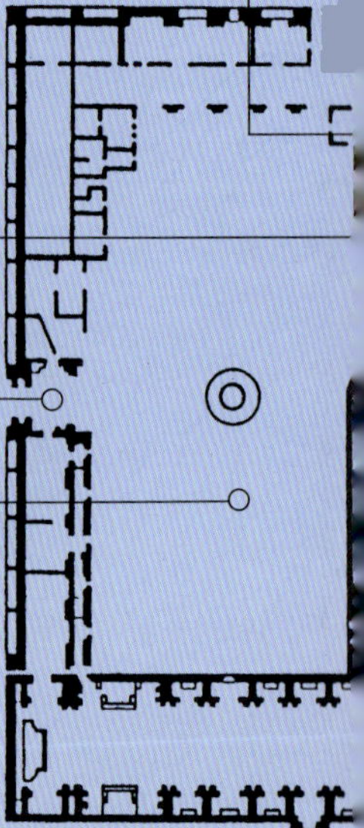

Puerta del Perdón

Patio de los Naranjos, S. 46

Capilla Real, S. 40

Sacristía Mayor, S. 42

Sacristía de los Cálices, S. 45

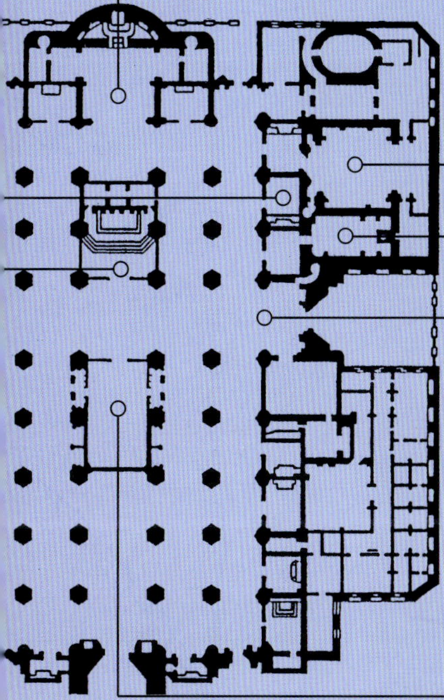

Grabmal des Kolumbus, S. 40

Coro, S. 33

Innenansicht nach Westen

»Alles ist streng und majestätisch, als seien wir von einer wirklichen Welt in eine riesengroße Grotte gelangt, hergerichtet von einem Riesen, dem es Geometrie, Symmetrie und Ordnung angetan haben.« (Fernando Chueca Goitia)

Im Innern des Gotteshauses offenbart sich dem Betrachter der für den spanischen Kathedralbau typische Drang nach immer größer angelegter Weiträumigkeit: Trotz der hohen Gewölbe – 35,50 m im Hauptschiff und in den Querschiffen, 24 m in den beiden doppelten Seitenschiffen – dominiert der Gesamteindruck eines scheinbar unbegrenzt weiten Raumes. Nur der in seine Mitte gesetzte Chor kann diese Wirkung beeinträchtigen. Interessant sind die achteckigen Basen der monumentalen Bündelpfeiler, deren Seiten ausgehöhlt sind. Schöne gotische Kreuzgewölbe mit Scheitelrippen decken den Raum, der durch bemalte Renaissancefenster aus dem 16. Jh. erhellt wird.

Blick auf die Gewölbe

Nachdem die Vierungskuppel 1511 eingestürzt war, begann Juan Gil de Hontañón 1515 mit der Neueinwölbung. Im Gegensatz zu den schlichten Gewölben der Schiffe sind die Vierung und die angrenzenden Joche mit reich ornamentierten Netz- und Sterngewölben versehen. An ihnen ist der Stilwandel ablesbar, der sich innerhalb nur weniger Jahre vollzogen hat.

Chorgestühl (Coro)

Das Schnitz- und Intarsienwerk des Chorgestühls, das Nufro Sánchez 1478 gemäß der Inschrift am Dorsale des Königssitzes vollendete, gilt in seiner Mischung aus gotischen, mudejaren und plateresken Elementen als eines der schönsten in Südspanien. Die 117 Sitze sind in Eiche und Tanne gearbeitet und mit anderen Hölzern eingelegt. Im oberen Bereich liegt die Sellia für die Kanoniker, im unteren die Subsellia für die Pfründner. Auf den Rückenlehnen des unteren Gestühls ist die ursprüngliche Giralda zu sehen, Reliefszenen aus der Bibel schmücken die Kopfstützen und auf den Miserikordien sind Laster und Sünden dargestellt. Ähnlich sind die oberen Sitze gestaltet. Sie werden von Bogen bekrönt, die von Holzstatuetten getragen werden. Auf ihnen erhebt sich ein Baldachin aus filigranem Schnitzwerk mit kleinen Figuren.

Capilla Mayor,
Hauptretabel (mit Detail)

Mit einer Breite von 18,20 m und einer Höhe von 27,80 m ist der Hochaltar, den der flämische Bildhauer Pieter Dancart entworfen und 1482 begonnen hat, der größte Spaniens. Es sollte fast 100 Jahre dauern, bis der gesamte Altaraufsatz vollendet war. Das Schnitzwerk aus Nußbaum-, Lärchen- und Kastanienholz hat die Form eines Triptychons, das von einem Baldachin bekrönt und von einem Querbalken abgeschlossen wird. Innerhalb einer reich verzierten architektonischen Umrahmung umfaßt das Retabel 45 Figurengruppen, von denen jede – mit Ausnahme der Reliefs an der Predella – fast 1 m im Geviert mißt. Im mittleren Teil sind Szenen aus dem Leben von Jesus und Maria dargestellt, wäh- rend auf den Seitenflügeln Bilder aus der Schöpfungsgeschichte und dem Paradies zu sehen sind. Die Predella enthält Szenen aus dem Leben Sevillaner Heiliger sowie Ansichten der Stadt. Zu den interessanten zeitgenössischen Zeugnissen gehört dabei die Darstellung der Ostfassade der Kathedrale mit der Giralda. So ist das Aussehen der ersten Laterne vor ihrem Einsturz und der Giralda in ihrer maurischen Form überliefert. Den oberen Abschluß bilden eine Pietà und die zwölf Apostel zu ihrer Seite sowie eine Kreuzigungsgruppe im Gesprenge. Die einzelnen Reliefs werden durch mehrere Pilaster unterteilt, auf denen jeweils eine kleine Skulptur aufgestellt ist. Zum Ausgleich perspektivischer Verzerrungen sind die oberen Figuren größer gearbeitet, so daß sie, von unten betrachtet, nicht kleiner erscheinen. Die Überfülle der Figuren erweckte bei dem Engländer Henry Vollam Morton den Eindruck, hier sei »die gesamte Einwohnerschaft einer mittelgroßen gotischen Stadt versammelt«.

Schach um Sevilla

Mit dem Untergang des mächtigen Kalifats von Córdoba zu Beginn des 11. Jh.s entstand in Andalusien eine Vielzahl von kleinen Reichen, die dem Land einen neuen, wenngleich kurzen Glanz verleihen sollten. Taifas (von arabisch ta´ifa, »Stamm, Gruppierung«) werden diese muslimischen Kleinkönigreiche in der spanischen Geschichtsschreibung genannt, »reyes taifas« bezeichnet die Kleinkönige. Wenn auch der Zerfall der Omaiyadenherrschaft in Córdoba der Blüte der Wissenschaften und Künste nicht geschadet hat – die Fürsten wetteiferten weiterhin um die besten Künstler, Dichter und Gelehrten an ihren Höfen –, so waren die Auswirkungen auf politischer Ebene fatal. Hatten die christlichen Herrscher es bisher nicht gewagt, sich gegen das mächtige Córdoba zu erheben, fiel es ihnen nun leicht, gegen die untereinander ständig zerstrittenen Taifas vorzugehen.
Unter den teilweise nur kurzlebigen Kleinstaaten ragte die Dynastie der Abbadiden in Sevilla heraus, die ein größeres Reich errichtet hatte. Hier trat al-Mutamid im Jahre 1068 die Nachfolge seines Vaters an und hielt glänzend Hof. Er

Schachspielende Mauren, Schachzabelbuch Alfons des Weisen, 1283, Madrid, El Escorial, Bibliothek

Ein christlicher Ritter als Gast im Zelt eines maurischen Ritters beim Schachspiel, Schachzabelbuch Alfons des Weisen, 1283, Madrid, El Escorial, Bibliothek

war ein Freund der Literatur und selbst ein großer Dichter, so daß viele Poeten und Gelehrte in seinen Palast kamen, wo sie sich in den unruhigen Zeiten einen sicheren Verdienst erhofften. Unter ihnen war der in Sizilien geborene Ibn Ammar, der von al-Mutamid wegen seiner meisterhaften Verse aufs höchste bewundert wurde. Der Dichter, den der Herrscher von Jugend an kannte, wurde sein engster Vertrauter und erhielt das Amt des Wesirs am Hofe, an dem die Dichtkunst als höchste Tugend eines Beamten galt. Al-Mutamid, den ein Biograph als den »freigebigsten, populärsten und mächtigsten von allen Teilkönigen« preist, war gleichfalls auf militärischem Gebiet erfolgreich. Es gelang ihm, mehrere benachbarte Königreiche, darunter das einst so mächtige Córdoba, seinem Reich einzuverleiben. Seine größte Schwäche aber bestand darin, daß er sich dem christlichen König im Norden nicht zu widersetzen vermochte und ihm hohe Tribute entrichten mußte.

Dies war Alfons VI., der 1072 nach mehrjährigen Thronstreitigkeiten um die Nachfolge Ferdinands I. die Herrschaft seines Vaters über Kastilien, León und Galizien angetreten hatte. Alfons, der sich Imperator totius Hispaniae (Herrscher über ganz Spanien) nannte, fiel in kürzester Zeit in Zaragoza, Granada, Sevilla und Badadoz ein und erzwang von den Fürsten immer höhere Tribute. Dieses Vorgehen entsprach seinen taktischen Überlegungen, die Gegner auf Dauer soweit zu schwächen, daß sie sich eines Tages freiwillig ihm unterwerfen würden. Als er aber 1078 mit einem großen Heer gegen Sevilla vorrückte, um das Reich der Abbadiden zu erobern, schien die Stadt verloren. Es war Ibn Ammar, der die fast hoffnungslose Lage durch eine List rettete. Er wußte, daß Alfons ein leidenschaftlicher Schachspieler

Schachfiguren und Schachbrett, Islamisch, 13./14. Jh., Granada, Alhambra

war. Deswegen ließ er ein überaus kunstvolles Schachbrett und Figuren aus Eben-, Aloe- und Sandelholz herstellen, die mit Gold eingelegt waren. Im Namen seines Herrn al-Mutamid begab er sich in das Lager des christlichen Königs, der ihn mit allen Ehren empfing. Er hatte schon viel von ihm gehört und hielt ihn für einen der fähigsten Männer Spaniens. Nachdem der König durch seine Höflinge von dem wunderschönen Schachspiel erfahren hatte, bat er Ibn Ammar, ihm das Kunstwerk zu zeigen und mit ihm eine Partie darauf zu spielen. Der Wesir willigte ein, jedoch nur unter einer Bedingung: Im Falle seiner Niederlage würden Brett und Figuren dem König gehören, sollte er aber gewinnen, müsse Alfons ihm eine Bitte gewähren. Alfons war hin- und hergerissen. Einerseits war er von dem Verlangen erfüllt, das kunstvolle Spiel sein eigen nennen zu dürfen, andererseits untersagte ihm sein Verantwortungsbewußtsein als Regent ein solch hohes Risiko. Aber einigen der Höflinge, die von Ibn Ammar bestochen worden waren, gelang es, ihn zu überreden: »Wenn du gewinnst, erhältst du das schönste Schachspiel, das je ein König besessen, und wenn du verlierst, so sind wir da, um den Mauren zu belehren, falls er eine unverschämte Bitte tun sollte.« So ließ sich Alfons zum Spiel verführen und verlor schließlich. Ibn Ammar, der ein Meister im Schach war, setzte ihn schachmatt. Als der König nun wissen wollte, was der Wesir von ihm verlange, bat dieser ihn, seine Truppen von den Grenzen des Königreichs von Sevilla zurückzuziehen. Alfons sprach zu seinen Höflingen: »Genau das ist es, was ich befürchtet habe, und ihr habt mich dazu gebracht.«. Er hielt jedoch sein Wort. So war Sevilla noch einmal gerettet worden.

Das Spiel aber, dem Sevilla seine Rettung zu verdanken hat, wird noch heute nach den gleichen Regeln gespielt. Einst war es von Persien her über die arabischen Länder nach Spanien und in das mittlere Europa gekommen. Für die Araber waren die Figuren nichts anderes als

Schachfiguren aus geschliffenem Bergkristall, maurisches Spanien, 12./13. Jh., Osnabrück, Domschatz

zwei Heere. Die Königin stellte ursprünglich den Wesir dar (wobei aus dem persischen »fersam« das kastilische »ferza«, das provenzialische »fierce« und schließlich die »vierge«, die Jungfrau und später die Königin wurde). Die Läufer waren die Elefanten, die zusammen mit den Reitern und den Schlachtwagen, den Türmen, die schweren Truppen bildeten. In den vorderen Linien standen die Bauern als die leichten Truppen. Hauptfigur des Spiels ist der Shah – dies ist das aus dem Persischen übernommene arabische Wort für König –, um den gespielt wird. Ihn gilt es, schachmatt zu setzen, was sich vom persischen »ash-shah-mat« ableitet und übersetzt »Der König ist tot« bedeutet.

Arabischer Fürst und sein Gefolge beim Schachspiel, Schachzabelbuch Alfons des Weisen, 1283, Madrid, El Escorial, Bibliothek

Schach ist demnach das Königsspiel, denn die Spielenden müssen wie der Herrscher im wirklichen Leben immer die richtige Wahl treffen. Sie können aus der Vielzahl der Möglichkeiten, die ihnen bei jedem Zug offensteht, stets nur eine wählen. Entscheiden sie sich für die falsche, werden sie in die Enge getrieben, und ihr Bewegungsspielraum verkleinert sich. Es ist also offensichtlich, daß die Spieler ebenso wie ein König über kluge Voraussicht und Weisheit verfügen müssen, wollen sie den Sieg erringen …

Grabmal des Kolumbus

In der Mitte des südlichen Querschiffes befindet sich das um 1900 entstandene Grabmal des großen Entdeckers. Kolumbus, der testamentarisch verfügt haben soll, man möge ihn auf der Karibikinsel La Española begraben, wurde nach seinem Tod 1506 in Valladolid zunächst im Kartäuserkloster von Sevilla beigesetzt. Auf Bitten der Ehefrau seines Enkels gab Karl V. schließlich dem Wunsch des Verstorbenen nach, allerdings existieren keine Zeugnisse für eine Überführung des Leichnams. Dies wird ewig Streitpunkt zwischen Spanien und der Kolonie bleiben. Eine Kommission, die 1795 auf Drängen der Kirchenfürsten nach La Española reiste, nahm die erstbeste Urne mit und brachte sie nach Kuba. Dieselbe Urne gelangte von dort 1892 wieder nach Sevilla. Da aber in der Kathedrale von La Española 1877 die echte Urne ausgegraben wurde, scheint es heute mehr als zweifelhaft, daß sich in dem von überlebensgroßen Herolden – den Vertretern der vier spanischen Königreiche – getragenen Sarkophag die Überreste des Kolumbus befinden. Die Inschrift behauptet indes das Gegenteil: »Als sich die Insel Kuba von der Mutter Spanien befreite, erhielt Sevilla die Überreste des Kolumbus und seine Stadtherren ließen dieses Denkmal errichten.«

Capilla Real

Der quadratische Raum der Königskapelle mit halbrundem Abschluß in der Ostapsis, den eine kassettierte Kuppel überwölbt, wurde 1551–1558 unter Karl V. errichtet und ist dem Eroberer der Stadt, Ferdinand III., geweiht. Seine Gebeine ruhen in einem silbernen Schrein aus dem 18. Jh. über dem ursprünglichen Grab. Auf den Seiten sind noch die Reste hebräischer, arabischer, lateinischer und altspanischer Inschriften zu lesen, die die Lobrede von Alfons X. an seinen Vater wiedergeben: »Der Redlichste, der Wahrhaftigste, der Freimütigste, der Kühnste, der Stolzeste, der Vornehmste, der Ergebenste, der Demütigste, der Gottesfürchtigste und größte Gottesdiener, und er hat die Stadt Sevilla erobert, das Haupt von ganz Spanien.« In der mittleren Nische der durch acht verzierte Pilaster gegliederten Wand steht unter einem Silberbaldachin die schmuckübersäte Schutzpatronin von Sevilla aus Lärchenholz, die »Virgen de los Reyes« (Jungfrau der Könige), deren Kopf und Arme mechanisch bewegt werden können.

PER ME REGES REGNANT

Sacristía Mayor: Juan de Arfe, Silbermonstranz

Der im Platereskenstil ausgeschmückte Zentralraum, der wie eine eigene Kirche über Altar und Presbyterium verfügt, wurde 1528 von Diego de Riaño begonnen und 1543 von Martín de Gaínza vollendet. Seine Ausstattung fand bei Philipp II. so großen Gefallen, daß er den Domherren vorwarf, der Raum sei schöner als seine Hofkapelle.

In der Sacristía Mayor befinden sich die schönsten Stücke des Kirchenschatzes. Das wertvollste Kultobjekt ist eine zwischen 1580 und 1587 geschaffene, 3,90 m hohe und 475 kg schwere Prozessionsmonstranz aus Silber von Juan de Arfe y Villafañe, einem Enkel des aus Köln eingewanderten Heinrich Harfe, der in León eine Goldschmiededynastie begründet hat. Der Hostienbehälter ist in Form eines kleinen Tempels gestaltet, den der Künstler selbst »Tempel für den Triumphzug des wahren Christus« nannte. Über einem kreisförmigen Grundriß mit vier

sich verjüngenden Geschossen werden die irdischen und himmlischen Repräsentanten in Figuren und Reliefs dargestellt. Noch heute wird die Monstranz bei der Fronleichnamsprozession feierlich durch Sevilla geführt.

Sacristía Mayor: Bartolomé Esteban Murillo, Hl. Isidor und Hl. Leander, 1655
Öl auf Leinwand, je 193 x 165 cm

Von Murillo stammen die als Pendants in Auftrag gegebenen Bilder der Heiligen Isidor und Leander. Für die beiden Bischöfe und Schutzheiligen der Stadt haben Zeitgenossen des Malers Modell gesessen: Der Geistliche Cavalán, der in enger Verbindung zum Domkapitel stand, ließ sich als Hl. Isidor porträtieren, mit Bischofsstab und einem Buch in den Händen, das eine Anspielung auf die religiösen Schriften des Heiligen darstellt. Für den Hl. Leander ist Alonso de Herrera, der Stifter des Kathedralchores, als Modell überliefert. Das Pergament mit der Inschrift »Credite o gothi consubstantialem patri« (Glaubet ihr Goten, er ist im Wesen eins mit Gottvater) – jene Worte, mit denen Leander die göttliche Natur Christi verteidigte – steht als Sinnbild seines Kampfes gegen die Ketzerei der Arianer.

זה ישוע נצרי מלך יהודים
HIC EST IES NAZAR REX IVDÆORVM

Capilla de San Andrés: Juan Martínez Montañés, Cristo de la Clemencia, 1603

Im Westen schließt sich die kleine Capilla de San Andrés an, die unter einem roten Baldachin eines der wertvollsten Kunstwerke der Kathedrale aufbewahrt: das von Juan Martínez Montañés 1603 geschaffene Kruzifix. Laut Vertrag sollte Christus »wie lebend« dargestellt sein, »als ob er zu dem Betenden zu seinen Füßen spricht«. Der naturalistisch wie schönlinig geformte Körper des sterbenden Christus, der ohne jegliche Blutspuren, nur mit den notwendigen Anzeichen des Leidens dargestellt ist, gilt als hervorragendes Beispiel der zur Verinnerlichung anregenden Estofado-Skulptur. Montañés – auch Phidias von Sevilla genannt – ist der wichtigste Vertreter dieser sevillanischen Bildhauerschule in der Übergangsphase zwischen Manierismus und Barock.

Sacristía de los Cálices: Francisco de Goya, Justina und Rufina, 1817
Öl auf Leinwand, 310 x 178 cm

Auf einem seiner wenigen religiösen Gemälde hat Francisco de Goya im Auftrag des Domkapitels 1817 die Stadtheiligen Justina und Rufina dargestellt. Das Motiv wurde bereits im 17. Jh. von Murillo geprägt: Zwei junge Töpferinnen aus dem Sevillaner Stadtviertel Triana werden von den Römern den Löwen vorgeworfen, weil sie ein Götterbild zerstört haben. Goya zeigt sie vor dem Hintergrund des Guadalquivir, der Kathedrale und der Giralda. Das fallende Licht auf die beiden zum Himmel blickenden Mädchen umgibt sie mit einem Heiligenschein. In ihren Händen halten sie Töpferwaren und Palmwedel als Zeichen des Martyriums. Zu ihren Füßen liegt das zerbrochene Götterbild; ein Löwe leckt die Füße Rufinas.

Patio de los Naranjos

Überbleibsel der 1172 von den Almohaden erbauten Moschee, die damals zu den größten islamischen Gebetshäusern zählte, sind die zinnengeschmückten Mauern, die den Hof des islamischen Gotteshauses umschlossen. Noch heute duften hier die Orangenblüten und machen dem Orangenhof alle Ehre. In der Mitte steht der Marmorbrunnen aus westgotischer Zeit, der von den Arabern für ihre rituellen Waschungen benutzt wurde. Die Puerta del Perdón (16. Jh.), ein im Mudéjarstil reich mit Stuckdekor verziertes Portal, bildet den Zugang im Norden. Die Arkaden an der Ostseite des Hofes sind in spätere Anbauten integriert: In der Biblioteca Colombina sind mehr als 3 000 Bände zu bestaunen, die Fernán Colón, der Sohn von Kolumbus, dem Domkapitel geschenkt hat. Hier finden sich neben einer Bibel von Alfons X. interessante Manuskripte mit handschriftlichen Notizen des Entdeckers der Neuen Welt.

Giralda

Von der einstigen Großen Moschee Sevillas kündet heute weithin ihr ehemaliges Minarett, die 97 m hohe Giralda, die zum Wahrzeichen der Stadt geworden ist. Beim Abriß der Moschee Anfang des 15. Jh.s wurde einzig das Minarett verschont, das der heutigen Kathedrale als Glockenturm dient. Der almohadische Bau (1184 –1196) ist bis über die Blendarkaden erhalten: Um einen zentralen Kern mit sieben übereinanderliegenden Kuppelräumen führt eine Rampe nach oben auf eine Plattform, von der aus man einen eindrucksvollen Blick auf die Stadt genießen kann. Die Seitenwände sind oberhalb der glatten Sokkelzone mit filigranem Rautengeflecht über Blendarkaden verziert, zwischen denen sich Zwillingsfenster öffnen. Eine Blendarkade mit sich kreuzenden Zakkenbögen bildet den Abschluß. Ursprünglich saß hier ein kleiner Turm, dessen Keramikkuppel eine Spitze aus vier vergoldeten Kugeln trug; er wurde durch das Erdbeben am 24. August 1355 zerstört. Hernán Ruiz II. schuf 1560 –1568 den neuen fünfstöckigen Aufsatz, der weithin als Triumph des Christentums zu sehen ist. Bekrönt wird er von einer 4 m hohen Statue der »Fides« (Glaube) mit Standarte und Palmzweig in den Händen, die dem Bauwerk seinen Namen verlieh. Die Standarte dient als Windfahne und läßt die Figur im Winde drehen, was im Spanischen als giraldilla (von »girar«, drehen) bezeichnet wird.

Alcázares Reales

An der Plaza del Triunfo liegen die Alcázares Reales (Königliche Palastbauten), die zu den geschichtsträchtigsten Baukomplexen Sevillas gehören. Einige Epochen haben hier ihre Spuren hinterlassen, doch ist trotz der architektonischen Vielfalt eine harmonische Gesamtanlage entstanden, die durch ihre überreiche Pracht einen besonderen Reiz ausstrahlt. Die Patios, Säle, Schlafgemächer und Gärten der Palastanlage waren Schauplätze wichtiger historischer Ereignisse und Begegnungsstätte von berühmten Persönlichkeiten. Bis heute stehen einige von ihnen dem Königshaus bei Aufenthalten in der Stadt zur Verfügung.

Die Anfänge der Alcázares Reales reichen bis in die frühe Zeit der arabischen Herrschaft in Sevilla zurück, als die Vertreter des Kalifats von Córdoba und später die Abbadidenherrscher hier lebten. Einziges Zeugnis dieser Zeit sind die Überreste des Jardín de Crucero aus dem 11. Jh. Zu einem großen und repräsentativen Herrschersitz wurde der Palast erstmals im 12. Jh. ausgebaut, als die Almohaden Sevilla zur neuen Hauptstadt ihres Taifa-Reiches machten. Nur der schöne Patio del Yeso läßt noch die Pracht dieser Anlage erahnen, denn nach der Reconquista wurde der Alcázar 1248 unter Ferdinand III. christliche Residenz und erfuhr weitgehende Veränderungen. Den Kern der heutigen Anlage bildet der von Peter I. dem Grausamen (1350–1369) errichtete Palast. Er ragt unter den Profanbauten als eines der schönsten Beispiele mudejarer Baukunst hervor. Dem Wohnsitz seiner Geliebten María de Padilla widmete Peter I. hohe Aufmerksamkeit. Er ließ Spolien islamischer Bauwerke nach Sevilla schaffen und berief eigens Handwerker aus Toledo und Granada, um einen Palast nach seinen eigenen Vorstellungen errichten zu lassen. Das Ergebnis ist ein äußerst prachtvoller Bau, an dem sich Elemente islamischer Tradition mit spanisch-christlichen Elementen verbinden. Weitere Umbauten und Erweiterungen nahmen dann die Katholischen Könige und ihre Nachfolger vor, um die Königsresidenz den jeweiligen Bedürfnissen anzupassen. So wurden beispielsweise das Obergeschoß des Palastes Peters I. zu einer Winterresidenz ausgebaut und verschiedene Gärten angelegt. Seitdem hat es – bis auf die umfassenden Restaurierungsarbeiten des 19. Jh.s im Geschmack der damaligen Zeit – keine substantiellen Neuerungen und Eingriffe mehr gegeben.

Patio del Yeso

Die Puerta del León, ein Tor in der almohadischen Mauer, bildet von Nordwesten den Zugang zu dem gewaltigen Baukomplex. Sein Name geht auf die Azulejos-Darstellung eines gekrönten Löwen zurück, der ein Kreuz und ein Schriftband mit der Aufschrift »Ad Utrunque« (Zu allem bereit) trägt. Über den Patio del León betritt man die Sala de la Justicia, einen unter Alfons XI. im 14. Jh. errichteten Gerichtssaal, und gelangt weiter zum Patio del Yeso. Der lange, rechteckige Garten mit Beeten, einem Kanal in der Mitte und Gebäuden aus Ziegelstein war Teil der almohadischen Festungsanlage. An einer Langseite befindet sich ein siebenbogiger Portikus, der als eines der seltenen Beispiele almohadischer Palastarchitektur zu bewundern ist. Seine Fassade ist dreigeteilt: Die Mitte nimmt ein spitzzulaufender Zackenbogen ein, dessen Zwickel mit einem Netz von sich überschneidenden Bogen überzogen ist. Ihn flankieren je drei Blattbogen, die von gebrochenen Rautenpaneelen bekrönt werden. Über der aus zwei Hufeisenbogen gebildeten Tür sind Fenster angebracht, deren kunstvolles Steingitter für ausreichende Beleuchtung und Belüftung des Saales sorgte.

Fassade des Palacio de Don Pedro

Vom Patio del León aus blickt man auf die zweistöckige Fassade des Palastes Peters I., die als ein Meisterwerk mudejarer Dekorationskunst ins Auge fällt. An ihr haben u. a. die maurischen Bauleute mitgewirkt, die Mohammed V., Herrscher von Granada, zum Dank für den militärischen Beistand Peters I. entsandte. Daran erinnert vielleicht der blau-weiße Azulejos-Fries über den Fenstern, der die Devise der Nasridenherrscher von Granada mit kufischer Schrift zitiert: »Es gibt keinen Sieger außer Allah«. Auf den ersten Blick erweist sich das Bauwerk als durch und durch islamische Schöpfung, gäbe es nicht die gotische Schmuckinschrift, die dieses Schriftband umrahmt und Namen des Bauherrn und Datum der Errichtung (1364 – 1366) nennt. Ebenso verhält es sich mit der Stalaktitenbekrönung der seitlichen Ziegelsteinpfeiler und dem Wappen Peters I., das eine Kombination des Löwen von León und der kastilischen Türme darstellt.

Cuartos del Almirante: Alejo Fernández, Virgen de los Navegantes, (mit Detail) 1531–1536
Öl auf Holz

Im Westflügel am Patio del León liegen die Cuartos del Almirante (Zimmer des Admirals), mit denen die Geschichte der Conquista eng verbunden ist. Hier nahmen viele Unternehmungen ihren Ausgang, die den Namen und die Existenz Spaniens in die Länder der Neuen Welt brachten. So gründete Isabella in diesen Räumen 1503 die Casa de Contratación, die Handelskammer für den Verkehr mit der Neuen Welt. Die spanischen Könige empfingen in der Sala de Audiencias Seefahrer und Entdecker, wie etwa 1496 Kolumbus – nach dem der Gebäudeteil benannt ist – nach seiner zweiten Amerikareise oder Fernão de Magalhães (um 1480–1521) vor seiner Erdumsegelung.

Die Sala de Audiencias beeindruckt durch ihre schöne Artesonado-Decke mit den bemalten und vergoldeten geometrischen Einlegearbeiten und durch die mit Stoff verkleideten Wände, auf denen die Wappen berühmter spanischer Admiräle wiedergegeben sind. In der dahinterliegenden Kapelle befindet sich das berühmte Retabel »Virgen de los Navegantes« (Madonna der Seefahrer) von Alejo Fernández aus den Jahren 1531–1536. Die in zahlreichen Seefahrerkirchen verehrte Beschützerin der Schiffahrt, auch als »Madonna der guten Winde« bekannt, breitet ihren Schutzmantel über Eingeborene und Exponenten der christlichen Seefahrt des Entdeckungszeitalters aus: Unter den Schützlingen sollen rechts Kolumbus und seine Begleiter, die Brüder Pinzón (mit Kopfbedeckung), links im Profil Kaiser Karl V., ferner Sancho de Matienzo, der erste Schatzhalter der Casa de Contratación, Amerigo Vespucci und Juan de la Cosa dargestellt sein. Im Vordergrund sind die verschiedenen Schiffe zu sehen, die zu den Reisen in die Neue Welt eingesetzt wurden. Auf den Seitentafeln sind die Heiligen Jakobus, Sebastian, Telmo und Johannes zu sehen.

Alcázares Reales

Ein überaus beeindruckender Baukomplex in Sevilla sind die Königlichen Palastbauten. Durch die Puerta del León führt der Weg in den Patio del León, zu dessen Linken die Sala de la Justicia und der Patio del Yeso liegen. Darauf folgt der Patio de la Montería (Jagdhof), in dem sich einst die Jagdgesellschaften der Könige versammelten. An der Westseite befinden sich die Cuartos del Almirante, während man von der gegenüberliegenden Seite aus in den ehemaligen Alcázar Alfons X. des Weisen gelangt: Der kreuzförmig angelegte Garten ist nach der Geliebten Peters I., Doña María de Padilla, benannt, während die Räumlichkeiten als Palast Karls V. bezeichnet werden, weil hier die Hochzeit des Kaisers mit Isabella von Portugal stattfand. Die Stirnseite des Patio de la Montería wird vom Palast Peters I. begrenzt, an den sich die Gärten anschließen.

Gärten, S. 62

Pabellón de Carlos V, S. 63

Cuartos del Almirante, S. 52

Patio del Yeso, S. 50

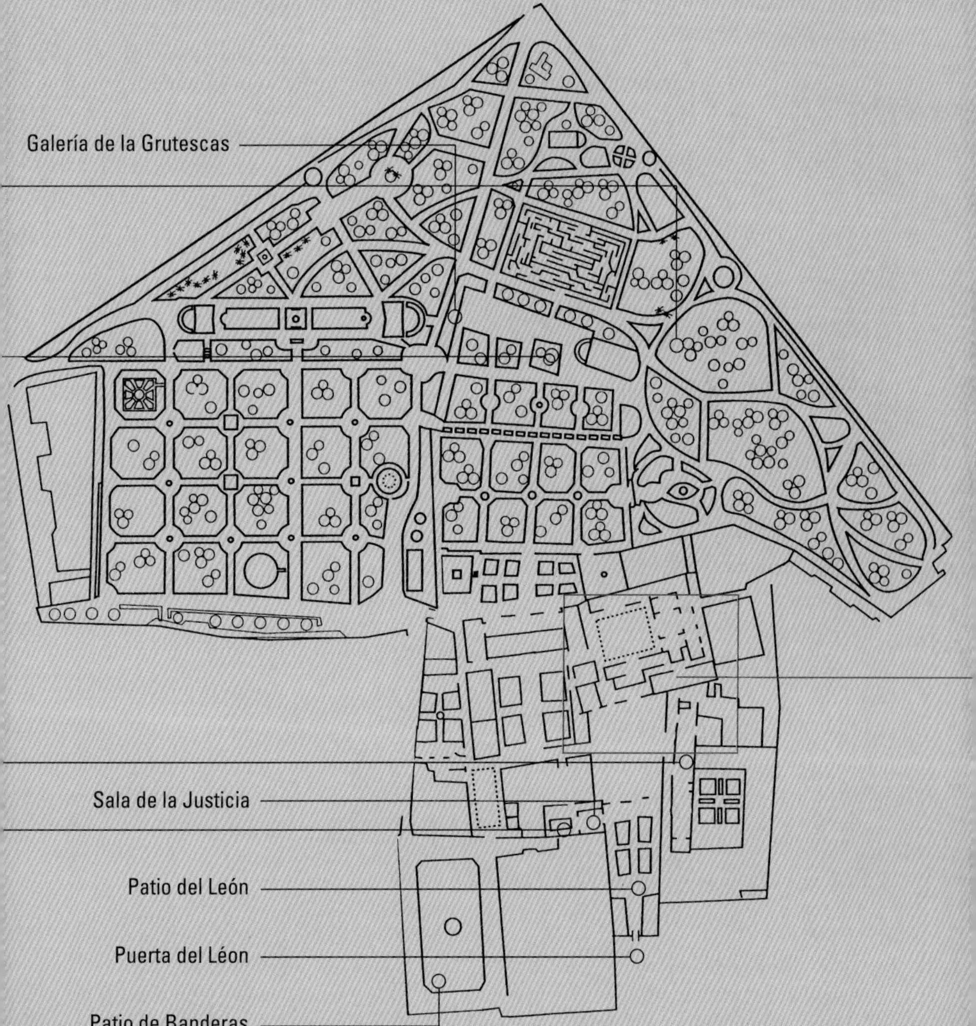
Galería de la Grutescas
Sala de la Justicia
Patio del León
Puerta del Léon
Patio de Banderas

Patio de las Doncellas

Ähnlich wie in der Alhambra (Granada) führt hinter der prachtvollen Eingangsfassade ein schmaler, gewinkelter Gang in den repräsentativen Mittelpunkt des Palastes Peters I., den Patio de las Doncellas. Er verdankt seinen Namen den jungen Damen des Hofes, die vom Obergeschoß aus die Empfänge hoher Gäste beobachten konnten. Um ihn gruppieren sich die offiziellen Säle, während die Räume um den Patio de las Muñecas (Puppenhof) zum Privatbereich gehören. Der Patio de las Doncellas wird von Arkaden mit Zackenbogen über eleganten Doppelsäulen umgeben. Die Hauptachsen werden durch fast doppelt so hohe Bogen hervorgehoben. Über dem rautenförmigen Stuckdekor schließt ein Fries mit kufischen Inschriften und Pflanzenornamenten das Untergeschoß ab. In den islamischen Dekor sind die Wappen von Kastilien und León sowie das kaiserliche Wappen eingearbeitet: der Schild mit dem Doppelkopfadler der Habsburger und die mit dem Schriftband »Non plus ultra« umwundenen Säulen des Herkules. Farbenprächtige Azulejos aus dem 14. Jh. schmücken die Rückwände der Umgänge. Holztüren mit vergoldeten und bemalten Intarsienarbeiten führen in die anliegenden Repräsentationsräume. Die alten Ziegelsteinpfeiler im oberen Geschoß wurden im 16. Jh. durch eine Galerie ersetzt, als unter den Katholischen Königen der sog. Obere Palast errichtet wurde.

Salón de Embajadores

Der Patio de las Doncellas führt in den prachtvollsten Saal des gesamten Komplexes, der auf den Thronsaal des maurischen Palastes zurückgeht. Die aufwendigen Wanddekorationen im Saal der Gesandten erinnern wiederum an die Prunkräume der Alhambra: Bunt glasierte Alicatados, die zu geometrischen Mustern zusammengesetzt sind, schmücken die Sockelzone, während Gold und farbi-

Patio de las Doncellas, S. 58

Salón de Embajadores, S. 58

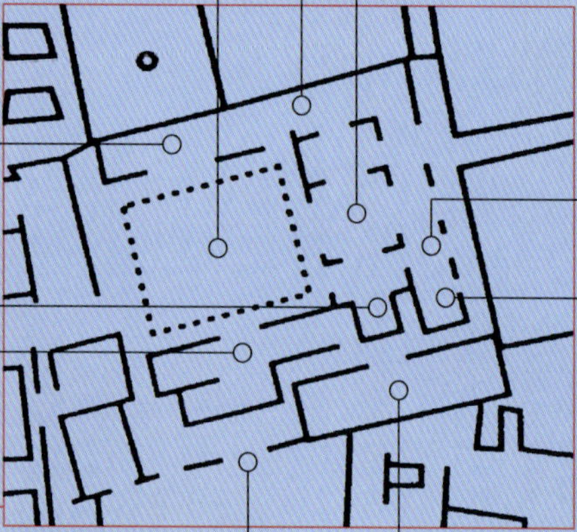

Palacio de Don Pedro, S. 51

ger Stuck – feinste Ornamentik aus Schmuckbändern mit Rautenmustern, Rankenwerk und kufischen Schriftzeichen – die Wände überziehen. Drillingsarkaden mit Hufeisenbogen, deren Säulen aus älteren maurischen Palastbauten stammen, öffnen den Saal an drei Seiten zu den angrenzenden Räumen. Stalaktiten und Waben leiten zu der aufwendigen Kuppel aus Lärchenholz über, mit der Diego Ruiz 1427 die ursprüngliche Decke ersetzte. Sie ist von einem kunstvollen Geflecht aus Sternen überzogen, welche das Universum symbolisieren und in ihrer Mitte einen zwölfstrahligen Stern bilden. Im 16. Jh. ließ Philipp II. im oberen Wandbereich des Saales einen Fries mit den Porträts kastilischer Könige anbringen und die Balkone herausschlagen, die den Raum mit dem sog. Oberen Palast verbinden.

Maurische Gärten

Wer von Andalusien spricht, erwähnt auch seine Gärten, in denen Dank des günstigen Klimas Pflanzen gedeihen, die hier ursprünglich nicht beheimatet waren. Unglaubliche Farbenpracht und betörender Duft ziehen jeden Besucher in ihren Bann. Die Gärten sind mit viel Liebe gestaltet und zeichnen sich durch Duft, Wasser und Stille aus.

Die Gartenbaukunst hat eine lange Tradition und geht bis in die maurische Vergangenheit zurück. Die Araber fanden in Andalusien ideale Bedingungen vor, um ihre Vorstellung vom Garten als Paradies auf Erden in einer üppigen, kunstreich angeordneten Vegetation umzusetzen. Sie kamen aus einem Land, in dem sich die Gartenbaukunst zu außerordentlicher Blüte entfaltet hatte und waren Meister darin, der freien Natur den Stem-

Das Anlegen eines Wasserbeckens, Miniatur aus dem Buch des Babur, 1598, Delhi, Museum

pel der menschlichen Hand aufzudrücken. So konzipierten sie mit Feinheit und Eleganz große Gartenanlagen, die aus mehreren hinter- und nebeneinanderliegenden Patios bestanden, durch Gittertüren voneinander getrennt und zugleich verbunden. Die Bepflanzung mit den gleichen Bäumen machte die Harmonie des Ganzen aus. Meist waren es immergrüne Pflanzen, deren Blätter oder Nadeln den ewigen Frühling symbolisieren. Durch die Farbenpracht der Blumen wurde das ansonsten einheitliche Grün freundlicher und heller gestaltet. Schöpfräder und Sammelbrunnen sorgten für die Bewässerung. Das Wasser verteilte sich entlang von Kanälen und Rinnsälen, die immer wieder durch Kaskaden, Springbrunnen oder Wasserbecken unterbrochen wurden. Oftmals trifft man in ummauerten Zonen auf viergeteilte Wasserläufe, ein Abbild des himmlischen Gartens: Sie formen ein Achsenkreuz, in dessen Mitte sich ein rundes Becken erhebt, und verkörpern die vier Paradiesflüsse, die in die vier Himmelsrichtungen hinaus- oder von ihnen her zur Mitte strömen. Bunte Azulejos, farblich abgestimmt auf ihre Umgebung, unterbrechen auch das Grün der Anlage, schimmern durch das Wasser, rahmen ein Beet oder schmücken eine Bank, eine Treppe oder die kleinen Architekturen.

Seit der maurischen Zeit hat sich vieles geändert. Kaum eine der alten Gartenanlagen ist in ihrer ursprünglichen Form erhalten. Durch die Christen wurden fast alle Gärten völlig umgestaltet. Nur eine Anlage hat sich bewahrt, die zu den schönsten auf der Welt zählt: Wenn man durch die Gärten der Alhambra in Granada spaziert, fühlt man sich in ein irdisches Paradies versetzt. Bänke unter Orangenbäumen und Zypressen oder Lauben laden zum Verweilen ein, Blüten verschiedenster Ziersträucher, Rosmarin, Myrte, Thymian und Jasmin strömen ihren Duft aus, begleitet vom Plätschern des Wassers in den zahlreichen Springbrunnen und Rinnsalen. Hier werden die Beschreibungen des islamischen Paradiesgartens im Koran Wirklichkeit, von denen sich die maurischen Gartenkünstler inspirieren ließen: ein Ort des Friedens und eine Oase der Labsal, deren Bäume Schatten spenden und immer Früchte tragen, deren Wasserquellen nie versiegen.

Granada, Alhambra, Generalife

Gärten der Alcázares Reales

Auch wenn nur ein kleiner Teil der sich südlich an den Palast anschließenden Gärten in seiner ursprünglich Form erhalten geblieben ist, lohnt ein Aufenthalt. Direkt hinter dem Palast liegt der streng geometrisierte Renaissancegarten, der durch Terrassen, Grotten, Wasserspiele, Brunnen und Statuen aufgelockert wird. Von den Arkaden der Galería de la Grutescas (der Grotesken) aus dem 17. Jh. an der Ostseite hat man einen wunderschönen Blick auf diese Gartenanlagen. An den Bogen des aus Vulkangestein errichteten Baus finden sich Kapitelle der Kalifenzeit, die aus verschiedenen Teilen des Palastes stammen. Ursprünglich wirkte er nicht so naturbelassen wie heute, sondern war mit allegorisch-mythologischen Fresken geschmückt,

die vom außerordentlichen Reichtum Sevillas im 16. Jh. erzählen. Durch ein Portal gelangt man in einen weitläufigen Park, der Anfang des 20. Jh.s unter König Alfons XIII. angelegt wurde. An seinem Ende erhebt sich ein gotisches Portal aus der Zeit der Katholischen Könige, das einst zum Palast der Herzöge von Arcos in Marchena gehörte und anläßlich einer Versteigerung in den Privatbesitz von Alfons XIII. gelangte.

Pabellón de Carlos V

Der Pavillon Karls V., den Juan Hernández 1543 anläßlich der Hochzeit des Herrschers mit der portugiesischen Prinzessin Isabella errichtete, ist ein quadratischer, von Säulenarkaden umgebener Bau. Neben der kassettierten Kuppel aus Zedernholz kann man einen Stuck- und Fliesendekor bewundern, der mudejare Schmuckelemente mit denen der Renaissance verbindet.

Iglesia del Sagrario

An der Westseite des Orangenhofes steht eine Barockkapelle aus dem 17. Jh., die von Miguel de Zumárraga entworfen wurde: Wie die Kathedrale erhebt sie sich über einem rechteckigen Grundriß mit einer überkuppelten Vierung und Kapellen zwischen den Strebepfeilern. Pilaster und Blendfenster gliedern den dreigeschossigen Außenbau.

Retabel des Hochaltares

Aus dem ehemaligen Convento de Francisco wurde der Hochaltar (1665–1669) in die Kapelle überführt: Sein Retabel mit der »Kreuzabnahme«, die Engel in den Seitennischen und das Relief »Einzug in Jerusalem« stammen von Pedro Roldán, die Giebelskulpturen – Hl. Klemens, Hl. Veronika und Engel – von Pedro Duque Cornejo. An den Seiten des Innenraums stehen acht große steinerne Figuren der Evangelisten und Kirchengelehrten von José de Arce (1657).

Casa Lonja (Archivo General de Indias)

Bis zum 16. Jh. fand die Handelsbörse täglich im Orangenhof der Kathedrale statt und konnte bei schlechtem Wetter auch in deren Innenraum verlegt werden. Als der Erzbischof aber den Lärm der Kaufleute wiederholt als Gotteslästerung beklagte und schließlich mit Exkommunikation drohte, ließ Philipp II. 1585–1598 gegenüber vom Südportal der Kathedrale die Börse errichten. Der zweigeschossige Bau über quadratischem Grundriß mit einem monumentalen Innenhof steht architektonisch in der Nachfolge des Escorial in Madrid, auf dessen Architekten Juan de Herrera die Pläne vermutlich zurückgehen. Als die Handelsbörse im 18. Jh. zunehmend an Bedeutung verlor, brachte Karl III. in ihren Räumen das Archivo General de Indias unter, das sämtliche Dokumente zur Entdeckungsgeschichte der Neuen Welt bis zum 19. Jh. birgt. Darunter befinden sich Erinnerungen an Hernán Cortés und Francisco Pizarro, die Eroberer von Mexiko und Peru, an Fernão de Magalhães, den ersten Weltumsegler, und der Vertrag von Tordesillas, nach dem die Königshäuser von Spanien und Portugal die Neue Welt unter sich aufteilten.

Hospital de la Caridad

Im Garten vor dem Hospital der Barmherzigkeit erinnert ein Bronzedenkmal an den Mann, mit dem die Einrichtung des Hospitals und die Geschichte des Baus eng verbunden ist: Miguel de Mañara. Dieser schlug nach einem lasterhaften Leben den Pfad der Tugend ein und trat, durch eine Vision bekehrt – während einer Schlägerei soll er seinen eigenen Leichenzug gesehen haben – 1662 in die Bruderschaft der heiligen Barmherzigkeit ein. Dank seines großen Vermögens ermöglichte er den Weiterbau der Kirche und gründete 1664 das Hospital, das noch heute der Krankenpflege und Fürsorge dient. Auch gab er der Bruderschaft neue Ordensregeln, deren programmatische Botschaft lautet, daß nur die Nächstenliebe vor ewiger Verdammnis schützen kann.

Das Hospital steht an der Stelle der ehemaligen Königlichen Schiffswerft, so daß deren frühere Konstruktion teilweise in die drei großen Säle einbezogen ist. Links des Eingangs blickt man auf die mit blauweißen Fliesenbildern geschmückte barocke Fassade der Hospitalkirche. Die beiden Heiligenfiguren, der Hl. Georg und der Hl. Jakob, und die Allegorien – Glaube, Hoffnung und Barmherzigkeit – verweisen auf das karitative Programm der Bruderschaft, die sich um die Beerdigung der im Guadalquivir Ertrunkenen und der zum Tode Verurteilten kümmerte.

Innenhof

Durch die Pforte tritt man in einen Innenhof mit toskanischen Säulenarkaden. Er ist durch einen zweigeschossigen Bogengang geteilt. Auf jeder Seite steht in der Mitte ein achteckiger Brunnen mit den allegorischen Figuren »Erbarmen« bzw. »Wohltätigkeit«. Die Mauern sind mit holländischen Fliesen aus dem ausgehenden 17. Jh. geschmückt, die biblische Szenen darstellen, welche in der Inschrift fälschlicherweise als »De tien Geboden« (Die zehn Gebote) bezeichnet werden. Parallel zur Kirche liegen die drei großen Säle des Hospiz, an die im 19. Jh. ein vierter Raum, der heutige Speisesaal, angebaut wurde.

IN ICTV OCVLI

Innenraum der Hospitalkirche:
Valdés Leal, In ictu oculi, 1671/72
Öl auf Leinwand, 220 x 216 cm

Die Saalkirche enthält eine der bedeutendsten Gemäldesammlungen der Stadt, die sich inhaltlich auf Mañaras programmatische Botschaft beziehen. Zu den großartigsten Gemälden gehören die Vanitas-Darstellungen von Juan Valdés Leal. An der Nordwand links wird in dem Bild »In ictu oculi« auf die Eitelkeit des Menschen und seine Gier nach irdischer Schönheit angespielt: Ein Skelett, das mit einem Fuß auf der Weltkugel steht, trägt einen Sarg und löscht symbolisch die Flamme des Lebens aus. Am Boden liegen Tiara, Krone, Zepter, Prunkgewänder, Bücher und Pergamentrollen. Valdés Leal hat hier in drastischer Weise vorgeführt, wie der Tod »in nur einem Augenaufschlag« das Leben auslöscht und alle Attribute von Reichtum, Ruhm, Macht und Gelehrsamkeit nutzlos macht.

Innenraum der Hospitalkirche:
Valdés Leal, Finis gloriae mundi, 1671/72
Öl auf Leinwand, 220 x 216 cm

Auf die Vergänglichkeit von weltlichem Ruhm spielt auch das zweite Gemälde von Valdés Leal an der Südwand an: In der Gruft liegen die von Insekten und Würmern zerfressenen Leichname eines Bischofs und eines Ritters des Calatrava-Ordens (dem auch Mañara angehörte). Im Hintergrund blickt man auf das Skelett eines Königs und mehrere Totenschädel. Darüber hält die Hand Christi eine Waage, die die Last der sieben Todsünden gegen Symbole des christlichen Glaubens wie Gebet, Buße und Nächstenliebe abwiegt. Diese symbolische Darstellung soll dem Betrachter vor Augen führen, daß alle Menschen im Tode gleich sind. Nur entsprechend ihres irdischen Handelns wird beim Jüngsten Gericht über Verdammnis oder Erlösung entschieden.

von Aussätzigen dar und zeigt, wie sie einen Kranken über einer Wasserschüssel von Kopfgrind befreit. Die realistische Darstellung der Behandlung von Wunden entsprach der Regel Mañaras. Er ermahnte seine Brüder, »gleichviel, wie ekelerregend die Wunden auch sein mögen, wende dich bei der Krankenpflege nicht zur Seite, sondern opfere Gott diese Kasteiung mit Standhaftigkeit«. Im Hintergrund erscheint nach italienischer Manier der Ausblick auf eine andere Szene der Caritas.

Innenraum der Hospitalkirche: Bartolomé Esteban Murillo, Die Hl. Elisabeth pflegt die Aussätzigen, 1671–1674
Öl auf Leinwand, 325 x 245 cm

An den Seitenwänden hängen verschiedene Gemälde Murillos, die sich mit dem Thema Nächstenliebe befassen. Eines stellt die Hl. Elisabeth von Thüringen inmitten

Innenraum der Hospitalkirche, Hochaltar: Pedro Roldán, Grablegung Christi, 1670

Blickfang der Kirche ist der Hochaltar, auf dem vor einem Gemälde mit dem leeren Kreuz Christi von Valdés Leal die farbig gefaßte »Grablegung Christi« von Pedro Roldán steht. Sie symbolisiert das letzte Werk der Nächstenliebe, nämlich die Bestattung der Toten. Die Skulptur bietet ein anschauliches Beispiel für den Realismus der spanischen Kunst, der auch vor extremen Darstellungen von Schmerz, Trauer und Tod nicht zurückschreckt.

Torre del Oro

Zu den Wahrzeichen Sevillas gehört die Torre del Oro, der Goldturm am Guadalquivir aus dem 13. Jh. Unter den insgesamt 166 Wehrtürmen der almohadischen Befestigungsanlage nahm er eine herausragende Stellung ein. Von hier konnte eine Kette zu einem heute zerstörten Turm auf der gegenüberliegenden Seite des Flusses gespannt werden, um den Hafen vor feindlichen Angriffen zu sichern. Einst war der Turm mit goldglasierten Azulejos verkleidet, woran heute nur noch sein Name erinnert. Der zwölfeckige Bau mit einem zentralen sechseckigen Treppenhaus ist im Untergeschoß nur sparsam mit Fenstern und Schlitzen sowie einem Blendbogenfries versehen. Er wird von Pyramidalzinnen bekrönt. Über der Plattform erheben sich ein schlankerer, gleichfalls zwölfeckiger Turm mit einer Laterne aus dem 18. Jh. Heute befindet sich in der Torre del Oro ein kleines Marinemuseum.

Palacio de San Telmo

Gegenüber der Jardines de Santa Cristina steht einer der schönsten Paläste des Sevillaner Barocks. Das Schmuckstück der ansonsten eher kargen Hauptfassade des Palacio de San Telmo ist der dreigeschossige Portalbau, den Leonardo de Figueroa, der führende Architekt des Sevillaner Barocks, und sein Sohn Antonio Matías de Figueroa entworfen haben. Reich ornamentierte Säulen und Figuren, die mit Wissenschaften und Künsten der Nautik in Verbindung stehen, rahmen Portal, Mittelbalkon und den durchbrochenen Giebel. In den offenen Arkaden steht die Statue des Dominikanerpaters Pedro Telmo, den die Seeleute Sevillas seit dem 16. Jh. verehren. Er hat sich auf den Masten mit einer Fackel in der Hand zu erkennen gegeben und die stürmische See beruhigt. Der 1628–1734 errichtete Palast diente zunächst als Akademie für Schiffahrtskunde. 1849 ging er in den Besitz des Grafen von Montpensier über, bis die Infantin María Luisa Fernanda, Gräfin von Montpensier und Schwester Königin Isabellas II., ihn 1897 auf dem Sterbebett zur Aufnahme eines Priesterseminars bestimmte.

Nordseite

An der Nordfassade des Palastes stehen zwölf Statuen berühmter Männer aus Sevilla, darunter Velázquez, Mañara, Lope de Rueda und Murillo, die Antonio Susillo 1895 geschaffen hat.

Sevilla und das Siglo de Oro spanischer Kultur

Im 17. Jh. bietet Spanien ein Bild des absoluten Kontrasts. Hatte das spanische Weltreich noch im 16. Jh. inmitten einer politisch und religiös zerstrittenen Welt nach außen hin das Bild einer festen Einheit von Politik und Glauben abgegeben, so begann im darauffolgenden Jahrhundert unaufhaltsam der politische, wirtschaftliche und soziale Niedergang. Die Literatur jener Zeit zeichnet ein eindrucksvolles Bild der sozialen Lage im Land. Während aber die Krisensymptome überall unübersehbar waren, erreichte die kulturelle Entwicklung unter Philipp III. und Philipp IV. ihren Zenit. Spanien erlebte in diesen Jahrzehnten den Höhepunkt seines *Siglo de Oro*,

Stadtansicht von Sevilla, 1738, Kupferstich, 35 x 51 cm, Sevilla, Archivo Municipal

des goldenen Zeitalters, wie die Blütezeit spanischer Kultur zwischen 1550 und 1650 genannt wird. In dieser Epoche entstanden zahlreiche der bedeutendsten Beiträge Spaniens zur Weltliteratur: Der »Don Juan« des Dramatikers Tirso de Molina, der »Don Quijote« des Dichters Miguel de Cervantes, die Dramenkunst des Calderón de la Barca, das Theater von Lope de Vega oder die Gedichte des Luis de Góngora eroberten von Madrid aus die Weltbühne.

Die Aufträge

Gleichfalls war 1603 in Madrid eine Akademie der Schönen Künste gegründet worden, und in allen wichtigen Städten des Landes gab es Bildungsanstalten, die den hohen Rang von Malerei und Bildhauerei verdeutlichten. Das wichtigste Kunstzentrum nach der Hauptstadt Madrid war die durch den Handel mit den Kolonien in der Neuen Welt reich gewordene Hauptstadt Andalusiens. Sevilla, mit rund 150 000 Einwohnern eine der größten Städte Europas, stand bis in die 20er Jahre des 17. Jh.s auf dem Gipfel seines wirtschaftlichen Erfolges und wurde erst dann von ökonomischen und politischen Krisen erfaßt. Auf die Künste sollten sich diese jedoch erst später auswirken. Sie konnten sich hier in reichem Maße entfalten, und es mangelte nicht an Aufträgen. In Sevilla, dem Umschlagplatz für europäische Produkte, erwarben die spanischen Siedler in der Neuen Welt Kunstwerke für ihre Kirchen und Klöster wie für ihre Privathäuser. Zudem waren in der Stadt selbst – im Zuge der Bewegung der Gegenreformation – zahlreiche Gotteshäuser neu gegründet worden, für

Gottfried Zschoch, Porträt von Lope de Vega, Kupferstich nach zeitgenössischem Bildnis, 9,2 x 7 cm, Berlin, Sammlung Archiv für Kunst und Geschichte

deren Ausstattung ein großer Bedarf an Kunstwerken bestand. Reichtum und Frömmigkeit verbanden sich hier in einem einzigartigen Mäzenatentum, das den Bildhauer- und Malerwerkstätten zugute kam. Sie erhielten zahlreiche Aufträge von reichen Bürgern, Pfarrkirchen, Hospitälern und Bruderschaften, etwas später auch von den Orden, die für ihre Kirchen, Kapellen, Sakristeien, Kreuzgänge und Refektorien großformatige Altarretabel, umfangreiche Bilderzyklen, Chorgestühle oder »pasos« (Figurengruppen, die Szenen aus der Passion wiedergeben und noch heute während der Osterprozessionen durch die Stadt getragen werden) bestellten. Die Voraussetzungen für die Ausbildung einer Kunstszene waren bestens.

Die Themen

Religiöse Themen standen bei den Auftraggebern an erster Stelle, denn die Kirche hatte als zweite Macht im Staat ein starkes Interesse daran, ihren Einfluß zu stärken. Innerhalb der Auseinandersetzungen zwischen Reformation und Gegenreformation nahmen Kunstwerke eine wichtige Stellung ein, waren sie doch gerade im katholischen Spanien ein probates Mittel, dem Volk die Inhalte der kirchlichen Doktrin zu vermitteln und es zu tiefer Religiösität anzuregen. Schon das Trienter Konzil von 1563 hatte Empfehlungen ausgesprochen, wonach Kunstwerke ihren didaktischen Charakter verstärken und klar, einfach und verständlich sein sollten. Über das Gefühl und nicht über den Verstand sollten sie die religiöse Hingabe des Betrachters bewirken. So gewannen bestimmte Motive bei den Tafelbildern und Skulpturen allmählich Vorrang. Beispielsweise wurde dem Kult der Jungfrau Maria besondere Bedeutung beigemessen, indem man ihre Rolle bei der Erlösung der Menschheit hervorhob. Das zeigt sich in den zahlreichen Darstellungen der »Dolorosa«. Der Kampf der spanischen Kirche um die Anerkennung der Unbefleckten Empfängnis Mariens löste eine wahre Flut von Darstellungen der »Inmaculada« aus, Skulpturen des Hl. Petrus sollten das Ansehen der päpstlichen Autorität stärken, die Sakramente wurden durch Bilder von büßenden Heiligen symbolisiert oder die Nächstenliebe am Beispiel der Heiligen veranschaulicht. In der Malerei wurden hingegen auch weltliche Themen behandelt. Neben zahlreichen Porträts einheimischer Adeliger und kirchlicher Würdenträger entstanden in großer Zahl die »bodegones«, Küchenstücke mit stillebenhaftem Charakter, aber auch religiöse Szenen, die das einfache Volk beim Mahl darstellen. Darüber hinaus bot sich für viele Maler eine wichtige Einnahmequelle durch ihre Tätigkeit als »doradores« (Vergolder) und »policromadores« (Faßmaler) bei der polychromen Fassung von Skulpturen.

Diego Velázquez, Las Meninas, 1656, Madrid, Museo del Prado, Detail

Francisco de Zurbarán, Apotheose des Hl. Thomas von Aquin, 1631, Öl auf Leinwand, 480 x 400 cm, Sevilla, Museo de Bellas Artes

Detail aus der Apotheose des Hl. Thomas von Aquin: Selbstporträt von Francisco de Zurbarán

Die Künstler

Sevillas Bedeutung als Kunstzentrum war jedoch nicht allein an seine wirtschaftliche Prosperität gebunden. Schon seit der Renaissance hatte es als geistiges Zentrum hohes Ansehen besessen und als »nueva Roma« viele große Persönlichkeiten angezogen. Zu den bedeutendsten Vertretern der Sevillaner Malerschule um 1600 gehörte Francisco Pacheco (1564–1625), der einen Kreis aus Künstlern, Humanisten, Dichtern und Theologen um sich versammelt hatte. Ihre literarischen Werke und Schriften zur Kunst wurden prägend für die nachfolgende Malergeneration des Siglo de Oro, aus der bedeutende Künstlerpersönlichkeiten hervorgegangen sind. Pacheco war Lehrer des wohl berühmtesten Sevillaner Malers Diego Velázquez (1599–1660), der mit knapp 18 Jahren in die Malergilde San Luca aufgenommen wurde und im Alter von 23 Jahren seine überaus erfolgreiche Laufbahn als Hofmaler von Philipp IV. in Madrid begann. Auch Francisco de Zurbarán (1598–1664) aus Estremadura, der aufgrund seiner Zyklen aus der Ordensgeschichte und Mönchsporträts als »Maler der Mönche« in die

Kunstgeschichte eingegangen ist, ließ sich 1658 endgültig in der Hauptstadt nieder. Bereits in den 30er Jahren war er an zahlreichen Projekten des Hofes beteiligt gewesen. Wenn auch Madrid im Laufe des 17. Jh.s als Kunstzentrum immer attraktiver wurde, gab es doch andere Künstler, die ihr Leben lang in Sevilla tätig waren. Zu ihnen gehört der für seine lieblichen Madonnen- und Heiligendarstellungen bekannte Bartolomé Esteban Murillo (1618–1682), einer der größten Maler des spanischen Barock. Er wurde berühmt durch seine Darstellungen aus der Geschichte der Franziskaner für das Kloster von San Francisco in Sevilla und stieg zu einem der angesehensten Maler der Stadt auf. 1660

Bartolomé Esteban Murillo, Selbstporträt, um 1670, London, National Gallery

ernannte man ihn sogar zum Präsidenten der neu gegründeten Malerakademie. Ein anderer berühmter Künstler war der ab 1656 in Sevilla ansässige Juan Valdés Leal (1622–1690), dessen Œuvre sich durch religiöse Bilder mit Szenen voller Dynamik und drastischer allegorischer Darstellungen auszeichnet.

Skulpturen nahmen für die Ausstattung der Sakralbauten eine ebenso wichtige Rolle ein wie Tafelbilder. So war es nur natürlich, daß sich in der expandierenden Stadt ab dem späten 16. Jh. auch eine eigene Bildhauerschule formierte. Ihre Entstehung und ihren Ruhm verdankt sie dem bedeutendsten andalusischen Bildhauer in der Übergangsphase zwischen Manierismus und Barock, Juan Martínez Montañés (1568–1649), dessen Arbeiten schon zu seinen Lebzeiten großen Einfluß ausübten. Sein Werk zeichnet sich v. a. durch das Streben nach ausgewogener Schönheit und Verinnerlichung des Ausdrucks unter weitgehendem Verzicht auf dramatische Elemente aus. Die Skulpturen seines Schülers und bedeutendsten Mitarbeiters Juan de Mesa (1583–1627) aus Córdoba weisen hingegen verstärkt expressionistische Elemente auf, was prägend für den späteren Realismus der Sevillaner Schule wurde. Ein anderer bedeutender Schüler war Alonso Cano (1601–1667), der später zum Hauptvertreter der granadinischen Bildhauerschule wird. Er gilt als einer der vielseitigsten Künstler im 17. Jh. Von seinem Vater zum Architekten ausgebildet, arbeitete er anschließend in der Werkstatt des Malers Pacheco und wurde dann Schüler von Montañés. Nach seiner Tätigkeit als Kammermaler am Hof von Madrid kehrte er in seine Heimatstadt Granada zurück, wo sich

Diego Velázquez, Küchenszene mit Christus im Hause von Maria und Martha, 1618, Öl auf Leinwand, 60 x 103,5 cm, London, National Gallery

viele Zeugnisse seiner Malereien und seiner edlen, kleinformatigen Skulpturen finden. Mit José de Arce (gestorben 1667) kam 1636 ein flämischer Bildhauer nach Sevilla, der den europäischen Barock in der Stadt einführte. Sein Stil, durch dynamische Formen und große kompositorische Dramatik gekennzeichnet, sollte dem Barock in Sevilla endgültig zum Durchbruch verhelfen.

Als die allgemeine Krisensituation des Landes im Laufe des 17. Jh. auch vor der reichen Handelsstadt Sevilla nicht Halt machte und die Pestepidemie von 1649 und die sich anschließende Hungersnot die Situation zusätzlich verschärften, zogen viele Künstler nach Madrid, in die Hauptstadt. Mit dem Regierungsantritt Philipps IV. war dort 1621 ein junger und gebildeter Mann an die Macht gekommen, der der Literatur und den Künsten zugetan war. Während seiner Regierungszeit wurden mehrere architektonische Großprojekte in Angriff genommen, an denen viele Künstler beteiligt werden mußten. Unter seinem Sohn und Nachfolger, dem kränklichen und schwachen Karl II., nahm der Niedergang Spaniens seinen Lauf. Das Land wurde von schweren innen- und außenpolitischen Krisen erschüttert, die für eine Förderung der Künste und Literatur kaum noch Platz ließen. Das Goldene Zeitalter der spanischen Kultur war vorüber…

Gonzalo Bilbao y Martínez, Die Zigarrenarbeiterinnen, 1915, Sevilla, Museo de Bellas Artes

Universidad Antigua Fábrica de Tabacos

Die Plaza vor dem Tor zur Tabakfabrik ist bekannt als Schauplatz des ersten Aktes der Oper »Carmen« von Georges Bizet. Wo einst Tausende von Frauen damit beschäftigt waren, Zigarren aus Tabakblättern zu drehen, ist heute ein Teil der Universität untergebracht. Durch das Hauptportal, das von einer Statue der »Fama« (Ruhm) bekrönt wird, gelangte man in den Innenbereich der Vierflügelanlage. Er umfaßte mehrere Fabriksäle, Innenhöfe, Ställe für Pferde und Maulesel, die die Mühlen bewegten, sowie zehn Brunnen. In den Speicherterrassen, wo die Tabakblätter vor dem Trocknungsvorgang in Spezialöfen ausgelegt wurden, herrschte dank eines unterirdischen Wassersystems stets eine konstant hohe Luftfeuchtigkeit. Daneben besaß

die Tabakfabrik ein eigenes Gefängnis, eine Militärwache, die Unruhen verhinderte, sowie eine eigenständige Rechtsprechung. einem Wassergraben umgeben und nur über eine Brücke zugänglich war, einem unbezwingbaren Militärgebäude. Tabak gehörte zur damaligen Zeit zu den überaus begehrten und kostbaren Genußmitteln. War bis zum Anfang des 18. Jh.s das Rauchen von halblangen Pfeifen in Mode, so kam um 1700 aus Amerika eine Art Tabakrolle nach Europa, die wegen ihrer Ähnlichkeit mit einer Zikade (spanisch: cigarra) »el cigarro« genannt wurde und rasch Verbreitung fand. Die bei der Produktion abfallenden Tabakkrümel wurden von den Arbeiterinnen in Papier gewickelt und als Zigaretten geraucht.

Portal der Südseite
Portal der Ostseite

Der riesige zweigeschossige Komplex (250 x 180 m) ist das Werk des holländischen Militärarchitekten Sebastian van der Borcht, der die Fabrik 1728 – 1771 auf einem freien Gelände außerhalb der Stadt errichtete. Nicht umsonst gleicht das Bauwerk mit seinen schmucklos-nüchternen Fassaden, das an drei Seiten von

Parque de María Luisa
Plaza de España mit Palacio Español

Die Parkanlagen, die ursprünglich zum Palacio de San Telmo gehörten, sind nach der Infantin María Luisa Fernanda de Orléans benannt, die das Gelände 1893 der Stadt Sevilla geschenkt hat. Zunächst im englischen Stil angelegt, wurde der Park von dem französischen Gartenbauarchitekten Le Forestier umgestaltet. Auf ihn geht die heutige Anlage mit Rasenflächen und Hecken, Teichen und Brunnen, Keramikamphoren und Denkmälern Sevillaner Geistesfürsten im wesentlichen zurück. Lange Alleen, die die Namen berühmter Konquistadoren tragen, durchziehen den Park. Anläßlich der Ibero-Amerikanischen Ausstellung 1929/30 wurden die Plaza de España und die Plaza de América angelegt, die in den Park integriert sind. Die Ausstellungspavillons der zwanzig teilnehmenden Länder sind bis heute erhalten geblieben. Den Wettbewerb zur Gestaltung der Exposición hatte der Sevillaner Architekt Aníbal González gewonnen, der aber 1926 nach einem Streit von der Leitung zurücktrat. Auf ihn geht der vielleicht schönste Platz, die riesige Halbkreisanlage der Plaza de España, zurück.

Die Plaza de España mit dem halbkreisförmig geschwungenen Palacio Español verherrlicht mit dem Rückgriff auf verschiedene Stile der Vergangenheit die Weltmacht Spanien im Goldenen Zeitalter. So sind die Ecktürme der Giralda nachempfunden und weisen durchweg manieristische Stilelemente auf. Die mittlere Fassade ist barock, das übrige Gebäude im Stil der Renaissance gestaltet. Ein Kanal, über den nach venezianischer Manier Brücken mit schönen Keramikgeländern führen, folgt der Rundung des Platzes. Am Sockel des monumentalen Palastes sind alle Provinzen Spaniens mit einer berühmten Szene aus ihrer Geschichte auf großen Azulejos-Bildern dargestellt. In kleinen gekachelten Regalen waren einst Bücher aus den jeweiligen Provinzen ausgelegt.

Museo Arqueológico Provincial

Plaza América, Pabellón del Renacimiento

Aníbal González entwarf auch den Ehrenplatz der Ausstellung, die Plaza América, an deren Südseite im Pabellón del Renacimiento (Renaissance-Pavillon) heute das Archäologische Museum untergebracht ist. Seine Sammlung, die Funde von der Vorgeschichte bis zum 15. Jh. umfaßt, zählt zu den bedeutendsten Spaniens. Ein besonderer Schwerpunkt liegt auf Exponaten aus der Provinz Sevilla.

Goldschatz von Carambolo

Im Untergeschoß ist der 1958 in der Nähe von Sevilla gefundene Goldschatz von Carambolo ausgestellt, der aus sechzehn Gürtel- und Kopfschmuckplatten, zwei Brustschließen, zwei breiten Armreifen und einer Kette mit Gehänge aus massivem Gold besteht. Die Schmuckstücke aus dem 8./7. Jh. v. Chr. waren vermutlich Eigentum eines hochgestellten Priesters. Sie werden mit der Kultur des legendären Reiches von Tartessos in Zusammenhang gebracht, obwohl über ihre Herkunft keine Einigkeit besteht: Entweder wurde der Schmuck in einer der einheimischen Werk-

stätten im phönizischen Siedlungsgebiet Andalusiens gefertigt oder aber aus dem östlichen Mittelmeerraum importiert.

Venus Itálica

Das Obergeschoß des Museums beherbergt Funde ab der Römerzeit. Zu den Glanzstücken gehört die virtuose Marmorstatue der Venus Itálica aus der Zeit von Kaiser Hadrian (117–138), die auf dem Gelände des Theaters von Itálica gefunden wurde. Trotz der starken Beschädigungen läßt sich anhand ihrer Attribute – dem Lotusblatt und dem Delphin an ihrer Seite – erkennen, daß sie als Anadyomene, als aus dem Meer aufsteigende Göttin, dargestellt war. Das vom Wasser getränkte, schwere Gewand ist um die Hüfte gelegt und dient als Hintergrundfolie, vor der die Göttin ihren schönen Körper offenbart. Den lockigen Kopf hatte sie einst nach rechts erhoben, die Arme waren seitlich herabgeführt und hielten das Gewand.

Casa de Pilatos

Im Barrio de San Bartolomé liegt einer der bedeutendsten Stadtpaläste Sevillas, der heute im Besitz der Herzöge von Medinaceli ist. 1492 begannen der königliche Statthalter Pedro Enríquez und seine Ehefrau Catalina de Ribera mit dem Bau des Palastes, der schließlich von ihrem Sohn Fadrique, 1. Marqués de Tarifa, vollendet wurde. Fadrique hatte 1519 – 1521 eine Pilgerfahrt nach Jerusalem unternommen und nach seiner Rückkehr festgestellt, daß sein Palast von der Kirche Cruz del Campo außerhalb Sevillas genauso weit entfernt liegt wie das Haus des Pontius Pilatus von Golgatha, der Kreuzigungsstätte Christi. Aus diesem Grund ließ er auf dem Weg dorthin die vierzehn Kreuzwegstationen anbringen, wobei sich die erste, in der Jesus Pilatus vorgeführt wird, direkt an seinem Haus befindet. Dies hat zu der fälschlichen Annahme geführt, sein Palast sei eine Kopie des Pilatus-Hauses, was heute noch an seinem Namen zu erkennen ist. Als Fadrique auf seiner Rückreise von Jerusalem nach Italien kam, war er von der Architektur und Dekoration der italienischen Hochrenaissance so begeistert, daß er dort Ausstattungsstücke für seinen Palast in Auftrag gab. Dazu gehört das in Genua gearbeitete Marmorportal der Fassade, über dem ein Fries mit dem Wappen der Familie verläuft.

Patio Principal

Mittelpunkt des Palastes ist der von zweigeschossigen Arkaden eingefaßte Innenhof, in dem sich maurische Dekorationselemente mit dem Formengut der Renaissance und antiken Skulpturen auf wunderbare Weise vermischen. Weiße Marmorsäulen tragen die mit Stuck überzogenen Arkaden, eine filigrane Balustrade umzieht das Obergeschoß. An den Sockeln der Mauern sind 4 m hohe Azulejos-Paneele angebracht, nur unterbrochen durch zweibogige Fenster, die Licht in die hinter dem Hof liegenden Räume eindringen lassen. In der Hofmitte erhebt sich ein ebenfalls in Genua gefertigter Brunnen, dessen obere Schale von Delphinen getragen wird. Über

den Wasserstrahlen zeigt ein Januskopf seine beiden Gesichter. In den vier Ecken stehen römische Statuen, eine Kopie der berühmten Athena Lemnia des Phidias, eine weitere kriegerische Minerva, die Fruchtbarkeitsgöttin Ceres und eine Muse. In den Wandnischen sind Büsten römischer Kaiser, Ciceros und Kaiser Karls V. aufgestellt.

Iglesia de San Salvador

Die dreischiffige Erlöserkirche mit ihrer mächtigen, laternenbekrönten Vierungskuppel entstand zwischen 1674 und 1712 an der Stelle einer alten Moschee aus dem 9. Jh. Von ihr zeugen heute noch das Sockelgeschoß des Minaretts im Glockenturm und die Reste des Orangenhofes an der Nordseite. Durch Schlammablagerungen nach den bis zum letzten Jahrhundert immer wiederkehrenden Überschwemmungen des Guadalquivir ist das Bodenniveau dort heute um etwa 2 m erhöht worden, so daß die Kapitelle – römische und westgotische Spolien – nur noch 30–60 cm aus dem Boden ragen. Für die Gestaltung der Fassade zeichnet sich Leonardo de Figueroa verantwortlich, der zuletzt die Bauleitung der Barockkirche übernommen hatte. Hier finden sich erste Ansätze der für seinen späteren Stil charakteristischen Verwendung von Backsteinen innerhalb der hellen Mauern, die im Gegensatz zum behauenen Naturstein um einiges preiswerter waren. Zudem hat Figueroa gemäß der andalusischen Tradition Dächer und Kuppeln oftmals mit Verkleidungen aus glasierten Kacheln polychrom gestaltet. In der gewaltigen Kuppel über der Vierung befindet sich ein großes Retabel aus dem 17. Jh. von Cayetano da Costa.

Rathaus (Ayuntamiento)

Die Plaza de San Francisco war einst der Mittelpunkt von Sevilla und Schauplatz von Festen, Turnieren und Stierkämpfen. In den Jahrhunderten der Inquisition wurden hier aber auch die Autodafés, öffentlich abgehaltene Glaubenstribunale gegen Ketzer, durchgeführt. An ihrer Westseite erblickt man die von Diego de Riaño 1527 entworfene platereske Fassade des Ayuntamiento (Rathaus), die mit einer Fülle von Grotesken, Medaillons, allegorischen und historischen Figuren sowie floralen Ornamenten dekoriert ist. Der Renaissancebau entstand nach Riaños Plänen zwischen 1527 und 1564. Er ist repräsentativ für den spanischen Platereskenstil. Die klassizistische Fassade zur Plaza Nueva geht auf eine Neugestaltung und Erweiterung des Gebäudes im 19. Jh. zurück. Im Oberen Kapitelsaal ist heute das Stadtarchiv untergebracht, das interessante Zeugnisse zur Stadtgeschichte seit der Zeit der Katholischen Könige enthält.

Der Beginn der Schreckensherrschaft – Die spanische Inquisition

Im Sommer 1391 fiel eine tobende Menge in das Judenviertel von Sevilla ein. Die aufgebrachten Christen töteten fast 4 000 Juden und zerstörten die Synagogen. Damit markiert dieses Jahr den Anfang der Ereignisse, die fast ein Jahrhundert

Bernard Picart, Das Banner der spanischen Inquisition, Kupferstich, 165 x 107 mm, Dresden, Staatliche Kunstsammlungen, Kupferstichkabinett

später zur Einführung der Inquisition führen sollten. Steuererhöhungen hatten 1391 den Unwillen der christlichen Bevölkerung heraufbeschworen. Ihre Wut richtete sich gegen die, in deren Händen das unpopuläre Geschäft des Steuereinzugs lag: die Juden. Zwar gingen die königlichen Behörden gegen die Anführer des Rachefeldzugs vor, doch griffen sie nicht hart genug durch. Noch im selben Sommer wurden auch die Judenviertel von Córdoba, Valencia und anderen Städten von den Aufständischen heimgesucht. Von diesem Jahr an begannen viele Juden aus Angst, Verzweiflung oder reinem Opportunismus, sich taufen zu lassen. Aber die Conversos, die neuen Christen, waren bei der Bevölkerung genauso wenig gelitten. Religiöse Fanatiker sahen durch die im Laufe des 15. Jh.s wachsende Zahl der Conversos die Reinheit ihres Glaubens bedroht, während das einfache Volk ihnen ihre oftmals hohen Stellungen am Hofe neidete, zu denen sie als Getaufte Zugang hatten. Das Mißtrauen wurde zusätzlich dadurch geschürt, daß sich viele Juden nur zum Schein bekehrt hatten. Sie ließen nämlich ihre Kinder nicht taufen, hielten an den Beschneidungen fest, übergingen die kirchlichen Sakramente und beachteten weiterhin den Sabbat . Sie waren v. a. den Dominikanern und Franziskanern ein Dorn im Auge, die die Conversos als Überläufer und Verräter ansahen, welche ihre Seele für den besseren sozialen Aufstieg verkauft hatten.

Francisco de Goya, Inquisitionstribunal, um 1812/1814, Öl auf Holz, 46 x 73 cm, Madrid, Real Academia de San Fernando

Die Einführung der spanischen Inquisition

Ein Dominikaner war es denn auch, der den ersten konkreten Anstoß zur Einführung der Inquisition gab. Als Isabella und Ferdinand 1477 in Sevilla weilten, um in der durch zwei mächtige Adelsherren zweigeteilten Stadt wieder Ruhe und das Gesetz einkehren zu lassen, trat der Dominikanerprior Alonso de Hojada zu ihnen. Er beklagte, daß es unter den Conversos in großem Maße Scheinbekehrte gäbe, die offen »judaisierten«, und überzeugte die Könige durch den Hinweis auf eine geheime Verschwörung von der Notwendigkeit inquisitorischer Maßnahmen. Schon im folgenden Jahr gab Papst Sixtus IV. seine Zustimmung zur Einsetzung des heiligen Inquisitionstribunals. Isabella und Ferdinand standen der Inquisition nicht von Anfang an positiv gegenüber, zumal eine Vielzahl von Conversos zu ihren Freunden und Beratern zählte. Wohl deshalb beauftragten sie den Erzbischof von Sevilla, Kardinal Mendoza, mit der Herausgabe einer Glaubensunterweisung zur Belehrung der Neugetauften. Aber im Oktober 1480 nahmen schließlich doch zwei Dominikanermönche mit Beisitzern ihre Tätigkeit als Inquisitoren auf. Sie verurteilten alle ohne Gnade, die auch nur im geringsten der »Unaufrichtigkeit« im Glauben verdächtig waren, zum Flammentod. Diejenigen, die widerrufen und ihren Gewohnheiten entsagt hatten, wurden mit Gefängnisstrafen und körperlichen Züchtigungen belegt und verloren überdies ihr gesamtes Vermögen. Bis 1488 sollen in Sevilla etwa 700 Hinrichtungen vorgenommen und 5 000 andere Strafen ausgesprochen worden sein (in ganz Kastilien waren es bis 1490 2 000 Hinrichtungen und 15 000 weitere Strafen). Die fanatischen Denunziationen und der unbarmherzige Zugriff der Inquisitoren ließen viele Menschen die Flucht ergreifen. Einige erhoben Beschwerde beim Heiligen Stuhl, was die Entlassung der ersten Inquisitoren zur Folge hatte.

Der Großinquisitor

Im Herbst 1483 wurde der Dominikaner und spätere Titularbeichtvater der Könige, Tomás de Torquemada (1420–1498), mit Billigung des Papstes vom König zum Großinquisitor für ganz Spanien bestellt. Er verkörperte wie kein anderer das Schreckensregiment der spanischen Inqui-

Francisco Rizzi, Autodafé auf der Plaza Mayor in Madrid, 1683, Öl auf Holz, 277 x 438 cm, Madrid, Museo del Prado

sition. Unter seiner Leitung wurde die Suprema, das Inquisitionstribunal, zum selbständigen Machtapparat. Es war die einzige Institution, die über beide Königreiche, Kastilien und Aragón, richterliche Gewalt und damit Macht ausübte. Darüber hinaus war Tomás de Torquemada der »Theoretiker« der spanischen Inquisition. Seine »Instrucciones«, die Anleitungen für die neue Inquisition, wurden im wesentlichen zu einem unveränderlichen Handbuch der Tribunale.

Angesichts der unvorstellbaren Macht, die der Großinquisitor in Händen hielt, verwundert die Zustimmung der Katholischen Könige zu dieser Institution. Fraglich bleibt aber, ob sie überhaupt in der Lage gewesen wären, die einmal in Gang gesetzten Mechanismen aufhalten zu können. In erster Linie stellte die Inquisition für Isabella und Ferdinand ein Instrument zur Einigung ihres Landes dar. Dank der Tätigkeit der Tribunale war überall im Land eine gewisse, wenn auch gefürchtete Ruhe eingetreten. Zudem brachte sie finanziellen Nutzen, denn alle beschlagnahmten Vermögenswerte fielen der Krone zu. Vor allen Dingen aber scheint die Inquisition beim Volk akzeptiert gewesen zu sein, das die öffentlichen Autodafés als beliebtes, wenn auch grausames Schauspiel betrachtete.

Pedro Berruguete, Autodafé, Santo Domingo de Guzmán, um 1495, Tempera und Öl auf Holz, 154 x 92 cm, Madrid, Museo del Prado

Iglesia de San Luis

In einer schmalen Straße des dichtbevölkerten Macarena-Viertels trifft man auf eine der schönsten Kirchen des Sevillaner Barocks. Die ehemalige Kirche des Jesuitennoviziats wurde zu Ehren des neuen spanischen Königs Philipp V. dem Hl. Ludwig von Frankreich geweiht. Architekt des 1699–1731 errichteten Zentralbaus in Form eines griechischen Kreuzes war Leonardo de Figueroa, der Begründer der berühmten Künstlerdynastie, der mit zahlreichen Bauten das Stadtbild von Sevilla geprägt hat. Seine Virtuosität spiegelt sich in der reich dekorierten Fassade mit ihren beiden oktogonalen Türmen, die eine Art monumentaler Sockel für die Kuppel aus grünen und weißen Ziegeln bildet. Ihr Aufriß gemahnt an bekannte römische Barockbauten, werden doch hier Elemente von Borrominis Sant' Agnese an der Piazza Navona rezipiert.

Kuppel, Innenansicht

Auch der Grundriß erinnert an das römische Vorbild. Acht freistehende, im unteren Drittel kannelierte, gewundene Säulen flankieren das überkuppelte Zentrum. Zusammen mit den Emporen, dem durch helle und große Fenster erhellten und mit Statuen geschmückten Tambour und den Scheinarchitekturen der monumentalen Kuppel (Malereien von Lucas Valdés) geschmückt ist, schaffen sie einen Raum von scheinbar grenzenloser Höhe.

DEI
PROXIMI

Iglesia de Santa María Magdalena

Die heutige Pfarrkirche Santa María Magdalena geht auf die Kirche des Dominikanerklosters San Pablo zurück, das Ferdinand der Heilige 1248 gegründet hatte. Im wesentlichen unter Beibehaltung des gotischen Grundrisses wurde sie in den Jahren 1691–1709 von Leonardo de Figueroa als dreischiffiger Bau mit fünf Kapellen und einem Querhaus errichtet. Dabei erhöhte Figueroa die Wände der Schiffe beträchtlich und erhellte den Raum durch eine elegante achteckige Kuppel, deren Laterne außen mit Telamonen geschmückt ist, die an Inkafiguren erinnern.

Innenansicht

Der mit Stuck und Applikationen aus vergoldetem Holz reich ausgestattete Innen-

raum besticht vor allem durch seine malerische Ausstattung, die weitgehend von Lucas Valdés und seiner Werkstatt ausgeführt wurde. Unter der Vielzahl an Themen sind der »Einzug Ferdinands des Heiligen in Sevilla« und die »Autodafé« im Querhaus hervorzuheben. Außerdem ist in einer der Seitenkapellen, der Capilla de la Hermandad de la Quinta Angustia, die eine Rechteckanlage mit drei kuppelgewölbten Jochen bildet, eine schöne Mudéjar-Kuppel erhalten geblieben, deren bandartige Rippen einander kreuzen. Sie bilden in der Mitte einen großartigen Stern.

Capilla Sacramental: Francisco de Zurbarán, Der wunderbare Einzug des wahren Bildnisses des Hl. Dominikus im Kloster Soriano, 1626/27
Öl auf Leinwand, 190 x 230 cm

1626 hatten die Dominikaner Zurbarán mit 21 Gemälden zur Ausstattung des Kirchenraums von San Pablo beauftragt: Für 4 000 Reales sollte der Maler 14 Bilder mit Szenen aus dem Leben des Ordensgründers, vier Gemälde der Kirchenväter sowie je eines von den Heiligen Bonaventura, Thomas und Dominikus liefern. Die meisten von ihnen sind heute verschollen oder an andere Orte gelangt. Lediglich zwei kann man in der Capilla Sacramental noch besichtigen. Während das eine »Die wunderbare Heilung des seligen Reginald von Orléans« zeigt, greift das zweite eine Episode aus dem Leben des Ordensgründers auf, die vielfach in der spanischen Malerei des 17. Jh.s dargestellt wurde: Die heilige Jungfrau übergibt das Porträt des Hl. Dominikus einem Mönch des Ordensklosters von Soriano in Italien. Sie wird begleitet von der Hl. Magdalena (rechts) und der Hl. Katharina, die das Gemälde hält. Interessant ist der auffallende Gegensatz zwischen den schlichten, schwarz-weißen Roben der Dominikanermönche und den prachtvollen, farbigen Gewändern von Maria und Magdalena.

Museo de Bellas Artes

Diego Velázquez, Bildnis des Don Cristóbal Suárez de Ribera, 1620
Öl auf Leinwand, 207 x 148 cm

Nur wenige Frühwerke aus der Sevillaner Zeit des Diego Velázquez sind datiert oder gar urkundlich belegt. Eine Ausnahme stellt das Bildnis des Paters Don Cristóbal Suárez de Ribera dar, das ursprünglich in der Ermita oder in der Capilla de San Hermenegildo in Sevilla gehangen hat. Es zeigt in einem Innenraum den Taufpaten von Juana Pacheco, der Gemahlin von Diego Velázquez. Bei einer Reinigung des Gemäldes wurde in den Gewandfalten das Monogramm DOVZ sowie das Datum 1620 entdeckt. Da der Porträtierte bereits 1618 verstorben war, muß das Porträt posthum entstanden sein. Dies würde auch die kniende Haltung und das jugendliche Aussehen des im Alter von 68 Jahren Verstorbenen erklären. Die Art, wie der Kopf des Porträtierten sich von dem schwach beleuchteten Hintergrund abhebt, verweist deutlich auf den Einfluß Caravaggios (1571– 1610), mit dessen Hell-Dunkel-Malerei sich alle Maler des Barock intensiv auseinandergesetzt haben. Anders als dieser aber läßt Velázquez ein diffuses, grün durchsetztes Licht einfallen, das die Person wie eine fließende Kontur umgibt. Dadurch wird gleichzeitig die Struktur des Gewandes betont.

Diego Velázquez, Maria schenkt dem Hl. Ildefonso das Meßgewand, um 1620
Öl auf Leinwand, 166 x 120 cm

Das Frühwerk des Malers umfaßt neben Bodegones und Porträts auch einige religiöse Bilder, für die im wohlhabenden Sevilla mit seinen zahlreichen Kirchen und Klöstern eine große Nachfrage bestand. Das Gemälde aus dem Convento de San Antonio in Sevilla zeigt den in Spanien hoch verehrten Erzbischof Ildefonso von Toledo (um 606–667), dessen Schriften zur Marienverehrung im Mittelalter weit verbreitet waren. Velázquez wählte hier eine häufig dargestellte Szene aus dem Leben des Heiligen: die Erscheinung der Jungfrau Maria, die dem Heiligen die Kasel, das Meßgewand, überreicht. Dabei stand dem Künstler seine Ehefrau Juana sowohl für die Maria als auch die anderen weiblichen Figuren Modell. Das Hochformat mit wenigen bildfüllenden Figuren sowie die Anordnung des knienden Heiligen im Profil und der niederblickenden Maria in Schrägansicht greift auf ältere spanische Vorbilder zurück. Eine großartige Neuerung stellt jedoch die kühne Aufteilung des Raums durch das Gewand dar, das den Heiligen von der komplexen Figurengruppe in der oberen Bildhälfte abtrennt. In der Hell-Dunkel-Malweise sind das Gesicht des Ildefonso wie die Hand Mariens hervorgehoben und werden zum Mittelpunkt der gesamten Komposition.

Der Maler unter den Malern

Könige, Adelige, Zwerge und Künstler, gewöhnliche Menschen wie auch göttliche Gestalten, religiöse und mythologische Szenen oder historische Ereignisse, alles mit der gleichen Sensibilität gemalt, kennzeichnen das Werk des Mannes, der zum größten Maler des 17. Jh.s in Spanien aufstieg: Diego Velázquez, Hofmaler, Palastkämmerer und Ritter des Santiago-Ordens. Auf dem Weg von Sevilla nach Madrid wandelte er sich vom Handwerksgesellen zum großen Künstler und Höfling. Aus Diego Velázquez wurde – als Hinweis auf seine adelige Abstammung – Diego de Silva y Velázquez.

Im »goldenen Käfig der Kunst«

Angefangen hatte seine Laufbahn in seiner Geburtsstadt Sevilla, wo er 1610 als Elfjähriger in die Lehre bei Francisco Pacheco (1564–1654), einem Vertreter der trockenen akademischen Malerei, eintrat. Die Ausbildung, die Velázquez in diesem Hause erhielt, sollte bestimmend für sein ganzes Leben werden. Pacheco unterhielt nämlich nicht nur eine Malerwerkstatt, sondern sein Haus war nach dem Vorbild italienischer Humanisten Treffpunkt führender Künstler, Humanisten, Dichter, Gelehrter und Theologen. In

Philipp IV., 1623, übermalt 1628, Öl auf Leinwand, 198 x 101,5 cm, Madrid, Museo del Prado

diesem »goldenen Käfig der Kunst« – wie Palomino, der spanische Vasari, die private Akademie Pachecos bezeichnete – konnte der junge Maler Diskussionen über Philosophie, Literatur, Kunsttheorie und religiöse Fragen verfolgen und sich mit den literarischen Werken und Schriften zur Kunst auseinandersetzen, die aus diesem Kreise hervorgingen. Die wohl wichtigste war »El Arte de la Pintura«, ein kunsthistorisches Traktat von Pacheco, in dem sich dieser ausführlich mit Fragen zur Malerei wie zur christlichen Ikonographie beschäftigte. Vor allem aber wollte Pacheco damit seiner Forderung Ausdruck verleihen, die Malerei in die »Artes liberales« (Freie Künste) aufzunehmen, da, anders als in Italien, spanische Maler immer noch als Handwerker galten und entsprechende Abgaben zu leisten hatten. Mit knapp 18 Jahren legte Velázquez am 14. März 1617 vor Pacheco und Juan de Uceda, einem angesehenen Maler der Stadt, seine Meisterprüfung ab, die ihn zur Ausübung des Malerberufes in allen Teilen des spanischen Königreiches berechtigte. Seine Beziehung zu seinem Lehrmeister wurde noch enger, als er ein Jahr später dessen Tochter heiratete. »Nach einer fünfjährigen Erziehung und Schulung gab ich ihm, beeindruckt durch seine Vorzüge, seine Unbescholtenheit und seine hervorragenden Eigenschaften sowie durch sein versprechendes, großes, natürliches Genie meine Tochter zur Frau.«

Der Hofmaler

Pachecos Einschätzung erwies sich als richtig, denn nur fünf Jahre später begann Velázquez' steiler Aufstieg. Zu den »bodegones« – Küchenstücke mit stillebenhaftem Charakter –, die er in seinen ersten Jahren in Sevilla malte, kehrte der Maler nie wieder zurück. Freunde von Pacheco, die bei Hofe gute Beziehungen zum Herzog von Olivares, dem leitenden Minister, besaßen, ebneten Velázquez den Weg nach Madrid. Im Jahre 1623 wurde er als Hofmaler an den königlichen Hof gerufen. Durch ein Bildnis Philipps IV., das er innerhalb eines einzigen Tages vollendete, gewann er dessen Gunst und porträtierte im Anschluß daran mehr als drei Jahrzehnte lang den König und die Mitglieder der königlichen Familie. In kurzer Zeit entwickelte sich eine enge Freundschaft zwischen

Bacchus, 1628/29, Öl auf Leinwand, 165,5 x 227,5 cm, Madrid, Museo del Prado

beiden, die ein Leben lang dauerte und von entscheidender Bedeutung für die Laufbahn des Diego Velázquez war. »Seine Majestät schätzte Velázquez als Menschen so hoch, daß sein Vertrauen ihm gegenüber mehr war als das eines Königs zu einem Vasallen. Er erörterte mit ihm selbst schwierige Probleme, insbesondere in den intimeren Stunden, wenn sich die Granden und Höflinge zurückgezogen hatten«, berichtet Palomino. Und Pacheco schreibt: »Man kann die Liberalität und Freundschaft kaum begreifen, die ein so großer Monarch Velázquez zukommen läßt. Seine Majestät hat einen Schlüssel zum Atelier des Hofmalers im königlichen Palast. Dort steht auch ein Stuhl, auf dem er ihm beim Malen zuschauen kann, was er fast täglich tut.« Obgleich sein außergewöhnliches Talent als Porträtist am Hofe große Bewunderung fand, gab es gerade unter den Künstlern viele Neider, die ihm vorwarfen, er könne nur Köpfe malen. Als der König daraufhin 1627 einen Wettstreit zwischen Velázquez und den anderen drei Hofmalern, dem Italiener Vincente Carducho und den beiden Landsleuten Caxés und Nardi veranstaltete, dessen Thema die Vertreibung der Mauren aus Spanien war, ging Velázquez auch daraus als Sieger hervor. Der Maler genoß schließlich so hohes Ansehen beim König, daß dieser nur noch von ihm gemalt werden wollte. Als er Anfang 1631 von einer zweijährigen Italienreise zurückkehrte, wurde er von Olivares mit der Aufforderung empfangen, sofort zum König zu eilen und ihm zu danken, »daß er keinem anderen Maler erlaubt hat, ihn zu porträtieren, und auch auf ihn gewartet hat wegen eines Porträts des Prinzen.«

Isabella von Bourbon, 1634/35, Öl auf Leinwand, 304,5 x 317,5 cm, Madrid, Museo del Prado

Der Höfling

Doch das Leben als Höfling hatte gleichfalls seine Schattenseiten. Je höher Velázquez die Stufenleiter der Hierarchie am königlichen Hofe erklomm, um so weniger Zeit blieb ihm für die Ausübung seines eigentlichen Berufes. Daß er trotz seiner umfangreichen Aufgaben am Hofe immer noch Zeit fand, einige seiner größten Meisterwerke zu schaffen, zeugt von seinem Genie. Als er am Ende Palastkämmerer und Hofdekorateur geworden war, sollten die Anforderungen seines königlichen Mäzens jedoch zu viel für ihn werden und seinen Tod bewirken. Nach dem Friedensschluß zwischen Spanien und Frankreich im Jahr 1660 war als letzter Akt eine Begegnung zwischen Philipp IV. und dem französischen König Ludwig XIV. vorgesehen, mit deren Inszenierung Velázquez betraut wurde. Er arrangierte das Treffen so grandios und erfolgreich, daß »selbst ein erfolgloser Monarch großartig und mächtig gewirkt hätte«. Die damit verbundenen Anstrengungen und Mühen waren jedoch über die Kräfte des 61jährigen gegangen. Einen Monat nach seiner Rückkehr erkrankte er und verstarb am 6. August desselben Jahres in Madrid. In einem feierlichen Akt wurde er am darauffolgenden Tag, bekleidet mit dem Mantel der Ritter des Santiago-Ordens, in der Kirche San Juan Bautista beigesetzt.

Die Summe seines Schaffens

Obwohl sich Velázquez als königlicher Hofmaler immer wieder dem Porträt widmete, zeichnet sich sein umfangreiches Lebenswerk durch eine Fülle von Themen aus. Mythologische, allegorische und sakrale Inhalte haben ihn ebenso interessiert wie Landschafts- und Genredarstellungen. Dabei liegt seine Bedeutung nicht nur in der großen Originalität, sondern v. a. auch in seiner Fähigkeit, für die meisten Themen eine neuartige Lösung gefunden zu haben. Immer sind es die Menschen, die im Mittelpunkt seiner Beobachtung stehen. Könige und Zwerge, Adelige und Bettler hat er mit bewegender Menschlichkeit und Realismus gestaltet, indem er ihre Größe wie auch ihre Fehlbarkeit zeigte. Seine Vorliebe für Tizian, die Begegnung mit Rubens und die beiden Italienreisen haben sich nachhaltig auf seinen Stil ausgewirkt, doch verarbeitete er diese Anregungen zu einem eigenen, innovativen Stil. Wie kein anderer vermochte er mit leichtem Pinselstrich Dinge in Licht und Schatten nachzuzeichnen und ihnen Tiefe zu verleihen.

Hofzwerg Francisco Lezcano, um 1643–1645, Öl auf Leinwand, 107,5 x 83,5 cm, Madrid, Museo del Prado

Als Summe seines Schaffens kann das allegorische Gemälde »Las Meninas« (Die Hoffräulein) angesehen werden, ein Plädoyer für die Aufnahme der Malerei zu den »artes liberales« (Freie Künste). Diese Forderung, die in zahlreichen kunsttheoretischen Schriften des 17. Jh.s dargelegt wurde, hing mit der vollkommen desolaten sozialen Situation der Künstler zusammen: Fast jeder mußte seinen Lebensunterhalt durch andere Beschäftigungen sichern, wenn er nicht von einem reichen Mäzen unterstützt wurde. Deshalb hat auch Velázquez sein Leben lang administrative Aufgaben am Hofe übernommen. Mit der Anerkennung der Malerei waren neben der ideellen Wertschätzung ganz praktische Gründe verbunden: Wenn Kunst ein Ergebnis von Muße und Vergnügen und nicht von Arbeit war, so war der Künstler den Adeligen gleichgestellt, konnte die gleichen Privilegien und Vorrechte genießen und hatte keine Abgaben zu leisten. Dies geschah offiziell erst 1677, siebzehn Jahre nach dem Tode von Velázquez, doch sollte ihm diese soziale Anerkennung schon zu Lebzeiten zuteil werden. Kurz vor seinem Tod schlug Philipp IV. ihn zum Ritter des Santiago-Ordens, drei Jahre nach der Entstehung von »Las Meninas«.

»Las Meninas« (1656)

Schauplatz der Darstellung ist ein Raum im königlichen Palast, dessen Wände mit Kopien nach Rubens geschmückt sind. Im Mittelpunkt der Szene steht die fünfjährige Infantin Margarita mit ihrem Gefolge. Links ist der Maler selbst, als Höfling gekleidet, mit dem Schlüssel des Palastkämmeres am Gürtel und dem roten Kreuz des Santiago-Ordens auf dem dunklen Wams (das nach dem Tode des Meisters auf Wunsch des Königs hinzugefügt wurde) zu sehen. Er steht mit Pinsel, Palette und Malstock vor einer riesigen Leinwand. Die Figuren, die durch das vordere Fenster in der Seitenwand beleuchtet werden, nehmen jedoch nur die untere Bildhälfte ein. So wird der Blick des Betrachters auf den Spiegel in der Mitte der Rückwand gelenkt, in dem die Spiegelbilder des Königs und der Königin erscheinen. Velázquez gibt dem Betrachter damit zu verstehen, daß das Königspaar bei der Entstehung der »Meninas« anwesend war. Diese imaginäre Präsenz ist für die Interpretation ausschlaggebend, galt der den Künstler im Atelier besuchende Monarch seit Plinius und seiner Anekdote von Alexander dem Großen und dem Maler Apelles doch als wichtigstes Argument im Kampf um die Anerkennung der Malerei als freie Kunst. Durch die Anwesenheit des Herrschers wurde diese in den Adelsstand erhoben. Dem entspricht zugleich die Darstellung des Künstlers, der nicht malend wiedergegeben ist, sondern in einem Moment der Inspiration. Auch die Gemälde an der Rückwand, »Minerva straft Ariadne« und »Apoll und Pan«, sind in diesem Kontext zu deuten, da sie den Sieg der göttlichen Kunst über das Handwerk und den ungerecht bestraften Künstler vor Augen führen. Durch ein komplexes Beziehungsnetz von Betrachter, Maler und Modell, von verschiedenen Bildebenen, durch das Spiel von Schein und Wirklichkeit, von Malerei und Realität hat Velázquez die Statuserhöhung der Malerei und damit auch seiner Stellung als Künstler bildlich thematisiert. Die farbliche Brillanz und die vollendete Meisterschaft der Ausführung des Gemäldes sprechen zudem überzeugend für die Nobilität des Schöpfers – der, wie Edouard Manet zwei Jahrhunderte später urteilte, »der Maler unter den Malern« gewesen ist.

Las Meninas, 1656, Öl auf Leinwand, 310 x 276 cm, Madrid, Museo del Prado

Bartolomé Esteban Murillo, Der Hl. Thomas von Villanueva, um 1668
Öl auf Leinwand, 283 x 188 cm

Als eines seiner schönsten Bilder soll der Maler selbst dieses Gemälde bezeichnet haben, das früher in der Kapuzinerkirche in Sevilla gehangen hat. Es zeigt den Hl. Thomas von Villanueva (1486 – 1555), der sich von seinen theologischen Schriften abgewendet hat, um Almosen zu verteilen. Im Kontext einer Franziskanerkirche mag die Darstellung dieses Heiligen überraschen, da er dem Augustinerorden angehörte. Aber er war nicht nur einer der meist verehrten spanischen Heiligen in der 2. Hälfte des 17. Jh.s, er war ab 1544 auch Erzbischof von Valencia; aus dieser Stadt stammten wiederum die Gründer der Kirche, zu deren Ehren das Bild in Auftrag gegeben worden war. Zudem hatte sich Thomas von Villanueva einem mildtätigen Leben verschrieben, das gleichfalls zu den höchsten Zielen der Franziskaner gehört. Die Hauptfigur des Gemäldes in der Mitte des Bildes wird durch das helle Licht, das aus dem Hintergrund kommt, hervorgehoben: Die vornehme Gestalt des Heiligen mit dem Bischofsstab in der Hand, der voller Mitleid und Nächstenliebe einem Krüppel ein Geldstück reicht, bildet einen starken Kontrast zu den anderen Almosenempfängern. Am unteren Bildrand ist als schöne Genregruppe eine Mutter mit Kind zu sehen, die sich wie die anderen Figuren durch Hell-Dunkel-Kontraste voneinander abheben. Durch den Bogen rechts im Hintergrund blickt man auf eine Renaissancefassade. Auf dem Tisch links im Mittelgrund liegt ein geöffnetes Buch, das auf die Tätigkeit des Heiligen als Prediger Karls V. verweist. Es impliziert aber auch zugleich das Dogma des Franziskanerordens, daß Mildtätigkeit wichtiger ist als Gelehrsamkeit.

Bartolomé Esteban Murillo, Inmaculada, um 1668
Öl auf Leinwand, 436 x 292 cm

Die Unbefleckte Empfängnis der Jungfrau Maria, die der Gottesmutter ewige Jungfräulichkeit zusprach und sie von der Last der Erbsünde befreite, war schon seit Jahrhunderten Gegenstand zahlloser Diskussionen. Anfang des 17. Jh.s wurde von den Gläubigen in Spanien mit Nachdruck eine positive Antwort auf diese Frage vom Heiligen Stuhl in Rom gefordert, der schließlich 1654 den Glauben daran zum Dogma erhob. Für den Hochaltar der Kirche des Franziskanerordens in Sevilla, der diese theologische Auffassung im Gegensatz zu den Dominikanern schon seit dem 13. Jh. vertrat, malte Murillo eine seiner mindestens fünfzehn Versionen dieses Themas. Das außergewöhnlich große Format hängt mit eben diesem ursprünglichen Bestimmungsort zusammen. Nur aus der Ferne und aus einem Blickwinkel schräg nach oben erscheint die Jungfrau in brillanter Verkürzung. Alle anderen Standorte lassen das Gemälde überdimensioniert erscheinen. Es zeichnet sich durch die für den Barock charakteristische Bewegtheit und Dynamik aus: Oberhalb der Weltkugel, von

Engeln begleitet, erscheint die Jungfrau Maria mit wehendem Mantel, die Hände feierlich zum Gebet erhoben und durch nichts anderes gekennzeichnet als durch ihren beseelten Gesichtsausdruck.

Francisco de Zurbarán, Apotheose des Hl. Thomas von Aquin, 1631
Öl auf Leinwand, 480 x 400 cm

Einst schmückte das großformatige Gemälde Zurbaráns, das im 17. Jh. als das Meisterwerk des Malers angesehen wurde, den Hochaltar des ehemaligen Dominikanerkollegs in Sevilla. Es stellt die Gründung des Kollegs durch den dominikanischen Erzbischof von Sevilla, Diego de Deza, 1517 dar: In der unteren, irdischen Zone werden der Stifter des Kollegs und Kaiser Karl V. sowie mehrere Dominikanermönche zu Seiten eines Tischs mit der Stiftungsurkunde vorgestellt. Direkt hinter dem Kaiser hat sich der Maler selbst abgebildet. Der Blick der Knienden richtet sich nach oben zur himmlischen Sphäre, wo der Hl. Thomas von Aquin, umgeben von den vier Kirchenvätern, seine »Summa theologica« verfaßt. Darüber erscheinen am linken Rand Jesus und Maria, rechts die Heiligen Paulus und Dominikus.

Francisco de Zurbarán, Das Wunder des Hl. Hugo im Refektorium, um 1645–1655
Öl auf Leinwand, 262 x 317 cm

Aus der Sakristei des ehemaligen Kartäuserklosters in Sevilla stammen drei Gemälde von den Tugenden der Kartäuser. Für die »Abstinenz« wünschten die Mönche eine Darstellung des Wunders, das die Ordensgründer als Zeichen der göttlichen Zustimmung zu ihrer Regel gedeutet hatten: Als der Hl. Hugo, Erzbischof

von Grenoble (1053–1132), im Refektorium einer neugegründeten Kartause in jenem Augenblick erscheint, da die Mönche unerlaubterweise Fleisch verspeisen, zerfällt das Mahl zu Asche. Der Maler hat die fast ausschließlich in Weiß und Grau gehaltene Szene in drei Ebenen aufgebaut: Im Vordergrund stehen der Hl. Hugo und sein Diener, den Mittelgrund nehmen der Tisch mit den Speisen und die hieratische Reihe der Ordensgründer ein, im Hintergrund erscheint ein Gemälde mit den Schutzheiligen des Ordens, der Jungfrau Maria und Johannes dem Täufer.

Isla de la Cartuja
Expo-Gelände

Auf der Isla de la Cartuja im Nordwesten der Stadt, die von zwei Flußläufen des Guadalquivir gebildet wird, liegt das 215 ha große Ausstellungsgelände, das für die Weltausstellung von 1992 angelegt wurde. Den Mittelpunkt bildet das damals renovierte Kartäuserkloster Santa María de las Cuevas aus dem 15. Jh., in dem einst Kolumbus mit dem italienischen Kartäusermönch Gaspar de Gorricio zusammentraf, seine zweite Atlantikreise vorbereitete und seine wichtigsten persönlichen Dokumente verwahrte. Nach seinem Tod wurde hier sein Leichnam in einer schlichten Gruft der eigens dafür errichteten Kapelle für 27 Jahre bestattet. 1841 kam das Kloster in den Besitz des Londoner Geschäftsmannes Charles Pickman, der die Gebäude zu einer Keramikmanufaktur umbaute.

Torre Panorámica
Pabellón de España

Die Insel ist anläßlich der Weltausstellung, die am 500. Jahrestag der Entdeckung Amerikas eröffnet wurde, und in 176 Tagen fast 42 000 000 Besucher anzog, in eine blühende Park- und Gartenlandschaft verwandelt worden: 350 000 Bäume und grüne Hecken mit einer gesamten Länge von 40 km durchziehen das Gelände, das mit einem künstlichen See sowie zahlreichen Kanälen, Brunnen

und Wasserfällen ausgestattet ist. Heute wird das Gebiet auf unterschiedliche Weise genutzt: Die Hauptpavillons der Weltausstellung, die Torre Panorámica (Aussichtsturm) und verschiedene neue Bauten sind zu einem Themenpark kombiniert worden, der den Besuchern Multimedia-Shows und permanente Ausstellungen zu den Bereichen Natur, Wissenschaft und Kultur bietet. Im spanischen Pavillon kann man eine Multimedia-Reise durch die Geschichte und Literatur Spaniens unternehmen, der Lago de España zeigt exotische Inseln und den nachgebauten Hafen von Sevilla aus dem 16. Jh. Im High-Tech-Kino Omnimax werden auf einer halbkreisförmigen Leinwand von 24 m Durchmesser Filme über die Erde, die frühen Abenteurer und die heutige Raumfahrt vorgeführt. Westlich des Expogeländes liegt der neue Wissenschafts- und Technologiepark, in dem sich internationale Firmen angesiedelt haben.

Iglesia de Santa Ana

Jenseits des Guadalquivir gelangt man in das alte Töpferviertel Triana, das zu den volkstümlichsten und lebendigsten Stadtteilen Sevillas zählt. Sein Ursprung geht auf römische Zeit zurück, worauf der Name – er soll sich vom römischen Kaiser Trajan ableiten – verweist. Der Legende nach haben hier die Heiligen Justina und Rufina gelebt. In früheren Zeiten war Triana eine eigenständige Stadt, in der Seeleute, Händler und Handwerker wohnten. Bis heute prägen die Keramikwerkstätten das malerische Bild der Straßen. Als ehemalige Zigeunerstadt – ein königliches Dekret hatte Triana als Aufenthaltsort der Zigeuner bestimmt – ist dieses Viertel aber auch die Heimat des Flamenco. Manche glauben sogar, der Flamenco sei hier in den Kellern geboren worden. Mittelpunkt des Viertels ist die 1276–1280 vermutlich von Baumeistern aus Burgos errichtete Kirche Santa Ana, die als die älteste Sevillas gilt. Alfons X. hatte sie gestiftet, nachdem er auf wundersame Weise von einem Augenleiden geheilt worden war. In ihrer heutigen Erscheinung geht die dreischiffige Basilika aus gelbem Backstein jedoch zu großen Teilen auf Peter I. zurück, der sie Mitte des 14. Jh.s teilweise neu erbauen ließ. Weitere Umgestaltungen wurden im 15. und 16. Jh. und nach dem schweren Erdbeben von 1755 vorgenommen. An den Außenmauern wie an den umliegenden Häusern sind mehrere Azulejos-

Bilder zu sehen, die Jesus und Maria an verschiedenen Stationen des Leidensweges darstellen. Von der reichen Ausstattung im Innern ist an erster Stelle das Retabel zu nennen, das auf 17 Tafeln Szenen aus dem Leben Mariens, des Hl. Joachim und der Hl. Anna vorstellt. Es wird dem in Sevilla tätigen Flamen Pedro de Campaña sowie anderen beteiligten Sevillaner Malern aus den Jahren 1542–1557 zugeschrieben.

Capilla del Patrocinio

In der modernen Kirche, die Sitz der Passionsbruderschaft Santísimo Cristo de la Expiración y Nuestra Señora del Patrocinio ist und an den barocken Bau des 18. Jh.s angefügt wurde, findet sich eines der schönsten Beispiele für den Expressionismus der Sevillaner Barockskulptur: Es handelt sich um ein Kruzifix von Francisco Antonio Gijón aus dem Jahre 1682, das den »Sterbenden Christus« darstellt und eindrucksvoll das Leiden des Erlösers zeigt.

Carmona

In der fruchtbaren Ebene der Campiña östlich von Sevilla liegt auf einem 240 m hohen Felsen das malerische Städtchen Carmona, dessen Besiedlung bis in prähistorische Zeit zurückgeht. Im 1. Jt. v. Chr. wechselten Phönizier, Karthager und Römer in dem strategisch günstig gelegenen Ort einander ab. Unter den Mauren erlangte Karmounah erneut an Bedeutung. So ist das Bild der Altstadt mit den gepflasterten Gassen und kleinen Plätzen noch heute maurisch geprägt. Als Ferdinand III. die Stadt 1247 eroberte, soll er ausgerufen haben: »Wie der Morgenstern in der Morgenröte, so strahlt Carmona in Andalusien!« Peter I. ließ auf dem höchsten Punkt der Stadt den maurischen Alcázar ausbauen, der zu einer seiner Lieblingsresidenzen wurde. Von der kastilischen Feudalzeit zeugen zahlreiche Bauten der Renaissance und des Barock.

Necrópolis Romana, Avenida de Jorge Bonsor, S. 122

Puerta de Sevilla, S. 118

Iglesia de Santa María, Calle de San José, S. 119

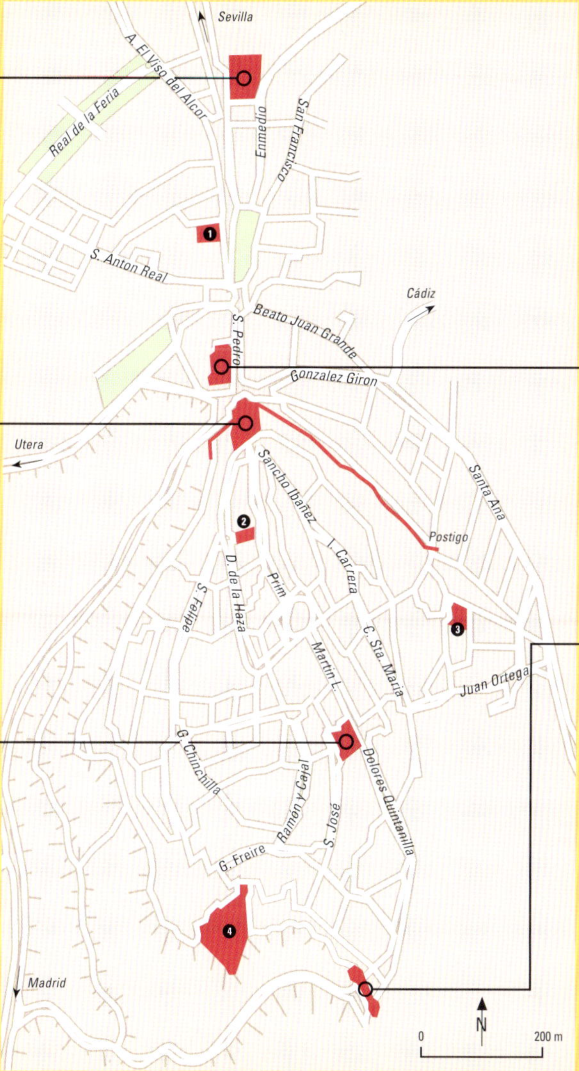

Iglesia de San Pedro,
Calle de San Pedro, S. 116

Puerta de Córdoba,
Calle Dolores Quintanilla, S. 121

weitere Sehenswürdigkeiten:

1 Iglesia del Convento de la Concepción, Calle S. Pedro

2 Iglesia de San Bartolomé, Calle Prim

3 Iglesia de San Blas

4 Alcázar del Rey Pedro (Parador Nacional), Los Alcázares

300 Jahre später wurde sie zeitgemäß im Stil des Barock umgestaltet. Der letzten Bauphase gehört auch der 56 m hohe barocke Turm an, dessen Glockenturm nach dem Vorbild der Giralda in Sevilla gestaltet wurde. Der Backsteinbau ist wie ein Tabernakel aus drei immer schmaler werdenden Teilen aufgebaut und wird von Fenstern durchbrochen, durch die Licht auf die Treppe fällt.

Tabernakel

Besonders bemerkenswert im Innern der Basilika ist die Capilla Sacramental am südlichen Querarm. Sie wurde über einem kreisförmigen Grundriß konzipiert und von Ambrosio de Figueroa 1760 in der prachtvollen Dekoration des Sevillaner Barock ausgestattet. Den Mittelpunkt der Kapelle bildet der Altar, über den sich ein von Engeln getragener Thronhimmel spannt. In seinem Tabernakel, das sich durch das Spiel verschiedener Säulenordnungen auszeichnet, steht die Statue der Virgen de la Antigua, die in der Mitte des 16. Jh.s entstanden ist.

Iglesia de San Pedro

Vor den Toren der Altstadt blickt man auf die dreischiffige Basilika mit Querhaus und Rechteckchor, die aus dem 15. Jh. stammt.

Puerta de Sevilla

Im Westen, an der Nahtstelle zwischen der Altstadt und der Neustadt von Carmona, steht eine mächtige und imposante Toranlage aus dem 3. Jh. v. Chr. Sie weist die Reste einer punischen Bastion auf und war ebenfalls Teil der römischen Stadtmauer. Beiderseits eines rechteckigen Turmes öffnen sich in der Mauer 3 m breite Tore, denen in almohadischer Zeit ein drittes Tor vorgelegt wurde. Ab der Zeit von Kaiser Augustus (27 v. Chr – 14 n. Chr.) bekrönte den bastionsartigen Bau ein Kultbezirk: Auf einem 16 m breiten, von einem Portikus gesäumten Platz erhob sich an der Rückseite ein kleiner Tempel. Heute ist davon nur noch die südliche Außenfassade des Portikus zu erkennen, die durch Wandpfeiler aus Quadern unterteilt ist. Dazwischen liegen Mauerabschnitte aus kleineren Steinen.

Iglesia de Santa María

Unter den vielen Kirchen Carmonas ragt die dreischiffige gotische Hallenkirche Santa María heraus. Sie wurde bis 1578 fertiggestellt, erfuhr dann aber vom 17.–19. Jh. einige Umgestaltungen. Im Innern ist der platereske Hochaltar von Nufro de Ortega und Juan Bautista Vázquez aus der Mitte des 16. Jh.s hervorzuheben, dessen Reliefs Kirchenväter, Szenen aus dem Leben Christi, Marienkrönung und Kreuzigung zeigen. In der Capilla de San José, im südlichen Seitenschiff, steht ein Retabel des Hl. Josef, das Pedro de Campaña zugeschrieben wird.

Patio de los Naranjos

Wie so viele Kirchen in Andalusien wurde auch Santa María über den Ruinen einer 1424 abgerissenen Almohaden-Moschee errichtet. Zeuge dieser maurischen Vegangenheit ist der Patio de los Naranjos an der Nordseite der Basilika mit seinen Hufeisenarkaden, der den Aufstieg durch die Altstadt lohnenswert macht. Auf einem dieser Säulenschäfte hat man ein westgotisches Kalendarium, ein Verzeichnis kirchlicher Festtage, aus der Mitte des 6. Jh.s entdeckt, das auf den ersten Bau einer westgotischen Basilika zurückgeht.

Puerta de Córdoba

Das römische Carmo war nach den Beschreibungen Caesars die bedeutendste befestigte Stadt in der Baetica. Auch die Puerta de Córdoba im Osten der Stadt gehörte einst zur römischen Befestigung. Genau in der Achse der Puerta de Sevilla gelegen, führte die römische Straße durch das von achteckigen Türmen eingefaßte Stadttor von Sevilla nach Córdoba. Weitere Spuren des römischen Verkehrsnetzes finden sich etwa 5 km nördlich, wo eine fünfbogige römische Brücke den Río Corbones überspannt. Nach mehreren Umgestaltungen in maurischer Zeit und 1668 unter Karl II. wurde das Tor dann im 18. Jh. zur Triumphpforte ausgebaut. Blendfenster umrahmen die von Doppelsäulen flankierte rundbogige Einfahrt. Vom Giebelaufsatz aus hat man einen schönen Blick auf die Ebene.

Necrópolis Romana

Durch die Puerta de Sevilla führt der Weg zum Ortsausgang, wo sich gegenüber von den Resten des Amphitheaters aus augusteischer Zeit die römische Nekropole erstreckt. Seitdem 1868 die Gräber aus dem 1. bis 4. Jh. entdeckt wurden, sind erst rund ein Viertel der über 1 000 unterirdischen, meist rechteckigen Grabkammern freigelegt worden. Diese sind in den Felsen gehauen und enthalten Nischen, die zur Aufnahme der Aschenurnen – die Feuerbestattung war die häufigste Begräbnisform – dienten. Ihre mit Stuck verkleideten Kalksteinwände waren mit Malereien geschmückt, die neben geometrischen und floralen Motiven auch Totenzeremonien darstellen. Im Museum der Nekropole sind die Funde (Grabbeigaben, Urnen, Bronzefiguren) ausgestellt, die eine Vorstellung von den einst aufwendig ausgestatteten Grabkammern vermitteln.

Tumba del Elefante

Unmittelbar links des Eingangs der Necrópolis Romana liegt eine der aufwendigsten Grabanlagen, die nach einer hier gefundenen 57 cm hohen, ehemals stuckierten und bemalten Elefantenskulptur benannt wurde. Ihre Bedeutung hat Anlaß zu vielen Spekulationen gegeben, konnte aber bis heute nicht geklärt werden. Der Elefant wird als Symbol der Langlebigkeit gedeutet. Er wird aber auch mit der Schlacht von Ilipa 206 v. Chr. in Verbindung gebracht, in der die Karthager Elefanten eingesetzt haben. Vielleicht ist er auch lediglich das klassische punische »Wappentier«, wie es auf Münzen, die in Spanien geprägt wurden, erscheint. Die große Anlage aus dem 1. Jh. bestand aus einem annähernd quadratischen »Hof« mit zwei Triclinien (Speisesäle). Daneben gab es weitere kleine Räume, darunter ein drittes Triclinium, eine Grab-

Tumba de Servilia

Im Westen der Nekropole befindet sich der größte und außergewöhnlichste Grabbezirk. Er ist nach der Sockelinschrift einer hier gefundenen weiblichen Marmorstatue benannt. Dieser Grabbezirk gehörte der wohlhabenden und einflußreichen Familie Servilia aus Carmo und war wie ein römisches Peristylhaus, eine Säulenhalle, angelegt: Kern der Anlage bildet ein großer Hof (24 x 17,60 m), der von einem zweigeschossigen Portikus und mehreren Haupt- und Nebenräumen umgeben war. Die in den Fels gehauenen Grabkammern weisen eine hervorragende Ausstattung mit Wanddekorationen und Skulpturen auf: Zu den besterhaltenen Wandmalereien gehört eine sitzende weibliche Figur, die Harfe spielt. Hinter ihr steht eine Dienerin mit Palmenfächer. Pilaster sind nach Art der Illusionsmalerei »al fresco« an die Wände gesetzt und schaffen so räumliche Akzente.

kammer, eine Küche und einen Brunnen. Diese opulente Ausstattung der Grabanlage entspricht den römischen Jenseitsvorstellungen. Danach sollten die Verstorbenen auch im Totenreich nicht auf ihren gewohnten Luxus verzichten müssen. In einem der Räume wurde eine fragmentarisch erhaltene Attis-Figur mit übergeschlagenen Beinen entdeckt, die als Grabwächter gedeutet wird. Bei der aus dem Felsen gehauenen, stark zerstörten Sitzstatue am Wasserbecken könnte es sich um die Grabstatue des Erbauers handeln.

Écija

Der Weg von Sevilla nach Córdoba führt an der Kleinstadt Écija vorbei, die v. a. wegen ihrer zahlreichen Barockbauten bekannt und einen Aufenthalt wert ist. Écija geht auf eine griechische Siedlung zurück, die unter den Römern Astigi genannt wurde. Der Legende zufolge soll hier einst der Apostel Paulus gepredigt haben. Nachdem es in maurischer Zeit zum Kalifat von Córdoba gehört hatte und 1240 von den Christen eingenommen worden war, nahm Écija einen steten Aufstieg. Das Erdbeben von 1755 zerstörte die Stadt jedoch zu weiten Teilen, so daß sie sich heute hauptsächlich mit ihrer Barockarchitektur präsentiert. Aus der Zeit des Wiederaufbaus stammen auch die meisten hohen Glockentürme, die mit ihrem Backsteinton und einem reichen Azulejos-Schmuck dem Stadtbild seine charakteristische Erscheinung verleihen. Nach ihnen wird Écija auch als Stadt der Türme bezeichnet.

Iglesia de Santa Cruz, Plaza del Nuestra Señora del Valle, S. 130

Plaza de España, S. 126

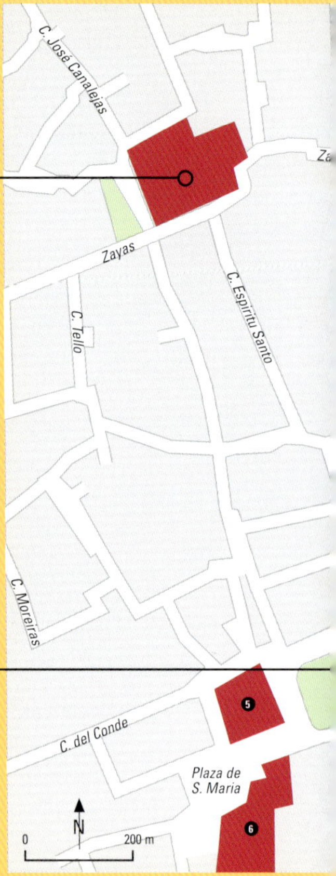

weitere Sehenswürdigkeiten:

1 Convento de San Pablo y Santo Domingo

2 Palacio de los Garcilaso, Calle Carmona

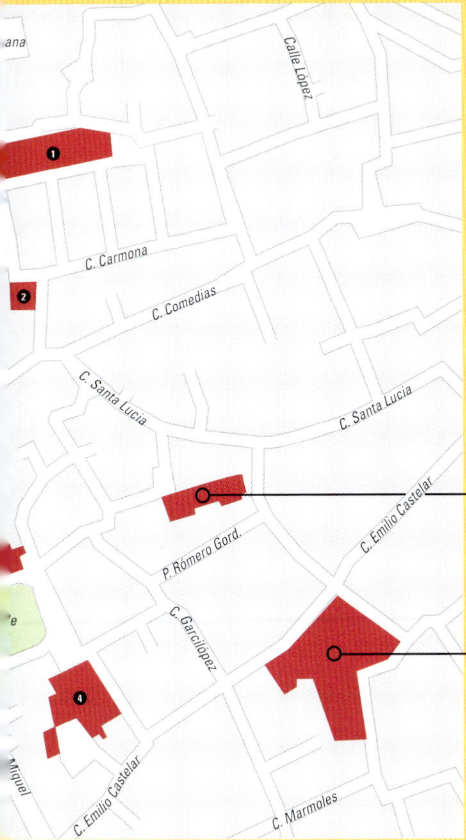

Iglesia de San Juan,
Calle Cordera, S. 128

Palacio de los Marqueses de Peñaflor, Calle Emilio Castelar, S. 129

3 Iglesia de San Francísco, Plaza de España

4 Iglesia de Santa Bárbara, Calle Nicolás María Rivero

5 Ayuntamiento, Plaza de Santa María

6 Iglesia de Santa María, Plaza de Santa María

Plaza de España

Mittelpunkt der Stadt ist die langgestreckte, palmenreiche Platzanlage aus dem 18. Jh., die von den Einwohnern meist liebevoll als El Salón (Gute Stube) bezeichnet wird. Sie ist von den Fassaden herrschaftlicher Häuser und Paläste mit ausladenden Balkonen und mehrstöckigen Galerien gesäumt, von denen Blumen herabhängen. Früher konnten die Bewohner von den Balkonen aus die Fiestas, Reiterspiele und Corridas verfolgen. An der Stirnseite steht das Ayuntamiento (Rathaus), das ein kleineres Museum beherbergt, in dem ein römisches Mosaik mit der »Bestrafung der Königin Dirke« zu besichtigen ist. Unmittelbar hinter dem Ayuntamiento, an der Plaza de Santa María, liegt die gleichnamige dreischiffige Kirche aus dem 18. Jh., die eine hervorragende Sammlung mit Gemälden der Sevillaner Schule aus dem 16. Jh. und ein Chorgestühl aus dem 17. Jh. vorweist.

Iglesia de San Juan

Schräg gegenüber der Iglesia de Santa Bárbara, deren Portal von römischen Säulen gerahmt wird, erhebt sich ein barocker Turm von 1745. Er zählt zu den wenigen, die das Erdbeben von 1755 überdauert haben und ist Bestandteil der im ausgehenden 18. Jh. erbauten Iglesia de San Juan. Unter den vielen Glockentürmen Écijas ragt er als schönster hervor und ist zum Symbol der Stadt geworden: Überladen mit ornamentalem Dekor, leuchtet das Blau seines Azulejos-Dekors weithin vor dem hellen Backstein. Seine weitestgehend unbekannten Architekten, Lucas Bazán und Antonio Corrales, Baumeister des Marqués von Alcántara, haben zudem den Übergang zwischen den beiden ungleich großen Teilen des Turmes geschickt gelöst. Im Innern der einschiffigen Saalkirche kann man mehrere barocke Altaraufsätze, Gemälde der Sevillaner Schule und eine Figur des Gekreuzigten von Pedro Roldán in der Sakristei besichtigen.

Palacio de los Marqueses de Peñaflor

Nordöstlich der Plaza de España liegt einer der bedeutendsten Adelspaläste der Stadt, den der dritte Marqués de Peñaflor 1726 vollenden ließ. Die barocke Fassade des Palasts, der im Volksmund »Das Haus mit den langen Balkonen« genannt wird, folgt den Rundungen einer gewundenen Gasse. Die Balkone verlaufen über die gesamte Länge im Obergeschoß und sind mit vorwiegend gelb und grün getönten Fresken geschmückt. Am oberen Ende befindet sich das Hauptportal mit dem Wappen des Besitzers, das in eine komplexe Wohnanlage mit Stallungen und Patio führt. Links schließt sich der Eckturm mit einem Arkadengeschoß an.

Iglesia de Santa Cruz

Von der Plaza de España führt die Calle de Santa Cruz in die Altstadt von Écija, die mit ihren kleinen Straßen und vereinzelten Klosterfassaden das malerischste Viertel des Städtchens ist. An der Calle de Santa Cruz steht auch die gleichnamige dreischiffige Pfarrkirche, die nach dem Erdbeben von 1755 zwischen 1776 und 1836 inmitten der skelettartigen Reste des Vorgängerbaus wiederaufgebaut wurde. Sie blieb unvollendet, denn von den fünf Jochen sind die beiden westlichen nicht eingewölbt worden. Einige Teile der älteren Kirche an der Nordseite wurden in den neuen Bau mit einbezogen: Ein Kapitell im Patio zeugt von der westgotischen Kirche, die Bischofssitz des Hl. Fulgentius war. Ein Hufeisenbogen hingegen, der vollständig von Arabesken und Wappen überzogen ist, stammt von einem mudejaren Vorgängerbau. Im nordöstlichen Turm, der 1869 vollkommen erneuert wurde, sind zwei Steintafeln aus den Jahren 930 und 977 vermauert, die über den Bau von Brunnen unter dem ersten und dritten Kalifen von Córdoba, Abd ar-Rahman III. und Hischam II., berichten. Da der Alcázar nach der christlichen Rückeroberung vollständig zerstört wurde, sind dies die einzigen Relikte aus der maurischen Zeit, als Écija noch Medina Estighia (Reiche Stadt) hieß. Im Innenraum der Kirche ist ein frühchristlicher Sarkophag aus dem 5. Jh. zu besichtigen, der heute im Chor als Altarmensa genutzt wird. Darin sollen die Gebeine des Hl. Fulgentius ruhen. Die Langseite schmükken Szenen aus dem Alten Testament. In der Mitte ist der »Gute Hirte«, links die »Opferung Isaaks« und rechts »Daniel in der Löwengrube« zu sehen. Den Sarkophag schmückt eine Statue der Stadtpatronin Nuestra Señora del Valle aus dem späten 16. Jh. In der Sakristei wird eine Monstranz des Silberschmieds Francisco de Alfaro aus dem Jahre 1586 aufbewahrt. Die Seitenschiffe sind mit barocken und klassizistischen Retabeln ausgestattet.

Itálica

Hinter dem Dorf Santiponce liegt das archäologische Feld der ersten von den Römern auf iberischem Boden gegründeten Stadt Itálica. Am Ende des 2. Punischen Krieges, nach der Schlacht von Ilipa (Alcalá del Río), war sie von Scipio Africanus dem Älteren als Veteranensiedlung angelegt worden, wie der römische Historiker Appian berichtet: »Indem er ihnen ein kleines Heer überließ, wie es in Friedenszeiten geboten war, siedelte Scipio die Verwundeten in einer Stadt an, die er im Andenken an Italien Itálica nannte.« Römische Soldaten, denen nach Abschluß ihres Militärdienstes Geld und Land zugeteilt wurde, ließen sich hier nieder, vermählten sich mit den dort ansässigen Frauen und vermischten sich bald mit der einheimischen Bevölkerung. So entstand aus der kleinen Siedlung schnell eine große Stadt, die – nördlich des in der Antike wirtschaftlich bedeutenden Flusses Guadalquivir gelegen – bald zum wichtigsten Verkehrsknotenpunkt im westlichen Andalusien wurde. Ihre Einwohnerzahl wird auf maximal 10 000 geschätzt. Von hier aus setzte die Romanisierung der gesamten Halbinsel ein, deren offizielle Sprache Latein war. Aus zwei in Itálica ansässigen Adelsfamilien stammen die römischen Kaiser Trajan (98–117) und Hadrian (117–138), durch die die Stadt historische Bedeutung gewann. Ihnen verdankt Itálica eine umfangreiche Stadter-

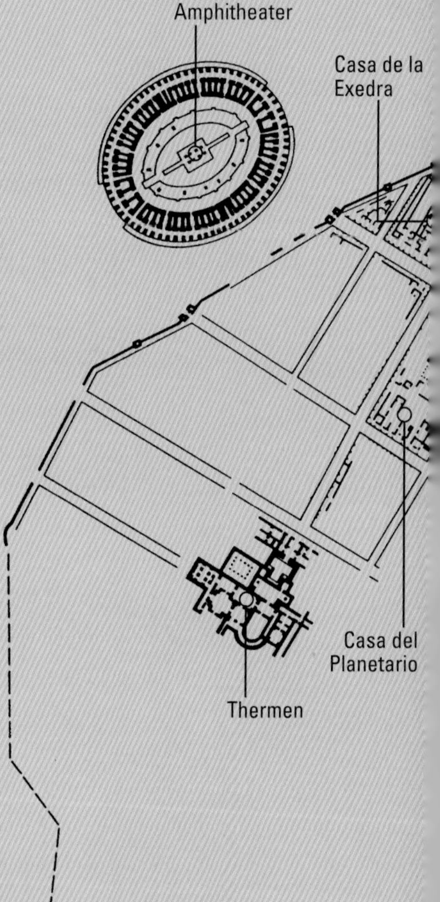

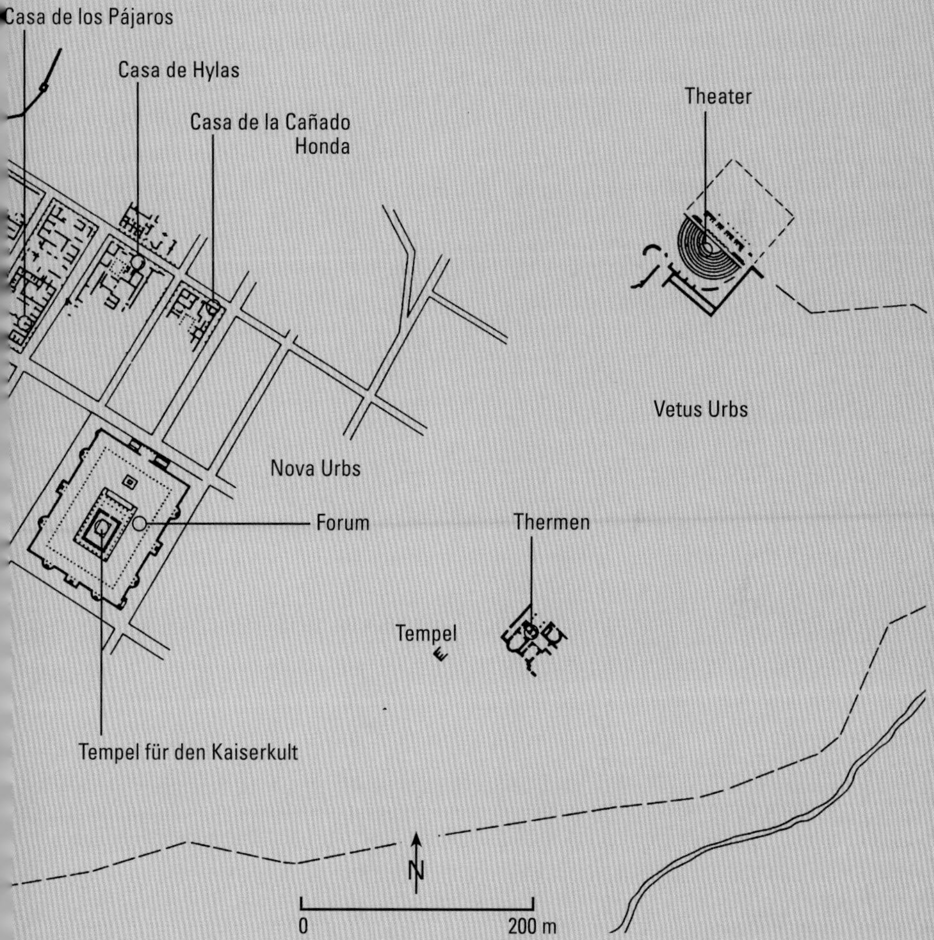

Casa de los Pájaros
Casa de Hylas
Casa de la Cañado
Honda
Theater
Vetus Urbs
Nova Urbs
Forum
Thermen
Tempel
Tempel für den Kaiserkult
N
0
200 m

weiterung, in deren Folge ein neues Wohnviertel, die Nova Urbs, mit einer monumentalen Stadtmauer angelegt und zahlreiche öffentliche Gebäude errichtet wurden. Die Stadt blieb bis in westgotische Zeit bestehen und wurde erst unter arabischer Herrschaft aufgegeben. Fortan diente sie als Steinbruch und war begehrtes Ziel für Schatzgräber: Nach mehreren schweren Überschwemmungen des Guadalquivir im 17. Jh. zogen die Bewohner von Santiponce auf den Hügel und nutzten die Mauerreste und Marmorverkleidung für den Neubau ihrer Häuser. Während des napoleonischen Krieges kamen Marschall Soult und der Herzog von Wellington nach Itálica, um nach Fundstücken zu suchen. Erst im 20. Jh. begannen systematische Grabungen, deren Funde in das Archäologische Museum von Sevilla gelangten. Anläßlich der Weltausstellung 1992 wurden umfangreiche Restaurierungen durchgeführt, die u. a. das Amphitheater und die Mosaiken betrafen.

Itálica gehört zu den bedeutenden archäologischen Grabungsstätten auf spanischem Boden, weil es eine römische Stadt in ihrer fast vollständigen Ausdehnung vor Augen führt. Zwar sind von der ursprünglichen Gründung (Vetus Urbs) nur wenige Bauten (Theater, Tempel, Häuser) ausgegraben – die übrigen werden unter dem Dorf Santiponce vermutet, wo erste Grabungen begonnen haben –, doch ist die Anlage der Nova Urbs vollständig freilegt. Wie die meisten römischen Städte ist sie nach einem regelmäßigen geometrischen Plan mit sich kreuzenden Straßen angelegt. Die zum Amphitheater führende Hauptstraße (Decumanus) besaß die unglaubliche Breite von 15,40 m – in Pompeji etwa sind die Hauptstraßen nur 10 m breit – und war von Pilasterarkaden gesäumt. 8 m dienten als Fahrstraße, etwa 4 m an jeder Seite als Fußgängerwege. In den Insulae (die durch die Straßen gebildeten Rechtecke) erstreckten sich große Peristylhäuser, deren luxuriöse Ausstattung mit prachtvollen Bodenmosaiken vom Reichtum der römischen Familien zeugt. Im Süden der Stadt lag eine aufwendige öffentliche Thermenanlage, die mit zahlreichen Statuen geschmückt war. Monumentaler Mittelpunkt und politisches Zentrum des neuen Stadtteils bildete ein großes Forum, dessen Umfassungsmauer abwechselnd in runde und rechteckige Nischen geöffnet war. In der Mitte erhob sich ein Tempel, der nach Aussage der Inschriften und Skulpturen wohl dem Kaiserkult diente.

Amphitheater

Außerhalb der Stadtmauern breitet sich am Fuß des Stadthügels das mächtige Oval des Amphitheaters aus, das mit 160 m Länge und 137 m Breite zu den größten des Römischen Reiches gehörte und 25 000 Zuschauer aufnehmen konnte. Ursprünglich war die an der Hangseite errichtete Cavea (Zuschauertribüne) von einem umlaufenden Außenbau umgeben. Den Zu-

gang bildete ein gedeckter Gang, von dem aus Treppen und Ausgänge zu den Tribünen führten. An den unteren Sitzreihen finden sich eingemeißelte Namen, Zeichen dafür, daß sie hochgestellten Persönlichkeiten vorbehalten waren. Von den ehemals drei Rängen konnten die Zuschauer Tierhetzen und Gladiatorenkämpfe verfolgen, wobei letztere – nach Aussage einer Bronzetafel aus Itálica, die sich im Archäologischen Museum von Madrid befindet – unter dem römischen Kaiser Marc Aurel (161–180) eingeschränkt worden sind. Die kreuzförmige Vertiefung mit acht Säulen in der Mitte der Arena war früher abgedeckt und diente als Magazin.

Casa de los Pájaros

Zum Decumanus hin öffnete sich die Casa de los Pájaros, die ihren Namen von den 32 verschiedenartigen Vögeln auf einem der Mosaikböden erhalten hat, mit einem zweifachen Eingang. Einer führte in einen Raum mit einem Backofen (vermutlich befand sich hier eine Bäckerei), der andere leitete den Besucher in das einst überdeckte Vestibulum. Von hier aus gelangte man zum Peristyl, dem von Säulen umgebenen Gartenhof, unter dem sich in der Mitte ein unterirdisches Wasserreservoir befand. Hieran schlossen sich die Wohnräume, die schöne Mosaiken, darunter das Vogelmosaik und eines mit einer Bacchus-Darstellung, enthalten. In der Achse des Peristyls lag das Triclinium, der Festraum mit den U-förmig aufgestellten Klinen (Liegestätten) für das Gelage. Es öffnet sich seitlich in zwei ungedeckte Höfe, von denen der rechte eine Piscina (Becken), der linke einen kleinen Säulenbau besitzt. Zwischen dem linken Hof und dem Peristyl befand sich das halbrunde Lararium, in dem die römischen Schutzgeister des Hauses, die Laren, verehrt wurden. Im rückwärtigen Bereich waren Wirtschaftsräume.

Mulva (Munigua)

Eine weitere interessante Ausgrabungsstätte liegt nahe des Bergarbeiterstädtchens Villanueva del Río y Minas am Rande der Sierra Morena nahe des Guadalquivir. Auf einem Hügel trifft man auf die Ruinen von Munigua, eine im 4. Jh. v. Chr. gegründete iberische Siedlung, die später von den Römern übernommen und zum Municipium Flavium Muniguense ernannt wurde. Nach Aussage der Bauten und Funde (Sevilla, Museo Arqueológico Provincial) muß der Ort trotz seiner versteckten Lage eine wichtige Rolle im Netz der römischen Verwaltung eingenommen haben. Der bedeutendste Gebäudekomplex ist ein großes Terrassenheiligtum, das wohl aus der 2. Hälfte des 1. Jh.s n. Chr. stammt und auf dem Rücken des Hügels axialsymmetrisch angelegt ist. Treppen und Rampen führen auf die künstlich geschaffenen Terrassen, deren oberste von einem Tempel mit einer vorgelagerten Exedra eingenommen wird. Vor dem Heiligtum liegt ein von hohen Terrassenmauern und Stützpfeilern getragener Tempelbezirk aus dem späten 1. Jh. n. Chr. Südlich davon erstreckt sich das auf drei Seiten von Portiken flankierte Forum mit einem Podiumstempel im Zentrum und Nebenräumen an den Seiten. In dem als Tabularium gedeuteten Raum ist eine Bronzetafel mit einem Brief des Kaisers Titus (79–81) gefunden worden. Die Stadt, von der inzwischen zahlreiche Wohnhäuser und die Thermen freigelegt worden sind, wurde in der 2. Hälfte des 2. Jh.s von einer Stadtmauer umschlossen, die mehrere Gräberfelder einbezog. Während der großen Wirtschaftskrise des 3. Jh.s hat man sie offensichtlich aufgegeben.

Aus dem Alltag der Inquisition

»Dröhnendes Geläute von der Kathedrale und den nahen Kirchen (...) Das erste, was den Blick fesselte, war das Kreuz. Ein großes, mit schwarzem Flor verhülltes Kreuz, auf den Schultern getragen von Dominikanern des Königlichen Konvents. Seine Farbe kannten nur die Zuschauer, die das Schauspiel schon früher gesehen hatten: Das Dunkelgrün würde erst im Augenblick der feierlichen Lossprechung sichtbar werden. Im Schatten des Kreuzes folgten behelmte, Hellebarden tragende Soldaten sowie in Kapuzen gehüllte Mönche und Priester, die Gottes Lob sangen.

Bernard Picart, Der Ketzer, 1723, Kupferstich, 163 x 105 mm, Dresden, Staatliche Kunstsammlungen, Kupferstichkabinett

In zwei hierarchisch geordneten und streng ausgerichteten Parallelzügen schritten die zivilen und die kirchlichen Amtsträger einher: der Corregidor hinter den Beisitzern, der Dechant hinter den Kanonikern, welche ihrerseits hinter den Mitgliedern des Gerichts vorangingen. Der Ankläger trug die Standarte, ein scharlachrotes, mit Silberspitzen und Silberquasten umrandetes Taftrechteck, auf dem das Wappen der Inquisition eingeprägt war: die Kriegsfahne des Glaubens.

Die Büßer eröffneten den eigentlichen Zug. Sie waren etwa einhundert an der Zahl, steckten in safrangelben Wolltuchkitteln, trugen Kerzen in der Hand und spitze Mützen auf dem Kopf.

Ringsum drängte und drängelte sich die Volksmenge (...) Auf halbem Weg zwischen Tribüne und Podest hatte man ein mit Gittern umstelltes Podium errichtet. Dort wurden in Käfigen die Verurteilten ausgestellt. Dem Publikum sollte von ihren Reaktionen, ob Scham, Schmerz oder Reue, nichts entgehen. Auf ein Pult stellten Pagen das Kästchen mit den Urteilssprüchen und auf ein anderes zwei große in Goldschmiedearbeit gefertigte Tabletts. Ein Kaplan hielt den Gläubigen Meßbuch und Kreuz entgegen. Mit lauter Stimme verkündete er: »Wir, der Corregidor, die Bürgermeister, Büttel, Ritter, Beisitzer und Notabeln, Bewohner der edlen Stadt Toledo, der heiligen Mutter Kirche gehorsame, wahre und treue Christen, wir schwören bei den vier Evangelien, die vor uns liegen, den heiligen Glauben Jesu Christi zu bewahren und zu schützen. Desgleichen werden wir mit ganzer Kraft jene verfolgen, ergreifen und ergreifen lassen, die der Ketzerei oder des Abfalls vom Glauben verdächtigt sind. (...)« »(Ein) Priester trat zu einem Pult. Sein Blick verweilte kurz bei den Verurteilten in ihren Käfigen. Er holte tief Luft und deklamierte: ›Welche Sünder können schlimmere Feinde Gottes sein, strengere Bestrafung verdienen als jene, die das Gesetz Moses' befolgen: die treulosen Marranen. Bei ihnen wäre Hoffnung Verblendung, wäre Geduld Nachlässigkeit. Ihr, deren Leben in Schande versinkt, die ihr Gott und den Menschen verhaßt seid, es ist nur gerecht, daß das heilige Gericht euch züchtigt und heute die Sache Gottes verteidigt. *Exurge Domine, judica causam tuam*! Steh auf, o Gott, tritt ein für Deine Sache!‹ (...) Ein Dominikanermönch (begann) mit der Verlesung der *méritos*, einer Zusammenfassung der zur Last gelegten Verfehlungen und der entsprechenden Strafen. Bald folgte ihm ein zweiter Priester. Dann ein dritter. (...)

Theodor Goetz, Die französische Garrucha, 18. Jh., Zeichnung

Wie lange zog sich die Verlesung hin? Sechs Stunden? Acht Stunden? Als sie zu Ende ging, war die Sonne hinter der Kathedrale verschwunden.

(An der gemauerten Verbrennungsstätte außerhalb der Stadtmauern) waren keine Vertreter des Inquisitionsgerichts zugegen, sondern einzig die Qualifikatoren, die den Verurteilten beizustehen und – wichtigste Verantwortung – zu entscheiden hatten, ob ihnen die Erleichterung der Erdrosselung gewährt werden sollte.

Die seit dem Vortag hochragenden Scheiterhaufen hoben sich gegen die rötlich glühende Leinwand des abendlichen Himmels ab. Mit unbewegten Gesichtern warteten die Henker. Die posthum Verurteilten waren in makabrer Weise präsent, in mit Erdpech ausgestrichenen Kästen ruhte, was von ihnen übrig geblieben war. Es dauerte eine Weile, bis man der Delinquenten – sie waren nur noch etwa zwanzig –

Theodor Goetz, Ketzerverbrennung, 18. Jh., Kupferstich

endlich ansichtig wurde. Die Menge stand genauso dicht gedrängt wie die Stunden zuvor, aber jetzt spürte man eine ungehemmte Straflust. Ein erster Stein flog in die Luft, dann ein zweiter. Schimpfworte wurden laut. Nicht unwahrscheinlich, daß ohne die schützende Reihe von Soldaten der Volkszorn die Urteile in eine Steinigung umgewandelt hätte. (…) Zwei Verurteilte (waren) bereits in den Flammen. Der erste kämpfte einen Todeskampf ohne einen einzigen Schrei. Der zweite brüllte, flehte und zappelte so heftig, daß sich die verbrannten Stricke lösten. Als lebende Fackel stürzte er vom Scheiterhaufen herunter. Sofort waren die Henker bei ihm. (…) Die nächste Verbrennung erfolgte in effigie. Man sah eine Gliederpuppe, in ihren Armen einen Sarg, auf dem mit großen Buchstaben der Name geschrieben war. (…) Kaum waren Sarg und Puppe von der Glut erfaßt, stieß man eine etwa sechzigjährige an einen massiven Balken gebundene Frau in Richtung des Scheiterhaufens. Im Unterschied zu den anderen landete sie nicht sogleich in den Flammen. In seiner übergroßen Barmherzigkeit und weil sie geständig gewesen war, hatte der Qualifikator ihr die Vergünstigung des Erdrosselns gewährt.«
(aus: Gilbert Sinoué, »Der blaue Stein«)

So oder ähnlich mag es auch am 6. Februar 1481 gewesen sein, als in Sevilla die erste Autodafé (von span. auto de fé, »Akt des Glaubens«) der spanischen Inquisition stattfand. Bis zur Urteilsverkündigung und -vollstreckung mußte der Beschuldigte jedoch lange Wochen warten.

Die Denunziation

Gemäß dem Wahlspruch »Wo kein Kläger, auch kein Richter« konnten ohne Anzeige keine Ermittlungen beginnen. Der Inquisitionsprozeß begann, sobald ein Mensch aufgrund eines Beweises oder eines bloßen Verdachts, sich der Häresie (Irrlehre) schuldig gemacht zu haben, denunziert und festgenommen wurde. Der Name des Denunzianten blieb stets geheim. Hatte das Tribunal den Anschuldigungen Glauben geschenkt, konnte der Angeklagte den Rädern der Inquisition kaum noch entkommen. Denn nicht der Denunziant mußte seine Behauptungen belegen, sondern der Beschuldigte seine Unschuld beweisen, was praktisch nicht möglich war. Zwar durfte er einen Verteidiger hinzuziehen, den das Tribunal vorschlug, aber auch dieser konnte nur helfen, wenn er Zeugen ausfindig machte, die der Anklage widersprachen. Dann hatte immer noch das Gericht über deren Glaubwürdigkeit zu entscheiden.

Jacquemin Woeirit, Tortura del'aqua, 1541, Holzschnitt aus Milles de Sauvignys »Praxis criminis persequendi«, Paris

Bei der Festnahme wurde das gesamte Vermögen konfisziert, aus dem der Gefangene die Kosten für seine Untersuchungshaft zu begleichen hatte. Nun begann eine zermürbende Zeit des Grauens, denn er durfte weder Kontakt zu seiner Familie aufnehmen, Briefe schreiben oder Besuche empfangen, noch erfuhr er, was außerhalb des Kerkers vor sich ging.

Das Verhör

Vorrangiges Ziel des Glaubenstribunals war es, den Angeklagten zum Eingeständnis und zum Widerruf seiner eigenen Irrtümer zu bewegen, war dies doch der schlagendste und überzeugendste Beweis seiner Schuld. Dabei wurde durch Verhör und Folter psychologisch Druck ausgeübt. Während des eigentlichen Verhörs sollten sich die Inquisitoren freundlich verhalten, um dem Gefangenen das Geständnis zu erleichtern. Hierbei gab es einfache, aber wirkungsvolle Tricks, die schon Nicolaus Eymericus in seinem Handbuch »Directorium inquisitorum« aus dem 16. Jh. beschrieben hat: »Der Inquisitor soll sich freundlich gebärden und so tun, als ob er alles weiß. Er soll in den Akten blättern und sagen: ›Es ist unverkennbar, daß du nicht die Wahrheit sprichst.‹ Oder er soll ein beschriebenes Blatt Papier in die Hand nehmen und dem Beschuldigten mit einem Ausdruck der Überraschung sagen: ›Wie kannst Du nur leugnen, wenn hier doch alles klar ist.‹ Und dann soll er fortfahren: ›Gestehe ruhig, du siehst ja, ich weiß alles.‹« War der Gefangene nicht geständig, wurden lange Pausen zwischen den Verhören eingelegt. In der Zwischenzeit sollte er in seiner Zelle, oftmals in Einzelhaft, sein Gewissen erforschen, wobei ihm Besuche von Beichtvätern und Priestern helfen sollten.

Bernard Picart, Zug der Ketzerrichter und der zum Tode verurteilten Ketzer in Spanien, 1723, Kupferstich

Die Folter

Wenn der Verdächtige weiterhin beharrlich leugnete, konnte die Folter angewendet werden. Für den Verlauf des Verhörs gab es genaue Anweisungen. Dem Folterkandidaten durften keine konkreten Fragen gestellt werden, die er mit »Ja« oder »Nein« beantworten konnte. Die Inquisition war sich bewußt, daß er, um weitere Qualen zu vermeiden, zu jedem Geständnis bereit war. Vielmehr bestand die Aufgabe des Inquisitors während der ganzen Folterprozedur darin, den Beschuldigten aufzufordern, die Wahrheit zu sagen. Da die Kirche das scheinheilige Argument vertrat, es dürfe kein Blut vergossen und der Körper des Verhörten dürfe

Bernard Picart, Hinrichtung und Verbrennung von Ketzern in Spanien, um 1722, Kupferstich

keine sichtbaren Spuren aufweisen, waren die Foltermethoden beschränkt. Bei der Garrucha wurden dem Opfer die Hände auf dem Rücken zusammengebunden, und man zog ihn mittels eines Stricks, der an den Handgelenken festgemacht war, nach oben. War der Verdächtige nicht geständig, konnten die Schmerzen verstärkt werden. Dazu wurden entweder zusätzliche Gewichte an den Füßen angebracht oder der Strick ruckartig hochgerissen und wieder fallengelassen. Eine andere Methode, die keine Spuren körperlicher Qualen hinterließ, war die »Tortura del´aqua«, bei der man den Angeklagten so an eine Leiter band, daß sein Kopf tiefer als sein Körper zu liegen kam. Man öffnete den Mund gewaltsam und legte ein Leintuch darüber, das als Filter diente. Über das Tuch wurde Wasser getröpfelt, so daß das Opfer zu ersticken drohte. In gewissen Abständen entfernten die Inquisitoren das Tuch, um den Gefolterten aufzufordern, die Wahrheit zu sagen. Aber unabhängig davon, ob er gestand oder nicht, es wurde über ihn gerichtet und das Urteil feierlich bei der nächsten Autodafé verkündet …

Osuna

Das abseits der Touristenrouten gelegene Städtchen mit seinem schönen Marktplatz ist den Spaniern v.a. als Herzogsstadt bekannt. Gehörten doch die Condes de Girón, denen Philipp II. 1562 den Titel Herzöge von Osuna verlieh, zu den Mächtigsten im 16. und 17. Jh. Dies spiegeln die Bauten wieder, so etwa die 1549 gegründete Universität, die Osuna zu einem kunst- und geistesgeschichtlichen Zentrum aufsteigen ließ. Die Geschichte der Stadt aber reicht weit zurück: Die einstige iberische Siedlung Urso kämpfte in römischer Zeit auf Seiten des Pompeius gegen Caesar. Als letzte Stadt ergab sie sich dem Sieger. Davon künden die Bronzetafeln mit der »Lex Iulia Colonialis« (benannt nach dem Geschlecht der Iulier, dem Caesar entstammt), heute im Archäologischen Nationalmuseum, Madrid. Das maurische Oxuna wurde 1239 kastilisch und dem Calatrava-Orden übergeben.

Monasterio de la Encarnación

Der Eintritt in das Kloster der Unbeschuhten Barmherzigen Schwestern, 1549 als Hospiz gegründet, lohnt wegen seines zweigeschossigen Kreuzgangs. Die Wände sind in der Sockelzone mit barocken Azulejos verkleidet, die u.a. Darstellungen der Jahreszeiten, der fünf Sinne sowie Jagd- und Kriegsszenen aufweisen. Im Museum befindet sich eine schöne Sammlung von Skulpturen des Jesuskindes.

Palacio de los Condes de la Gomera

Die geschwungene Fassade des Palacio de los Condes de la Gomera beeindruckt durch gelb bemalte Gesimse auf weißem Untergrund, schwarze Fenstergitter und malerische Wasserspeier in Form von Kanonen.

Antigua Cilla del Cabildo

Seiner Zeit als einflußreicher Herzogsstadt verdankt Osuna prachtvolle Adelspaläste, die im Zuge der Expansion im 18. Jh. entstanden. In der Calle de San Pedro folgt ein schöner Wohnsitz dem anderen, hinter deren aufwendig gearbeiteten Portalen sich schöne Patios verbergen. Zu den bedeutendsten Bauwerken gehört die Antigua Cilla del Cabildo, der ehemalige Kornspeicher des Domkapitels, den Alonso Ruiz Florindo aus Fuentes 1773 errichtete. Den Portalgiebel schmückt ein Hochrelief mit der Giralda und den beiden Schutzheiligen Sevillas, Justina und Rufina.

Colegiata de Santa María de la Asunción

Auf dem Hügel oberhalb der Stadt steht die imposante Kirche, die von Don Juan Téllez-Girón, einem Mitglied der späteren Herzogsfamilie, um 1530 gestiftet wurde. Nach außen hin wirkt die dreischiffige Stiftskirche mit ihren großen Strebepfeilern wie ein Festungsbau. Einzige Ausnahme bildet die plateresk ornamentierte Puerta del Sol an der Westfassade, die in das Innere der mit Kreuzrippen überspannten Hallenkirche führt. In den Räumen der ehemaligen Sakristei ist ein Museum eingerichtet, das neben flämischen Gemälden des 16. Jh.s vier Bilder von José de Ribera ausstellt, die früher am Hochaltar angebracht waren. Über den quadratischen Patio del Capellán, einen von zweigeschossigen Arkaden gesäumten und im Platereskenstil reich geschmückten Innenhof, führt der Weg zum Panteón Ducal, der Begräbnisstätte der Herzöge von Osuna.

José de Ribera, Kreuzigung
1616–1620, Öl auf Leinwand, 336 x 230 cm

Die Stiftskirche verdankt ihre Bedeutung v.a. ihren Kunstschätzen, unter denen die »Kreuzigung« von Ribera in einer der nördlichen Seitenkapellen hervorzuheben ist. Als Ribera sich nach seiner Ausbildung in Valencia, Parma und Rom 1616 in Neapel niedergelassen hatte, wurde er von einem der Herzöge von Osuna, der Anfang des 17. Jh.s Vizekönig von Neapel war, mit zehn Gemälden für dessen andalusische Heimat beauftragt. 1616–1620 entstand die »Kreuzigung«, die zu den Hauptwerken der spanischen Malerei des frühen 17. Jh.s gehört. Das Gemälde ist typisch für Riberas Stil, der, durch den Naturalismus und die Helldunkelmalerei Caravaggios geprägt, zu einer leuchtenden Farbigkeit überging, verbunden mit technischer Brillanz und einem für die spanische Malerei charakteristischen, oftmals scharfen Realismus.

Santiponce

San Isidoro del Campo

Santiponce, das bis zu der großen Überschwemmung des Guadalquivir im 17. Jh. direkt am Flußufer lag, erstreckt sich heute über Teile der Vetus Urbs von Itálica. Hier liegt das Kloster San Isidoro del Campo, das Guzmán el Bueno (der Gute) um 1300 als Zisterzienser-Abtei gründete. Er hatte im Auftrag des kastilischen Königs Tarifa gegen die Mauren verteidigt. Sein Sohn, Juan Pérez de Guzmán, ließ direkt neben der Kirche des Klosters 1309 eine zweite, kleinere errichten, die später mit der ersten verbunden wurde. 1431 wurde der Kom-

plex den Hieronymiten übergeben, in deren Besitz es bis 1836 verblieb. Dieser Orden wurde 1370 in Spanien gegründet und nach dem Kirchenvater Hieronymus benannt worden, auf den die Übersetzung der Bibel ins Lateinische – Voraussetzung für die Ausbreitung der christlichen Lehre – zurückgeht. Von außen präsentiert sich die Zwillingskirche mit ihren Strebepfeilern als festungsartiger, zinnenbewehrter Bau. Die Anlage umfaßt zwei Kreuzgänge mit Fresken aus dem 15. Jh. und Nebengebäude sowie einen weiteren Innenhof, der heute zu dem angrenzenden Fabrikationsbetrieb gehört.

Hochaltar

In der älteren gotischen Kirche, die bereits im 16. Jh. stark restauriert wurde, steht ein geschnitzter barocker Hochaltar, der als Höhepunkt polychromer Skulptur in Spanien gilt. Dieses Meisterwerk schuf Juan Martínez Montañés in den Jahren 1609–1613. In der vertieften Mittelnische ist der Hl. Hieronymus als Büßer dargestellt, der, obwohl auf Vorderansicht konzipiert, von allen Seiten so gut ausgearbeitet ist, daß er abgenommen und bei Prozessionen mitgetragen werden kann. Von Montañés' Meisterschaft zeugt die anatomisch exakte Darstellung: So ist der angespannte Arm mit seiner Muskulatur und den unter der Haut hervortretenden Venen genauestens wiedergegeben. Zu seinen Seiten befinden sich Reliefs mit der Anbetung der Hirten und der Könige, flankiert von den beiden

Figuren Johannes d. Täufers und Johannes Evangelista sowie zwei Engeln. Im Register darüber steht der Namenspatron des Klosters, der Hl. Isidor, der von Reliefs mit der Auferstehung und Himmelfahrt sowie von zwei weiteren Engeln gerahmt wird. In der Attika hat Montañés Mariä Himmelfahrt, begleitet von vier Personifikationen der Tugenden, aufgestellt. Den Abschluß des Retabels bildet die Kreuzigung. Zu beiden Seiten des Altars liegen die Gräber mit den im Gebet knienden Statuen des Gründerpaares, Guzmán el Bueno und seiner Frau María Alonso Coronel.

Provinz Huelva

Provinz Huelva

Reisende durch Südspanien statten der ganz im Westen gelegenen Provinz Andalusiens nur selten einen Besuch ab. Die meisten kennen sie lediglich als Durchgangsstation auf dem Weg an die Algarve-Küste Portugals. Dabei ist die Region v.a. wegen ihrer landschaftlichen Kontraste besonders reizvoll. Im Norden erstrecken sich die Wälder der Sierra Aracena mit Stein- und Korkeichen, Pinien und Kastanien, im Mündungsgebiet des Guadalquivir liegt das Naturschutzgebiet Coto de Doñana (über 75 000 ha), das mit einer Vielzahl seltener Tier- und Pflanzenarten eines der wichtigsten Vogelschutzgebiete Europas ist. An der 120 km langen Küstenlinie findet man noch schöne Sandstrände und einsame Buchten. Doch auch hier hat mit dem Bau der Retortenstadt Matalascañas in den 70er Jahren der Kampf zwischen Naturschutz und Tourismus begonnen. Kulturhistorisch hat die Provinz gleichfalls

Vista del Coto

einiges zu bieten. Wegen der reichen Erzvorkommen in den Bergen (v.a. Kupfer) gründeten schon die Phönizier erste Handelsniederlassungen, denen Römer, Westgoten, Mauren und Christen folgten.
Historische Bedeutung erlangte die Provinz im Zeitalter der Entdeckungen, als Kolumbus 1486 im Kloster La Rábida dank der Fürsprache der dortigen Mönche von Königin Isabella die Erlaubnis erhielt, am 3. August 1492 mit drei Karavellen vom Hafen in Palos de la Frontera zu seiner ersten Erkundungsreise in See zu stechen. 1528 landete an der gleichen Stelle Hernán Cortés nach der Eroberung Mexikos. Dem Thema »Kolumbus« begegnet man überall: Huelva, die gleichnamige Provinzhauptstadt, trägt den stolzen Titel La Orilla de las tres Carabelas (Ufer der drei Karavellen), wenn auch ihre alte Bausubstanz durch das schwere Erdbeben von 1755 völlig zerstört worden ist und sie sich heute mehr als industrielles Zentrum mit Erdölraffinerien, chemischen Industrien und einem wichtigen Erzverschiffungshafen präsentiert. Die Ruta Colombina führt zu Orten, die mit Kolumbus und seinen Reisen in Verbindung stehen. Ausgangspunkt ist die Costa Colombina, die Huelva vorgelagerte Küste, von der man entlang des Ufers des Río Odiel bis zur Einmündung des Río Tinto fährt. An ihrer Landspitze erhebt sich die Monumentalstatue des Cristóbal Colón (Kolumbus) aus Granit von der amerikanischen Bildhauerin Gertrude Vanderbilt Withney. Weitere Stationen sind das Kloster La Rábida am Ostufer des Río Tinto sowie die Orte Palos de la Frontera und Moguer, dessen Kloster Santa Clara das bedeutendste Mudejarbauwerk der Provinz Huelva ist.
Einmal im Jahr wird die abseits gelegene Provinz mit buntem Leben erfüllt, wenn sich zu Pfingsten Tausende von Pilgern auf den Weg nach El Rocío machen. Zu Fuß, zu Pferde oder auf prunkvollen Ochsenkarren begeben sie sich zu der Wallfahrtsstätte am Rande des Coto de Doñana, um die Santísima Virgen del Rocío (Jungfrau des Morgentaus) zu verehren und zugleich vier Tage lang ausgelassen zu feiern.

Gertrude Vanderbilt Withney, Statue des Kolumbus, 1929

Niebla

Hinter Mauern und Türmen verborgen liegt das kleine Städtchen auf einem Hügel entlang des Río Tinto. Unter den Römern hieß es Ilipula, und unter den Westgoten wurde es als Elebla Bischofssitz. Als Lebla war es Hauptstadt eines Taifa-Reiches, bis es 1257 von Alfons X. eingenommen werden konnte. Ist damit die ethymologische Ableitung des Namens auch geklärt, so möchte man doch, wenn man aus der Ferne die Umrisse des Ortes durch den Nebel, der aus dem Río Tinto aufsteigt, nur verschwommen erkennt, viel eher annehmen, daß das spanische »niebla« (Nebel) dem Ort seinen Namen gab.

Iglesia de Santa María de la Granada

Hinter der Plaza im Stadtinnern steht die dreischiffige Kirche Santa María de la Granada, die auf eine wechselvolle Geschichte zurückblicken kann. Im 10. und 11. Jh. befand sich hier eine von den Mauren geduldete Kirche, von der noch zwei Portale erhalten sind. Im 13. Jh. wurde aus ihr eine Moschee, auf die der gotische Bau zurückgeht. Der

Eingangspatio mit zwei Reihen Hufeisenarkaden war einst der Orangenhof, der Glockenturm mit quadratischem Grundriß erinnert an das ehemalige Minarett.

Stadtmauer (Murallas)

Hauptattraktion des Ortes ist seine 3 km lange Stadtmauer (Murallas) mit 46 Türmen und vier Toren. Neun Monate lang hielt sie der Belagerung durch die Christen stand. Bis auf geringe Teilstücke, die römischen und westgotischen Ursprungs sind, geht sie im wesentlichen auf die Mauren zurück. Davon zeugen die vier Tore: Im Norden liegt die Puerta de Socorro mit einem Hufeisenbogen, durch die ein typisch maurischer rechtwinkliger Gang in die Stadt führt. Im Osten trifft man auf die Puerta de Sevilla, die aus römischer Zeit stammt. Das Südtor, das zum Fluß gerichtet ist, wird Puerta del Agua genannt, weil hier die Frauen zum Wasserholen gegangen sein sollen. Die Puerta del Buey (Ochsentor) im Westen verweist mit ihrem von einem Alfiz gerahmten Hufeisenbogen und den geziegelten Blendarkaden am stärksten auf die maurischen Erbauer.

Palos de la Frontera

Monasterio de Santa María de la Rábida

5 km südwestlich von Palos de la Frontera trifft man auf das Franziskanerkloster, das Erinnerungen an Kolumbus bewahrt. Hier soll Kolumbus, als er 1485 von Lissabon nach Palos kam, um die Unterbringung seines Sohnes Diego gebeten haben. Ältester Teil des Klosters ist die einschiffige mudejare Kirche aus dem 14. Jh., an die sich eine kleine Kapelle anschließt. Hier wird die Alabasterstatue der Virgen de los Milagros aus dem frühen 14. Jh. verehrt, deren Schutz Kolumbus und die Brüder Pinzón vor der Ausfahrt erfleht haben. Hinter der Klosterkirche liegt ein zweigeschossiger Kreuzgang mit aus Ziegelstein gemauerten Arkaden, von dem aus man zu den Mönchszellen und zum Refektorium gelangt. Im Kapitelsaal steht ein Tisch mit Lehnstühlen. Dort sollen Kolumbus und die Brüder Pinzón mit dem Vorsteher der Franziskaner die 1. Entdeckungsreise geplant haben.

Daniel Vázquez Díaz, 1929/30, Fresken

Einen Raum seitlich des Eingangs hat der Maler Daniel Vázquez Díaz (1881–1969) 1929/30 mit Wandmalereien in kubistischer Manier ausgestattet. Sie halten Szenen der Vorgänge aus dem Kloster und der späteren Entdeckung fest, darunter die Besprechung mit den Mönchen und die Ausfahrt aus dem Hafen von Palos.

Ein großartiger Irrtum – Kolumbus entdeckt Amerika

Als Christoph Kolumbus am 3. August 1492 den Hafen von Palos de la Frontera verließ, begann für Spanien ein neuer Zeitabschnitt, der als Zeitalter der Entdeckungen in die Geschichte eingegangen ist. Mit der Conquista, wie die Eroberung des mittel- und südamerikanischen Kontinents genannt wird, entstand ein Kolonialreich von riesigen Ausmaßen, dessen Gold und Silber die finanzielle Voraussetzung für die spätere Weltmacht Spanien schaffen sollte. Für den Seefahrer aber ging eine lange Zeit des Wartens zu Ende. Fast fünfzehn Jahre lang hatte er versucht, Interesse und Zustimmung für seine Vision zu finden. Er war überzeugt, daß man auf dem Westweg, über das offene Meer, nach Indien segeln konnte.

Ridolfo Ghirlandaio, Christoph Kolumbus, Genua, Seefahrtsmuseum

Die Anfänge

Christoph Kolumbus, 1451 in der Handelsstadt Genua als Sohn eines Wollwebers geboren, hatte seine ersten seemännischen Erfahrungen auf kleineren Handelsschiffen gemacht, bevor er 1476 nach Portugal gelangte. Er ließ sich in Lissabon nieder, vertiefte auf Handelsfahrten nach Madeira, in den Norden und nach Guinea seine seemännischen Kenntnisse und wurde mit den Winden und Strömungen vertraut. In diesen Jahren reifte in ihm die Überzeugung, daß die Länder des Ostens leicht auch auf dem westlichen Weg, über den Atlantik, erreicht werden konnten. Indien, worunter man zu jener Zeit eigentlich ganz Asien verstand, hat die Europäer schon fasziniert, seit Marco Polo in seinem legendären Reisebericht aus den Jahren 1298/99 von unermeßlichen Reichtümern in Cathai (China), dem Reich des Großkhans, und Cipangu (Japanische Inseln) berichtet hatte. Aus dem Kontinent kamen damals viele der begehrtesten Kostbarkeiten wie Gewürze, Duft- und Seidenstoffe, nach denen alle europäischen Herrscher- und Adelshäuser verlangten.

Doch der traditionelle Handel, der seit Jahrhunderten über die Seidenstraße abgewickelt wurde, war ab der Mitte des 15. Jh.s durch die Machenschaften des Osmanischen Reiches stark beeinträchtigt. Deshalb besaßen die europäischen Handelshäuser ein großes Interesse daran, einen Weg in den Fernen Osten zu finden, der einen direkten Warenaustausch ermöglichte. Der Blick richtete sich v.a. nach Portugal, nachdem es 1488 dem Seefahrer Bartolomeu Diaz (um 1450–1500) durch Zufall gelungen war, die Südspitze Afrikas zu umschiffen. Dies hatte praktisch den direkten Seeweg nach Indien eröffnet.

Kolumbus erläutert den Franziskanermönchen von Granada seine Pläne, Kloster La Rábida

Das Weltbild des Entdeckers

Nach dem damaligen Wissensstand bestand die Erde aus drei Kontinenten – Europa, Afrika und Asien. Aus diesem Grunde schien es für Kolumbus einleuchtend, daß es eine weitere, wesentlich kürzere westliche Route nach Osten geben müsse, wenn man davon ausging, daß die Erde nicht, wie im Mittelalter weithin angenommen, die Form einer Scheibe habe, sondern Kugelgestalt besitze. Letzteres war schon in der Antike bekannt gewesen, doch wurde in den nachchristlichen Jahrhunderten dieser Gedanke besonders von der Kirche massiv unterdrückt, weil sich nur die Scheibenform mit der biblischen Überlieferung von Jerusalem als Mittelpunkt der Welt in Einklang bringen ließ. Zur Zeit des Kolumbus hatte sich allerdings in Gelehrtenkreisen die antike Erkenntnis wieder durchgesetzt. Bereits der französische Bischof Pierre d'Ailly (1352–1420) hatte dies 1410 in seinem »Imago mundi« (Weltbild) betont. Außerdem vertrat er die Ansicht, daß das Festland eine weitaus größere Fläche als das Wasser bedecke und der größte Teil der Landgebiete im Osten konzentriert sei. Diese Überlegungen ließen allein den Schluß zu, daß »der Ozean, den wir Atlantik nennen, auch ein Ufer im Westen (Indien) einfassen müsse.« Kolumbus

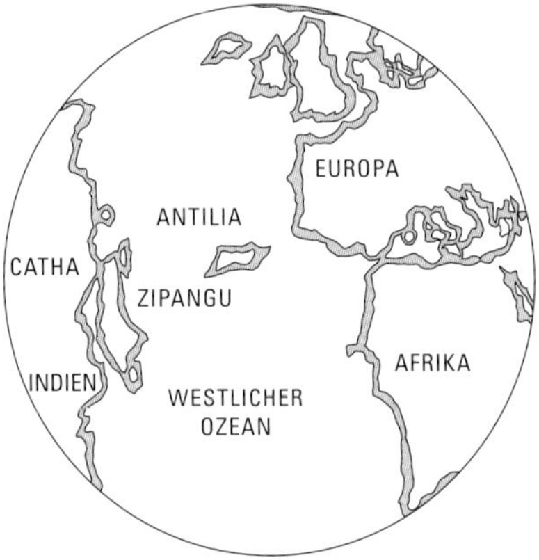

Die Erde des Kolumbus

sah sich dadurch in seiner Theorie bestätigt und trug aus anderen Werken der Geographie und Astronomie weitere Beweise zusammen. Besondere Bedeutung kam dabei dem Werk des Florentiner Arztes und Humanisten Paolo Toscanelli (1397–1482) zu, der sich schon lange mit der Frage nach der Gestalt der Erde befaßt und eine Reiseroute in Richtung Westen nach Indien erarbeitet hatte. Toscanellis Karte bestärkte Kolumbus in seinen Plänen. Er legte jedoch dessen fehlerhaften kosmographischen Berechnungen von der Entfernung des Festlandes zwischen Europa und Asien seine eigenen zugrunde, welche diese noch einmal – auf ein Fünftel der tatsächlichen Entfernung – verkürzten (4 000 anstelle der eigentlichen 20 000 km). »Niemals hat ein großartiger Irrtum eine großartigere Entdeckung hervorgebracht«, urteilte im 19. Jh. der deutsche Geschichtsschreiber Leopold von Ranke.

Die lange Zeit des Wartens

Bis Kolumbus amerikanischen Boden betreten sollte, vergingen allerdings noch einige Jahre. Nachdem seine Pläne in Portugal als nicht realisierbar verworfen worden waren, schiffte er sich nach Kastilien ein und begab sich mit seinem Sohn Diego Anfang 1485 nach Palos de la Frontera. Im Vorsteher des Klosters von La Rábida, Juan Pérez, und dem Franziskaner Antonio de Marchena, einem gelehrten Kosmographen und Humanisten, fand Kolumbus Verbündete für seine Pläne. Durch ihre Fürsprache wurde ihm 1486 eine Audienz beim spanischen Königspaar vermittelt, das dem Unternehmen zwar wohlwollend gegenüberstand, aber zu diesem Zeitpunkt ganz mit der Eroberung Granadas beschäftigt war. Deswegen entschloß es sich zur Einsetzung einer Expertenkommission, deren Urteil nach fast fünf Jahren Wartezeit negativ ausfiel. Alle Hoffnungen waren zunichte gemacht worden, Kolumbus am Tiefpunkt seines Lebens angelangt. Als er im Sommer 1491 das Land verlassen wollte, riefen ihn die Katholischen Könige doch noch einmal in ihre befestigte Lagerstadt vor Granada. Kolumbus erhob jedoch so maßlose Forderungen – er bestand u.a. für sich und seine Nachkommen auf dem Titel eines Vizekönigs für alle entdeckten Länder, einem Zehntel der Schätze und wollte zu einem Achtel an allen Handelsunternehmungen beteiligt werden –, daß sie für das Herrscherpaar unannehmbar waren. Kurze Zeit nach der Einnahme Granadas trat Kolumbus die Rückreise an, wurde allerdings wenige Kilometer hinter der Stadt von einem königlichen Boten zurückgeholt. Der Finanzverwalter

Luis de Santángel hatte die Königin mit dem Hinweis auf die Schätze, die ein solches Unternehmen für ihre leeren Kassen einbringen könnte, umgestimmt. Darüber hinaus hatte er sich bereit erklärt, einen großen Teil der Kosten zu übernehmen. Er hatte auch auf die religiösen Implikationen eines derartigen Unterfangens verwiesen, »das Gott und dem Lob Seiner Kirche« von großem Nutzen sei. Am 17. April 1492 wurde der Vertrag geschlossen und am 3. August konnte Kolumbus den Hafen von Palos mit drei Karavellen und neunzig erfahrenen Seeleuten, darunter die Brüder Pinzón, verlassen.

Die Neue Welt

Der erste Teil der Reise führte die Crew zu den Kanarischen Inseln, von wo sie am 7. September in den unbekannten Teil des Atlantiks aufbrach. Aus Furcht, die Mannschaft könne der psychischen Belastung einer langen Fahrt ins Ungewisse nicht gewachsen sein, fälschte Kolumbus von Anfang an die Eintragungen ins Bordbuch, um die zurückgelegten Entfernungen geringer erscheinen zu lassen. Nachdem sie vier Wochen über das offene Meer gesegelt waren, die Stimmung an Bord immer gereizter wurde und erste Rufe nach Umkehr laut geworden waren, ertönte am 12. Oktober endlich der erlösende Schrei »Tierra, tierra – Erde, Erde«. Sie legten an einer kleinen Insel namens Guanahani an, die sie zu Ehren des Erlösers »San Salvador« nannten.

In Festkleidung begab sich Kolumbus, nunmehr Vizekönig des Indischen Landes, ans Ufer, wo er das königliche Banner entfalten ließ und das Land für die spanische Krone offiziell in Besitz nahm. Die Spanier blieben nur wenige Tage auf der Insel, denn Kolumbus schien dies die erste der über 7 000 Inseln zu sein, über die Marco Polo berichtet hatte. Die Nachricht, daß es im Süden ein goldreiches Land geben soll, drängte sie zum Aufbruch. Nach zwei Wochen landeten die Schiffe an der Nordküste Kubas, das sie zu

Die erste Landung des Kolumbus, Kupferstich, koloriert von Theodore de Bry aus H. Benzano, Americae Retectio, 1596, Frankfurt

Ehren des spanischen Königs »Fernandina« tauften. Weil aber auch hier weder Gold noch Gewürze gefunden wurden und die »Indianer«, wie Kolumbus die Einwohner »Indiens« nannte, immer wieder nach Osten gewiesen hatten, wo es »Gold, Perlen und Gewürze im Überfluß gebe«, änderte er seinen Kurs und segelte in Richtung Osten weiter. Anfang Dezember erreichten sie eine Insel, der Kolumbus den Namen »Hispaniola« (das spätere Haiti) gab. Die Einwohner besaßen größerc Mengen an Gold und berichteten, das Gold komme von Cibao im Osten – das Kolumbus sofort mit dem Cipangu von Marco Polo gleichsetzte. Doch auf der Entdeckungsfahrt entlang der Küste strandete die »Santa María«, das Admiralsschiff, und mußte aufgegeben werden. Aus den Planken des Wracks ließ Kolumbus eine kleine Siedlung, »La Navidad«, errichten und versprach, die Männer im folgenden Jahr zurückzuholen.

Die triumphale Rückkehr

Von den Einheimischen mit reichen Goldgeschenken bedacht, trat Kolumbus am 4. Januar 1493 den Rückweg an. Doch die Schiffe gerieten bei den Azoren in einen Sturm, der den Erfolg der Expedition kurz vor ihrem Ziel zunichte zu machen drohte. Schließlich traf »Nina« am 15. März 1493, siebeneinhalb Monate nach der Ausfahrt, wieder in Palos ein. Nur wenige Stunden später erreichte auch das zweite Schiff, von dem seit den Azoren jede Spur verloren war,

Paolo Toscanelli, Planisphäre, um 1457, Florenz, Biblioteca Nationale

den Hafen. Kolumbus wurde von Ferdinand und Isabella mit allen Ehren empfangen. In aller Öffentlichkeit wurde ihm die Ehre zuteil, sich neben König und Königin niederzusetzen und von seinen Erlebnissen zu berichten. Er hatte zahlreiche Goldkörner und –plättchen mitgebracht, die ihnen nur eine kleine Vorstellung vom »Reichtum dieser Länder« vermitteln sollten. »Ich weiß, daß wir riesige Mengen Gold finden werden, wenn Eure Majestät mir erlauben würden, dorthin zurückzukehren.« Die Reichtümer, die Kolumbus in Aussicht gestellt hatte, mußten angesichts der erschöpften finanziellen Ressourcen Spaniens als Geschenk Gottes erscheinen, und sie gaben die Zustimmung.

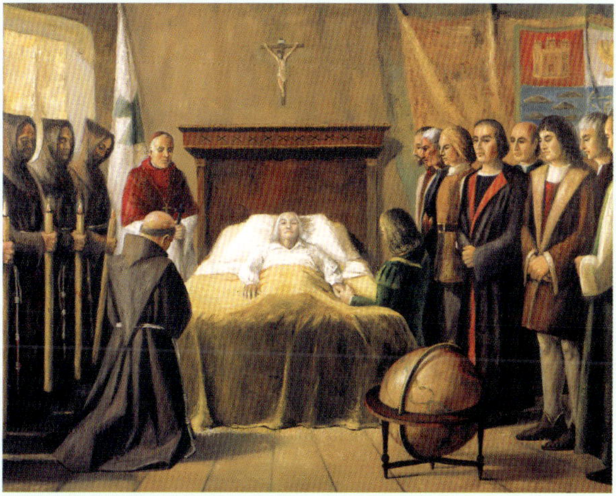

B. Rementeira, Kolumbus auf dem Sterbebett, Valladolid, Museo Casa de Cristóbal Colón

Die letzten Lebensjahre

Kolumbus sollte noch drei weitere Expeditionen unternehmen, die jedoch alle nicht die erhofften Goldschätze erbrachten. Er entdeckte zunächst Puerto Rico und Jamaika und gelangte auf seiner dritten Fahrt nach Mittelamerika, ohne die wahre Bedeutung seiner Entdeckungen jemals erkannt zu haben. Von seiner erfolglosen vierten Reise (1502–1504), auf der infolge von Unwettern und Stürmen alle Schiffe vor der Küste von Jamaika gesunken waren, kehrte Kolumbus als kranker, erschöpfter Mann zurück. Nicht nur war seine treueste Freundin, Königin Isabella, gerade verstorben, sondern auch portugiesische und spanische Seefahrer hatten in der Zwischenzeit andere bedeutende Entdeckungen gemacht, so daß der Pionier aller großen Seefahrer in Vergessenheit geriet. Als gebrochener Mann starb Kolumbus 1506 in Valladolid. Erst nach 400 Jahren fand er in der Kathedrale von Sevilla seine letzte Ruhestätte. Die Erkenntnis, daß Kolumbus einen neuen Erdteil entdeckt hat, ist Balboa, einem der späteren Konquistadoren, zu verdanken. So kam es, daß dieser Erdteil nicht nach ihm, sondern nach seinem italienischen Landsmann Amerigo Vespucci benannt wurde, der durch seine Reisebeschreibungen die Europäer mit den Ländern und Menschen jenseits des Ozeans vertraut gemacht hat.

Provinz Cádiz

Provinz Cádiz

Durch ihre einzigartige geographische Lage hat die Provinz Cádiz schon früh die Geschichte der gesamten Pyrenäenhalbinsel bestimmt. Als Grenze zwischen Atlantik und Mittelmeer bildet sie mit ihrem scharfen Dreieck im Meer den Brückenkopf zu Afrika, wo Herakles seine Säulen – den Berg Moussa auf afrikanischer und den Felsen von Gibraltar auf europäischer Seite – aufgestellt haben soll. Hier vermutete Platon

Sevilla, Palacio Español, Azulejos-Bild der Provinz Cádiz

das einst sagenumwobene Inselreich Atlantis, das vielleicht mit dem vergangenen Reich von Tartessos an der Mündung des Guadalquivir identisch ist. Auf einem Felssporn im Meer gründeten hier die Phönizier um 1100 v. Chr. Gadir, die älteste Stadt unseres Kontinents, das heutige Cádiz. Als Gades wurde sie unter den Römern erste Seehandelsstadt des Reiches, von der aus Silber, Kupfer, Wein und Wolle nach Rom verschifft wurden. Gades besaß das Monopol für gesalzenen Fisch und war v.a. wegen eines Exportartikels berühmt, den anmutigen »puellae Gaditanae«, die als Tänzerinnen auf römischen Festen begehrt waren. Jahrhunderte später sollte für die Stadt ein neues Goldenes Zeitalter anbrechen, als sie 1717 von Sevilla das Monopol für den Überseehandel des spanischen Weltreiches übernahm. Als Geburtsort des Liberalismus ging Cádiz in die Geschichte ein, denn von hier aus wurde während des Spanischen Unabhängigkeitskrieges 1812 die erste liberale Verfassung Europas verkündet.

Fels von Gibraltar

Auf Historisches trifft man in der Provinz allenthalben: In Tarifa begann die Invasion der maurischen Eroberer, die 710 erstmals nach der südlichsten Stadt Spaniens – sie trägt seitdem den Namen des Berberfeldherrn Tarif – übersetzten. Von Sanlúcar de Barrameda aus startete Kolumbus 1498 seine 3. Entdeckungsreise und Magalhães seine Weltumsegelung. In Gibraltar betritt man seit dem Spanischen Erbfolgekrieg ein kleines Stück England auf spanischem Boden, und am Capo Trafalgar errang Lord Nelson 1805 seinen großen Seesieg. Neben all diesen historischen Stätten hat die Provinz Cádiz aber auch landschaftlich Reizvolles zu bieten: das bekannte Weinanbaugebiet im Dreieck zwischen Jerez, Sanlúcar de Barrameda und El Puerto de Santa María, riesige Stierweiden von Medina Sidonia bis Jimena de la Frontera, den Naturpark Sierra de Grazalema mit einer abwechslungsreichen Pflanzenwelt und die malerischen »pueblos blancos«, die weißen Dörfer im Dreieck Cádiz–Tarifa–Ronda, die sich vom Dunkel der Bergketten abheben.

Cádiz

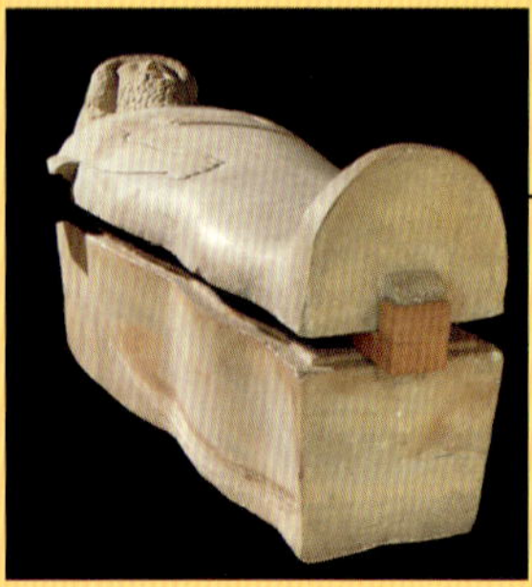

Museo de Cádiz,
Plaza de Mina, S. 180

Oratorio de San Felipe Neri,
Calle de Santa Inés, S. 172

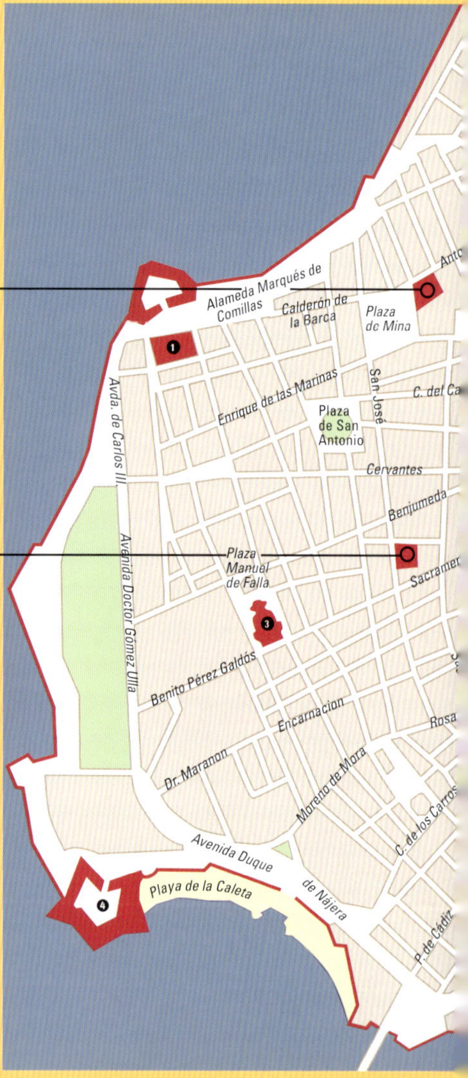

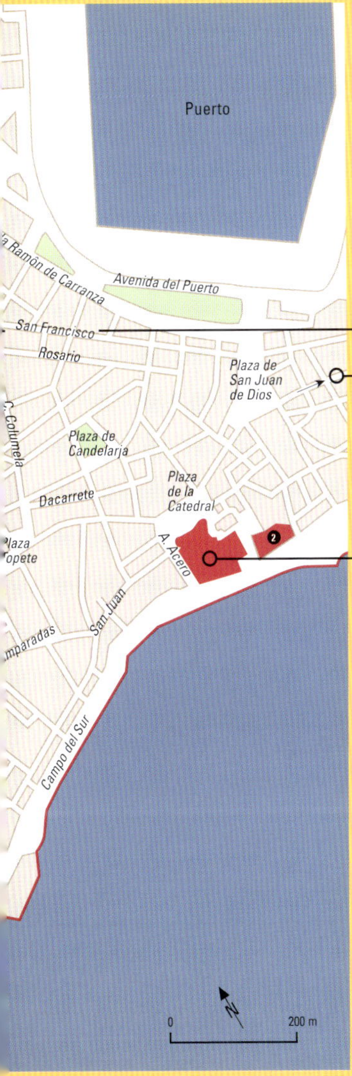

Oratorio de la Santa Cueva, Calle Rosario, S. 172

Puerta de Tierra, Plaza de la Constitución, S. 170

Catedral Nueva, Plaza de la Catedral, S. 171

weitere Sehenswürdigkeiten:

1 Iglesia del Carmen, Calle Alameda Apodaca

2 Iglesia de Santa Cruz (Catedral Vieja), Plaza de Santa Cruz

3 Teatro Manuel de Falla, Plaza de Manuel de Falla

4 Castillo de Santa Catalina, La Caleta

Puerta de Tierra

Antike und mittelalterliche Spuren trifft man in der heutigen Handels-, Hafen- und Provinzhauptstadt kaum an, da diese 1596 durch die Truppen des englischen Grafen Essex völlig zerstört wurde. Ihr Stadtbild ist durch Bauten des 17. und 18. Jh.s geprägt, als für Cádiz durch die Entdeckung der Neuen Welt und die Verlegung der Casa de la Contratación von Sevilla hierher eine neue Blütezeit begann. Durch die Puerta de Tierra hinter der Plaza de la Constitución, eines von drei erhaltenen Toren der Stadtbefestigung aus dem 16. und 17. Jh., führt der Weg in die Altstadt von Cádiz. Der marmorne Torturm ist mit Schießscharten versehen und weist am oberen Gesims runde Ecktürmchen auf. Er zeichnet sich durch sein schönes Marmorportal aus, das von Torcuato Cayón 1755 entworfen wurde. Das säulengerahmte Tor wird von dem monumentalen kastilischen Wappen beherrscht, das von zwei Löwen flankiert ist. Auf den hohen Säulen seitlich der Hauptfassade stehen die beiden Schutzheiligen der Stadt, der Hl. Servandus und der Hl. Germanus.

Catedral Nueva

Die mit goldgelben Azulejos gedeckte Kuppel der jüngsten der großen Kathedralen Andalusiens leuchtet weithin sichtbar über die Dächer der Altstadt. In der Nähe der alten Kathedrale, der heutigen Pfarrkirche Santa Cruz, wurde der Bau 1722 nach Plänen von Vicente Acero begonnen, konnte wegen Geldmangels aber erst 1853 vollendet werden. Daraus erklärt sich das Gemisch aus barocken und klassizistischen Stilelementen, das besonders an der geschwungenen, von zwei Türmen flankierten Westfassade deutlich wird. Im Innern unterteilen monumentale Pfeiler mit vorgelegten korinthischen Säulen die dreischiffige Querhausanlage mit Seitenkapellen zwischen Strebepfeilern und Chorumgang. Das Mahagoni-Chorgestühl im Hauptschiff, ein Werk von Agustín de Perea (1697), stammt aus der Cartuja de las Cuevas in Sevilla. In der Krypta, die wegen ihrer besonderen Akustik berühmt ist, befindet sich das Grab des aus Cádiz stammenden Komponisten Manuel de Falla, der während der Arbeiten an seiner letzten Komposition »L'Atlantida« 1946 in Argentinien verstarb. Das Museum im Osten der Kathedrale ist v. a. wegen seiner wertvollen Monstranzen, darunter die 4 m hohe Custodia del Millón von Antonio Suárez aus dem 17. Jh., und seiner Gemäldesammlung einen Besuch wert.

Oratorio de San Felipe Neri

Ein Besuch der 1679–1719 über ovalem Grundriß erbauten Kirche ist besonders aus historischer Sicht interessant: Während des Spanischen Unabhängigkeitskrieges war die Zentralregierung vor den Franzosen 1810 nach Cádiz geflohen, wo sie die Einberufung der Cortes, der mittelalterlichen Ständeversammlung, beschloß. Diese tagten 1811/12 im Oratorium und verabschiedeten am 19. März 1812 die erste liberale Verfassung Europas, die Ferdinand VII. jedoch 1823 endgültig wieder außer Kraft setzte. Neben einer Gedenktafel an der Westseite der Kirche erinnert noch heute das Denkmal auf der Plaza de España (1911) an dieses Ereignis. Im Innern der Kirche trifft man am Altar auf eine »Inmaculada« (Unbefleckte Empfängnis) von Murillo, die zu den zahlreichen Variationen des von ihm bevorzugten Marienthemas gehört. Direkt nebenan liegt der Eingang zum Museo Municipal, in dem Zeugnisse zu den Ereignissen von 1812 sowie zur weiteren Stadtgeschichte ausgestellt sind. Besonders interessant ist ein zwischen 1777 und 1779 entstandenes Modell von Cádiz, das auch den ursprünglichen Entwurf der Kathedrale zeigt.

Oratorio de la Santa Cueva

Neben der kleinen Iglesia del Rosario liegt das Oratorium mit einer nüchternen Kapelle im Untergeschoß und einer kleinen Kirche im Obergeschoß, die über

einem elliptischen Grundriß errichtet ist. Sie wurde im 18. Jh. von Torcuato Benjumeda nach Plänen von Torcuato Cayón erbaut. Neben den Jaspissäulen, die das ovale Gewölbe tragen, verdienen die fünf Fresken in den Lünetten der Gewölbe besonderes Augenmerk. Drei davon stammen von Francisco de Goya, einem der berühmtesten Maler Spaniens, und sind in den Jahren 1796/97 entstanden. Sie werden zu den besten religiösen Darstellungen des Künstlers gezählt, der sich dieser Thematik nur selten gewidmet hat.

Auf dem »Abendmahl«, das enge Verbindungen zu einer Zeichnung Poussins aufweist, hat er die Personen im Gegensatz zur traditionellen Ikonographie liegend wiedergegeben. So haben sie sicher das jüdische Passahmahl auch eingenommen. Die anderen beiden Gemälde, »Vermehrung der Brote und Fische« und »Das Gleichnis vom Gast ohne Hochzeitskleid«, werden jeweils von einer zentralen Gruppe im Vordergrund dominiert, die von einer Menschenmenge umgeben ist. Das letztere Bild stellt ein Gleichnis aus dem Matthäus-Evangelium dar, wonach der Gast ohne Hochzeitskleid an Händen und Füßen gebunden und »in die Finsternis hinausgeworfen« wird. Brillant gemalt ist v.a. die Figur des Königs, der nach den Worten der Schrift das Himmelreich symbolisiert.

Der Ritter von der traurigen Gestalt

Wer kennt es nicht, das groteske Paar des hageren Don Quijote und des dickleibigen Knappen Sancho Panza, das auf seinen drei Reisen unzählige Abenteuer zu bestehen hat. Als im Januar 1605 der erste Teil des »Don Quijote« erschien, geschah etwas Außergewöhnliches: Das Buch wurde zum großen Erfolg, seine Helden waren in aller Munde, und bis zum Ende des Jahres waren sieben neue Auflagen auf den Markt gebracht.

Der Autor, Miguel de Cervantes Saavedra (1547–1616), war damals 57 Jahre alt und hatte seit fast 20 Jahren kein Buch mehr veröffentlicht. Er war einen wechselvollen Lebensweg gegangen, hatte als Soldat gegen die Türken gekämpft, war in der Seeschlacht von Lepanto schwer verwundet worden, fünf Jahre in algerische Gefangenschaft geraten und zuletzt Provianthändler für die Armada und Steuereintreiber gewesen. Wegen des Vorwurfs, er habe Steuergelder nicht ordnungsgemäß abgeführt, landete er im Gefängnis von Sevilla. Dort begann er mit der Niederschrift des Romans, der ihn zu einem der bedeutendsten Dichter Spaniens machen sollte: »Der scharfsinnige Edle Don Quijote de la Mancha«.

Juan de Jauregui y Aguilar,
Porträt des Dichters Miguel de Cervantes, 1600,
Madrid, Königliche Akademie der Sprachen

»Don Quijote«

Der Plan des Buches ist so einfach wie wohlbekannt: »An einem Ort in der Mancha, an dessen Namen ich mich nicht mehr erinnern mag«, lebt der verarmte Edelmann Alonso Quijano und hängt seinem Traum vom Rittertum nach, den er aus den Ritterromanen seiner Zeit nährt. Darüber verliert er schließlich den Verstand. Er glaubt, selbst als fahrender Ritter ausziehen zu müssen, als Beschützer der Armen, Witwen und Waisen, zum Preis Gottes und seiner Geliebten. Ausgestattet mit einer Barbierschüssel als

Helm und einem alten, klapprigen Gaul, dem er den klangvollen Namen Rosinante (der Klepper von einst) verleiht, bricht er zu seiner ersten Ausfahrt auf. Sich selbst nennt er Don Quijote, und als ferne Geliebte wählt er ein Bauernmädchen, das er als Dulcinea del Toboso zur Dame seines Herzens stilisiert. In einer Schenke, die er für eine Burg hält, läßt er sich vom Wirt zum Ritter schlagen. Die nächsten Tage hat er »ritterliche« Kämpfe zu bestehen, bis er, von einem Maultiertreiber verprügelt, verletzt nach Hause gebracht wird. Um ihn vom Wahn zu befreien, verbrennen seine Angehörigen fast alle seine Bücher und vermauern seine Bibliothek, was der Held, getreu den Phantasien seiner Ritterbücher, als Spuk eines feindlichen Zauberers ansieht. Nach 14 Tagen zieht er mit dem Bauern Sancho Panza erneut los. Er hat den guten, aber einfältigen Kerl überredet, sein Schildknappe zu werden und ihm einen Posten als Gouverneur in Aussicht gestellt. Es folgen weitere Abenteuer, darunter der Kampf mit den Windmühlen, die er für feindliche Riesen hält, und die Vertreibung eines nächtlichen Trauerzugs, was Don Quijote den Namen des »Ritters von der traurigen Gestalt« einbringt. Schließlich wird er, im Käfig eingesperrt, in sein Heimatdorf zurückgeholt.

Als Cervantes am zweiten Teil seines Romans arbeitete, erschien 1614 eine gefälschte Fortsetzung von Alonso Fernández de Avellaneda. Dessen Angriffe veranlaßten den Autor, das zweite Buch wesentlich zu verändern. Bei der dritten Ausfahrt der beiden Protagonisten steht zunächst der Gedanke an Dulcinea im Vordergrund, deren Segen sich Don Quijote zu holen wünscht. Der in Bedrängnis geratene Sancho gibt seinem Herrn ein zufällig des Weges kommendes Bauernmädchen als die Geliebte aus und erklärt, sie sei durch einen Zauber verwandelt worden. Schließlich geraten sie an den Hof eines Herzogpaares, wo Sancho das erstrebte Gouverneursamt erhält. Auf ihrem Weg begegnen beide Helden dann u.a. Figuren aus Avellanedas Roman und lassen sich durch eine notarielle Urkunde beglaubigen, daß sie selbst mit diesen Gestalten nichts gemein hätten. Zurückgekehrt stirbt Don Quijote friedlich, befreit von seinem Wahn, im Kreise seiner Angehörigen.

Miguel de Cervantes, Titelblatt der Erstausgabe, Madrid (Juan de la Cuesta), 1605

EL INGENIOSO
HIDALGO DON QVI-
XOTE DE LA MANCHA,
Compuesto por Miguel de Ceruantes
Saauedra.
DIRIGIDO AL DVQVE DE BEIAR,
Marques de Gibraleon, Conde de Benalcaçar, y Bañares, Vizconde de la Puebla de Alcozer, Señor de las villas de Capilla, Curiel, y Burguillos.
Año, 1605.
CON PRIVILEGIO,
EN MADRID, Por Iuan de la Cuesta.
Véndese en casa de Francisco de Robles, librero del Rey nro señor.

Im zweiten Buch haben sich die Figuren verändert. Don Quijote ist nicht mehr nur der Narr, der von seinem Wahnsinn irregeleitet wird, sondern er wird von anderen zum Narren gemacht, die ihn täuschen. Er hat lichte Momente, in denen nachdenkliche Bemerkungen durch Scharfsinn und universelles Wissen geprägt sind. Auch die Figur des Sancho Panza ist gewachsen. War er zunächst nur der Gegenpart des Helden, ein simpler Praktiker, der mit animalischer Schläue handelt, so entwickelt er sich im Verlauf der Geschichte vom Knecht zum Knappen, Gesprächspartner und Vertrauten. Er diskutiert, macht Vorschläge und fällt als Gouverneur sogar kluge Urteile.

»Don Quijote« – eine Parodie und vieles mehr

Hinter all dem steht Cervantes' Ziel, die beliebteste Unterhaltungsliteratur seiner Zeit, die Ritterromane, lächerlich zu machen: »Ich hatte keinen anderen Wunsch, als die verlogenen und unsinnigen Geschichten der Ritterromane zum Abscheu der Menschen werden zu lassen.« Was aber waren Ritterromane? Sie bildeten eine literarische Gattung, die im Mittelalter aus dem karolingischen und bretonischen Sagenkreis entstanden war und eine Fortsetzung des mittelalterlichen Heldenepos darstellte. Heldentaten, Abenteuer, Liebesbeziehungen, Magisches und Zauberhaftes wurden hier maßlos übersteigert. Einer der berühmtesten Romane, der »Amadís de Gaula« (1508), hatte die Standards gesetzt. In der Bevölkerung sehr beliebt, fanden Ritterromane aber auch harsche Kritik, galten sie Moralisten, Humanisten und Theologen als Zeitverschwendung. Cervantes präsentiert seinen Helden immer wieder als eifrigen Ritterromanleser, wobei deren Wirkung auf ihn als lächerlich entlarvt wird: »Zuletzt, da es mit seinem Verstand völlig zu Ende gegangen war, verfiel er auf den seltsamsten Gedanken, auf den jemals in der Welt ein Narr verfallen; nämlich es deuchte ihm angemessen und notwendig, sowohl zur Mehrung der Ehre als auch zum Dienst des Gemeinwesens, sich zum fahrenden Ritter zu machen.«

Aber Cervantes' Roman ist mehr als nur eine Parodie auf den Ritterroman, es ist ein mehrschichtiges, kunstreich verflochtenes Romanepos. Zu den Abenteuern im Stil der Ritterromane tritt eine Auseinandersetzung mit den damaligen literarischen Moden. So bezieht er das Liebesthema mit ein, das als wesentlicher Faktor bereits zum Ritterroman gehörte, oder schiebt literarische Erörterungen ein. Als die Haushälterin und seine Nichte beispielsweise die Bücher Don Quijotes verbrennen wollen, tritt der Pfarrer in der Rolle des Kenners und Schriftstellers hinzu. Mit sicherem Urteilsvermögen übt er Kritik an jedem einzelnen Werk und bewahrt Romane wie den berühmten »Amadís de Gaula« oder die »Palmerínes« vor dem sicheren Flammentod. Am Ende des ersten Buchs hält der Bischof von Toledo noch einmal einen Vortrag über Vor- und Nachzüge der Ritterbücher und äußert seine Ansichten über das zeitgenössische Theater – ein willkommener Anlaß für Cervantes, Seitenhiebe auf seinen Rivalen, Lope de Vega, auszuteilen. Eingebettet in diese Kunstgespräche ist zudem die Schäferpoesie, der Cervantes wohlwollender gegen-

Honoré Daumier, Don Quijote und Sancho Panza, um 1866, Öl auf Leinwand, 78 x 120 cm, Berlin, Staatliche Museen Preußischer Kulturbesitz, Nationalgalerie

übersteht als dem Ritterroman. Selbst sein eigener Schäferroman »La Galatea«, sein erstes, 1585 entstandenes literarisches Werk, ist dabei von der Kritik nicht ausgenommen. Um zu zeigen, was er unter Novellenkunst versteht, schiebt der Autor zwischen den beiden Bänden des Don Quijote zwölf Novellen ein, was von seinen Kritikern wiederholt beanstandet wird. Im zweiten Teil des Don Quijote nutzt er die Gelegenheit, sich gegen diese Kritik zu wehren. Überhaupt nehmen die literarischen Erörterungen im zweiten Teil einen wesentlich größeren Raum ein. So beginnt schon im Prolog die Auseinandersetzung mit dem Fälscher Avellaneda, bezieht Cervantes die Entstehung seines eigenen Werks in die Handlung mit ein, legt er den handelnden Personen Äußerungen über die Kunst der Glosse, die Probleme des Überset-

Miguel de Cervantes, Don Quijote: »(...) sprengte er mit Rosinante im Galopp auf die vorderste Windmühle los und gab ihr einen Lanzenstich (...)«.

Miguel de Cervantes, »Don Quijote erwartet zu Pferde am Meeresufer den Tag«, beide Holzstiche nach Zeichnungen von Gustave Doré, 1863

zens und über Literaturkritiker in den Mund: »Die wegen ihrer Geistesgaben berühmten Männer, die großen Dichter, die illustren Geschichtsschreiber werden fast immer von denen beneidet, die sich ein persönliches Vergnügen daraus machen, die Bücher anderer zu beurteilen, ohne eigene zur Welt gebracht zu haben. ... Das Risiko, dem sich der aussetzt, der ein Buch herausbringt, ist sehr groß, denn es ist absolut und ganz und gar unmöglich, es so zu schreiben, daß es allen, die es lesen, gefällt und sie zufriedenstellt.«

»Don Quijote« – ein Spiegel der Zeit

Was am »Don Quijote« besonders fasziniert, ist sein Schauplatz: Während die Helden der Ritterromane ihre Abenteuer und Liebesgeschichten im Mittelalter erleben, spielt Cervantes' Geschichte im zeitgenössischen Spanien um 1600, als sich der Glanz des spanischen Weltreichs nach einem Jahrhundert beispielloser Macht- und Prunkentfaltung dem Ende zuneigte. England und Frankreich drängten Spanien aus seiner politischen Führungsrolle, das Gold und Silber der Neuen Welt steigerte die Inflation und störte das Wirtschaftsgefüge. Die Vertreibung der Morisken bedeutete großen Schaden für Handwerk und Landwirtschaft, und Seuchen und Mißernten taten ein übriges. In Cervantes' Roman begegnet man diesem Land und seinen Menschen. Er zeichnet Porträts von Mägden, Bauern, Pfarrern, Soldaten, Hofbeamten und Edelleuten in einer Art, von der Ortega y Gasset sagte: »Sie springen uns an.« Er fügt gut beobachtete Genreszenen ein, etwa wenn Don Quijote auf fahrende Schauspieler und Puppenspieler trifft oder in eine Bauernhochzeit gerät. Aber auch politische Fragen werden nicht ausgenommen. Wenn am Ende des ersten Buches Sancho Panza und der Ziegenhirte betonen, daß sie reinen christlichen Blutes seien, spielt Cervantes auf das Prinzip der Limpieza de sangre (Reinheit des Blutes) und die Conversos-Problematik an. Darüber hinaus finden sich wiederholt autobiographische Züge. So handelt die Geschichte des losgekauften Maurensklaven von einem Adeligen, der in maurische Gefangenschaft gerät, sich dank einer wohlhabenden und einflußreichen Christin loskaufen und nach Spanien zurückkehren kann. Dieser Adelige war als Fähnrich in der Seeschlacht von Lepanto und hatte das feste Versprechen erhalten, er würde zum Hauptmann befördert. Doch durch die lange Gefangenschaft wurde seine militärische Laufbahn unterbrochen und beendet. Wen erinnert das nicht an Cervantes' eigene Hoffnungen auf eine Militärkarriere, die durch die schwere Verwundung bei Lepanto und die lange algerische Gefangenschaft zunichte gemacht worden sind.

Cervantes wollte eine Parodie der Ritterromane schaffen und das Ende dieser Gattung signalisieren, in deren Zentrum die überholte Sicht eines mythischen Helden stand. Damit lieferte er der Neuzeit jedoch auch ein »Archiv« jener mittelalterlichen Vorstellungen, nachdem die Ritterbücher des Siglo de Oro teils vergessen, teils verloren waren.

Don Quijotes Kampf gegen die Windmühlenflügel, Farblithographie nach Alfred Comcanen, Titelblatt des Notendrucks: Don Quijote March, um 1870, London

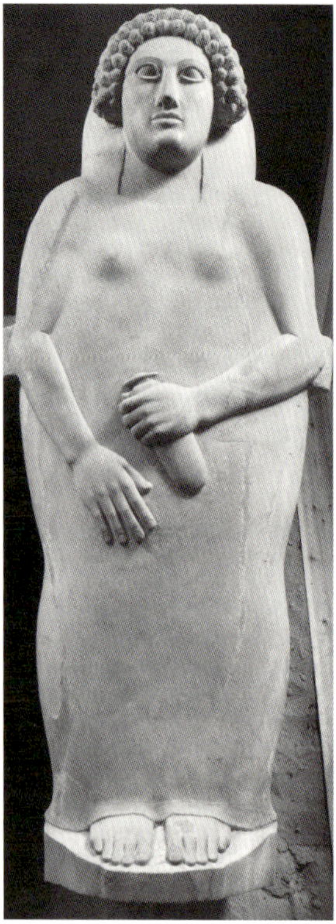

Museo de Cádiz

An der Plaza de Mina liegt in einem früheren Franziskanerkonvent das Museum, das neben einer archäologischen Abteilung mit phönizischen und römischen Fundstücken Andalusiens bedeutendste Gemäldesammlung nach Sevilla besitzt.

Anthropomorphe Sarkophage, Archäologische Abteilung

Unter den Exponaten der Archäologischen Abteilung ragen die beiden anthropomorphen Marmorsarkophage aus der phönizischen Nekropole Punta de Vaca bei Cádiz heraus. Der Deckel ist in der Art ägyptischer Sarkophage dem Umriß des menschlichen

Körpers angepaßt. Dabei ist das Bildnis detailreich gestaltet, Brust, Arme und Füße aber, die unter der Tunika hervorkommen, werden nur reliefartig angedeutet. Der Typus des männlichen Sarkophags, der um 400 v. Chr. datiert wird, ist aus sidonischen Nekropolen bekannt: Der Bart ist nach orientalischer Mode gekräuselt, sein rechter Arm hängt herab, die linke Hand hält eine Art Granatapfel vor der Brust. Der etwa 70 Jahre ältere weibliche Sarkophag mit archaischen Zügen, der erst 1980 in der Nekropole entdeckt wurde, weist ein Alabastron in der linken Hand der Frau auf. Beide Stücke wurden vermutlich von griechischen Künstlern gearbeitet, die im Dienste der Phönizier standen.

Bartolomé Esteban Murillo, Die mystische Verlobung der Hl. Katharina, 1682
Öl auf Leinwand, 440 x 315 cm

Nachdem Murillo die Bilder für das Hospital de la Caridad in Sevilla ausgeführt hatte, wurde er nach Cádiz gerufen, um das Gemälde für den Hochaltar der dortigen Kapuzinerkirche zu malen. Es sollte sein letztes sein, denn während der Arbeiten stürzte er am 3. April 1682 vom Gerüst und starb. Sein Schüler Meneses Osorio vollendete das Bild, auf dem das Jesuskind der Hl. Katharina von Alexandrien nach ihrer Bekehrung den Verlobungsring überstreift. Die ausgewogene, pyramidale Komposition wird durch die Diagonale der himmlischen Glorie unterbrochen, die die Hauptfiguren des Gemäldes hervorhebt.

Francisco de Zurbarán, Johannes der Täufer, 1638 / 39
Öl auf Leinwand, 61 x 80,8 cm

Für das Kartäuserkloster von Jerez de la Frontera schuf Zurbarán 1638/39 einen Bilderzyklus, der im Zuge der »desamortización«, der Säkularisation der klösterlichen Besitztümer, 1836 aufgelöst wurde und in verschiedene Museen gelangt ist. In Cádiz sind neben diesen Gemälden »Die Apotheose des Hl. Bruno« sowie die vier Evangelistentafeln verblieben.

Vom linken Flügel des Hochaltars stammt das Gemälde des Schutzpatrons der Kartäuser, an dessen Geburtstag der Hl. Bruno und seine sechs Gefährten die erste Kartause in Grenoble gegründet hatten. Der Wegbereiter Christi wurde wegen seiner asketischen Lebensweise von dem Orden hoch verehrt. Dies zeigte Zurbarán in besonders expressiver Weise, indem er Johannes meditierend in der Wildnis wiedergibt. Seine linke Hand ist um das Lamm (Gottes) gelegt, »das hinwegnimmt die Sünden der Welt«.

Francisco de Zurbarán,
Der Hl. Laurentius, 1638 / 39
Öl auf Leinwand, 61 x 80,8 cm

Das Gegenstück zu »Johannes dem Täufer« bildet die Darstellung des Hl. Laurentius. Er ist einer der meist verehrten Märtyrer und zugleich spanischer Nationalheiliger. Laurentius wurde 258 n. Chr. lebend über einem Rost verbrannt, weil er das von Papst Sixtus II. erhaltene Kirchenvermögen nicht dem Kaiser Valerian auslieferte, sondern an die Armen verteilte. Das Gemälde zeigt ihn betend zum gekreuzigten Christus – der Skulptur in der Mitte des Hochaltares – gerichtet. Auf sein Martyrium verweisen der eiserne Rost wie das Rot seines Ornats. Zurbarán hat die tiefe Frömmigkeit des Laurentius meisterhaft charakterisiert, indem er das Gesicht im Profil vor den hellen Hintergrund setzte. Eindrucksvoll ist zudem die Wiedergabe der reich geschmückten Dalmatika, ein spätrömisches Oberkleid aus dalmatischer Wolle, die in ihren warmen Rot- und Goldtönen die Schwere des Materials spüren läßt.

Bolonia

Seit 1917 sind bei dem kleinen Fischerort Bolonia – ungefähr 11 km westlich von Tarifa – von französischen Archäologen die Reste der römischen Stadt Baelo ausgegraben worden. Die nach einem geometrischen Plan angelegte Stadt wurde in der Mitte des ersten nachchristlichen Jahrhunderts unter Kaiser Claudius (41–54) gegründet. Teilstücke der etwa 4 m hohen Stadtmauer sind noch gut erhalten. Innerhalb der Ruinen lassen sich die Wohnsiedlung mit dem Macellum, der von Säulen umgebenen Marktanlage, erkennen. Weiter östlich liegen das Forum mit dem Kapitolstempel, der der Göttertrias Iuppiter, Iuno und Minerva geweiht war, ein Tempel der Isis und ein Theater. Die meisten Fundstücke befinden sich heute in Paris, lediglich eine Statue des Kaisers Trajan gelangte in das Archäologische Museum von Cádiz.

Baelo (Fischtröge), S. 187

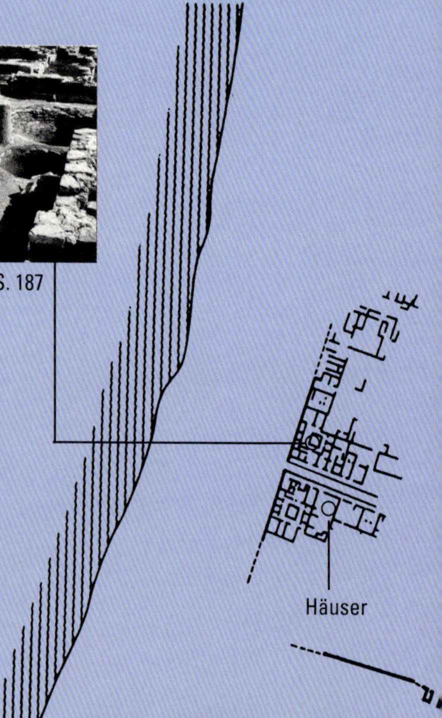

Basilika, S. 186/187

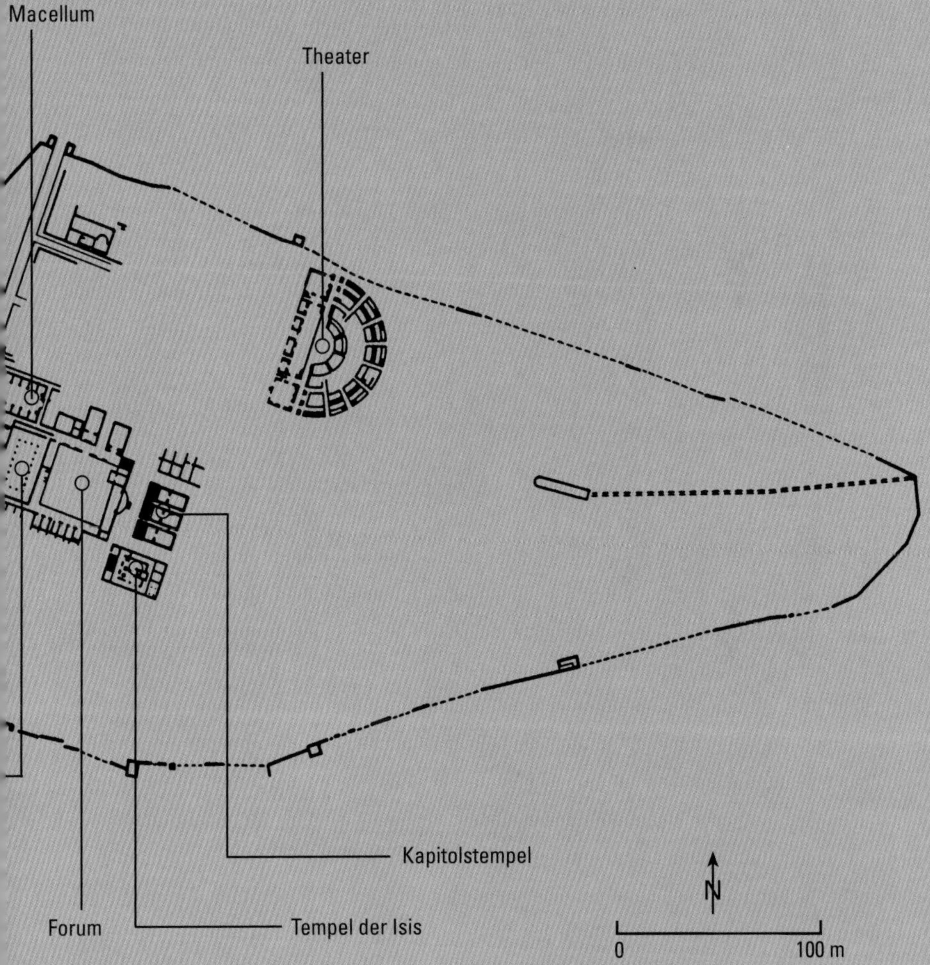
Macellum
Theater
Kapitolstempel
Forum
Tempel der Isis
N
0
100 m

Blick auf die Ruinen
Fischtröge (Baelo)

Die französischen Archäologen haben inzwischen einige der antiken Säulen wiederaufgerichtet, damit der Besucher eine Vorstellung vom Aussehen der einstigen römischen Siedlung Baelo Claudio gewinnen kann.
Im Wohngebiet, das sich bis an das Ufer erstreckte, lagen vermutlich auch die Industrieanlagen zur Fischverarbeitung. Man hat hier zahlreiche rechteckige und runde Becken gefunden, die nach Aussage der Säulenreste ursprünglich überdeckt waren. Sie enthielten 2 000 Jahre alte Fischgräten, die teilweise noch erhalten waren und auf die ursprüngliche Funktion der Becken verweisen: Sie dienten zum Einsalzen von Fischen, die vermutlich für die Herstellung von »Garum«, einer Fischsoße, genutzt wurden, mit der die Römer ihre Speisen würzten. Als Exportartikel der hispanischen und nordafrikanischen Küsten hatte der Fisch zudem eine große Bedeutung.

Jerez de la Frontera

Mit der größten Stadt der Provinz Cádiz, Jerez de la Frontera, werden die Besucher in erster Linie zwei Dinge verbinden: Sherry und Pferde. Überall trifft man im Stadtzentrum auf »Bodegas« (Kellereien) mit hohen weißgetünchten Wänden, die wegen ihrer an mehrschiffige Kirchen erinnernden Konstruktion auch die Kathedralen des Weines genannt werden. Jerez war es, das dem Dessertwein seinen Namen gab: Angeblich konnten die Engländer das spanische Wort »Jerez« nicht aussprechen und erfanden die weichere Bezeichnung »Sherry«. Daneben ist der Ort für seine Pferdezucht berühmt. Hier sitzt die Real Escuela Andaluza del Arte Ecuestre (Königlich-andalusische Reitschule), und alljährlich findet im Mai die Feria del Caballo (Das Fest des Pferdes) statt, auf der die schönsten und besten Pferde Andalusiens vorgestellt werden. Jerez, das infolge der Weinproduktion über großen Wohlstand verfügt, lockt auch wegen seiner Sakral- und Profanbauten. Schon aus frühester Zeit ist der Ort als phönizisches Xera bekannt. Am nahen Río Guadalete fand 711 die entscheidende Schlacht zwischen dem 90 000 Mann starken westgotischen Heer unter König Roderich und den 20 000 arabischen Invasoren statt, angeführt vom legendären Tariq Ibn Ziad. 1264 fiel die maurische Stadt an Alfons X. Wie viele andere Orte der Umgebung erhielt die Grenzfeste zum Königreich Granada im 14. Jh. den Beinamen »de la Frontera«.

Alcázar

Wichtiges Zeugnis für die maurische Vergangenheit der Stadt, die einst zu den bedeutendsten in Al-Andalus gehörte, ist der Alcázar auf einem Hügel im Südosten. Die almohadische Festung aus dem 12. Jh., die im Laufe der Zeit stark restauriert worden ist, liegt innerhalb der arabischen Befestigungsmauer, die einst 50 Türme und vier Tore zählte. Wesentliche Teile – die Torre del Homenaje (Huldigungsturm), der achteckige Turm, die Zisternen und die arabischen Bäder – gehen auf die ursprüngliche Anlage zurück.
Die gotische Capilla de Santa María la Real in der Nordostecke wurde von Alfons X. dem Weisen 1264 in der alten Moschee erbaut. Trotz des christlichen Einbaus sind viele Teile des aus Ziegelstein errichteten älteren maurischen Gotteshauses erhalten geblieben. Über dem quadratischen Betsaal mit einer Seitenlänge von 10 m erhebt sich eine oktogonale Kuppel. Der Mihrab ist als tiefe, quadratische Nische gestaltet und mit einer Kuppel versehen, die an den Ecken der Qiblamauer in kleinerer Form wiederholt wird. Drei Hufeisenbögen öffnen sich auf der Nordwestseite in einen Innenhof, der von einem U-förmigen Gang umgeben ist. In der Hofmitte befindet sich ein Becken, an der Nordostecke ein noch erhaltenes Minarett.

Der Koran und die »fünf Säulen« des Islam

Die Kleidung der Pilger, 19. Jh., Kreidelithographie, koloriert von J. Brandard

Mohammeds Offenbarungen sind im heiligen Buch des Islam, dem Koran (arabisch qur´an, »Rezitation«), niedergeschrieben. Der Koran ist für den Moslem der unmittelbare Ausdruck des göttlichen Willens, Gottes letztes Wort vor dem Tag des Gerichts. Es wurde durch Mohammed in arabischer Sprache hörbar, weshalb die Offenbarungen in Arabisch niedergeschrieben sind und seitdem von niemandem mehr verändert werden dürfen. Nach dem Glauben Mohammeds stammten die göttlichen Offenbarungen – wie die jüdische Thora, die Psalmen Davids und das christliche Evangelium – von einer im Himmel bewachten Tafel. Da der Prophet sie nicht mit einem Mal empfing, sondern sie ihm während vieler Visionen im Laufe seines Lebens zuteil wurden, war der Koran beim Tode Mohammeds im Jahre 632 noch nicht abgeschlossen. Erst unter seinen Nachfolgern wurde er aus vielen Textstücken zusammengestellt. Nach Abschluß der Niederschrift fertigte man Kopien an und brachte diese nach Medina, Mekka, Kufa, Basra und Bagdad. Seitdem haben die begabtesten Kalligraphen aller Jahrhunderte sich immer wieder bemüht, das Wort Gottes für die Nachwelt festzuhalten und Gott durch ihre Kunst zu preisen.

Der Koran ist in 114 Suren (Kapitel) unterteilt, die mit Ausnahme der ersten Sure al-fatiha (»die Eröffnende«) nach ihrer Länge geordnet sind. Diese erste ist das am häufigsten gesprochene islamische Gebet und lautet:

»Lob sei Gott, dem Herrn der Welten, dem Erbarmer, dem Barmherzigen,

der Verfügungsgewalt besitzt über den Tag des Gerichtes.

Dir dienen wir, und Dich bitten wir um Hilfe.

Führe uns den geraden Weg,
den Weg derer, die Du begnadet hast,
die nicht dem Zorn verfallen und nicht irregehen.«

Inhaltlich geben die Suren die zentralen Anliegen des Islam wieder. Sie verweisen auf die Einheit Gottes, die Pflicht des Gläubigen, ihm zu danken und zu gehorchen, bezeugen Gottes Rolle in der Geschichte von der Schöpfung bis zum Ende der Welt und sprechen vom Gericht und dem Leben nach dem Tod. Hier findet der Gläubige alle wissenswerten Dinge, die notwendig sind, um ein geordnetes und gottgefälliges Leben führen zu können. Folgt er dem rechten, von Gott vorgegebenen Weg, wird er ins Paradies gelangen. Wendet er sich ab, wird er am Tag des Gerichts die Vergeltung für seine Taten bekommen. Da der Koran den Gläubigen durch sein ganzes Leben begleitet, ist er noch heute die Grundlage einer moslemischen Erziehung. Alle Schüler sollen so viel wie möglich davon auf Arabisch auswendig lernen, auch wenn sie eine andere Muttersprache sprechen. »Für Moslems ist der Koran nicht nur die Textvorlage von Gebeten, das Mittel zur Weissagung, die Nahrung für den Geist, das Hohelied der Seele. Er ist zugleich das grundlegende Gesetz, der Hort der Wissenschaften, der Spiegel der Zeitalter. Er ist der Trost der Gegenwart und die Hoffnung des Menschen für die Zukunft.«

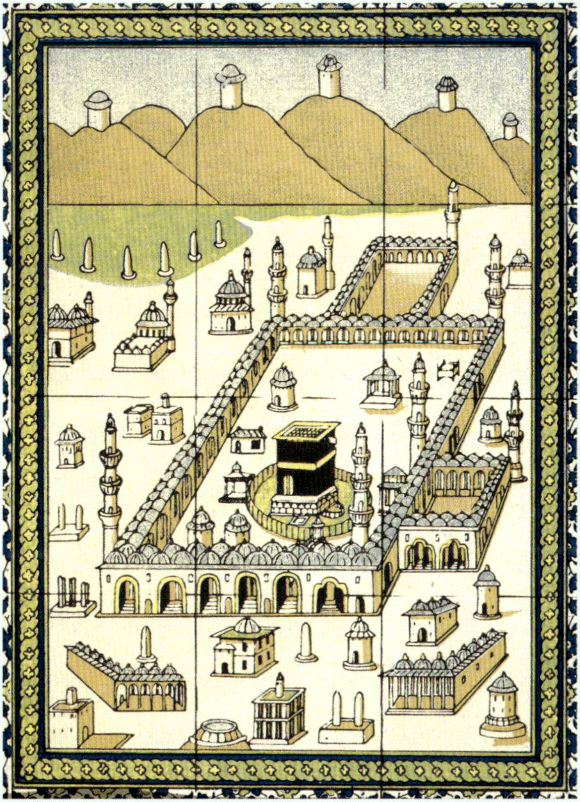

Gesamtansicht der Großen Moschee mit Kaaba, nach einer arabischen Fayence-Wand im Palast des Kurschid-Pascha in Kairo, 16. Jh.

Die fünf Säulen des Islam

Der Islam, der das Leben seiner Anhänger umfassend regelt, verlangt vom Muslim fünf religiöse Pflichten, die sog. fünf Säulen:

1. Das Bekenntnis zum islamischen Glauben (schahada): »Es gibt keine Gottheit außer Gott, und Mohammed ist der Gesandte Gottes.«
2. Das Pflichtgebet: Wenn der Muezzin vom Minarett fünfmal am Tag zum Gebet ruft, muß der Gläubige sein Gesicht in Richtung Mekka wenden und Gott preisen.

Karawane auf dem Weg nach Mekka, Bagdad 1237, arabische Handschrift, Paris, Bibliothèque Nationale

3. Die Almosen: »Tut eure Gebetspflicht und gebt Almosen!« (Koran 58,13). Die Muslime sind zur Abgabe einer genau festgelegten Steuer (zakat) verpflichtet, mit der Arme und Notleidende unterstützt werden.
4. Das Fasten: Während des neunten Monats des islamischen Jahres, dem Ramadan, müssen die erwachsenen Muslime vom Morgengrauen bis zum Sonnenuntergang auf Speise und Trank und auf das Rauchen verzichten sowie sich des Geschlechtsverkehrs enthalten. Durch das Fasten soll der Geist über den Körper triumphieren und der Wille durch Disziplin gestärkt werden, damit der Gläubige auf diese Weise Gott näher kommt.
5. Die Pilgerfahrt nach Mekka: Jeder Gläubige, der gesundheitlich und finanziell dazu in der Lage ist, soll mindestens einmal in seinem Leben nach Mekka pilgern, um den heiligen Ort, die Kaaba, zu besuchen.

Die Pilgerfahrt nach Mekka

Der Höhepunkt im Leben eines jeden Muslim und der Lohn für die vielen Jahre des Ringens um den rechten Weg ist die Pilgerfahrt in die heilige Stadt Mekka – die fünfte Säule des Islam. Sie findet vom 7. bis zum 13. Tag im letzten Monat des islamischen Jahres statt. Vor der Ankunft in Mekka kleiden sich alle Pilger in ein weißes Gewand, um damit den Austritt aus dem normalen Leben und die Gleichheit aller vor Gott zu symbolisieren. Die Pilgerfahrt beginnt mit der siebenmaligen feierlichen Umschreitung der Kaaba, deren Fundament nach der Überlieferung von Adam gelegt und von Abra-

Pilger vor der Kaaba, um 1860, Farblithographie

ham wiederhergestellt wurde, und um die herum Hunderte von Propheten begraben sind. Dann legt der Pilger im Gedenken an die verzweifelte Wassersuche von Abrahams Frau Hagar siebenmal den Weg zwischen den kleinen Hügeln Safa und Marwa zurück. Am 3. Tag macht sich der Pilger bei Sonnenaufgang auf den Weg in die Ebene von Arafat, wo er im Gebet verweilt und am Abend nach 49 kleinen Steinen für das nächste Ziel des Pilgerweges sucht. Dies ist die Wanderung über Muzdalifa nach Mina, wo die gesammelten Steine auf drei Säulen geworfen werden. Sie bezeichnen den Ort, an dem der Satan von Ismael gesteinigt wurde, als er ihn in Versuchung brachte, Abraham nicht mehr zu gehorchen. Bei der Rückkehr nach Mekka werden die Opfertiere geschlachtet, um dem Opfer Abrahams zu gedenken, dem Gott befohlen hatte, seinen Sohn hinzugeben, diesen aber später durch ein Schaf ersetzte. Zum Schluß rasiert sich der Pilger, zieht seine Alltagsgewänder wieder an und umwandert weitere sieben Male die Kaaba. Damit ist die Pilgerfahrt abgeschlossen, bei der jährlich etwa 2 Millionen Moslems aus aller Welt in Mekka zusammenkommen.

Jerez de la Frontera

Colegiata de San Salvador,
Plaza de la Encarnación, S. 196

Alcázar, Calle María Gonzales,
S. 188

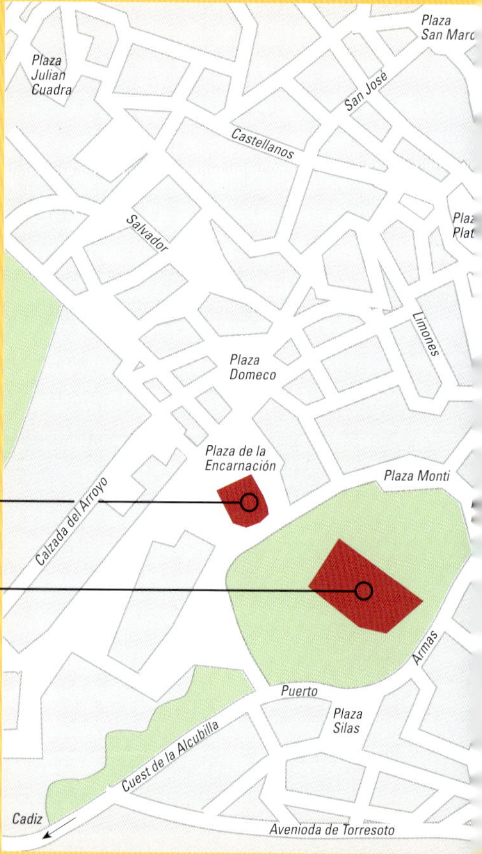

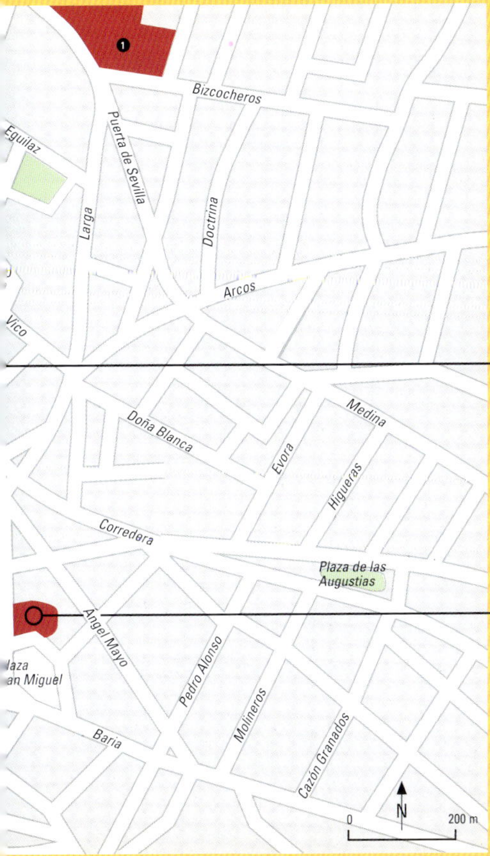

Casa del Cabildo Viejo,
Plaza de la Asunción, S. 197

Iglesia de San Miguel,
Plaza San Miguel, S. 196

weitere Sehenswürdigkeit:

1 Monasterio de Santo Domingo, Calle Bizcocheros

ehemaligen Moschee errichtet worden. An das ursprüngliche Minarett des maurischen Gotteshauses erinnert der in der Art eines italienischen Campanile freistehende Glockenturm. 1695 wurde nach Plänen von Diego Moreno Meléndez mit dem Neubau begonnen, den Torcuato Cayón de la Vega, der letzte Baumeister der Kathedrale von Cádiz, in spätbarocker Bauweise vollendete. Eine von Balustraden gesäumte Treppe führt zum Westportal der fünfschiffigen Stiftskirche. Unter den Kunstschätzen im Innern sind der »Cristo de la Viga«, ein Kruzifix des frühen 17. Jh.s und die »Virgen Niña Dormida« (Maria als schlafendes Kind) von Zurbarán hervorzuheben.

Colegiata de San Salvador

Steigt man die Stufen vom Alcázar herab, fällt der Blick auf die mächtige Kuppel der Stiftskirche, deren Laterne von Rundfenstern durchbrochen und mit blau-weißen Azulejos verkleidet ist. Der Vorgängerbau des bedeutendsten Sakralbaus von Jerez war im 13. Jh. über den Fundamenten der

Iglesia de San Miguel

Ein interessantes Stilgemisch bietet die dreischiffige Kirche San Miguel, die von etwa 1430 bis zur Mitte des 16. Jh. erbaut wurde. Davon zeugt das schöne Portal an der Südseite (1482). Auf Diego Moreno Meléndez, den Baumeister der Stiftskirche, geht die barocke, dreigeschossige Turmfas-

sade mit gerieften, kantigen und rund-erhabenen Ornamenten (1672–1701) zurück, deren kunstvolle, mit blau-weißen Azulejos verkleidete Turmspitze das Viertel weithin sichtbar überragt.

Ein Besuch des Innenraums lohnt nicht nur wegen der reich ornamentierten Netzgewölbe, sondern auch wegen des Retabels in der Capilla Mayor, das von Juan Martínez Montañés und José de Arce im 17. Jh. geschaffen wurde und zu den bedeutendsten Barockwerken der Sevillaner Schule des Siglo de Oro zählt. Im Mittelteil werden der »Kampf der Engel«, »Verklärung« und »Himmelfahrt« vorgeführt, während auf den Seiten »Verkündigung«, »Geburt« und »Anbetung der Könige« dargestellt sind.

Casa del Cabildo Viejo

An dem großen Platz neben der Kirche San Dionisio, die zu Ehren des Schutzheiligen von Jerez errichtet wurde, steht das alte Rathaus. Andrés Ribera, Martín de Oliva und Bartolomé Sánchez vollendeten 1575 den wohl schönsten Renaissancepalast der Stadt, in dem früher die Bibliothek und das Archäologische Museum der Stadt untergebracht waren. Eine Balustrade verbindet zwei recht unterschiedliche Gebäudeteile zu einer Einheit: eine Loggia in italienischem Stil und eine durch korinthische Säulen gegliederte, platereske Portalfassade mit den Statuen der beiden Helden, Herakles und Caesar.

La Cartuja de Santa María de la Defensión

Etwa 5 km südöstlich von Jerez liegt auf der Straße nach Medina Sidonia das einst für seine reichen Kunstschätze und seine Pferdezucht berühmte Kartäuserkloster, das 1463 von Alvaro Obertos de Valero y Morla, einem Edelmann genuesischer Herkunft, gegründet wurde. Er hat in der Kirche auch seine letzte Ruhestätte gefunden. Von der spätgotischen Anlage sind noch die einschiffige Kirche mit einer sterngewölbten Apsis, das Refektorium und die beiden Kreuzgänge erhalten. Das monumentale Klosterportal von 1571 ist ein Werk des Architekten Andrés de Ribera, ein dritter Kreuzgang wurde 1620 von Juan Martínez Montañés hinzugefügt. Der Hochaltar der Kirche in Form eines Triptychons, der zu den schönsten Arbeiten aus dem Goldenen Zeitalter Spaniens gerechnet wird, ist im 19. Jh. im Zuge der Säkularisation der Kirchengüter vollständig auseinandergenommen worden. Die Gemälde aus dem Zyklus von Francisco Zurbarán gelangten dadurch in verschiedene Museen, darunter in das von Cádiz, während ein Teil der Skulpturen von José de Arce in der Cartuja verblieb und heute im Refektorium zu finden ist.

Fassade der Kirche

Beim Eintritt in die Klosteranlagen fällt zuerst die prunkvolle Barockfassade der Kirche ins Auge, die aus dem Jahr 1667 stammt. Ihr Aufbau erscheint wie die barocke Umsetzung eines gotischen Altarretabels: Zentraler Blickfang ist die große, in ein Quadrat gesetzte Fensterrose über dem Portal im Mittelteil. Dieses flankieren von Doppelsäulen gerahmte Nischen, in denen Statuen von Kartäusermönchen stehen. Zuoberst erscheint in einer Rundnische der Ordensgründer, der Hl. Bruno. Mit der harmonischen Gliederung gehen eine feine Ornamentik und eine reiche Ausstattung mit bekrönenden Vasen und Fialen einher, die der Retabelfassade ein kostbares Aussehen verleihen.

Provinz Málaga

Provinz Málaga

Blick auf Málaga mit Hafen und Stierkampfarena

Die meistbesuchte Provinz Andalusiens dürfte Málaga sein. Diesen – eher zweifelhaften – Ruhm verdankt sie den Stränden an der Costa del Sol, die durch die Bergketten im Hinterland vor Wind und Regen geschützt sind. Das ganzjährig milde Klima läßt eine subtropische Vegetation mit Palmen, Zypressen, Agaven und Zitronenbäumen wachsen. Es hat schon zur Jahrhundertwende, verstärkt aber seit den 50er Jahren, Unmengen von Touristen angezogen. So gleicht der Küstenstreifen denn auch eher einer weißen Betonlandschaft, die ohne Rücksicht auf geographische Gegebenheiten alles überzieht und Stadtgrenzen nur noch durch Ortsschilder kenntlich macht. Verläßt man die Küste, kann man die schönen Seiten der Provinz entdecken: die bizarren Felsformationen des El Torcal, die Dolmengräber bei Antequera, die Höhlenmalereien der Cueva de la Pileta oder die beiden kunsthistorisch interessanten Städtchen Ronda und Antequera.

Dreh- und Angelpunkt der dichtbesiedelten Provinz ist die Hauptstadt Málaga, nach Sevilla die zweitgrößte Stadt der Region, mit einem internationalen Flughafen und einigen Sehenswürdigkeiten aus ihrer langen Geschichte. Seit der Antike war Malaca, so der Name der ursprünglich phönizischen Gründung, eine weithin bedeutende Hafenstadt. Ende des 2. Jh.s v. Chr. geriet sie unter römische Herrschaft und stieg als Malacitanum zum wichtigsten Umschlagplatz für den Handel mit Nordafrika auf. Nach einem kurzen byzantinischen Intermezzo (552– 570) wurden die Römer in der 2. Hälfte des 6. Jh.s dann endgültig von den Westgoten vertrieben. Unter den Mauren behielt Málaga seine Bedeutung als Handelsplatz, spielte aber nur eine untergeordnete Rolle im Kalifat. Die größte Blütezeit erlebte die Stadt, als sie 1237 vom Nasridenreich von Granada einverleibt wurde. Bis zur christlichen Rückeroberung 1487 war sie die bedeutendste Hafenstadt der spanischen Südküste und damit wichtigstes Verbindungsglied nach Marokko. Von hier aus wurden alle Güter entlang der Küste zur Alhambra nach Granada transportiert.

El Torcal de Antequera

Durch den Handel mit Amerika war die Stadt auch im 16. und 17. Jh. von großer Bedeutung für das Wirtschaftsleben Andalusiens. Nach einer Rezession im 18. Jh. erfolgte dank der Ansiedlung von Händlerfamilien aus Kastilien und dem Ausland sowie durch die beginnende Industrialisierung Anfang des 19. Jh.s erneut ein Aufschwung. Auch heute ist Málaga ein wichtiges Wirtschaftszentrum im Süden Spaniens.

»A las cinco de la tarde« – Die Corrida beginnt

Hof mit Pferden an der Plaza de Toros in Madrid vor einem Stierkampf, 1855, Casón del Buen Retiro

Lange vor der offiziellen Eröffnung der »corrida«, des Stierkampfes, haben die »aficionados«, die Anhänger des Stierkampfes, Platz genommen: Je nach Vermögenslage sitzen sie auf den preiswerten Sitzen in der Sonne, von wo der Stier in die Arena stürmt, oder haben sich einen teuren Platz auf der Schattenseite gesichert, wo die Matadore kämpfen. Sie haben gesehen, wie die Stiere zur Arena gebracht und unter den Toreros verlost wurden, wie sich die Toreros ankleideten und wie sie ihre Gebete vor der Gottesmutter oder einem anderen Schutzheiligen verrichteten. Eine feierliche Stimmung hat sich ausgebreitet. Die Corrida kann beginnen. Neben der Corrida gibt es die »novillada«, bei der Stiere eingesetzt werden, die jünger als vier oder fünf Jahre sind, und Anfänger, »novilleros«, kämpfen, die den Titel »matador de toros« (Stiertöter) noch nicht tragen dürfen.

El paseo (Einzug)

Zu Beginn erfolgt der Einmarsch der drei Matadores, von denen jeder zwei Stiere töten wird, und ihres Gefolges, bestehend aus jeweils zwei »banderilleros« und zwei »picadores«, den Lanzenreitern auf gepanzerten Pferden. Alle sind mit der »capa« bekleidet, einem Mantel, dessen Ende um den linken Arm geschlungen ist. Der Zug der »toreros«, wie alle Kämpfer genannt werden, wird von zwei berittenen Gerichtsdienern in historischen Kostümen angeführt. Sie machen in der Mitte der Schattenseite vor der Loge des Präsidenten und seiner Berater halt. Dieser leitet den Ablauf des Stierkampfes, überwacht die Dauer der einzelnen Kampfabschnitte und wird entscheiden, welche Ehrung dem Matador zukommt. Wenn er ein weißes Taschentuch über die Brüstung hängt, geben die Trompeter das Signal zum Beginn.

Das Vorspiel

Ein Matador und seine Banderilleros bleiben in der Arena, die anderen beiden ziehen sich mit ihren Gehilfen in die »callejita«, das Gäßchen hinter der »barrera«, der Bretterwand, zurück, um den Kämpfern im Notfall helfen zu können. Dann stürmt der Stier aus seiner dunklen Box durch den »toril«, das Tor in der Mitte der Sonnenseite, in die helle und laute Arena, um in nur zwanzig Minuten sein Leben zu beenden, das er fünf Jahre lang in Freiheit führen durfte. Der Matador geht hinter den »burladero«, einen Durchschlupf in der Bretterwand, zurück, denn der erste Einsatz gilt einem der Banderilleros. Er muß den Stier für die Capa interessieren, die er in einer Hand hält und hinter sich herschleift. Während der Stier den Bogen und Zickzackbewegungen der Capa folgt, wird er vom Matador beobachtet. Da er der erste Mensch ist, der nun dem Stier mit der ausgebreiteten Capa entgegentritt, hängt von der richtigen Einschätzung des Tieres und seiner Eigenarten sein Leben ab. Er führt eine Serie von »verónicas« vor – Figuren, die so genannt werden, weil der Matador die Capa vor seinen Körper hält wie die spanischen Statuen der Hl. Veronika das Schweißtuch mit dem Antlitz Christi. Wenn der Stier losstürmt, bewegt er das Tuch zur Seite, der Stier stößt seinen Kopf in das Tuch und der Matador dreht sich um die eigene Achse. Höchstens zwanzig Minuten darf dieses Vorspiel dauern, will der Matador nicht sein Leben aufs Spiel setzen. Denn dann hat der Stier begriffen, daß seine Hörner immer nur in das weiche Tuch stoßen, und geht auf den Menschen los.

Tercio de vacas

Im Anschluß eröffnet das Trompetensignal das erste Drittel des Kampfes. In Begleitung aller drei Matadore reiten die Picadores ein. Ihre Aufgabe es ist, die »pica« (Lanze) mit einer 3 cm langen Stahlspitze an einer bestimmten Stelle in den Nacken des Stieres zu stoßen, damit dieser den Kopf senkt. Dieser Stoß ist die Voraussetzung dafür, daß der Matador am Ende des Kampfes über den Schädel des Tieres hinweg

Stierkampf, Chromolithographie, um 1900

Francisco de Goya, Wurfpfeile mit Feuerwerk, 1815, Radierung und Aquatinta, 24,5 x 35 cm

seinen tödlichen Stich ausführen kann. Der Picador darf nicht angreifen, er muß warten, bis die drei Matadore den Stier mit ihrer Capa zu ihm hinführen und – nach gelungenem Lanzenstoß – wieder von ihm ablenken, damit er von dem rasenden Tier nicht aus dem Sattel gehoben wird. Derartige »quites« (Ablenkungen) können zum Höhepunkt einer Corrida werden, wenn die Matadore sich gegenseitig im Konkurrenzkampf an Schönheit und Kühnheit zu übertreffen versuchen.

Tercio de banderillas

Nun beginnt das zweite Drittel. Die beiden Banderilleros stürmen in die Arena. Ihre Aufgabe besteht darin, die zwei »banderillas« – das sind 65 cm lange, hölzerne Stöcke, die mit buntem Papier umwickelt und mit einem stählernen Widerhaken versehen sind – gleichzeitig von oben in den Nacken des Stieres zu stechen. In der Regel wechseln sie sich ab und setzen drei Paare Banderillas. Ihr Auftritt ist gefahrvoll, hat der Stier doch bisher lediglich die Capa oder das Pferd angegriffen. Nun aber bietet sich ihm erstmals ein menschlicher Körper als Ziel. Zum Schutz halten sich deswegen zwei Toreros mit Capas in der Arena auf, um das Tier notfalls mit Hilfe ihres »quitar« (Umhang) von den Banderilleros ablenken zu können. Ist es dem Banderillero gelungen, seine Banderillas zu plazieren, muß er die Schrecksekunde des Stieres nutzen und seinen Körper den Hörnern entziehen.
Doch nicht immer ist diese Prozedur von Erfolg gekrönt, manchmal läßt sich der Stier nicht reizen und bleibt lahm. Dann tobt das Publikum, schreit »otro toro« und fordert einen anderen Stier. Die schlimmste Schande für einen Züchter aber ist es, wenn der Präsident daraufhin das grüne Taschentuch hebt und Ochsen eingelassen werden, um den Stier aus der Arena zu führen. In diesem Fall geht das Tercio – ohne Spannung erzeugt zu haben – an den Stier.

Francisco de Goya, Mannesmut des berühmten Pajuleva in der Arena von Zaragoza, 1815, Radierung und Aquatinta, 25 x 35 cm

Tercio de muerte

Aber zumeist ist der Stier bis aufs höchste gereizt, so daß die Trompeten das letzte Drittel und den eigentlichen Höhepunkt des Kampfes ankündigen können. Dieser Abschnitt gehört allein dem Matador und dem Stier. Der Matador ist nun nicht mehr mit der Capa bekleidet, sondern trägt die »muleta«, ein sehr viel kleineres rotes Tuch aus Flanell oder Serge. Mit Hilfe eines Holzdegens spreizt er diese und führt mit dem Stier eine Reihe von kunstvollen Figuren vor, in denen er seinen Mut, seine Überlegenheit und seine formvollendete Haltung unter Beweis stellen kann. Hatten die Toreros bisher auf die Angriffe des Stieres reagiert und sich bei Gefahr in Sicherheit bringen dürfen, so muß der Matador nun die Oberhand gewinnen. Er muß bestimmen, wohin die Hörner stoßen, der Stier darf nur noch reagieren. Glaubt der Matador, genug Beifall vom Publikum bekommen zu haben, und ist der Stier erschöpft, beginnt die »astocada«, die letzte und gefährlichste Phase des Kampfes. Der Matador tauscht seinen Holzdegen gegen den »estoque«, einen Stahldegen, den er mit einem kräftigen Stoß bis zum Knauf zwischen die Hörner in den Nacken des Stieres versenken muß, um ihm den Todesstoß zu versetzen. Es gibt nur eine einzige Stelle, an welcher der Degen sich durch Herz und Lunge bohrt, und diese gilt es zu treffen. Es ist der gefährlichste Augenblick des Kampfes, der »Augenblick der Wahrheit« für den Matador. Verfehlt der Matador die Stelle, kann die Gunst des Publikums in Sekunden umschlagen. Verläuft der Stoß aber tödlich, ist ihm der Jubel sicher. Das Publikum bricht in endloses »olé«-

Francisco de Goya, Pepe Romero tötet den stillstehenden Stier, 1815, Radierung und Aquatinta, 24,5 x 35,5 cm

Geschrei aus und winkt mit Taschentüchern. Der Matador wird zu einer Ehrenrunde um die Arena aufgefordert, man feiert ihn, bewirft ihn mit Blumen und Geschenken. Der Präsident spricht sein Urteil. Je nachdem, wie elegant und meisterhaft der Kampfverlauf war, werden dem Matador ein oder zwei Ohren des Stieres und ein Stück vom Schwanz, ganz selten dazu noch ein Stück eines Hufes zugesprochen. Das ist die Belohnung dafür, daß der Torero sein Leben riskiert hat.

Aber wie sagte Antonio Ordoñez, einer der großen Matadore des 20. Jh.s: »Einunddreißig Verwundungen habe ich eingesteckt, mein Körper ist voller Narben. Aber die Hörnerstöße sind für uns Toreros, was die Fausthiebe für den Boxer und die Stürze für die Radrennfahrer. … Natürlich kenne ich Furcht. Wenn der Stier da vorne steht oder auf dich losgeht und dich berührt, fürchtest du dich immer. Aber die Furcht beeinflußt mich nicht. Sterben … ›Hombre!‹ Sterben ist etwas Logisches.«

Málaga

Iglesia del Sagrario, Calle Molina Larios, S. 221

Catedral Nuestra Señora de la Encarnación, Calle Molina Larios, S. 211

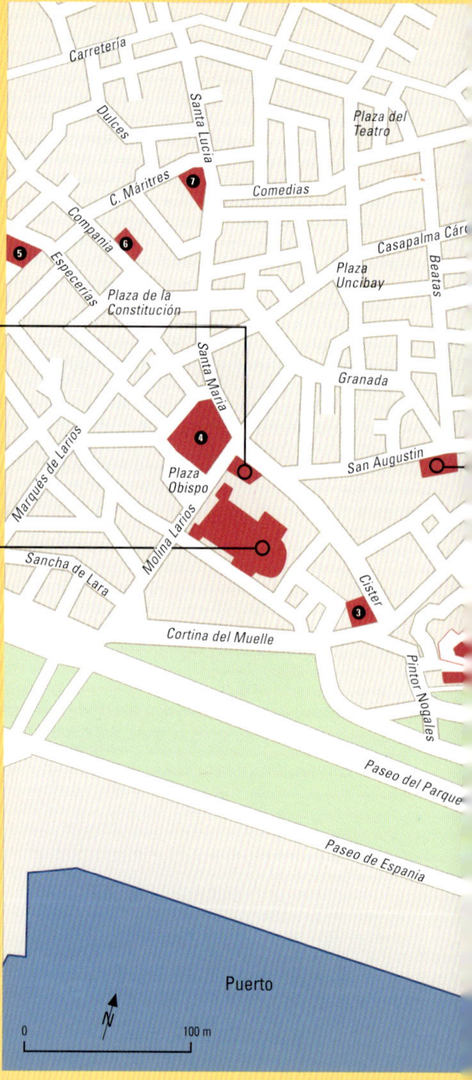

weitere Sehenswürdigkeiten:

1 Iglesia de Santiago, Calle de Granada

2 Teatro Romano, Calle Alcazabilla

3 Palacio Villacázar, Calle Cister

4 Palacio Episcopal (Museo Diocesano), Plaza Obispo

5 Iglesia de San Juan, Calle San Juan

6 Iglesia de Cristo de la Salud, Calle Compañía

7 Iglesia de los Mártires, Plaza de los Mártires

8 Casa Natal de Picasso, Plaza de la Merced

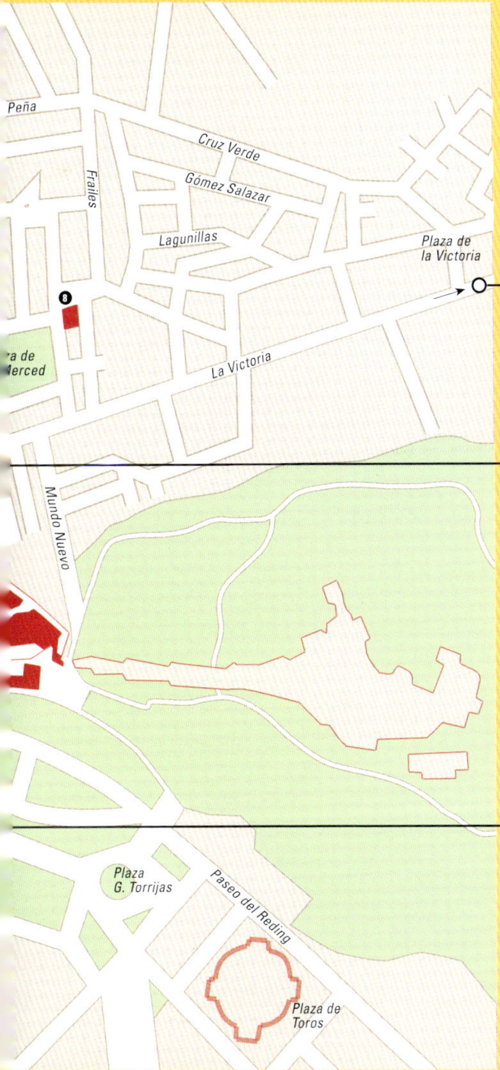

Santuario de Nuestra Señora de la Victoria, Calle de la Victoria, S. 220

Palacio de los Condes de Buenavista, Museo Provincial de las Bellas Artes, Calle San Augustín, S. 218

Alcazaba, Castillo de Gibralfaro, Calle Alcazabilla, S. 210

Alcazaba
Castillo de Gibralfaro

Trutzig-abweisend ragen die Mauern der Alcazaba auf. Sie bildeten einst mit dem Castillo de Gibralfaro, das auf der höchsten Erhebung derselben Anhöhe liegt, das mächtigste Festungssystem des islamischen Spaniens. Steigt man den Weg zur maurischen Festung hoch, fällt der Blick zunächst auf die halbrunden Sitzreihen eines römischen Theaters, von dem viele Architekturteile in der Burganlage verbaut sind. Diese wurde im 11. Jh. von einem Berber-

könig auf den Resten einer älteren arabischen Festung errichtet und unter den Nasriden im Stil der Alhambra als befestigte Königsstadt ausgebaut. Ein dreifacher Mauerring schützt die Anlage, die durch schlangenförmig gewundene Gänge von der Stadt aus zugänglich war. Die Puerta de las Columnas führt in den Bereich zwischen den ersten beiden Mauern, der Arco del Cristo in die erste Anlage mit der Plaza de Armas (Waffenhof). Sie wurde nach den Artillerien benannt, die nach der Rückeroberung von Málaga hier stationiert waren. Durch das Tor Arcos de Granada (mit einem Archäologischen Museum in seinen oberen Räumen) gelangt man in die zweite Anlage, in deren Zentrum sich die Cuartos de Granada, die ehemaligen Palasträume aus dem 13. und 14. Jh., befinden. Östlich liegt das Wohnviertel der Bediensteten und ein Bad. Auf dem höchsten Punkt im Osten erhebt sich der Wehrturm der Alcazaba, die quadratische Torre del Homenaje aus dem 14. Jh.
Oberhalb der Alcazaba, 130 m über dem Meer, und mit ihr durch Mauern verbunden, errichtete der Nasridenherrscher Yusuf I. über einem Vorgängerbau aus dem 10. Jh. eine weitere Festungsanlage, die heute weitgehend in Ruinen liegt. Ihr Name leitet sich von einem griechischen oder phönizischen Leuchtturm (Pharo) ab, der ursprünglich an dieser Stelle stand (»Gibralfaro«, Berg des Leuchtturms).
Bedingt durch die Anpassung an das ansteigende Gelände weist die Festung einen unregelmäßigen Grundriß auf. Zwei turmbewehrte, zinnenbekrönte Mauern unterschiedlicher Höhe mit sechs Wehrtürmen und vier Toren umgaben die Anlage, in deren Innern sich Wohn- und Lagerräume, Brunnen, Zisternen, Bäder und eine Moschee erstreckten.

Catedral Nuestra Señora de la Encarnación

Westfassade

Eine der letzten großen Kathedralen Europas, deren Baukörper ein Gemisch verschiedener Stilformen ist, ragt im Häusermeer der Altstadt von Málaga empor. Zwar begannen die Bauarbeiten 1528, zogen sich aber mit häufigen Unterbrechungen bis 1783 hin. Nach der Rückeroberung von Málaga wollten die christlichen Herrscher an der Stelle der alten Moschee einen repräsentativen Bau setzen, dessen Pläne Diego de Siloë entwarf. Ihm standen renommierte Architekten – genannt werden Enrique de Egas, Hernán Ruiz II. und Pedro López – zur Seite. Es fehlte ihnen jedoch an Einigkeit und schließlich brach die Gruppe auseinander. Mitte des 16. Jh.s übernahm dann Diego de Vergara die Bauleitung, so daß 1588 der östliche Chorbereich eingeweiht werden konnte. Der Coro im Langhaus wurde schließlich im folgenden Jahrhundert (1592–1662) fertiggestellt. Aber erst 1719 entschloß sich das Domkapitel zum Weiterbau und beauftragte José de Bada, beginnend mit der Westfassade, das Langhaus zu errichten. Nach dessen Tod 1755 übernahm Antonio Ramos die Bauleitung. Von ihm stammt das Relief der Verkündigung über dem mittleren Portal der farbenprächtigen Westfassade. Es wird von den Schutzheiligen der Stadt, dem Hl. Cyriakus und dem Hl. Paulus, über den Seitenportalen gerahmt. Aber die Kathedrale blieb »La Manquita« (die Einarmige), wie sie im Volksmund genannt wird, denn Geldmangel führte 1783 zur endgültigen Einstellung der Arbeiten. Der Südturm der Fassade wurde nie vollendet.

Catedral Nuestra Señora de la Encarnación

Bedingt durch die mehrere Jahrhunderte andauernden Auseinandersetzungen im Zuge der Reconquista, entstanden in Andalusien die ersten großen Kathedralen erst zu einer Zeit, als in Mitteleuropa die Epoche gotischer Monumentalbauten bereits ihrem Ende entgegenging. Aber auch der Grundriß der Kathedrale von Málaga folgt dem von den französischen Königskirchen her bekannten basilikalen Schema. Dies war bereits fünf Jahre zuvor in Granada zur Anwendung gekommen und wurde hier in reduzierter Form wieder aufgegriffen: Zwischen das dreischiffige Langhaus mit Seitenkapellen und den polygonal geschlossenen Chor mit Umgang und Kapellen ist ein Querhaus eingeschoben, das nicht über die Außenmauern des Langhauses hinausgeht.

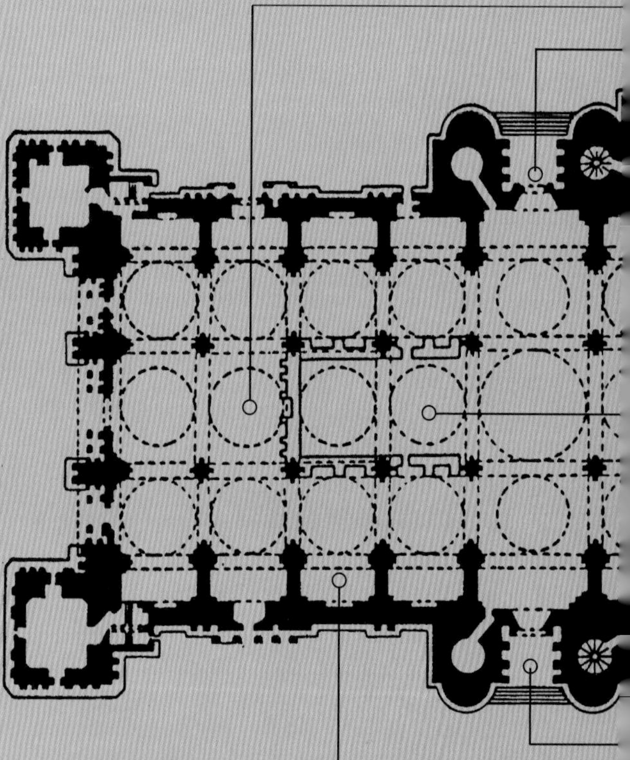

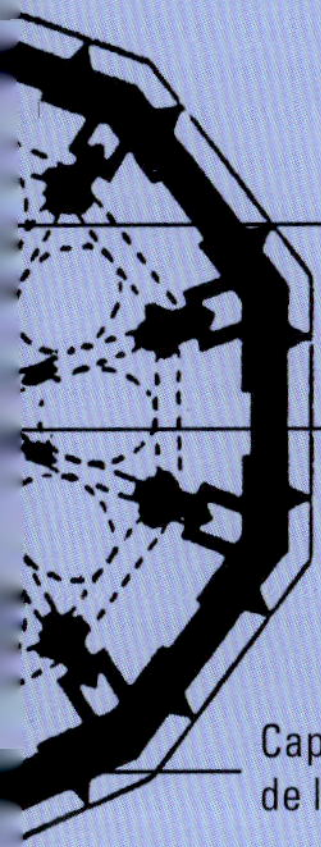

Innenansicht, S. 214

Coro, S. 216

Capilla de la Virgen Rosario, S. 216

Innenansicht

Der monumentale Innenraum beeindruckt durch seine ungeheure Weite von 117 m Länge und 72 m Breite und die gewaltige Höhe von 48 m der drei gleich hohen Schiffe. Trotz seines gotischen Grundrisses wird er – anders als die hochgotischen Bauwerke Frankreichs – weder von steil aufragenden Spitzbögen beherrscht noch durch farbige Glasfenster nur sparsam beleuchtet. Vielmehr tauchen hier erste Formen der Renaissance auf, wie beispielsweise die klassische Säulenordnung. Der gesamte Innenraum ist zudem von hellem Licht durchflutet. Da auch die späteren Baumeister die Stilmittel der Renaissance beibehalten haben, besitzt das Innere der Kathedrale eine einheitliche Wirkung. So finden sich im später errichteten Langhaus korinthische Bündelpfeiler, welche die mit floralen und figürlichen Motiven reich verzierten Gewölbekuppeln tragen. Bestimmendes Gliederungsmotiv der Wand ist das sich ständig wiederholende rundbogige Drillingsfenster, das von einer weiteren, kleineren Rundbogenöffnung zwischen je einem Ochsenauge überhöht wird. Die Fülle an architektonischen Details wird durch eine überreiche Ausstattung mit Werken der Malerei und Skulptur ergänzt. Zu den historisch interessanten Stücken gehört eine Marienstatue aus dem 15. Jh. in der Capilla de la Virgen de los Reyes, die die Katholischen Könige bei der Reconquista mitgeführt haben sollen.

Capilla de la Virgen Rosario

Unter den 15 Kapellen ist die Capilla de la Virgen Rosario am südlichen Seitenschiff (3. von Westen) hervorzuheben, in der ein Gemälde von Alonso Cano (1601–1667), dem Lehrer Pedro de Menas, ausgestellt ist: eine an venezianischen Vorbildern orientierte Darstellung der Rosenkranzmadonna mit unbekanntem Auftraggeber.

Chorgestühl (Coro)

Kostbarstes Ausstattungsstück der Kathedrale ist das Mitte des 17. Jh.s entstandene Chorgestühl aus Zedern-, Lärchen- und Walnußholz im Coro unterhalb der Orgelempore. Seine beiden Sitzreihen, die mit reich geschnitzten Reliefs verziert sind, werden an den Rückwänden von etwa 1 m hohen Heiligenfiguren abgeschlossen und von einem Gesims mit Heiligenbüsten bekrönt. Mehrere Künstler waren an der Ausführung beteiligt: Der Entwurf geht auf Luis Ortiz de Vargas zurück, der zuvor in der Kathedrale von Lima (Peru) und in Sevilla gearbeitet und 1632 den Wettbewerb des Domkapitels gewonnen hat. Ihm werden u. a. die Darstellung der Jungfrau am Bischofssitz, der an der Schmalseite direkt gegenüber vom Eingang liegt, und die Apostel Petrus und Paulus an den beiden angrenzenden Sitzen zugeschrieben. An seiner Seite arbeitete José Micael Alfaro, der die zehn anderen Apostelfiguren, die kleinen Heiligenbüsten am Gesims und dekorative Reliefs schnitzte. Erst 9 Jahre nach dessen Tod wurde dann der granadinische Bildhauer Pedro de Mena beauftragt, die Arbeiten zu vollenden. Bis 1662 schuf er 42 Chorstühle mit Heiligendarstellungen, zu deren schönsten die Heiligen Lukas und Johannes, der einen Kranken auf seinem Rücken trägt, gerechnet werden. Sie lassen die Virtuosität und Religiösität des Künstlers erkennen, der die ganze Ausdruckskraft auf Hände und Gesicht konzentrierte.

Palacio de los Condes de Buenavista, Museo Provincial de las Bellas Artes

Der um 1520 im Mudéjarstil errichtete Palast ist heute Sitz des Museums der Schönen Künste, das neben bedeutenden Gemälden spanischer und ausländischer

Künstler zwei Jugendwerke Picassos verwahrt. Sein Geburtshaus steht in Málaga (Plaza de la Merced). Außerdem beherbergt das Museum eine Bibliothek über Picasso, deren erste Bände von seinem Freund Jaime Sabartés gestiftet wurden.

Picasso, Mann mit Decke, 1895
Aquarell auf Papier, 10 x 14 cm
Picasso, Das alte Paar, 1894
Öl auf Holz, 35 x 19 cm

Beide Gemälde – innerhalb des Œuvres von eher zweitrangiger Bedeutung – zählen zu den Frühwerken Picassos (1881– 1973). Er hat sie seinem ersten Lehrer Antonio Muñoz Degrain (1841–1924) gewidmet. Degrain hat Picasso im Kindesalter unterrichtet, bis dieser 1891 mit seiner Familie von Málaga nach La Coruña ziehen mußte. Picassos Vater war Zeichenlehrer an der Kunst- und Gewerbeschule und Konservator des Städtischen Museums. Weil sein Gehalt zum Unterhalt der großen Familie nicht ausreichte, verkaufte er nebenher eigene Bilder. Diese zeigen Rebhühner, Kaninchen und die damals überaus beliebten Tauben, was ihm in ganz Málaga den Namen El Palomero, der Taubenmaler, einbrachte. Sein Sohn Pablo, der schon früh mit Stift und Pinsel umgehen konnte, mußte das Gefieder zu Ende malen. Picasso behauptete später, er habe als Kind wie Raffael zeichnen können, aber sein ganzes Leben dafür gebraucht, um kindliches Zeichnen zu erlernen.

Von keinem Künstler gibt es so viele Zeugnisse aus der frühen Lebensphase, und bei kaum einem läßt sich die künstlerische Entwicklung so nachvollziehen wie bei Picasso. Dies verleiht auch seinen frühesten Bildern, die sich bereits durch Reichtum und Qualität auszeichnen, einen hohen Stellenwert. Immerhin stammen diese beiden Bilder von einem 13- bis 14jährigen Jungen. Sie belegen sein Interesse an der menschlichen Figur und der psychologischen Gestaltung der Gesichter.

Santuario de Nuestra Señora de la Victoria

Während der Belagerung hatten sich die Mauren der Stadt so vehement zur Wehr gesetzt, daß sie die Katholischen Könige beinahe zum Rückzug gezwungen hätten. Zum Dank für den Sieg errichteten Isabella und Ferdinand 1487 an der Stelle, wo ihre Zelte aufgeschlagen gewesen waren, eine kleine Kapelle zu Ehren der Madonna des Sieges. Die Madonnenstatue, die den Königen zuvor von Kaiser Maximilian I. geschenkt worden war, sollen sie bei der Eroberung mit sich geführt haben. Wenige Jahre später erhielten die Mönche des Paulanerordens die Erlaubnis, hier das erste Kloster ihres Ordens in Spanien zu gründen. Die dreischiffige Kirche über dem Grundriß eines lateinischen Kreuzes wurde 1518 geweiht. Ende des 17. Jh.s erfuhr der Bau auf Kosten des Grafen von Buenavista, der sich in der

Krypta seine Grabstätte errichten ließ, eine barocke Umgestaltung. Die Krypta gehört zum Camarín-Turm im Osten, der besondere Aufmerksamkeit verdient. Eine Wendeltreppe führt von der Krypta über die Sakristei zum Camarín hinter dem Hochaltar, bei dem es sich um einen achteckigen Zentralraum handelt. Seine Wände sind mit üppiger spätbarocker Dekoration aus weißem Stuck überzogen. Die Ausstattung wird Francisco Hurtado Izquierdo zugeschrieben, dessen Arbeiten zur Gründung einer Schule für Stukkateure anregten. In diesem Raum ist die Virgen de la Victoria auf einem Stuckpodest ausgestellt; auch werden hier die Gewänder und der Schmuck aufbewahrt, mit denen die Statue je nach Feierlichkeit des Anlasses ausgestattet wird. Am Altar ist eine Mater Dolorosa von Pedro de Mena zu sehen.

Iglesia del Sagrario

Neben der Kathedrale blickt man auf ein reich verziertes gotisches Gewändeportal, die Portada Gótica. Sie wurde 1498 vom 1. Bischof von Málaga als Haupteingang zu der damals als christliches Gotteshaus dienenden Moschee erbaut. Heute bildet sie den Eingang der kleinen, einschiffigen Pfarrkirche, die Anfang des 18. Jh.s vollständig umgebaut worden ist. In den Pfeilernischen stehen unter fialenbekrönten Maßwerkbaldachinen die Statuen der Maria und des Engels der Verkündigung, der Evangelisten und Kirchenväter. Über dem Portal thront Christus, zu seinen Seiten das Wappen des 1. Bischofs César Rosario. Im oberen Register sind links ein betender Kardinal mit einem Engel, der als Fray Hernando de Talavera, Beichtvater Isabellas, gedeutet wird, und rechts Kardinal Pedro de Mendoza in Begleitung eines Klerikers dargestellt.

Antequera

Das ländliche Städtchen Antequera liegt in der fruchtbaren Ebene des Río Guadalhorce am Fuße der Sierra El Torcal. Dieses im Durchschnitt 1 000 m hohe Gebirge gleicht einem gigantischen »Steinmuseum«, denn hier haben Wind, Sonne und Wasser aus dem porösen Kalkstein bizarre und phantastische Felsengebilde geformt, die teilweise mit Namen versehen wurden wie »Echse« oder »Wölfin«. Die Besiedlung des Gebiets reicht bis in die Jungsteinzeit zurück, wovon zahlreiche megalithische Denkmäler wie die Cueva de Menga, die Cueva de Viera oder die Cueva del Romeral in der Umgebung von Antequera zeugen. Schon die Römer befestigten den Ort, der damals Anticaria hieß. Ihnen folgten die Mauren, die auf dem Hügel von Antaqira eine mächtige und weithin sichtbare Alcazaba errichteten. Heute sind davon lediglich zwei Türme und der sie verbindende Mauerteil erhalten. Nachdem Ferdinand, damals noch Infant von Kastilien, die Stadt 1410 zurückeroberte (so erklärt sich sein Beiname El de Antequera), wurde sie zu einem wichtigen Stützpunkt der Reconquista. In den folgenden Jahrhunderten erlebte Antequera einen raschen Aufschwung und stieg während des 16.–18. Jh.s zu einem bedeutenden Handelszentrum auf. Viele Klöster, Kirchen und Paläste sind die Relikte aus einer Zeit, als sich hier mächtige Adelsfamilien und religiöse Orden niederließen.

Antequera

Iglesia de San Sebastián,
Plaza de San Sebastián, S. 227

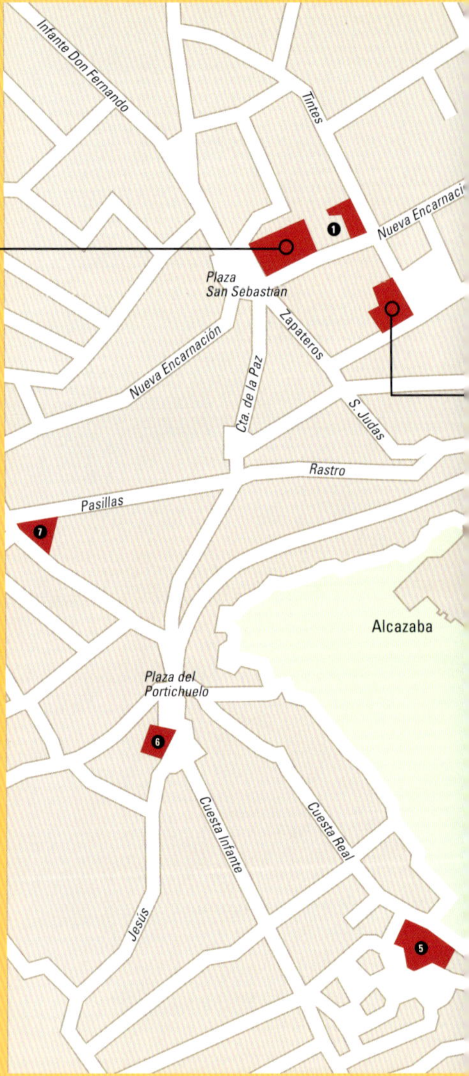

weitere Sehenswürdigkeiten:

1 Convento de la Encarnación, Calle Obispo Muñoz Herrera

2 Iglesia de Nuestra Señora del Carmen, Plaza del Carmen

3 Arco de los Gigantes, Nähe Santa María Mayor

4 Alcazaba, Plaza Santa María

5 Iglesia de San Juan, Plaza Santa María

6 Iglesia de Santa María de Jesús, Plaza del Portichuelo

7 Palacio de la Marquesa de las Escalonias, Calle Rodrigo de Narváez

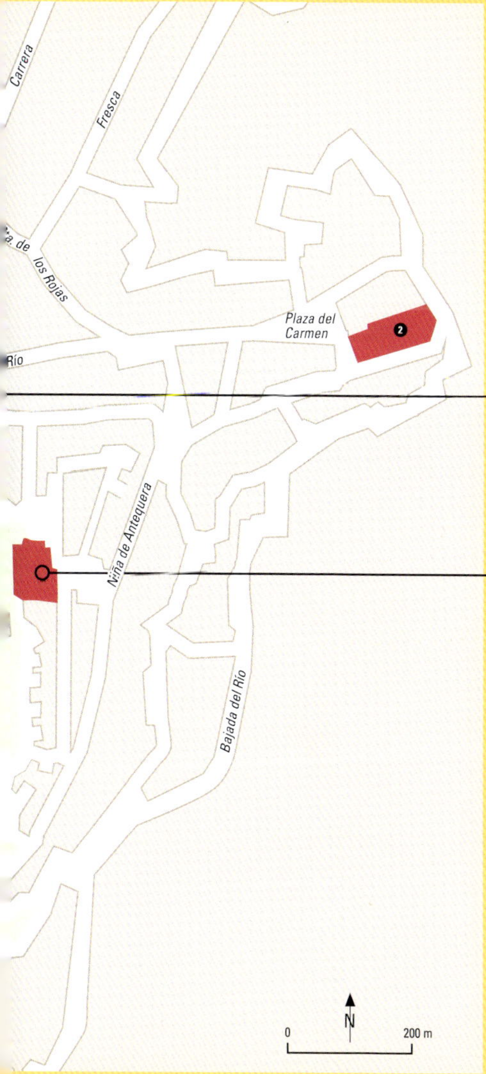

Museo Municipal,
Plaza del Coso Viejo, S. 228

Real Colegiata de Santa María Mayor, Plaza de Santa María, S. 226

Real Colegiata de Santa María Mayor

Steigt man den Hügel hinauf, den die Reste der Alcazaba krönen, durchquert man zuerst den Arco de los Gigantes, ein an der Stelle eines maurischen Vorgängerbaus 1585 errichtetes Tor. Hier waren ehemals römische Fundstücke aus der Umgebung vermauert, die sich heute im Museo Municipal befinden. Auf dem Platz dahinter blickt man auf die platereske Fassade der Stiftskirche, die von 1515–1550 erbaut wurde und zu den bedeutendsten Renaissancefassaden Andalusiens gerechnet wird. Der dreischiffige Grundriß spiegelt sich an der Außenseite in der durch Strebepfeiler dreigeteilten Fassade, in deren Rundbogen im oberen Teil Blendbogen nischenartig eingefügt sind. Ein dreifacher Frontispiz, der von hohen dreieckigen Spitztürmchen überragt wird, bekrönt die Fassade. Im Innern weist die durch ionische Säulen gegliederte Basilika eine schöne mudejare Artesonado-Decke auf. Der Raum, der für seine Akustik – v. a. für Sopranistinnen – bekannt ist, wird heute vielfach als Konzertsaal genutzt.

Iglesia de San Sebastián

Unter den zahlreichen Kirchentürmen im Stadtbild Antequeras ragt der barock-mudejare Turm der Iglesia de San Sebastián (1699–1706, Pyramidendach 1928) hervor. Diego de Vergara begann 1540 mit dem Bau der dreischiffigen Anlage. Das platereske Portal weist neben Apostelstatuen in den Nischen sowie Allegorien der Nacht und der Dämmerung im Aufsatz das Wappen Kaiser Karls V. auf.

Museo Municipal

Ephebe von Antequera

An der Plaza del Coso Viejo liegt gegenüber vom Convento de la Encarnación der Palacio de Nájera. In diesem Palast des 18. Jh.s ist das städtische Museum untergebracht, das neben zahlreichen Kunstschätzen besonders stolz auf die Gemälde des einheimischen Malers Cristóbal Toral (* 1940) ist. Zu den weit über die Grenzen des Ortes hinaus bekannten Glanzstücken der Sammlung aber gehört die 1,54 m hohe Statue eines nackten Jünglings, die in den 60er Jahren in Las Piletas gefunden worden ist. Sie wird als Ephebe von Antequera bezeichnet. Epheben waren in der Zeit der griechischen Klassik junge Männer im Alter von 18 bis 20 Jahren, die eine zweijährige militärische Ausbildung durchlaufen mußten, um das volle Bürgerrecht zu erlangen. Die ganz vom Staat getragene Ausbildung diente darüber hinaus der Überwachung ihrer Lebensführung, der Festigung in der Religion und der Förderung ihrer körperlichen Leistungsfähigkeit. Später wurden Philosophie, Rhetorik, Literatur und Politik in die Erziehung mit aufgenommen, um aus den jungen Männern verantwortungsbewußte Bürger und gute Soldaten zu machen.

Dargestellt wurden sie als junge Athleten mit der Siegerbinde im Haar. Eine griechische Ephebenstatue muß denn auch das Vorbild für die Bronzefigur in Antequera gewesen sein, die erst im 1. Jh. n. Chr. entstanden ist und nur noch eine rein dekorative Funktion besessen hat. Einst schmückte sie vermutlich – wie ein ähnliches Exemplar in Pompeji – den Speisesaal einer römischen Villa und diente als Leuchtenträger. Die Lampen steckte man zu diesem Zweck auf die Girlande, die der Ephebe früher in seinen Händen gehalten hat. Anstelle der Siegerbinde trägt er einen Efeukranz im Haar, der ihm einen dionysischen Akzent verleiht. Dies mag im Kontext der antiken Aufstellung einen besonderen Sinn gehabt haben.

Pedro de Mena, Hl. Franziskus

In einem Raum im Obergeschoß mit einer hochwertigen Artesonado-Decke steht eines der bedeutendsten Werke des Museums: die Holzskulptur des zartgliedrigen, in sich versunkenen Hl. Franziskus von Pedro de Mena y Medrano, der sich seit 1658 in Málaga aufhielt. Der bewegte Gesichtsausdruck des Heiligen vermittelt viel von der tiefgehenden Emotionalität, durch die sich das Gesamtwerk des Künstlers auszeichnet.

Die neue Toleranz

Nachdem der Berberführer Tarik im Jahr 711 zum ersten Mal nach Gibraltar übergesetzt hatte, sollte es nur drei Jahre dauern, bis der größte Teil Spaniens unter islamischer Herrschaft stand. Die Lage im Westgotenreich, das von Intrigen geschüttelt und innerlich gespalten war, hatte den unglaublich raschen Erfolg der nomadischen Eroberer begünstigt. Sie hätten nie so schnell Fuß fassen können, wären sie nicht von der Bevölkerung massiv unterstützt worden. Kaum einer war bereit, für die westgotischen Herrscher zu kämpfen, vielmehr schien man die moslemischen Invasoren willkommen zu heißen. Das wird vor dem Hintergrund verständlich, daß die zahlenmäßig große Schicht der eingeborenen Bevölkerung von einer Minorität, den westgotischen Adeligen, unterdrückt wurde. Die Juden hingegen litten unter dem Druck der Kirche, durch welche die Westgoten ihre Macht ausübten. Beide Gruppen halfen den Berbern bei der Eroberung der Halbinsel. Und anders als die Westgoten suchten diese den Ausgleich mit den verschiedenen Bevölkerungsgruppen und übten weithin Toleranz. Christen wie Juden durften, wenn sie sich der islamischen Herrschaft unterstellt hatten, ihre Religion ausüben, Kirchen und Synagogen behalten. Neben der für alle obligatorischen Grundsteuer hatten sie eine persönliche Steuer zu entrichten, durch die sie vom Kriegsdienst befreit waren. Die Gemeinden besaßen ihre eigene Gerichtsbarkeit und wurden durch ihre Vorsteher bei der moslemischen Regierung vertreten. Durch diese im christlichen Abendland damals einzigartige Toleranz entstand eine Gesellschaft, in der Moslems, zum Islam übergetretene Christen, Mozaraber – Christen, die ihren Glauben beibehalten, aber die islamischen Sitten und Gebräuche angenommen hatten – und Juden friedlich zusammenlebten. Moslems, die ohne Frauen ins Land gekommen waren, durften Christinnen heiraten und mit den Töchtern der Besiegten Familien gründen, Juden und Christen wurden an der Regierung beteiligt. Schon die Eroberer selbst waren eine ethnisch gemischte Gruppe aus Arabern, Syrern, Ägyptern und Nordafrikanern, und sie haben das unvergleichliche Kunststück vollbracht, in Andalusien eine neue Form des menschlichen Zusammenlebens zu kultivieren.

Die Grundlage der neuen Toleranz: Der Islam

Der Umstand, daß diese drei Glaubensgemeinschaften in einem Reich nebeneinander existieren konnten, hängt mit der grundsätzlichen Anerkennung des Juden- und Christentums durch den Islam zusammen. Wie dieser fußen beide Religionen auf der monotheistischen Ur-

Im Land der Poeten, arabische Handschrift, Rom, Biblioteca Apostolica Vaticana

فلما فرغ بياض من شعره قالت له رياض الله حسيبك من غدر وهجر
ولم ينصف مع امكان الوصل ووجود السبيل فقال بياض أمل الوفا قليل
ثم قالت السيدة يا بياض انت شاعر مغلق واديب اريب ونحن نقول ما
رويناه وحفظناه وسمعناه من غيرنا وانت تقول من تلقا نفسك بارك الله
فيك ووقاك المحذور وتلقاك بالخير والسرور فنحن الكل اعجبنا النشيد ومعجبون

lehre Abrahams, die den Glauben an einen Gott verkündet, haben jedoch – so der Islam – die von Gott empfangenen Botschaften teilweise vergessen oder verändert. Den Juden wirft der Islam vor, Christus, den Gesandten Gottes, und die Heilige Jungfrau verleumdet zu haben, den Christen, dem Irrtum der Dreigötterlehre verfallen zu sein. Doch solange sie die islamische Gemeinschaft nicht bedrohen und die Schutzherrschaft des Islam anerkennen, dürfen Juden wie Christen – so sieht es das islamische Recht vor – ihre Religion weiterhin ausüben.

Maurische Kultur

Diese ungewöhnliche Toleranz sollte den Weg für eine neue, maurisch geprägte Kultur bereiten, die auf das ganze Mittelalter ausstrahlte. Die Araber kultivierten nicht nur den Boden und die Landschaft, indem sie neue Bewässerungstechniken einsetzten, sie führten auch neue Früchte und Pflanzen in die Landwirtschaft ein. Zudem entwickelten sie auch bestimmte Handwerke wie die Lederverarbeitung, die Seiden- und Tuchweberei sowie die Herstellung von Keramiken und glasierten Kacheln zu höchster Kunstfertigkeit. Sie errichteten Moscheen und Paläste in einem Stil, der das klassische Erbe mit Ornamenten und Techniken aus dem Nahen Osten verschmolz. In den Städten waren die Straßen gepflastert und durch Leuchtflammen erhellt, es gab eine öffentliche Kanalisation, öffentliche Schulen und Bäder, Krankenhäuser und Bibliotheken, während überall sonst in Europa die rauhen Zustände des Mittelalters anzutreffen waren. Mit den Eroberern kam eine neue, verfeinerte Lebensart nach Andalusien, wurden die Kleider je nach Anlaß gewechselt und der Tisch festlich geschmückt, Gedichte gesungen und Musik dazu gespielt. Im maurischen Süden blühten die Wissenschaften, deren Erkenntnisse einen nachhaltigen Einfluß auf alle europäischen Universitäten ausübten. Und ohne die maurischen Ärzte und Pharmazeuten wäre ein Fortschritt der Medizin undenkbar gewesen. Man erforschte die Wirkung pflanzlicher Heilmittel, führte chirurgische Eingriffe durch und erweiterte die Kenntnisse auf dem Gebiet der Anatomie schon früh durch die Sektion von Leichen. Schriften maurischer Ärzte wurden ins Lateinische und Hebräische übersetzt, und in Andalusien gab es die ersten Apotheken Europas. Maurische Philosophen wie Ibn Rusd (auch Averroës) und seine Wiederent-

Arabisches Astrolabium, 1029, Messingarbeit aus Toledo, Berlin, Staatliche Museen, Preußischer Kulturbesitz, Staatsbibliothek

Geschichte von Bayad und Riyad, 13. Jh., arabische Handschrift, Rom, Biblioteca Apostolica Vaticana

deckung und Kommentierung des Aristoteles sollten der abendländischen Geisteswelt Denkanstöße liefern, arabische Dichtungen den Minnesang Südfrankreichs beeinflussen.

Arabisch wurde die Sprache der Gebildeten, in der alle – ob Philosophen, Theologen, Dichter oder Gelehrte – ihre Werke verfaßten. Und obwohl die Christen ihre lateinische Liturgie bewahrten, eigneten sie sich doch die arabische Bildung in solchem Maße an, daß ein Bischof namens Álvaro ihnen vorwarf: »Meine Mitchristen genießen die Gedichte und Romanzen der Araber; sie studieren die Werke mohammedanischer Theologen und Philosophen, nicht um sie zu widerlegen, sondern um sich einen korrekten und eleganten arabischen Stil anzueignen. Wo gibt es heutzutage einen Laien, der die lateinischen Kommentare zur Heiligen Schrift lesen kann? Ach! Die jungen Christen, deren Talente so offen am Tag liegen, kennen keine andere Literatur als die arabische; sie lesen und studieren arabische Bücher; sie häufen unter ungeheuren Kosten ganze Bibliotheken an und singen überall das Loblied arabischen Brauchtums.« Wie sehr diese kulturelle Assimilation der Katholischen Kirche verhaßt geblieben ist, zeigt noch die Verbrennung von 80 000 arabischen Büchern im Jahre 1499 durch den Kardinal Cisneros, der das Arabische als »Sprache einer ketzerischen und verachtenswerten Masse« bezeichnete. Und trotzdem sollte eine Vielzahl von arabischen Wörtern in die Alltagssprache übergehen und bis heute erhalten bleiben. Arabismen sind ein Relikt aus jenen Jahrhunderten, in denen die einzigartige Toleranz der Eroberer das friedliche Nebeneinander verschiedener Glaubensgemeinschaften ermöglichte und eine unvergleichliche, alles überstrahlende Kultur entstehen ließ. In ihrer schöpferischen Vielfalt stellt sie gleichsam eine Symbiose aus orientalischen und westlichen Lebens- und Kulturformen dar.

Ronda

»Die ganze Stadt, so weit euer Blick auch reicht, nach allen Seiten, ist nichts als ein romantischer Theaterprospekt«, beschrieb Ernest Hemingway seinen Eindruck von Ronda. Wegen ihrer einzigartigen Lage und den vielen Kunstdenkmälern gilt die Stadt als eines der schönsten weißen Dörfer Andalusiens. Schon Rilke hat diese »unvergleichliche Erscheinung einer auf zwei Felsmassen aufgehäuften Stadt« fasziniert beschrieben. Eine 160 m tiefe und bis zu 90 m breite, »Tajo« genannte Schlucht über dem Guadalevín teilt die Stadt in die ältere maurische Altstadt im Süden (Ciudad) und den von den Christen angelegten Stadtteil Mercadillo im Norden. Beiderseits der Schlucht begrenzen Häuser die Kanten der steil abstürzenden Felswände, die »casas colgadas« (hängende Häuser) genannt werden.

Dank der uneinnehmbaren Lage kann Ronda auf eine lange Geschichte zurück-

Blick auf Ronda

blicken. Der Ursprung geht vermutlich auf eine keltische Siedlung mit dem Namen Arunda zurück, die dann später von den Römern übernommen wurde. Jedenfalls sind aus römischer Zeit die beiden Siedlungen Arunda und Acinipo (Ronda la Vieja, rund 20 km nordwestlich der Stadt) überliefert. Im 8. Jh. nahmen die Mauren die auf einem 780 m hohen Hochplateau gelegene Stadt, nun Izna Rand Onda genannt, ein und erbauten den mächtigen Alcázar. Von nun an stieg Ronda zu einer der bedeutendsten Städte des maurischen Reiches auf, wenn auch seine Geschichte wechselhaft verlief: Unter den Omaiyaden wurde der Ort zur Hauptstadt der von Berbern bewohnten Provinz Takaruna, dann im 11. Jh. Hauptstadt eines Taifa-Reiches, das 1059 an al-Mutamid, den Herrscher von Sevilla, fiel. Ab dem 13. Jh. gehörte Ronda zum Nasridenreich von Granada und war zeitweise sogar im Besitz des Königs von Marokko. Diese maurische Vergangenheit, in der Ronda sein »goldenes Zeitalter« erlebte, hat viele Spuren hinterlassen und das Stadtbild der Ciudad geprägt. Doch die Christen machten auch vor dieser Stadt nicht halt, und so war sie seit Anfang des 15. Jh.s in die Kämpfe der Reconquista einbezogen. Aber erst nach mehreren vergeblichen Belagerungsversuchen konnte Ferdinand III. die Stadt 1485 schließlich einnehmen. Den Mauren wurde freier Abzug gewährt, wobei sie als Gegenleistung alle christlichen Gefangenen ausliefern mußten. Ihre Ketten wurden nach Toledo gebracht, wo sie Isabella an den

Ronda, Casa del Rey Moro

Außenwänden des Chores von San Juan de los Reyes anbringen ließ. Dort sind sie heute noch zu besichtigen. Ronda wurde zum Herrschaftsgebiet des Kronprinzen Juan, einziger Sohn der Katholischen Könige, und seiner Ehefrau Margarete von Österreich. Die folgenden Jahrhunderte brachten der Stadt Frieden und Wohlstand, der v. a. im 18. Jh. eine rege barocke Bautätigkeit auslöste.

Ronda

Plaza de Toros,
Calle Virgen de la Paz, S. 238

Puente Nuevo,
Calle Armiñán, S. 246

Palacio de Mondragón (Palacio del Marqués de Villasierra), Calle M. Montero, S. 247

Santa María la Mayor,
Plaza de la Duquesa de Parcent, S. 250

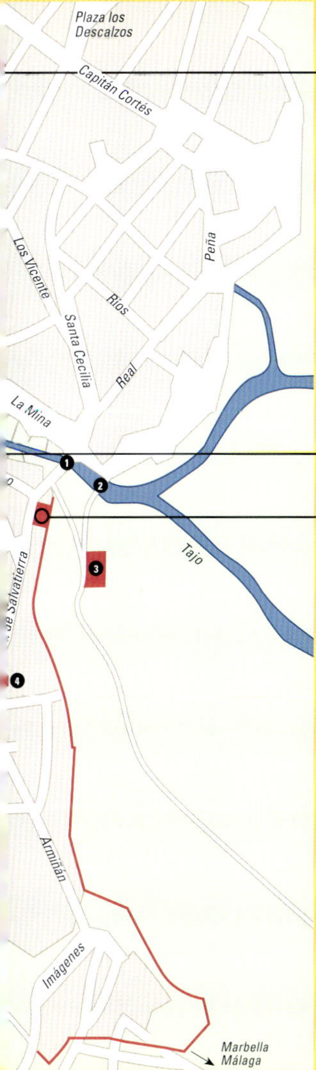

Templete de la Virgen de los Dolores, Calle Virgen de los Dolores, S. 238

Casa del Rey Moro, Calle M. de Salvatierra, S. 248

Palacio del Marqués de Salvatierra, Calle M. de Salvatierra, S. 248

weitere Sehenswürdigkeiten:

1 Puente Viejo
2 Puente Romano
3 Baños Árabes, Barrio Bajo
4 Minarett, Calle M. de Salvatierra

Templete de la Virgen de los Dolores

Überquert man die Puente San Miguel oder die Puente Viejo, erreicht man das Viertel El Mercadillo, das nach der christlichen Eroberung entstanden ist. In maurischer Zeit haben sich hier vor den Mauern der Stadt die Händler niedergelassen, um die innerhalb der Stadt erhobenen Steuern zu sparen. An der Stelle, wo 1734 die unscheinbare dreibogige Votivkapelle errichtet wurde, sollen früher die Verurteilten hingerichtet worden sein. So tragen die vier, zu einer Säule zusammengefaßten Figuren denn auch einen Strick um den Hals und könnten als Gehenkte gedeutet werden. Gemäß einer anderen Interpretation erinnern die vogelartigen Gestalten aber auch an präkolumbianische Darstellungen.

Plaza de Toros

Rondas wohl berühmtestes Bauwerk ist die imposante Stierkampfarena, die mit 66 m Durchmesser zu den ältesten und traditionsreichsten Spaniens gehört. Doppelgeschossige Arkadenreihen mit toskanischen Säulen umgeben den Tribünenraum, der 5 000 Menschen Platz bietet. Zum ersten Mal wurde bei der 1783–1785 erbauten Anlage anstelle der früheren hölzernen Tragbalken Stein verwendet. Sie befindet sich bis heute im Besitz des von Philipp II. gegründeten Königlichen Ritterordens von Ronda, dessen Wappen den Giebel des barocken Portals ziert. Ronda darf sich rühmen, Geburtsort der streng überwachten Regeln der Stierfechtkunst zu sein: Sie sind in dieser Arena von dem legendären Pedro Romero (1754–1839), Enkel des berühmten Francisco, des Begründers der Stierkampf-Dynastie Romero, aufgestellt worden. Sein Standbild steht im benachbarten Stadtpark.

SOL Y SOMBRA

Nationalschauspiel »Tod«

»A las cinco de la tarde« – jeden Sonntag am späten Nachmittag, »si el tiempo lo permite« (wenn das Wetter es erlaubt), in der Zeit zwischen Ostern und Ende Oktober, beginnt in Andalusien das gleiche Ritual: Das Volk, Spanier und Ausländer, zieht in die Plaza de Toros, um den Kampf zwischen Mensch und Stier zu verfolgen. In keiner Region Spaniens genießt der Stierkampf eine so hohe Popularität wie in Andalusien, wo die berühmtesten Toreros und die edelsten Stiere beheimatet sind. Aber auch nirgends schlagen die Emotionen zwischen den »aficionados«, den Stierkampfverehrern, und den Gegnern dieses ungleichen Kräftemessens so hoch wie im Süden Spaniens.

Der Stier – ein Symbol der Fruchtbarkeit

Ursprung und Beginn der Stierverehrung und des Stierkampfes reichen bis in mythische Zeiten zurück. Schon Zeus, der griechische Göttervater, verwandelte sich in einen Stier, um die Europa zu entführen, mit der er Minos, den König der Kreter, zeugte. Minos wiederum war von der Schönheit eines weißen Stiers so gefesselt, daß er nicht bereit war, diesen dem Meeresgott Poseidon zu opfern, sondern ihn zu seinen Kühen schickte. Zur Strafe erweckten die Götter die Leidenschaft seiner Gattin Pasiphae für dieses Tier. Die verliebte Pasiphae ließ

Stierspielakrobaten, Fresko, ergänzt, 16. Jh. v. Chr., Höhe 86 cm, Fundort: Palast von Knossos, Heraklion, Archäologisches Museum

sich von dem genialen Erfinder Daidalos eine hölzerne Kuh erbauen, in der sie sich verbarg und vom Stier begatten ließ. Dieser Verbindung entsprang der gräßliche Minotauros, halb Mensch, halb Stier, für den Daidalos auf Wunsch des kretischen Königs unter dem Palast von Knossos das berühmte Labyrinth erbaute. Alljährlich mußten die von Minos besiegten Athener zwölf Jünglinge und Jungfrauen hierhin entsenden, die Minotauros zum Opfer vorgeworfen wurden, bis der attische Heros Theseus das Ungeheuer erschlug. Herakles, der berühmteste Held der griechischen Mythologie, mußte bis an das Ende der Welt reisen – wo er in der Straße von Gibraltar, zwischen Himmel und Erde, die beiden Säulen errichtete –, um die Herde des dreiköpfigen Riesen Geryoneus zu stehlen und sie über Spanien, Gallien und Italien nach Griechenland zu treiben. Stiere haben in allen Zeiten die Menschen fasziniert. Bereits im frühesten Epos der Weltliteratur, dem sumerischen »Gilgamesch«, kämpften die beiden Helden gegen den Himmelsstier. Erste bildliche Darstellungen finden sich in spanischen Höhlenmalereien aus der frühen Steinzeit sowie auf kretischen Trinkgefäßen und Wandmalereien. Erste Stierspiele gibt ein Fresko aus dem Palast von Knossos wieder, das ein junges Mädchen zeigt, wie es über die Hörner eines Stiers springt und seinem Angriff ausweicht. Jahrhunderte später sollte es auch in Spanien derartige Spiele geben, doch scheinen deren Formen von uralten Hochzeitsriten inspiriert worden zu sein: Da der Stier als Symbol der Fruchtbarkeit verehrt wurde, mußte sich der Bräutigam am Vorabend seiner Hochzeit einem ausgewählten Stier bis auf Tuchfühlung nähern, damit er – so der Volksglaube – Zeugungskraft erhielt und seine Mannbarkeit unter Beweis stellte. Vom Fenster herab warf die Braut kleine

Europa auf dem Stier, Innenbild eines Tellers, 4. Jh. v. Chr., Wien, Kunsthistorisches Museum

Speere auf den Stier, um ihm eine blutende Wunde zuzufügen. Derartige Riten sind noch im heutigen Stierkampf enthalten.

Frühe Formen des Stierkampfes

Kämpfe mit dem Stier genossen bereits in der Antike hohe Wertschätzung. So wurde beispielsweise der persische Lichtgott Mithras, der Stiertöter par excellence, in allen Teilen des Römischen Reiches verehrt. In den römischen Arenen fanden Stierhatzen zu Pferde statt. Diese Tradition wurde auf der Iberischen Halbinsel von Christen und Mauren fortgeführt. Der berittene Kampf zwischen Mensch und Tier avancierte zum aristokratischen Vergnügen und galt als Vorbereitung auf den Krieg. Zwar hatte der kastilische König Alfons X. der Weise (1252–1284) versucht, in seinen berühmt gewordenen »partidas« feste Regeln für den Stierkampf aufzustellen, doch blieb es bis zum 18. Jh. bei der Tierhatz mit Lanzen, Spießen, Schwertern, Dolchen und Jagdmessern. Selbst die Inquisition konnte dem blutigen Schauspiel nichts anhaben. Philipp II. lehnte 1567 eine Bulle der römischen Kirche ab, welche die Abschaffung der Stierspiele bestimmte: »Die Bulle ist gänzlich ohne Wirkung, weil die Stierläufe (corridas de toros) eine Gewohnheit darstellen, welche die Spanier im Blut zu tragen scheinen.« 1596 erwirkte er, daß das Verbot lediglich für Geistliche bestehen blieb. Bis die Bourbonen 1701 den spanischen Thron bestiegen, stellten sich bewaffnete Adelige auf diese Weise immer wieder dem Stier auf den Plätzen der spanischen Städte entgegen. Erst dann wurde diese Art des Kampfes per Erlaß untersagt.

Theseus tötet den Minotaurus, 540–530 v. Chr., Detail einer griechischen Amphore, Höhe 42 cm, Paris, Musée du Louvre

Die Geburt des modernen Stierkampfes

Nachdem der Adel den Stierkampf aus seinen Vergnügungen streichen mußte, entwickelte er sich zunehmend zur Sache des einfachen Volkes, das im heldenhaften Spiel mit dem Tod Ruhm und Reichtum suchte. Als während eines Kampfes ein »chulo« (Gehilfe) namens Francisco Romero, ein Schreiner aus Ronda, einen Stier, der Pferd und Reiter in den Sand geworfen und

Hochzeitsstier, Cantigas Santa María, von Alfons dem Weisen, Madrid, El Escorial, Bibliothek

Francisco de Goya, Tauromaquia, 1815

unter seinen Hörnern begraben hatte, mit seinem breitkrempigen Hut von seinen Opfern weglockte, war eine neue Form der Corrida geboren. Ronda, wo die älteste Arena Spaniens steht, die 1755 aus Holz errichtet wurde, gilt seitdem als Geburtsort des modernen Stierkampfes. Hier begründete eben dieser Francisco Romero mit seinem Sohn Juan und seinem Enkel Pedro eine legendäre Stierkämpfer-Dynastie, die jene Regeln für den Stierkampf aufgestellt hat, welche heute noch Gültigkeit besitzen. Er zog als erster Matador zu Fuß in die Arena ein, nur mit einem roten Tuch, der »muleta«, bewaffnet, und tötete ausschließlich »recibiendo«, d. h. den Angriff des Stieres erwartend. Sein gefeierter Enkel Pedro Romero (1754–1839), der von sich voller Stolz behaupten konnte, mehr als 5 000 Stiere getötet zu haben und noch als 80jähriger in der Arena stand, hat den nüchtern-klassischen Stil der Schule von Ronda berühmt gemacht. In Konkurrenz dazu steht die zweite große, andalusische Schule von Sevilla, die einen spielerischen und prunkvollen Kampf bevorzugt. Ihre Toreros stellen weniger ihren Mut unter Beweis, verstehen es aber, sich in Szene zu setzen und legen Wert auf Effekte.

Seit den Romeros wird Andalusien als Heimat des Stierkampfes angesehen. Das Land hat immer wieder berühmte Toreros hervorgebracht, und auf seinem fruchtbaren Boden werden die hervorragendsten Kampfstiere gezüchtet. Mit Andalusien verbindet man berühmte Namen wie Joselito (1895–1920), der mit 25 Jahren in der Arena starb, Juan Belmonte (1892–1962), Manolete (1917–1947) oder El Cordobés (1936–1970), dem, aus ärmlichen Verhältnissen kommend, erst mit 24 Jahren der Durchbruch gelang – um nur einige zu nennen. Ein erfolgreicher Torero zu werden, ist bis heute der Traum des armen Mannes geblieben, während die Wohlhabenden miteinander um die Zucht der besten Stiere wetteifern. Denn zusammen mit den Toreros auf den Plakaten genannt zu werden, bringt in Andalusien mehr Ruhm ein, als etwa ein erfolgreicher Unternehmer zu sein. Beiden wird die gleiche Verehrung zuteil, doch während der Torero im Kampf sein Leben aufs Spiel setzt, kann den Züchter allerhöchstens die Schande angesichts eines müden Stieres treffen. Chancengleichheit gibt es im Stierkampf nicht, weder zwischen Torero und Züchter – was den Ruhm angeht – noch zwischen Mensch und Tier. Letzteres ist der Grund für die lauten Proteste der Stierkampfgegner, die das traditionsreiche Ritual als barbarisches Gemetzel verurteilen. Für die »aficionados«, die Anhänger und Begeisterten, aber ist der Stierkampf eine komplexe Erscheinung aus Schauspiel, Kult und Zeremonie. Sie gilt es nach ästhetischen Kriterien zu beurteilen. Ein Stierkampf wird nach festen Regeln vollzogen: Kleidung, zeremonielle Abfolge der Kampfabschnitte und die Stellung des Toreros – all dies ist seit über 200 Jahren gleich. Und so kann nur der, der die Grundregeln kennt, der mit der Tradition vertraut ist, wirklich begreifen, was sich sonntags »a las cinco de la tarde« in der Arena abspielt. Stierkampf ist ein spanisches Kulturgut, das nicht nur das Volk in leidenschaftliche Erregung versetzt, sondern auch große Künstler wie Francisco de Goya (1746–1828) oder Pablo Picasso (1881–1973) fasziniert und inspiriert hat. Der Dramatiker Federico García Lorca (1898–1936) beschrieb das ganze Spektakel aus seiner Sicht: »In allen Ländern bringt der Tod das Ende. Mit seinem Eintritt fällt der Vorhang. Anders in Spanien. Es ist das einzige Land, dessen Nationalschauspiel der Tod ist: Zu Beginn jedes Frühjahrs bläst er die Trompeten.«

Sevilla, Stierkampfarena

Puente Nuevo

Wahrzeichen Rondas ist die dritte, auf mächtigen Pfeilern fast 100 m über der Schlucht des Guadalevín schwebende Brücke, die ein Meisterwerk der Ingenieurkunst des 18. Jh.s darstellt. Als der Mercadillo sich immer weiter ausdehnte, beschloß man 1735, einen weiteren Übergang über die Schlucht, die Puente Nuevo, zu errichten. Nachdem eine erste Konstruktion eingestürzt war, konnte der aragonesische Baumeister José Martín de Aldehuela (1719–1802) das aquäduktähnliche Bauwerk mit einem unteren und drei oberen Bogen 1793 vollenden. Für die Errichtung des kühnen Monuments hatte er eigens Spezialmaschinen erfunden. In dem tonnengewölbten Raum, der sich über dem hohen Mittelbogen befindet, wurde damals ein fluchtsicheres Gefängnis eingerichtet.

Palacio de Mondragón

Von dem arabischen Palast, Residenz der letzten maurischen Herrscher, ist nur wenig erhalten geblieben. Den Katholischen Königen diente er aber noch als Wohnsitz während der Eroberung der Stadt. Interessant sind die unterirdischen Gänge, die den Garten mit der alten Alcazaba verbanden. Das heutige Gebäude geht auf einen Neubau im 16. Jh. zurück, der in den folgenden Jahrhunderten mehrfach umgestaltet wurde. Im Giebel des von Säulen flankierten Portals erscheint das Wappen des damaligen Besitzers, des Hauptmanns Melchor de Mondragón. Im 17. Jh. ging der Palast in den Besitz der Familie des Marqués de Villasierra über, nach dem er auch Palacio del Marqués de Villasierra genannt wird.

Casa del Rey Moro

Hier soll früher das Haus eines maurischen Taifa-Königs gestanden haben, der wegen seines Größenwahnsinns und seiner Grausamkeit besonders berüchtigt war. Daran erinnert noch heute das aus Kacheln zusammengesetzte Porträt über dem Portal. Ein Besuch lohnt sich v.a. wegen seiner über dem Abgrund hängenden Gärten: Eine teilweise überwölbte Treppe, die aus dem Felsen geschlagen wurde, führt über 365 Stufen zum Fluß und zur Felsenquelle La Mina. Sie diente in maurischer Zeit zur Wasserversorgung der Stadt. Während der Kämpfe mit den Christen, heißt es, mußten die christlichen Gefangenen das Wasser in Schläuchen und Behältern den mühseligen Weg hinaufschaffen. »Gott behüte mich vor den Wasserkrügen von Ronda!« – so lautet ein Sprichwort in Spanien.

Palacio del Marqués de Salvatierra

Ein ungewöhnliches Detail sieht man an der Außenfassade des Adelspalastes aus dem 18. Jh.: Als Gebälkträger des Dreiecksgiebels über dem Portal dienen je zwei unbekleidete Azteken- oder Inkapaare auf kleinen Konsolen, von denen eine Figur ihre Scham bedeckt, die andere ihre Zunge herausstreckt. Die Herkunft des Fassadenschmucks erklärt sich daher, daß der Adelstitel der Familie auf die mexikanische Stadt Salvatierra zurückgeht.

Santa María la Mayor

Jenseits des südlichen Tores in der maurischen Stadtmauer, der Puerta de Almocábar, erstreckt sich die ehemalige maurische Stadt. Einige Straßen weiter erhebt sich auf den Resten der früheren Hauptmoschee die dreischiffige Stiftskirche, die bereits Ende des 15. Jh.s errichtet worden war, aber wegen Zerstörungen durch das Erdbeben von 1580 erneuert werden mußte. Der Außenbau wird von dem mächtigen, quadratischen Glockenturm mit einem oktogonalen, von Rundfenstern durchbrochenen Turmaufsatz beherrscht. Er gemahnt an das ursprüngliche maurische Minarett. Die Spitze über der achteckigen Brüstung stammt aus dem 18. Jh. Die Fassade überrascht durch eine ungewöhnliche Gestaltung: Dem Gebäude ist eine mehrgeschossige Loggia vorgestellt, die auf mehreren Etagen die Möglichkeit bietet, nach außen zu treten. Sie diente als Tribüne, von der aus die geistlichen und weltlichen Würdenträger Spiele und Wettkämpfe auf dem davor liegenden Platz verfolgen konnten.

Mihrab

Im Eingangsbereich sind ein Gewölberest mit geometrischen Bandmustern und ein Hufeisenbogen zu sehen. Sie stammen vom Mihrab der alten Moschee aus dem späten 13. Jh., als Ronda vorübergehend zum Königreich von Marokko gehörte.

Ronda la Vieja

Etwa 20 km nordwestlich von Ronda gründeten die Römer die Stadt Acinipo, die Plinius zu den bedeutendsten Städten der Baetica zählte. 429 wurde sie von den Vandalen vollkommen zerstört, so daß man heute lediglich die Ruinen des Theaters aus dem 1. Jh. v. Chr. besichtigen kann. Seine Bühnenfront aus Quadersteinen mit den drei üblichen Türen ist noch gut erhalten. Ursprünglich wurde sie vermutlich durch Aedikulen unterteilt, in denen Statuen standen. Unterhalb der Bühne erstreckt sich die Orchestra, an die sich das Halbrund der in den Felsen gehauenen Sitzreihen anschließt. Beiderseits der Bühne führen schmale Gänge zu den Zuschauerplätzen, welche Personen von hohem sozialem Rang vorbehalten waren.

San Pedro de Alcántara

Westgotische Basilika von Vega del Mar

Südöstlich von Ronda liegen in einem Eukalyptushain zwischen Estepona und Marbella die Überreste der westgotischen Basilika von Vega del Mar aus dem späten 5. Jh. Die Mauern sind soweit erhalten, daß man den einstigen Grundriß noch gut erkennen kann: Es handelte sich um eine dreischiffige Kirche, die mit zwei Apsiden und Nebenräumen ausgestattet war. Von diesen weist einer eine kreuzförmige Piscina für die Taufe der Erwachsenen und ein kleines Becken für die der Kinder auf. Zeugnisse der Sakralarchitektur dieser Epoche findet man in Spanien nur selten, da sie entweder überbaut oder von den Mauren zerstört worden sind. Wie die Basilika in Alcaracejos (Provinz Córdoba) ist auch diese innerhalb der Architekturgeschichte von besonderem Interesse, da sie am Übergang von der römischen Basilika mit zwei Apsiden zu den kreuzförmigen Anlagen mit nur einer Apsis des späteren Kirchenbaus entstanden ist. Westlich der Basilika, deren Gelände die Westgoten später als Nekropole nutzten, soll sich das Municipium Silniana befunden haben, die römische Gemeinde, die 365 in der Regierungszeit Kaiser Valens' und seines Bruders, Kaiser Valentinians I., durch eine Flutwelle zerstört worden ist. Im Wohngebiet von Rio Verde steht die Ruine eines römischen Wohnhauses, von dem neben Säulenresten hochwertige geometrische und figürliche Mosaiken erhalten sind. Von besonderer Bedeutung ist das schwarz-weiße Mosaik mit der Darstellung römischer Küchengeräte, das in Spanien ohne Beispiel ist. Es gehört zu den frühesten figürlichen Mosaiken des Landes und ist um 100 n. Chr. entstanden.

Provinz Almería

Provinz Almería

Viele Jahrhunderte lang galt die Provinz Almería mit ihrer kargen Landschaft aus wüstenähnlichen Sierras und felsigen Ebenen im Landesinneren als »el culo de España«, der Hintern Spaniens. Erst seit den 60er Jahren hat sich dieses Bild dank steigender Touristenzahlen und eines intensiven Obst- und Gemüseanbaus zu wandeln begonnen. Es entstanden zahlreiche Ferienorte, und immer noch werden ganze Küstenstriche unter Plastikfolien verborgen, um die Früchte für den europäischen Markt schneller reifen zu lassen. Die Provinzhauptstadt, kulturell eher uninteressant, wird meist nur als Durchgangsstation genutzt. Doch der erste Eindruck täuscht, denn Almería ist eine der ältesten Städte Europas und hat eine glanzvolle Vergangenheit. Schon lange bevor Phönizier, Karthager, Griechen und Römer den Portus Magnus, den Golf von Almería, als natürlichen Hafen nutzten, gab es hier prähistorische Kulturen, die ganzen Epochen ihren Namen verliehen: So stammen die Glockenbecher aus der mehr als 4000 Jahre alten Siedlung Los Millares. Die reichen Erzvorkommen in den Minen Almerías begründeten die bronzezeitliche Siedlung El Argar am Ufer des Antas. Seine Blütezeit erlebte Almería im 10. Jh. unter dem Kalifat von Córdoba. Ursprünglich war es eine kleine Ansiedlung um einen Wachturm mit dem Namen al-Mariya gewesen, die als Hafenvorort von Bayyana, dem heutigen Pechina, einer im 9. Jh. prosperierenden, weitgehend unabhängigen Seemacht, nur geringe Bedeutung besaß. Abd-ar-Rahman III. aber machte die Stadt, deren Name »Spiegel des Meeres« bedeutet, zur Hauptstadt des Distrikts. Nach dem Zerfall des Omaiyadenreiches stieg Almería im 11. Jh. zum Sitz eines der mächtigsten Taifa-Reiche Andalusiens auf, zu dem zeitweilig auch Córdoba, Murcia, Jaén und Teile Granadas gehörten, und sollte für kurze Zeit zu den reichsten Handelszentren in ganz Spanien gehören. Ab Mitte des 13. Jh.s war Almería dem nasridischen Königreich von Granada einverleibt, bis es sich 1489 kampflos den Katholischen Königen ergab. Dadurch blieb die Stadt von Zerstörungen verschont, aber am 22. September 1522 wurde sie von einem schweren Erdbeben heimgesucht, das weite Teile in Schutt und Asche legte. Ihm folgten weitere im 16. und 17. Jh., die neue Verwüstungen mit sich brachten und die Bevölkerung stark dezimierten, so daß Almería jahrhundertelang in ländlicher Armut versank. Erst mit dem Bau eines neuen Hafens 1847 setzte allmählich ein wirtschaftlicher Aufschwung ein. So ist die Stadt denn auch im wesentlichen von modernen Gebäuden geprägt. Lediglich die verwinkelten Straßen in der Altstadt erinnern an die glanzvolle maurische Vergangenheit.

Blick vom Alcazaba auf ein verlassenes Dorf

Almería

Alcazaba, S. 260

Iglesia de San Juan, Calle de San Juan, S. 261

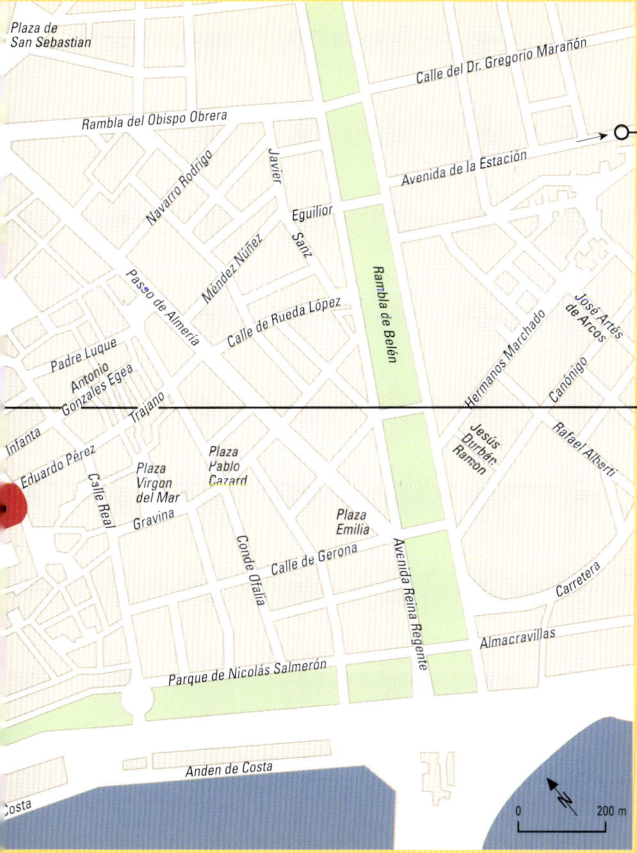

Estación, Avenida de la Estación, S. 270

Plaza Vieja/Plaza de la Constitución, S. 271

weitere Sehenswürdigkeit:

1 Catedral de Nuestra Señora de la Encarnación, Plaza de la Catedral

Alcazaba

Eindrucksvolles Zeugnis aus der Zeit des Kalifats ist die Alcazaba, die sich fast 100 m über der Stadt erhebt. Mit einer Gesamtfläche von circa 35 000 m^2, die 20 000 Menschen Zuflucht bot, zählt sie zu den größten Festungsanlagen in Andalusien. Von Abd-ar-Rahman III. Mitte des 10. Jh.s begonnen, wurde die Anlage im 11. Jh. erweitert und verstärkt. Ursprünglich bestand sie aus zwei mit Wehrtürmen bestückten Mauerringen: Der erste Ringbereich, in dem sich heute ausgedehnte Grünanlagen erstrecken, diente früher als Militärlager und Schutzraum der Bevölkerung. Zisternen und Schöpfbrunnen sollten die Wasserversorgung während einer längeren Belagerung sicherstellen. Auch steht hier noch die Torre del Espejo, durch deren Spiegelsystem den Schiffen im Hafen Signale übermittelt werden konnten. Im Verbund des zweiten Mauerrings steht die Torre de la Vela, deren Glocke bei Gefahr geläutet wurde. Sie gab zudem die Bewässerungszeiten für die Bauern an. Im Innenbereich sind leider nur noch die Funda-

mente der prachtvollen, von Zeitgenossen gerühmten Palastanlage erhalten. Nachdem ein Erdbeben 1487 die Alcazaba vollkommen zerstört hatte, ließen die Katholischen Könige auf dem höchstgelegenen Teil eine neue Festung errichten. Sie wurde durch einen dritten Mauerring mit Rundtürmen geschützt und war so massiv gebaut, daß sie bis in den Anfang des 20. Jh.s als Militäranlage genutzt werden konnte. Am Portal der quadratischen Torre del Homenaje ist das Wappen der Könige zu sehen. Von der Alcazaba aus hat man einen guten Blick auf die Reste der maurischen Stadtmauer, die ehemals die Burg mit dem Castillo de San Cristóbal, einer mit fünf Türmen bewehrten Festung aus dem 11. Jh., verband.

Iglesia de San Juan, Mihrabfassade

An der Kirche aus dem frühen 17. Jh. würde man achtlos vorbeigehen, wären hier nicht vor wenigen Jahren Spuren der maurischen Hauptmoschee entdeckt worden, die sich bis zum Erdbeben von 1522 an dieser Stelle erhob. Von dem dreischiffigen Bau aus dem späten 10. Jh., der unter den Almohaden im 11. Jh. zweimal vergrößert wurde, finden sich an der Südseite im Kircheninnern noch Reste der Qibla und des Mihrab. Von kunsthistorischer Bedeutung ist v. a. der Stuckdekor, der die Blendarkade über dem Hufeisenbogen schmückt, sind seine pflanzlichen Formen doch genaue Wiederholungen von Motiven aus der Moschee von Córdoba. Also war die Hauptstadt auch auf künstlerischem Gebiet tonangebend: Ihre Schmuckformen dienten den Baumeistern anderer Städte als Vorbild.

Der Islam – »Unterwerfung« unter Gott

Über 700 Jahre hat der Islam den Lauf der Geschichte Andalusiens entscheidend geprägt, bis das Christentum nach Jahrhunderten die Oberhand gewinnen konnte. Schon früh hatten die spanischen Christen den Kreuzzug im eigenen Land angetreten, wobei der Kampf um den »wahren Glauben« in erster Linie ein Kampf um die politische Macht darstellte. Im 16. Jh. waren schließlich fast alle Muslime (Anhänger des Islam) vor das Gericht der Heiligen Inquisition gestellt oder aus dem Land vertrieben worden. Bis ins 19. Jh. hatte die feindselige Einstellung gegenüber dem Islam auch in vielen europäischen Ländern Bestand. Heute ist die Mischung aus Furcht und Vorurteilen einer eher verständnisvollen Haltung gewichen, welche versucht, die Grundlagen und Antriebskräfte dieser religiösen Gemeinschaft zu verstehen. Immerhin stellt sie mit ihren schätzungsweise 860 Millionen Anhängern die zweitgrößte Religion der Erde nach dem Christentum dar.
Wo liegen nun genau die Unterschiede zwischen diesen beiden Religionen? Glauben Muslime doch wie Christen und Juden an den einen Gott als Schöpfer des Universums, der im Islam Allah heißt. Auch ehren sie die jüdische Thora, die Psalmen Davids sowie die christlichen Evangelien als Gottes geoffenbartes Wort. Für sie ist jedoch der Koran, ihre heilige Schrift, das endgültige, unveränderliche Wort, das durch den letzten Propheten Mohammed den Menschen offenbart wurde. Er vollendete das Werk seiner jüdischen Vorgänger Abraham, Moses und Christus, die Menschen zum Glauben an einen Gott zu führen. Im Unterschied zum christlichen Glauben verwirft der Islam die Doktrin der Dreifaltigkeit: Christus ist nach islamischer Auffassung zwar der von der Jungfrau geborene Prophet, nicht aber der Sohn Gottes.

Vorgeschichte

Seinen Ursprung hat der Islam im frühen 7. Jh. n. Chr. in Arabien, jenem heißen und von Wüsten bedeckten Landstrich zwischen Afrika und Asien, der im Schatten zweier großer Reiche – des byzantinisch-christlichen und des persischen Sassanidenreiches – lag. Hier wohnten damals hauptsächlich nomadische Beduinenstämme, die untereinander ständig Kriege um Wasserstellen, Weiden und um die Kontrolle der Fernhandelsrouten führten. Die Beduinen verehrten in ihren Stammesheiligtümern Naturerscheinungen wie Bäume, Grotten und Felsen sowie zahlreiche Götter. Das Hauptheiligtum lag in der Handelsstadt Mekka: die Kaaba, ein würfelförmiger Bau, in dem ein schwarzer Stein (vermutlich ein Meteorit) eingelassen war. Sie war das Ziel der alljährlichen Pilgerfahrten während der vier heiligen Monate im Spätsommer und Herbst, in denen ein allgemeiner Friede herrschte. An diesem Ort kamen die Beduinen zusammen, um ihre religiösen

Pflichten zu erfüllen, um Geschäfte zu tätigen, Fehden zu bereinigen und die Beziehungen der Stämme untereinander zu regeln.
Als sich soziale Gegensätze und innere Machtkämpfe verstärkten, wurde das Land von einer schweren Krise erfaßt. Hinzu kam, daß der Polytheismus (Glaube an viele Götter) im Niedergang begriffen war. Die Situation änderte sich mit dem Auftreten Mohammeds, einem Händler aus Mekka, der durch die empfangenen göttlichen Offenbarungen nicht nur die Religion, sondern weite Teile der bekannten Welt verwandeln sollte. Den Glauben nannte er Islam, was »Unterwerfung unter Gott« bedeutet. Die göttlichen Botschaften wurden später von seinen Begleitern im Koran zusammengestellt und niedergeschrieben, welcher als Grundlage des Islam alle Aspekte des menschlichen Lebens – von Eßgewohnheiten und Kleidung bis hin zu Erziehung und Wirtschaft – ordnet.

Weltgeschichte des Rashid al-Din, Erzengel Gabriel bringt eine Botschaft zu Mohammed, 14. Jh., arabische Handschrift, Edinburgh, University Library

Die Verkündigung an Mohammed durch den Erzengel Gabriel, Miniatur aus der türkischen Handschrift »Sijer i-Nebi« (Das Leben des Propheten), 16. Jh., Istanbul, Topkapi Museum

Mohammed

Mohammed Ibn Abdullah wurde um 570 n. Chr. in der arabischen Stadt Mekka geboren. Als er sechs Jahre alt war, starben seine Eltern, und ein Onkel nahm sich seiner Erziehung an, der als Oberhaupt der Koraisch-Sippe für die Kaaba in Mekka verantwortlich war. Dadurch wurde Mohammed schon früh mit den einheimischen Vorstellungen und Gebräuchen vertraut gemacht, kannte aber auch die Religion und das Brauchtum der jüdischen und christlichen Siedler in Arabien. Traditionsgemäß konnte Mohammed weder lesen noch schreiben und hatte auch sonst keine schulische Ausbildung erhalten. Um seinen Lebensunterhalt zu verdienen, arbeitete er als Karawanenführer bei der reichen Witwe Chadidscha, die er mit 25 Jahren heiratete und mit der er mehrere Kinder hatte.

Mohammed wurde ein erfolgreicher und wohlhabender Kaufmann, doch hatte ihn mit den Jahren eine innere Unruhe ergriffen. Deshalb soll er sich oft in eine Höhle am Berg Hira zurückgezogen haben, wo er mit ungefähr 40 Jahren, so wird berichtet, seine erste Offenbarung hatte. Eines Nachts erschien ihm die strahlende Gestalt des Engels Gabriel und sprach: »Lies!«. Auf die Frage, was er denn lesen sollte, sagte der Engel: »Lies im Namen deines Herrn, der den Menschen erschaffen hat aus einem Embryo. Lies. Dein Herr ist über alle Maßen großmütig, er lehrte den Menschen, das Schreibrohr zu gebrauchen, er lehrte ihn, was er zuvor nicht wußte.« Als Mohammed aus der Höhle trat, hörte er, wie eine Stimme vom Himmel rief: »Mohammed! Du bist der Gesandte Allahs, und ich bin Gabriel.« Das war der Anfang einer Reihe von Verkündigungen, die Mohammed von Gott erhielt. Durch diesen Auftrag fühlte er sich fortan verpflichtet, sein Volk zur Verehrung eines Gottes ohne Nebengötter zu führen. Damit einher ging die Vision einer neuen Gemeinschaft, in der Stammesschranken

keinen Platz mehr hatten und die Gegensätze zwischen Armen und Reichen entschärft werden sollten.
So fand er seine ersten Anhänger in den sozial benachteiligten Schichten, während die meisten Bürger Mekkas seinen Offenbarungen feindselig gegenüberstanden, da sie um ihre privilegierte Stellung fürchteten. Deshalb folgte er 622 einem Ruf in die Oasenstadt Jathrib, dem späteren Medina. Dies stellte den entscheidenden Wendepunkt in Mohammeds göttlicher Berufung dar. Später wurde das Datum der Hedschra (Auswanderung) denn auch zum Beginn des moslemischen Kalenders erklärt.
Schon bald stieg Mohammed zu einer Herrscherpersönlichkeit auf, die politische, militärische und religiöse Autorität in sich vereinigte. Waren die Offenbarungen in Mekka noch religiöser Natur gewesen, so beschäftigten ihn in Medina zunehmend politische und rechtliche Fragen, die mit der Umwandlung der religiösen Gemeinschaft in ein islamisches Staatswesen einhergingen. In nur wenigen Jahren gelang es ihm nicht nur, Nomaden und Stadtbewohner zum Glauben an einen einzigen Gott zu bekehren, sondern auch durch Waffengewalt und eine geschickte Bündnispolitik die Kontrolle auf große Teile Arabiens auszudehnen. So kamen, nachdem er im Jahr 630 Mekka erobert und die Kaaba zur zentralen Kultstätte der neuen Religion erklärt hatte, Gesandtschaften aus allen Teilen der Arabischen Halbinsel, um den Beitritt ihrer Stämme zum Islam zu bekunden. Im Juni des Jahres 632 verstarb Mohammed, ohne einen Nachfolger ernannt zu haben. Gemäß der übernommenen alten Stammestradition mußte der neue Führer gewählt werden.

Mohammed mit seinen treuen Gefährten auf dem Weg nach Mekka, Miniatur aus der türkischen Handschrift »Sijer i-Nebi« (Das Leben des Propheten), 16. Jh., Istanbul, Topkapi Museum

Sunniten und Schiiten

Unter den Nachfolgern des Propheten wurde die militärische Expansion fortgesetzt. Von der Arabischen Halbinsel aus eroberten sie innerhalb weniger Jahrzehnte Byzanz und das Sas-

ATLANTISCHER OZEAN
Poitiers
SPANIEN
Cordoba
Sevilla
Granada
Tetuan
Tunis
Kairuan
NORDAFRIKA
MITTELMEER
Tripolis
BARKA
Alexandria
ÄGYPTEN
ZYPER
BYZANZ
SCHWAR
Ausdehnung des Islams bis 750
Der Islam nach dem Tode Mohammeds
Eroberung der vier ersten Kalifen
Eroberung der Omaijaden

CHINA
ARAL-
SEE
Buchara
Samarkand
Balch
Merw
KASPISCHES
MEER
Herat
CHORASAN
INDIEN
Daybul
PERSIEN
Isfahan
Kerman
Rakka
Ktesiphon
Schiras
Siffin
SYRIEN
Kerbel
IRAK
Kufa
Basra
Damaskus
PERSISCHER GOLF
OMAN
ARABISCHES
MEER
ARABIEN
Medina
Mekka
Taif
HADRAMAUT
ROTES
MEER
JEMEN
N
0
800 km

sanidenreich und gründeten ein riesiges arabisch-islamisches Reich. Doch im Innern brachen um die wahre Nachfolge des Propheten blutige Auseinandersetzungen aus, die als »erster Bürgerkrieg« in die islamische Geschichtschreibung eingingen. Daraus entstanden die beiden Hauptkonfessionen, die noch heute die moslemische Welt kennzeichnen: Sunniten und Schiiten. Zwar halten beide Gruppen am Koran und an bestimmten Traditionen fest, legen aber die Schrift und die Geschichte unterschiedlich aus. Die Sunniten, die sich »Menschen der Gemeinschaft und der Tradition« nennen und zahlenmäßig die größte Gruppe der Moslems (etwa 90 %) darstellen, halten den gewählten Nachfolger des Propheten, den Kalifen, für rechtmäßig. Hingegen erkennen die Schiiten ausschließlich die Nachkommen des Propheten als berechtigte Imame (Oberhäup-

Die Himmelfahrt des Propheten Mohammed, farbige Miniatur aus einer Handschrift der Dichtung Khamza des Nizami, 1539–43, London, British Museum

ter) der Gesamtgemeinde an. Die Spaltung geht auf Ali, den Cousin und Schwiegersohn Mohammeds, zurück, der schon zu Lebzeiten seiner Vorgänger eine politische Gruppe um sich geschart hatte. Die Schiat Ali genannten Anhänger vertraten die Auffassung, nur Mitglieder aus der Familie Mohammeds seien zur religiösen und politischen Führung befugt. Als Ali nach undurchsichtigen Vorgängen 656 zum Vierten Kalifen ernannt wurde, brachen heftige Kämpfe um Macht und Einfluß in dem Gemeinwesen aus. Sein Gegenspieler war Muawija aus dem Geschlecht der Omaiyaden, der Statthalter in Damaskus, der den Vorwurf erhob, Ali habe sich das Kalifat widerrechtlich angeeignet. Dieser stimmte vorerst einem Schiedsgericht zu, das über die Rechtmäßigkeit seines Anspruchs entscheiden sollte. Der Schiedsspruch fiel zu seinen Ungunsten aus, und 660 trat Muawija die Herrschaft an. Als Ali ein Jahr später von einem abtrünnigen Getreuen aus der Sekte der Charidschiten (aus dem Lager »Ausziehende«) ermordet wurde, machte Muawija seine Residenz Damaskus zur Hauptstadt und erklärte das Kalifenamt für erblich. Alis Anhänger hielten aber unter der Führung seiner Söhne Hassan und Hussein den Führungsanspruch des Vierten Kalifen weiter aufrecht, erlitten jedoch 680 eine schwere Niederlage. Hussein, der sich weigerte, sich zu ergeben, wurde hingerichtet, sein abgeschlagenes Haupt nach Damaskus gebracht. Sein Tod, der als Märtyrertod noch heute jährlich gefeiert wird, hat letztendlich die radikale Abspaltung der Schiiten bewirkt.

Jean Léon Gérome, Islamische Pilger am Grab Imam Husseins, 19. Jh., Öl auf Leinwand, London, Royal Miles Gallery

Plaza Vieja

Am Fuße der Alcazaba erstreckt sich das malerische Viertel La Chanca (auf deutsch Lager für Thunfischgeräte), das mit seinen farbenfrohen Kubenhäusern und den Höhlenwohnungen Erinnerungen an die maurische Vergangenheit weckt. Inmitten der Altstadt wurde an der Stelle der Hauptmoschee 1524–1542 nach Plänen von Diego de Siloë die dreischiffige Kathedrale erbaut, die mit ihren mächtigen Mauern und Strebepfeilern wie eine Festung wirkt. Tatsächlich diente sie einst auch als Schutz vor Überfällen türkischer und maurischer Piraten. Von dort gelangt man zu der von Arkaden gesäumten Plaza Vieja mit dem historischen Ayuntamiento (Rathaus) aus dem späten 19. Jh. Sie hieß im 16. Jh. Plaza de los Moros, weil hier bis zur Reconquista, der christlichen Rückeroberung, der maurische Markt abgehalten wurde. Im Westen der Stadt liegt das schöne Bahnhofsgebäude (Estación), das im Neo-Mudéjar-Stil errichtet worden ist.

Provinz Granada

Provinz Granada

»Wer Granada nicht gesehen hat, hat nichts gesehen«, so lautet ein spanisches Sprichwort. Wie nirgendwo anders in Andalusien prägt die Hauptstadt mit der Alhambra, dem wohl meistbesuchten Einzelmonument der Welt, das Bild der Provinz. Dabei hat auch das umliegende Land seine Reize. Die Sierra Nevada mit ihren schneebedeckten Gipfeln, in weiten Teilen als Naturpark ausgewiesen, lädt zu herrlichen Ausflügen ein. An die südlichen Ausläufer der Sierra schließt sich die fruchtbare Berglandschaft der Alpujarras an, die zur letzten Zufluchtsstätte der aus Granada vertriebenen Mauren geworden ist. Die Costa Tropical, der östliche Küstenstreifen der Costa del Sol, wo exotische Früchte wie Papayas und Avocados wachsen, hat noch etwas von ihrem maurischen Erbe bewahrt. Zwar hat auch hier der Tourismus seinen Tribut gefordert, im Vergleich mit den Betonsiedlungen an der westlichen Costa del Sol lassen sich hier jedoch noch weniger überlaufene Orte finden, in denen zumeist Einheimische ihren Urlaub verbringen. Ein anderes Ausflugsziel ist Guadix, eine kleine Stadt, an der ehemaligen römischen Via Augusta gelegen, in der rund ein Fünftel der Bewohner in weißgetünchten Höhlenwohnungen leben.

Schönheit und Anmut Granadas sind oft besungen worden. Entsprechend hoch sind die Erwartungen an die Stadt, die Fahrt durch den tristen Hochhausgürtel um so ernüchternder. Der erste Eindruck ist enttäuschend – Granada ist laut, die Luft schlecht, die Straßen übervoll – und es braucht Zeit, bis man die wohl eindringlichste Beschreibung der Stadt verstehen kann: »Wenn du in den Straßen von Granada einem bettelnden Blinden begegnest, so gib ihm doppelt, denn es ist Leid's genug, diese Schönheit nicht sehen zu können.« Granada, am Rande der fruchtbaren Vega des Río Genil gelegen, dessen Nebenfluß Darro die beiden Hügel Sacromonte und Albaicín von der Alhambra trennt, erschließt sich nicht mit einem Mal. Nur langsam entdeckt man die vielen Schönheiten der Stadt und wird durch den unvergleichlichen Anblick der einzelnen Viertel mit den sie umgebenden Hügeln und den Bergen der Sierra Nevada im Hintergrund, der sich je nach Jahres- und Tageszeit wandelt, für vieles entlohnt.

Heute ist Granada nicht nur eine Touristenattraktion, sondern v. a. moderne Universitätsstadt und intellektuelles Zentrum Andalusiens. Die bereits 1531 unter Karl V. gegründete Universität, deren Gebäude sich mitten in der Stadt befinden, ist die drittgrößte des Landes.

Geprägt aber ist Granada in erster Linie durch seine maurische Vergangenheit. Anders als in den meisten andalusischen Städten spielten Iberer, Römer und Westgoten hier nur eine untergeordnete Rolle. Als die Berber 711 am Río Darro ankamen, stießen

Granada, Carrera del Darro

sie auf eine jüdische Gemeinde namens Garnatha Alyehud, von der sich der Name der Stadt ableiten könnte. Vielleicht geht er aber auch auf die Häuser der Siedlung zurück, die so dicht beieinander gestanden haben sollen wie die Kerne eines Granatapfels. Erst im 11. Jh. wandelte sich die kleine Siedlung zu einer Stadt von einiger Bedeutung. Nach dem Zerfall des Kalifats gründete die Berberdynastie der Ziriden hier ein unabhängiges Taifa-Reich. Es entstand die erste Residenz auf dem höchsten Hügel der Stadt. In den folgenden eineinhalb Jahrhunderten war Granada in die kriegerischen Auseinandersetzungen der Almoraviden und Almohaden verwickelt. 1227 erfuhr Granada eine entscheidende Erweiterung, als die nach der Eroberung von Baeza durch Ferdinand III. vertriebenen maurischen Flüchtlinge sich auf dem Albaicín-Hügel ansiedelten. Das Jahr 1238 markierte den Wendepunkt in der Geschichte der Stadt. Während die Christen nach und nach das in kleine Taifa-Reiche zersplitterte Andalusien eroberten, rebellierte der Nasride Mohammed I. gegen die christliche Übermacht. 1237 zog er in Granada ein und konnte ein Jahr später Almería und Málaga dem neuen Reich einverleiben, dessen Hauptstadt Granada wurde. Der Nasride besaß politisches Geschick: Er unterhielt nicht nur gute Verbindungen zu den Berberfürsten in Nordafrika, sondern erkannte zugleich die Oberhoheit Kastiliens an, verpflichtete sich zu regelmäßigen Tributzahlungen und zur Heeresfolge. Als Gegenleistung dafür wurde ihm ein Gebiet zugesprochen, das ungefähr den heutigen Provinzen Granada, Almería und Málaga entsprach. Er kämpfte sogar auf Seiten der Christen gegen seine eigenen Glaubensbrüder und mußte sich 1248 mit seinen Truppen an der Eroberung Sevillas beteiligen. Als er nach dem Fall Sevillas mit Jubel- und Siegesrufen in seiner Heimat empfangen wurde, antwortete er nur: »Es gibt keinen Sieger außer Allah« – dies sollte von nun an der Wahlspruch der Nasriden-Dynastie werden.

Unter der 250 Jahre währenden Herrschaft der Nasriden erlebte Granada eine Zeit wirtschaftlicher Prosperität und die letzte und vielleicht großartigste Blüte islamischer Kunst und Kultur auf spanischem Boden. Ein ausgefeiltes Bewässerungssystem sorgte für eine blühende Landwirtschaft, Bergwerke förderten Gold, Silber und Kupfer, die Seidenindustrie nahm ihren Aufstieg, das Handwerk blühte und christliche und moslemische Kaufleute betrieben einen florierenden Handel. Die Stadt wurde zu einem Zufluchtsort der heimatvertriebenen Mauren, und die Bevölkerungszahl wuchs rasch auf 400 000 an. Schulen, Hospitäler, eine Münze und eine Universität bereicherten das Stadtbild, und auf dem höchsten Berg entstand nach der Alcazaba eine der aufwendigsten Residenzen der westlichen Welt.

Granada, Capilla Real, Grabmal der Katholischen Könige

Im Verlauf des 15. Jh.s jedoch nahm die Verständigung mit den christlichen Königen ein Ende. Durch die Vereinigung von Kastilien und Aragón im Jahre 1469 war eine neue Einheit im christlichen Lager geschaffen worden. Als Muley Abu Hassan, der Vater des letzten Herrschers Boabdil, 1478 neue Tributzahlungen verweigerte und 1481 den Grenzort Zahara überfiel, begann die mehr als zehn Jahre währende Eroberung der letzten maurischen Bastion. Zug um Zug nahmen die Christen Städte und Dörfer des Nasriden-Reiches ein, bis Boabdil am 2. Januar 1492 das belagerte Granada kampflos übergeben mußte. Im Kapitulationsvertrag war zuvor den Muslimen das Recht auf die Benutzung der eigenen Sprache, Religionsfreiheit sowie eine eigene Gerichtsbarkeit zugesichert worden. Ferdinand und Isabella hatten ihr Ziel erreicht: Spanien war politisch geeint. Granada, die Stätte ihres größten Triumphes, wurde mit großen Repräsentationsbauten zum Symbol der Reconquista. Über ihre Versprechungen setzten sich beide jedoch bald hinweg. Muslimische Sitten und Gebräuche wurden verboten, die maurische Bevölkerung vor die Wahl gestellt, sich zwangstaufen zu lassen oder das Land zu verlassen. In der Folge kam es zu zahlreichen Moriskenaufständen, wie die Mauren, die (meist scheinbar) zum Christentum übergetreten waren, genannt wurden, bis Philipp II. 1609 endgültig alle Morisken per Edikt vertreiben ließ. Damit setzte der Verfall von Landwirtschaft, Handwerk und Handel ein und warf Granada in seiner

Felipe Bigarny, Zwangstaufe, Holzrelief, Detail des Hochaltars, 16. Jh. Ganada, Capilla Real

Entwicklung weit zurück. Erst als Washington Irving 1832 seine »Erzählungen von der Alhambra« veröffentlichte und die romantischen Maler die orientalischen Motive der Roten Burg entdeckten, weckte die Alhambra wieder das Interesse der Öffentlichkeit.

Alhambra

Die Alhambra erstreckt sich hoch über der fruchtbaren Ebene auf einem Ausläufer der Sierra Nevada über eine Länge von 720 m und Breite von 220 m »gleich einem riesigen Schiff, das zwischen den Bergen und der Ebene vor Anker gegangen ist« (L. Torres Balbás). Mauern mit 23 Türmen und vier Toren umschlossen einst die Palaststadt. Auf den ältesten Teil der Anlage, die Alcazaba (Burg), folgt weiter östlich die nasridische Fürstenresidenz, die sich in mehrere, jeweils um einen Innenhof gelegene Gebäudekomplexe aus dem 13. und 14. Jh. gliedert. Ihr war eine große Ansiedlung mit Wohnungen, Bädern, Verwaltungsgebäuden, Werkstätten, Kasernen, Stallungen, Gefängnissen sowie der königlichen Münze und der Moschee vorgelagert, während sich im Norden die Gärten des Generalife ausdehnen.

Alcazaba, S. 286

Puerta del Vino, S. 284

Puerta de la Justicia, S. 284

Palacio de Carlo V, S. 306

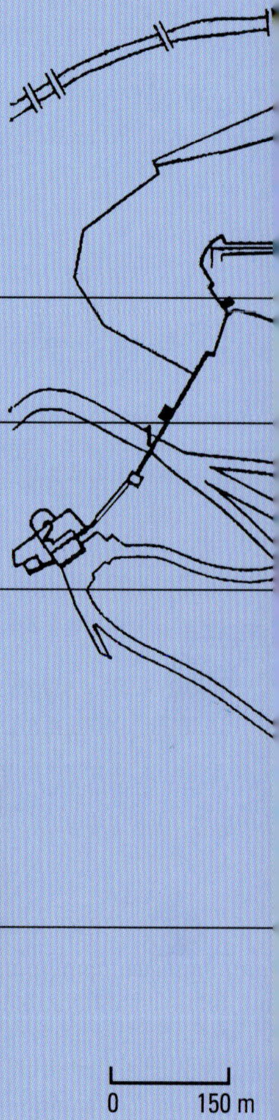

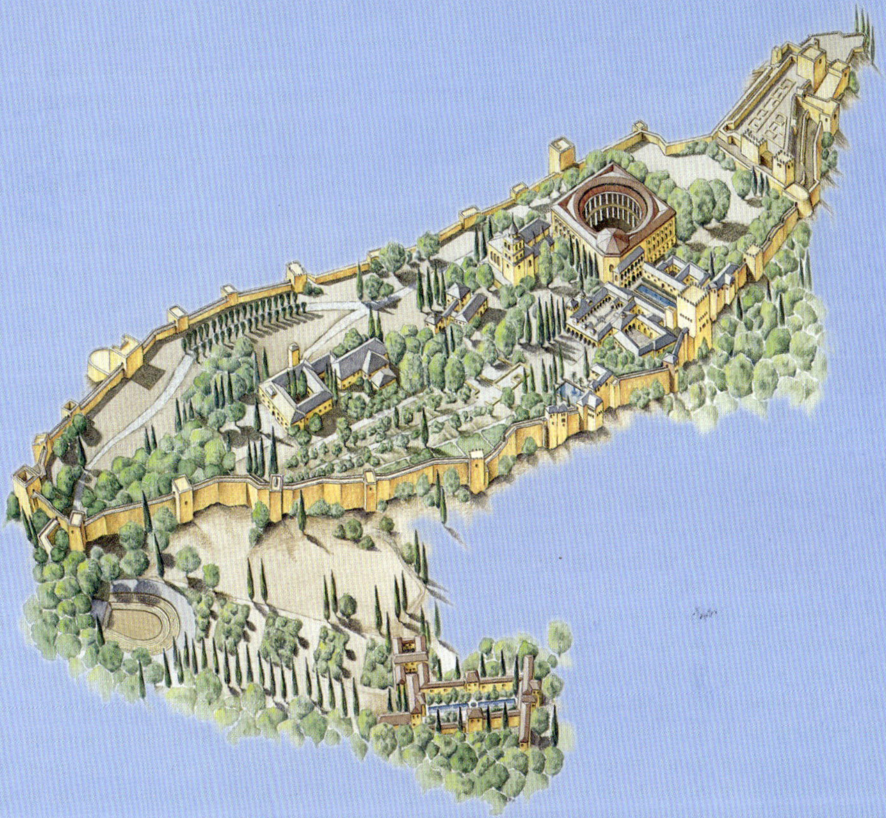

Partal, Torre de las Damas, S. 305

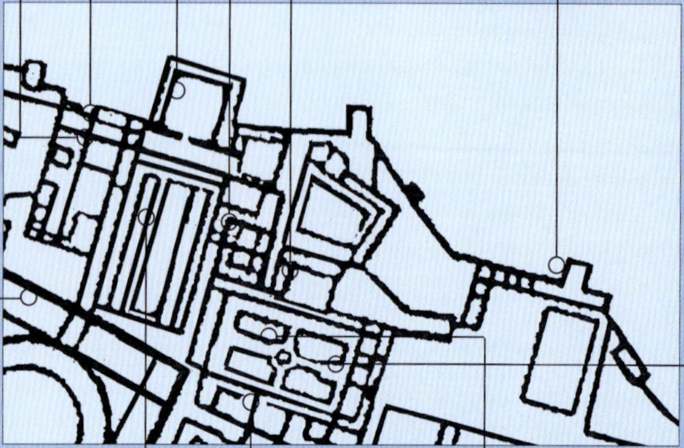

Patio de los Arrayanes, S. 290

Patio de los Leones, S. 298

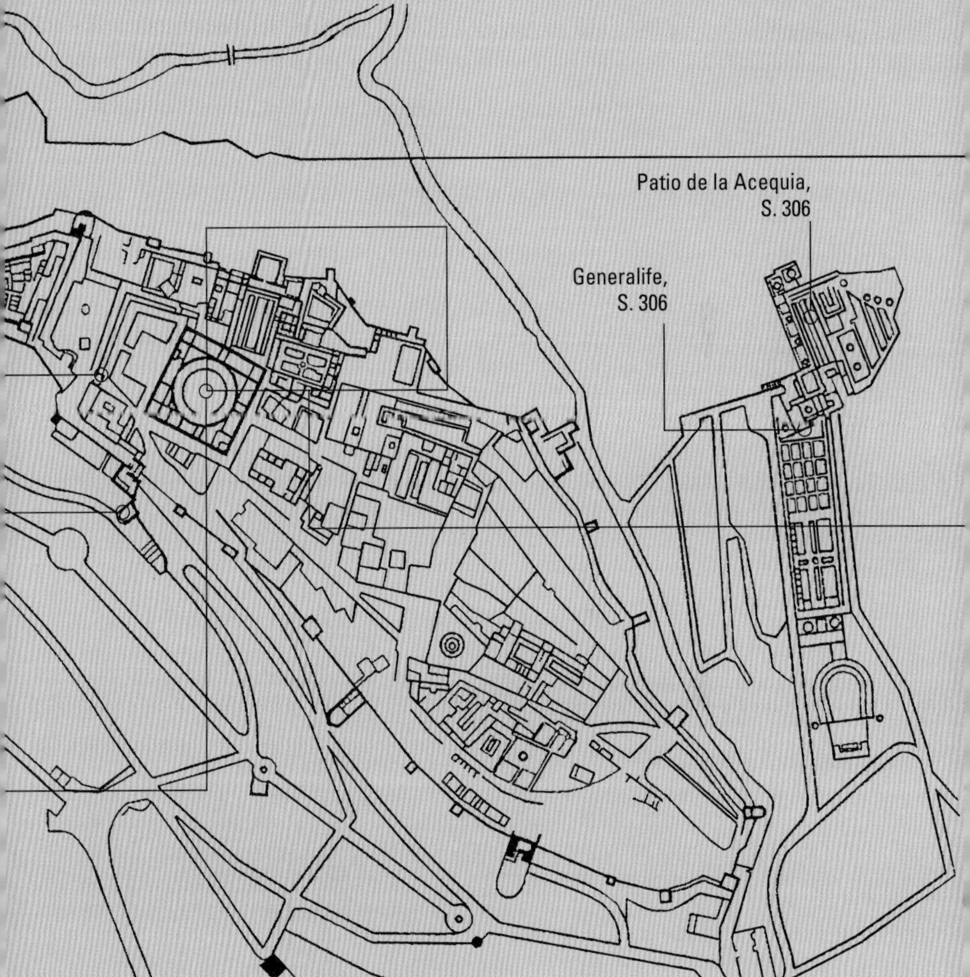
Patio de la Acequia, S. 306
Generalife, S. 306

Alhambra

»Der Sabikah ist eine Krone über der Stirn von Granada und die Alhambra (Allah beschütze sie) ist der Rubin auf der Spitze dieser Krone.« (Ibn Zamrak)

Berühmt wie kein anderes Monument der Erde, erscheint die Alhambra aus der Ferne wie eine schlichte Festung. Zwar erhebt sie sich weithin sichtbar vor der grandiosen Kulisse der Sierra Nevada, aber nichts läßt die überreiche Pracht erahnen, die einem im Innern begegnet und jedes Jahr Millionen von Besuchern anlockt. Ihr Name leitet sich vom arabischen Qalat al-Hamra ab und bedeutet die Rote Burg. Dies ist vermutlich auf die rötliche Farbe des umliegenden Terrains zurückzuführen.

Während die Ziriden im 11. Jh. noch auf dem gegenüberliegenden Albaicín residierten, erbaute ihr jüdischer Wesir Yusuf Ibn Nagralah als erster einen befestigten Palast auf dem langgestreckten Hügel, den die Mauren al-Sabikah nannten. Die strategisch günstige Lage des höchsten Hügels der Stadt – von Norden und Westen her ist er unzugänglich und im Osten nur durch eine schmale Schlucht vom benachbarten Gebirge getrennt – machte ihn v.a. in kriegerischen Zeiten zum idealen Herrschersitz. So entstand während der 250jährigen Herrschaft der Nasriden jene befestigte Palaststadt, die wir gemeinhin als Alhambra bezeichnen. Mohammed I. (1238–1273), der erste Emir der Nasriden, baute auf der Westseite des Hügels die Alcazaba wieder auf und ließ eine weite Umfassungsmauer anlegen. Mit der Anlage von Zisternen und Aquädukten schuf er die Voraussetzung für eine ausreichende Wasserversorgung. Unter seinen Nachfolgern wurde die Anlage kontinuierlich ausgebaut, verschönert und mit einem weiten Garten, dem Generalife, versehen. Heute ist von der ursprünglichen Palaststadt nur noch ein kleiner Teil erhalten. Darunter befindet sich das eigentliche Prunkstück, der alte Königspalast, der im wesentlichen auf Yusuf I. (1333–1354) und Mohammed V. (1354–1359 sowie 1362–1391) zurückgeht. Selbst den christlichen Eroberern erschien dieses Zeugnis maurischer Herrschaftsarchitektur so einmalig, daß sie es nicht zerstörten. Bis auf den Palast, den Karl V. als politische Manifestation der neuen Machthaber direkt neben den maurischen Repräsentationsräumen erbauen ließ, das Kloster San Francisco und die Kirche Santa María an der Stelle der Moschee, blieben die Anlagen erhalten, die in späteren Jahrhunderten bei vielen Reisenden höchste Bewunderung fanden: »Es zerfallen Hallen und Höfe, es bleichen Bilder und Atauriken; aber die Alhambra zeugt noch heute trotz der zerfallenden Szenerie von vergangener Pracht und Herrlichkeit und bringt im Besucher verborgene Saiten zum Klingen.« (Washington Irving, 1783–1859, Erzählungen von der Alhambra).

Puerta de la Justicia

Das größte der vier Hauptportale der Alhambra ist das Tor der Gerechtigkeit, das laut Inschrift 1348 von Yusuf I. errichtet wurde. Wie bei maurischen Stadttoren üblich, ändert der Durchgang hinter dem weiten Hufeisenbogen mehrfach seine Richtung und leitet den Besucher in vier rechtwinkligen Biegungen durch fünf unterschiedlich überwölbte Räume auf die Alhambra. Rätselhaft bleibt bis heute seine skulpturale Dekoration: So ist auf dem Schlußstein des ersten Bogens eine gemeißelte Hand angebracht, deren fünf Finger sich vermutlich auf die fünf Glaubensgrundsätze des Islam beziehen. Über dem zweiten, inneren Torbogen ist ein Schlüssel mit einem Band zu sehen. In die Kapitelle seiner Säulen ist das islamische Glaubensbekenntnis »Es gibt keinen Gott außer Allah, Mohammmed ist sein Gesandter« eingemeißelt.

Puerta del Vino

Auf dem Weg zu den Palästen durchquert man das von Mohammed V. erbaute Tor des Weines. Es war einst in eine Mauer eingebunden, die den nördlichen Palastbereich von der Wohnstadt im Süden trennte. Der quadratische Grundriß und der Raum über dem Torweg mit den offenen Fenstern belegen, daß das Tor keine verteidigungstechnischen Aufgaben besaß. Vielmehr war es als eine Art Triumphdenkmal für die Siege Mohammeds V. konzipiert, wie die Inschrift besagt, die die ersten Verse der Siegessure des Koran zitiert: »Siehe, wir haben dir einen offenkundigen Sieg gegeben, damit Allah dir deine früheren und späteren Sünden vergibt und seine Gnade an dir erfüllt und dich auf einem rechten Pfad leitet, und daß Allah dich mit mächtiger Hilfe unterstützt.«

Alcazaba

Durch die Puerta del Vino führt der Weg über die Plaza de los Aljibes (Platz der Zisternen) zu der mit drei Türmen bewehrten Ostmauer der Alcazaba. Die Westseite beherrscht die mächtige Torre de la Vela (Turm des Windes), auf der Ferdinand und Isabella 1492 ihre Flagge hißten. Von der oberen Plattform aus konnte die ganze Ebene von Granada kontrolliert werden. Heute gewinnt man hier einen guten Überblick über das Innere der Zitadelle, in der die Fundamente der Kasernen und Waffenlager freigelegt sind. Durch die Torre de las Armas (Waffentor), gerühmt wegen ihrer Gewölbekonstruktion, verläßt man die Alcazaba, um zwischen den Mauern des Patio del Machuca und dem Palast des christlichen Herrschers den Weg zum Mexuar zu nehmen.

Mexuar

Hier beginnt der Weg durch die alte Fürstenresidenz. Früher gelangte man über zwei Höfe, deren Entstehung und Funktion unbekannt sind, zum Audienzsaal. Der lange Raum muß sich nach Westen, zum Hof hin, geöffnet haben. Die Audienzhalle, die vermutlich auch als Gerichtssaal der Emire (mashwar) diente, stammt wohl aus dem 13. Jh., wurde aber durch Umbauten in der christlichen Zeit stark verändert. Im vorderen Teil tragen vier Marmorsäulen ein mit dichtem Stuckwerk überzogenes Gebälk und eine flache Holzdecke. Die weiter hinten liegende Galerie wurde im 16. Jh. hinzugefügt. Mudejare Wandfliesen mit geometrischem Dekor zieren die unteren Wandpartien.

An die Halle schließt sich ein kleiner Gebetsraum an, dessen reich geschmückter, prachtvoller Mihrab von einem Hufeisenbogen gerahmt wird. Eine Tür in der Ostwand führt über einen kleinen Hof zum Cuarto Dorado.

Cuarto Dorado

Die Südwand des unter Mohammed V. erbauten Cuarto Dorado (Goldener Raum) gehört zu den eindrucksvollsten Schöpfungen nasridischer Baukunst: Die über drei Stufen erhöhte Wand ist bis auf die Azulejos-Dekorationen des Sockels und der Türeinfassungen vollständig mit goldfarbenen, filigranen Stukkaturen überzogen. Die aus geometrischen, floralen und epigraphischen Ornamenten zusammengesetzten Motive sind in die klar gegliederten

geometrischen Formen der Paneele, Borten, Zwickel und Friese eingebunden. Den oberen Abschluß bildet ein Muqarnas-Fries, den hölzerne Dachbalken und Traufen überragen. Fünf Fenster und zwei Türen durchbrechen die Wand, von denen die rechte in die Vorhöfe zurückführt, die linke durch einen gewinkelten Gang zum Myrtenhof überleitet. Daß es sich hier um den monumentalen Eingang zum Palastbereich handelt, geht aus den Inschriften hervor, die von einem Tor sprechen, »an dem sich die Wege scheiden«, und den berühmten Thronvers des Koran zitieren: »Weit reicht Sein Thron über die Himmel und die Erde, und es beschwert Ihn nicht, sie zu behüten. Denn Er ist der Hohe, der Erhabene.«

An dieser Fassade tritt eines der Charakteristika der Alhambra-Architektur zu Tage: Es gibt kein Anzeichen, keinen Hinweis, daß der Besucher sich hier an einem der wichtigsten Punkte innerhalb des gesamten Wegesystems befindet, der zum Palastbereich überleitet. Nach diesem Prinzip sind alle Bereiche der Residenz aufgebaut: Anders als in europäischen Fürstenresidenzen existiert keine Schaufassade, keine Hauptachse, auf die die verschiedenen Räume bezogen sind, keine Flucht von Räumen, die nacheinander zu durchschreiten sind. Vielmehr wird der Weg immer durch unterschiedliche Gänge geleitet, die zu Innenhöfen mit umliegenden Gemächern führen. Von außen aber ist nie zu erahnen, welche Pracht sich hinter den Mauern dem Auge bietet.

Patio de los Arrayanes

Im Zentrum des unter Yusuf I. erbauten Palastbezirkes steht der Myrtenhof. Seinen Namen verdankt der rechteckige Hof den niedrigen, gestutzten Myrtensträuchern, die das lange, schmale Wasserbecken in der Mitte säumen. Die schlichten Langseiten mit einfachen Fenstern und Bogen unterstreichen die Wirkung der prachtvollen Schmalseiten, die von Bogenreihen aus

schlanken, weißen Marmorsäulen begleitet werden.
Stuckiertes Rautenwerk und Sebkaformen zieren ihre Flächen und spiegeln sich wie Vorhänge aus durchbrochener Spitze im Wasser des Teiches. Eine wegen ihrer Intarsienarbeit beeindruckende Holzdecke und überreich dekorierte Nischen steigern den Gesamteindruck. Über der nördlichen Schmalseite erhebt sich die 45 m hohe, zinnenbekrönte Torre de Comares. Welche Anlagen sich im Süden des Myrtenhofes befunden haben, ist unbekannt. Sie sind durch die Erweiterungen und den Bau des Palastes Karls V. zerstört worden.

ten mit Angaben zur Bauzeit, zur Person des Baumeisters oder Auftraggebers wiederholen andere in endloser Folge formelhafte Sätze wie »Es gibt keinen Sieger außer Allah«. Scheinen sie heute eher unbedeutend, so wurden sie früher als Zeichen des islamischen Glaubens verstanden, indem sie immer wieder den Glauben an einen einzigen Gott in Erinnerung rufen, in dem alles Sein ruht. Darüber hinaus gibt es poetische Inschriften, die speziell für die einzelnen Räume der Alhambra verfaßt worden zu sein scheinen und in der Mehrzahl dem großen Dichter Ibn Zamrak zugeschrieben werden.

Detail der nördlichen Schmalseite

Eine Besonderheit in der Dekoration der Räume der Alhambra sind die vielen Inschriften, die sich meist oberhalb der Fliesendekoration in kleinen Zierrahmen befinden. In der islamischen Kunst ersetzen sie die figürlichen Bilder anderer Kulturkreise und bringen zum Ausdruck, welche Funktion ein Raum besitzt oder welche Bedeutung ihm beigemessen wurde. Dabei kann man verschiedene Arten unterscheiden: Neben Inschrif-

Von der Kunst der »kleinen Steine«

Cuerda-Seca-Fliese, Sevilla, 16. Jh., Granada, Museo Hispano-Musulman

Ob man Paläste, Villen oder ganz einfache Häuser in Andalusien betritt, überall begegnen dem Besucher die farbenprächtigen, meist zu großen Wandfeldern zusammengefügten Fliesen. Wie ein buntes Kleid, übersäht mit den unterschiedlichsten Mustern, verzieren Azulejos die Fassaden der Häuser und die Wände von Patios und Innenräumen. Angenehm kühl im Sommer, haltbar und abwechslungsreich sind diese glasierten Keramikfliesen bis heute eine der typischen Dekorationsformen im spanischen Süden, die von modernen Bauten bis hin zu Reklame- oder Geschäftsschildern Anwendung finden.

Ursprung der Azulejos

Ihren Ursprung haben die Azulejos in der islamischen Kunst. Die Araber übernahmen die Herstellung glasierter Keramik im 12. Jh. von chinesischen Kunsthandwerkern, die über die Seidenstraße in die Kunstzentren des Iran, Mesopotamiens und Syriens gelangt waren. Sie nannten die Tonquadrate »al-zulaich«, was kleiner, glänzender Stein bedeutet. Anfänglich bezeichneten sie damit die römisch-byzantinischen Mosaiken des Vorderen Orients und Nordafrikas, die nun mit Glasuren auf Keramik nachgeahmt wurden. Über Nordafrika gelangte diese dekorative Kunst am Ende des 13. Jh.s an den nasridischen Hof von Granada, von wo aus sie sich über die ganze Iberische Halbinsel verbreitete. Dabei wurden die technischen Methoden aus dem Orient übernommen, die ästhetischen Aspekte des Zusammenspiels von Architektur und Fliesendekor jedoch entscheidend verändert. Zunächst verwendete man die Fliesenmosaike nur als Bodenpflaster, später wurden sie auch für Wanddekorationen benutzt. Sogenannte »alicatados« – das sind einfarbige, in verschiedene geometrische Formen geschnittene Fliesen – wurden mit andersfarbigen zu bunten Mustern komponiert. Dies verlangte vom Handwerker technisches Wissen sowohl auf dem Gebiet des Glasierens – mit den Oxyden Kobalt (blau), Mangan (lila und schwarz), Eisen (grün), Kupfer (rotgrün), Zinn (weiß) und

Blei oder Antimon (gelb) – als auch im Schneiden jener Stücke, die das Muster bilden sollten. Im Laufe der Zeit wurden die geometrischen Dekore schließlich immer komplizierter, so daß aus den einfarbigen Keramikplatten Hunderte von verschiedenfarbigen Formstücken – Stäbe, Rauten, Dreiecke, Sterne mit vier, sechs, acht oder zwölf Zacken oder auch unregelmäßige Formen – geschnitten werden mußten. Die einzelnen Teile wurden dann auf einem einfarbigen Untergrund mit der farbigen Seite nach unten wie ein Puzzle zusammengesetzt. Anschließend umgab man sie mit einem Holzrahmen, in den der Mörtel gegossen wurde. War der Mörtel hart geworden, konnte das Mosaik aus dem Rahmen genommen und an der Wand befestigt werden.

Alicatados und Azulejos

Die farbige Mosaikdekoration avancierte schnell zu einem der beliebtesten Gestaltungsmittel der Mudéjarkunst. Überall im Lande entstanden Keramikmanufakturen, zu deren bedeutendsten die Fliesenhersteller im Stadtviertel Triana von Sevilla und in Málaga gehörten. Da die Herstellung der »alicatados« sehr arbeitsintensiv und damit kostspielig war, wurden diese im 14. Jh. allmählich durch jene Fliesen verdrängt, die man als Azulejos bezeichnet. Sie besitzen eine Kantenlänge zwischen 12 und 14,5 cm und sind auf der ganzen Oberfläche dekoriert. Die frühen Beispiele gaben auf einer einzigen Fliese oder durch Zusammenstellung von vier Exemplaren die geometrischen Muster der alicatados wieder. Dieses Verfahren erwies sich jedoch als problematisch, da die Glasuren sich während des Schmelzvorgangs vermischen und übereinanderlaufen konnten. Aus diesem Grund wurden besondere technische Verfahren entwickelt, mittels derer die Konturen der Dekoration bewahrt werden konnten.

Büste von Fernando el Católico, Cuerda-Seca-Teller, Sevilla, 1500, Madrid, Institut Valencia Don Juan

Techniken

Bei der »cuerda seca«-Technik wurden die Linien des Entwurfs auf den noch frischen Ton geritzt und die Furchen mit fettem Material gefüllt. Dadurch entstand beim Brand eine schwarze Linie, die dem Verfahren – von cuerda, »Schnur«– seinen Namen gab. Sie verhinderte das Ineinanderlaufen der verschiedenen Farbglasuren und wirkte gleichzeitig wie ein Relief. Die »cuenca«-Technik grenzte die zu glasierenden Flächen durch scharfe Kanten, Gratlinien oder

Der Buffon tanzt mit einer Dame, Cuerda-Seca-Fliese, Sevilla, 16. Jh., Madrid, Institut Valencià Don Juan

Mulden ein, die entstanden, indem man ein Model mit dem Negativ des Musters in den weichen Ton eindrückte. Die Farbigkeit erscheint fließender und irisierender, so daß die Fliesenflächen an orientalische Teppiche erinnern. Die Cuenca-Technik vereinfachte nicht nur den Herstellungsprozeß um ein Vielfaches, sondern ermöglichte auch eine größere Variation an Mustern und war zudem wesentlich kostengünstiger.

Andalusiens Markenzeichen

Azulejos mit leuchtenden, irisierenden Farben und exotisch wirkenden, geometrischen Mustern wurden zum Markenzeichen Andalusiens. Der Süden Spaniens, der im 15. und 16. Jh. zum führenden spanischen Keramikzentrum aufstieg, sollte lange an dieser Tradition der Keramikfertigung festhalten. In Italien war man bereits im frühen 16. Jh. durch die Majolika-Technik, die mit zinnhaltigen Lösungsmitteln arbeitete, zu neuen Dekorationsmöglichkeiten und malerischen Darstellungen gelangt, wie es der zeitgenössischen Vorliebe für das Figürlich-Erzählerische entsprach. Der italienische Majolika-Künstler Francesco Niculoso aus Pisa hatte schon um 1500 dieses neue Verfahren in Sevilla eingeführt. Eines der prachtvollsten Beispiele seiner Fliesenkunst ist der Altar der Hauskapelle der Katholischen Könige in den Alcázares Reales, den er mit »NICULOSO FRANCISCO ITALIANO ME FECIT« signierte. Doch die Sevillaner Töpfer übernahmen lediglich die neuen Motive der italienischen Renaissance. Statt der geometrischen Muster erschienen jetzt Ornamente aus Blättern, Grotesken, Masken, Ochsenköpfen oder Blumen auf den Azulejos. Es sollte noch mehr als ein halbes Jahrhundert dauern, bis sich auch die Majolika-Technik in Andalusien durchsetzen konnte. In der zweiten Hälfte des 16. Jh.s nahm einer der führenden Azulejos-Hersteller, Roque Hernanda, einen gewissen Francisco Andrea »flamenco« in seine Dienste, damit ihn dieser das Bemalen der Azulejos in der Art des italienischen Farbauftrages lehre. Damit fand die neue Technik – Azulejos mit glatter Oberfläche »in den Farben von Pisa«, pisanos genannt – endgültig auch in Sevilla Anwendung. Seine Stellung als Zentrum der Fliesenherstellung konnte die Stadt aber nicht halten, sondern mußte diese im späten 16. Jh. an Talavera abgeben. Mit der industriellen Revolution begann schließlich die Massenproduktion von Azulejos in Keramikfabriken. Eine der bekanntesten war die von Charles Pickman 1841 erbaute Fabrik im Bereich des Sevillaner Klosters von Santa Maria de las Cuevas. Sie wurde 1980 während der Restaurierung des Geländes für die Expo 92 geschlossen.

Sala de los Embajadores

Durch die Sala de la Barca mit ihrer bootsförmigen Holzdecke tritt man in den Saal der Gesandten, den Empfangssaal, ein, der sich im größten Außenturm der Alhambra befindet. Je drei Alkoven an den Seitenwänden und drei Fensteröffnungen an der Außenwand, von denen man einen herrlichen Blick über das Tal genießen kann, gliedern den Raum. Oberhalb der Azulejos-Sockel breitet sich ein aus Arabesken, Sebkamustern und Schriftzeichen gebildetes Spitzenwerk aus Stuck über die Wände aus. Ungewöhnlich viele Inschriften schmükken den Raum. Unter ihnen ist das Gedicht im Innern des überreich dekorierten, mittleren Alkoven der Nordwand hervorzuheben. Seine Verse belegen, daß an dieser Stelle der Thron gestanden hat: »Du empfingst von mir Morgen- und Abendwünsche für Wohlergehen, Wohlstand, Glück und Freundschaft; dies ist die hohe Kuppel, und wir (die Alkoven) sind ihre Töchter; nun sind wir Ehre und Ruhm in meiner Familie. Ich bin das Herz inmitten (anderer Körper-) Teile, denn im Herzen wohnt die Kraft der Seele und des Geistes. Meine Begleiter mögen die Tierkreiszeichen in ihrem Himmel (Kuppel) sein, aber die Sonne der Erhabenheit ist bei mir allein und nicht unter ihnen, denn mein Gebieter, Yusuf, der Liebling (Allahs), hat mich geschmückt mit Gewändern aus Glanz und Ruhm und nicht aus Stoff; und er hat mich ausersehen, den Thron seiner Herrschaft zu sein; möge seiner Hoheit der Herr des Lichtes und des göttlichen Thrones beistehen.«

Holzdecke

Ein wahres Meisterwerk der Marketerie ist die aus 8 017 verschiedenfarbigen Zedernholztäfelchen zusammengesetzte Kuppel, die jahrhundertelang das Vorbild für die Ausstattung von Prunksälen geblieben ist: Die Holzstückchen sind als prachtvolle Einlegearbeit in sieben Registern zu einem äußerst komplizierten Geflecht aus acht- und 16zackigen Sternen zusammengesetzt. In seiner Gesamtheit soll es ein Abbild der sieben Himmel des Islam und der Sterne des Paradieszeltes darstellen, während in den Diagonalen die vier Bäume des Lebens symbolisiert werden. Unter der einzigartigen Decke hat sich einst der Thron des irdischen Herrschers befunden.

Patio de los Leones

Die Palastanlage Mohammeds V. bildet den Höhepunkt nasridischer Architektur. Kern der Anlage, die sich aus voneinander unabhängigen, dem privaten Bereich vorbehaltenen Wohneinheiten zusammensetzt, ist der rechteckige, von Säulengalerien umgebene Hof, der mit den umliegenden Räumen verwoben zu sein scheint. In seiner Mitte erhebt sich ein von zwölf Löwen getragenes Becken, dessen Skulpturen wesentlich älter als die Hofanlage sind und aus dem Palast von Yusuf Ibn Nagrallah, dem jüdischen Wesir der Zirirden, stammen sollen. Einzigartig erscheinen der Säulenwald und das feine und phantasievolle Stuckwerk, das den Patio zwischen den Säulen wie ein kostbarer Vorhang umzieht. In nasridischer Zeit war der Löwenhof ein »hortus conclusus«, ein ummauerter Garten, der im Islam ein Abbild des himmlischen Gartens darstellt. Sinnbild der vier Paradiesflüsse waren die vier kleinen Wasserläufe, die im Norden und Westen aus einem Becken in den höher gelegenen Sälen entspringen, im Osten und Westen unter den baldachinartigen Pavillons der Säulengalerie heraustreten. Auch letztere gehören zum Bild des Paradieses, gleichen sie doch den im Koran beschriebenen hohen Baldachinen oder Gezelten.

Löwenbrunnen

Der Hof wird seit der Reconquista nach den zwölf wasserspeienden Löwen in seiner Mitte benannt, aus deren Mäulern das Wasser in alle vier Himmelsrichtungen fließt. Zusammen mit der Brunnenschale, die sie tragen, bilden sie ein festes Rund, auf das alles bezogen scheint. Jeder Löwe ist ein Sinnbild für die Sonne, aus der das Leben quillt, und in ihrer Gesamtheit repräsentieren sie die zwölf Sonnen des Tierkreises, die zwölf Monate, die in der Ewigkeit alle zugleich vorhanden sind. Den Rand der zwölfeckigen Brunnenschale zieren Verse des großen Poeten Ibn Zamrak, in denen er die Schönheit des Gartens besingt und diese mit der Größe Allahs und des Fürsten vergleicht:
»Gesegnet sei Er, der dem Iman Mohammed (Mohammed V.) eine Residenz geschenkt hat, die sich durch ihre Vollkommenheit vor allen anderen auszeichnet; denn enthalten diese Gemächer nicht Wunder, die nach Gottes Ratschluß in ihrer Schönheit unerreichbar sind!«

Sala de los Reyes

Der Löwenhof ist von vier Räumen umgeben, die durch ihre filigranen Stuckdekorationen mit ihm verwoben zu sein scheinen. Zur Ostseite öffnet sich der aus drei quadratischen Räumen bestehende Saal der Könige, in dem sich ein kunstvolles Spiel von Licht und Schatten beobachten läßt. Die einzelnen, prächtig verzierten Raumabschnitte werden durch Stalaktitenbogen verbunden und von flimmernden Muqarnas-Kuppeln überwölbt. In der Rückwand öffnen sich drei kleine Alkoven, die vermutlich als königliche Schlafgemächer dienten. Ihre polychromen Deckengemälde, auf Leder gemalt, dann auf Zedernholztafeln aufgezogen und an der Decke festgenagelt, gaben dem Saal ihren Namen. Überraschenderweise findet man hier erzählfreudige figürliche Darstellungen, obwohl diese in der islamischen Kunst eigentlich untersagt waren. Im Mittelfeld sind zehn islamische Würdenträger zu sehen, die nach Aussage ihrer erhobenen Hände in ein kontroverses Gespräch vertieft sind. Möglicherweise handelt es sich dabei um die fiktive Versammlung der zehn nasridischen Könige von Mohammed I. bis Mohammed V., dem Erbauer dieser Palasträume. In den seitlichen Alkoven werden hingegen Jagd- und höfische Szenen wiedergegeben. Wenngleich die Deutung der Gemälde aus dem 14. Jh. umstritten ist, der Einfluß französischer Meister auf die nasridische Hofkunst ist unverkennbar.

Sala de las Dos Hermanas

An der Nordseite liegt der eindrucksvollste Teil des ganzen Komplexes. Er ist nach zwei Schwestern benannt, die hier der Legende nach vor Liebessehnsucht starben. Denn sie konnten zwar von hier aus die amourösen Szenen im Garten unten beobachten, durften aber an ihnen nicht teilhaben. Eine gewaltige Muqarnas-Kuppel, deren Fläche durch eine scheinbar endlose Zahl von winklig zueinander angeordneten Facetten aufgelöst wird und das Himmelsgewölbe darstellen soll, überwölbt den Raum. Durch die Fenster am Fuße der

Kuppel fällt Licht ein, dessen Strahlen mit dem Wechsel von Sonne und Mond so über die Facetten wandern, daß das Gewölbe zu kreisen scheint. Diese Kuppel gehört zu den beeindruckendsten Beispielen islamischer Kunst. Der quadratische Saal ist an drei Seiten von langgestreckten, rechteckigen Räumen umgeben. Der nördliche führt zu einem kleinen, wunderschön ausgeschmückten Pavillon (Mirador de Daraxa). Von dort aus kann man einen Blick in den Garten der Daraxa werfen.

Sala de los Abencerrajes

Durch die südliche Galerie des Löwenhofes tritt man in einen reich ausgestatteten, quadratischen Saal, an den sich zwei längsrechteckige Räume anschließen. Sein Name – vielleicht durch Chateaubriands gleichnamige Novelle bekannt – geht auf eine adelige Familie zurück, deren Mitglieder gegen Ende der moslemischen Herrschaft in diesem Raum ermordet wurden. Auch hier ist wieder eine eindrucksvolle Muqarnas-Kuppel zu bewundern, die auf einem achtteiligen, sternförmigen Tambour aufsitzt. Sechzehn Fenster, die am Fuße der Kuppel eingearbeitet sind, erhellen den Raum.

Sala de las Camas

Die Räume, die sich um den Garten der Daraxa gruppieren, sind im 16. Jh. völlig erneuert worden. Vermutlich lag hier einst der Wohntrakt des Palastes mit dem berühmten Harem, der so manchen Schriftsteller zu phantasievollen Erzählungen angeregt hat. Aus der Zeit Yusuf I. ist lediglich das (restaurierte) Bad mit einem doppelgeschossigen Hauptraum und mehreren Kalt- und Schwitzbädern erhalten, deren Gewölbe die charakteristischen sternförmigen Öffnungen aufweisen.

Partal
Torre de las Damas

Östlich des Daraxa-Trakts erstreckt sich eine weiträumige Gartenanlage, in der ein fünfbogiger Säulengang (arabisiert zu Partal) den Eingang zu der dahinter liegenden Torre de las Damas bildet. Seitlich davon sind einige kleine Wohnräume mit einzigartigen, aber leider schlecht erhaltenen Wandmalereien aus dem späten 13. oder frühen 14. Jh. entdeckt worden. Sie stellen in mehreren sich überlagernden Friesen Tätigkeiten des Hof- und Alltagslebens dar.

Generalife
Patio de la Acequia

Am oberen Hang der Alhambra erstrecken sich die Gärten des Generalife. Sein Name leitet sich von dem arabischen Jinnah al 'Arif (Garten des Erhabenen oder der vornehmste aller Gärten) ab. Trotz der größtenteils modernen Anlagen der Gärten und der starken Veränderungen und Restaurierungen ihrer Bauten geben sie auch heute noch das Ideal eines islamischen Gartens zu erkennen. Den zentralen Bereich nimmt der Patio de la Acequia (Hof des Kanals) ein, mit einem langgestreckten, von Pflanzen umgebenen Wasserbecken in der Mitte, ein Überbleibsel der ehemals vier Wasserläufe. Loggien flankieren die beiden Langseiten. Im Süden lag ein Wohnpalast (Mirador), während der nördliche Komplex repräsentativen Zwecken diente. Oberhalb davon dehnen sich weitere Gärten und Wasseranlagen aus, darunter auch die berühmte Treppe, in deren Geländer das Wasser herabläuft. Sie hat schon im 16. Jh. die Bewunderung der Reisenden geweckt.

Palacio de Carlo V – Museo Nacional de Arte Hispano-Musulmán

Wie die Mezquita von Córdoba ist auch der Alhambra ein monumentales »Siegeszeichen« des Christentums angefügt: Südlich des Myrtenhofes erhebt sich ein gewaltiger Renaissance-Palast, den Karl V. 1526 während eines Besuchs in Granada in Auftrag gab. Finanziert wurde seine Errichtung durch eine Sondersteuer, mit der sich die Muslime ihre Religionsfreiheit erkaufen konnten. Obwohl als »christliche Zutat« oft kritisiert, zählt der Bau des Architekten Pedro Machuca – ein Schüler Michelangelos – zu den schönsten Schöpfungen der Renaissance außerhalb Italiens.

Nach dessen Tod 1550 setzte sein Sohn Luis die Bauarbeiten fort. Die zweigeschossigen Außenfassaden sind im Stil der toskanischen Frührenaissance – unten mit Rustika-Quadern, oben durch Pilaster – gestaltet. Die Bronzeringe, die von Löwen- und Adlerköpfen gehalten werden, dienten einst zum Anbinden der Pferde. Die Portalzone gliedern dorische Säulenpaare, deren Postamente Juan de Orea mit Reliefs schmückte, die mehrere Kampfszenen aus der Schlacht von Padua zeigen.

Jarrón de las Gacellas (Gazellen-Vase)

Im Innern des Palastes sind heute zwei Museen untergebracht. Während das 1836 gegründete Museo Provincial de Bellas Artes Kunstwerke ausstellt, die aus den kurz zuvor aufgelösten Klöstern Granadas stammen, umfaßt die Sammlung des Museo Nacional de Arte-Hispano-Musulmán de la Alhambra hauptsächlich Funde aus der Alhambra. In der umfangreichen Keramikausstellung kann man eine der berühmten Alhambra-Vasen bewundern: Diese Lüsterwaren sind Zeugnisse aus der Blütezeit der spanisch-maurischen Fayence, die vom frühen 14. Jh. bis zur Vertreibung der Granadiner Emire währte und deren Zentren in Granada und Málaga lagen. Auf der weiß glasierten, gold und kobaltblau dekorierten Vase (Höhe 1,32 Meter) mit den charakteristischen zwei flügelartigen Henkeln sind Gazellen dargestellt.

Granada

Albaicín, S. 347

Bañuelo, Carrera del Darro, S. 346

Monasterio de la Cartuja, Paseo de la Cartuja, S. 352

Catedral; Capilla Real, Gran Vía de Colón, S. 312

Monasterio de San Jerónimo, Calle Rector López Argueta, S. 344

Alhambra, S. 278

Palacio de Almanxarra (Cuarto Real de Santo Domingo), Calle de Sto. Domingo, S. 345

Casa del Cabildo Antiguo (Madrasa), Plazuela de la Lonja, S. 342

Corral de Carbón, Calle Mariana Pineda, S. 343

weitere Sehenswürdigkeiten

1 Puerta Nueva

2 Palacio de Dar al-Horra

3 Universidad; Hospital, Ancha de Capuchinos

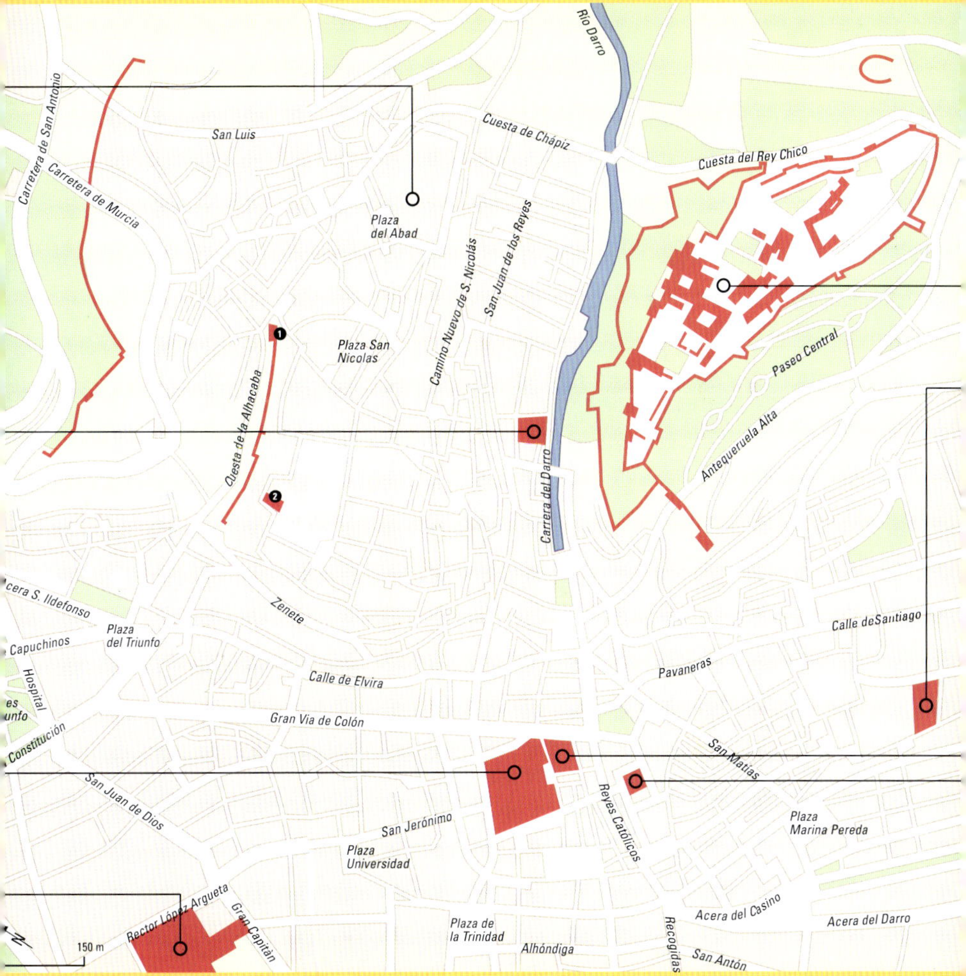

Río Darro
San Luis
Cuesta de Chápiz
Cuesta del Rey Chico
Carretera de San Antonio
Carretera de Murcia
Plaza
del Abad
Camino Nuevo de S. Nicolás
San Juan de los Reyes
Plaza San
Nicolas
Paseo Central
Cuesta de la Alhacaba
Carrera del Darro
Antequeruela Alta
cera S. Ildefonso
Zenete
Plaza
del Triunfo
Capuchinos
Hospital
Calle de Elvira
Calle deSantiago
Pavaneras
Gran Via de Colón
Constitución
San Matías
San Juan de Dios
Reyes Católicos
San Jerónimo
Plaza
Universidad
Plaza
Marina Pereda
Rector López Argueta
Gran Capitán
Acera del Casino
Acera del Darro
Plaza de
la Trinidad
Alhóndiga
Recogidas
San Antón
150 m

Catedral

Die Ereignisse von 1492 hatten Granada zum Symbol der Reconquista werden lassen. So begannen die Katholischen Könige und ihr Nachfolger Karl V. nach der Eroberung der letzten maurischen Enklave mit einem aufwendigen Bauprogramm, das mit seinen neuen, stilprägenden Architekturen zugleich sichtbarer Ausdruck für den Beginn einer neuen Ära sein sollte. Nachdem zunächst die Moschee der Alhambra, später das dortige Kloster San Francisco und auf Wunsch der Königin Isabella schließlich die ehemalige Hauptmoschee als christliche Kathedrale gedient hatten, wurden 1523 im Herzen der muslimischen Medina der Grundstein für ein gewaltiges Gotteshaus gelegt und die alte Moschee abgerissen. Ursprünglich von dem Architekten Enrique Ergas im gotischen Stil konzipiert und begonnen, entschloß sich das Domkapitel nur fünf Jahre später zu einer Planänderung und übertrug Diego de Siloë die Bauaufsicht. Auf seinen Reisen hatte der Architekt das Italien der Renaissance kennengelernt. Nach seinen Plänen entstand die erste spanische Kathedrale im Stil der Renaissance. Ausschlaggebend wird der Besuch Kaiser Karls V. in Granada im Jahre 1526 gewesen sein, der einen Palast auf der Alhambra im neuen Stil des fortschrittlichen Europa in Auftrag gegeben hatte. Nach dem Tode von Siloë im Jahr 1563 folgten verschiedene berühmte Baumeister, bis die Arbeiten an der Kathedrale 1704 endgültig fertiggestellt waren. Unter ihnen war auch einer der vielseitigsten Künstler des Siglo de Oro, der Maler, Bildhauer und Architekt Alonso Cano. Er entwarf die monumentale Hauptfassade von 1667, die nicht den fünfschiffigen Innenraum widerspiegelt, sondern wie ein dreiteiliger römischer Triumphbogen mit hoch aufragenden Rundbogen angelegt ist. Durch den Rückgriff auf diese antike Architekturform präsentiert sich die Kathedrale nach außen deutlich als Siegeszeichen der Christen über den Islam. Ungewöhnlich an der zweigeschossigen Fassade sind die Reliefmedaillons, die Cano an die Stelle der Pilasterkapitelle setzte – eine Eigenart des Künstlers, die viele seiner Schüler übernahmen. Der übrige Schmuck von Statuen und Reliefs wurde erst später im 18. Jh. hinzugefügt.

AVEMARIA

Catedral

Im Grundriß zeigt sich noch die ursprünglich gotische Konzeption der Kathedrale, denn Diego de Siloë mußte seine neuen Entwürfe den Außenmauern, den Fundamenten der Säulen und den Maßen anpassen, die bereits durch Enrique Egas vorgegeben waren. So weist die Kathedrale mit dem fünfschiffigen Langhaus, dem einschiffigen Querhaus und dem Chorumgang mit Kapellen enge Parallelen zur Kathedrale von Toledo auf. Unangetastet von den Bauplänen Siloës blieb auch die Capilla Real, an deren Nordseite die Kathedrale errichtet wurde. Dabei hat man das plattereske Hauptportal der Capilla in den Kirchenbau miteinbezogen. Die Grabeskirche der Katholischen Könige weist die Form eines lateinischen Kreuzes mit vier Seitenkapellen und polygonaler Apsis auf. Aus dem 18. Jh. stammt schließlich die dreischiffige Iglesia del Sagrario an der Südseite der Kathedrale.

Santiago-Retabel, S. 318

Capilla Real, S. 328

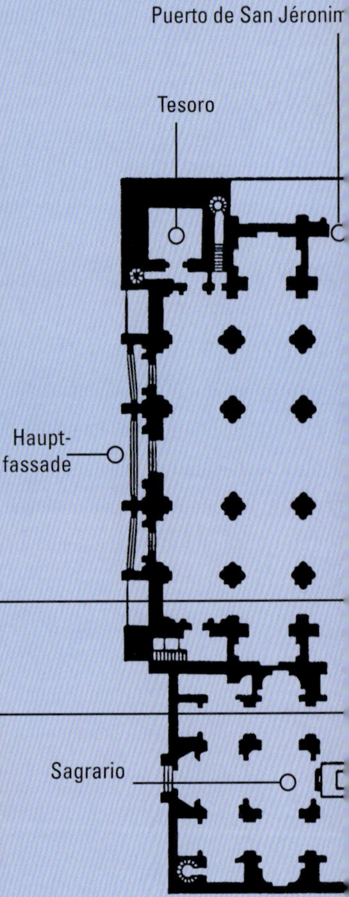

Puerta del
Perdón, S. 316
Capilla Nuestra
Señora de la Antigua
Capilla Mayor, S. 318
Capilla
San Cecilio
Sacristía, S. 319
Sacristía de la Capilla
Real, S. 335
ehem. Haupt-
portal der
Capilla Real
Grabmal der Reyes Católicos

Nordfassade
Puerta del Perdón

Zu den hochwertigsten Arbeiten von Diego de Siloë gehört das platereske Büßertor der Nordfassade. In den Bogenzwickeln halten die beiden Allegorien des Glaubens und der Gerechtigkeit eine Kartusche, deren Inschrift »nach 700jähriger maurischer Herrschaft« eben diese Tugenden von Isabella und Ferdinand rühmt. Die Wappenschilde der Katholischen Könige und Karls V. auf den seitlichen Strebepfeilern ergänzen diese Lobpreisung. Auch die Puerta San Jerónimo ist von Siloë.

Innenansicht

Im Innern des durch Rundbogenfenster hell erleuchteten Kirchenraums treffen gotische Grundrißkonzeption und Renaissance-Ausstattung aufeinander: Mächtige Bündelpfeiler auf hohen Postamenten und mit ausladenden Kämpfern bilden einen Kontrast zu den hohen Gewölben mit spätgotischen Schlingformen.

Capilla Mayor

Zu den Meisterleistungen von Diego de Siloë zählt die fast eigenständige Raumschöpfung der Hauptkapelle, die Karl V. zur Aufnahme der königlichen Grabmäler vorgesehen hatte. Aus diesem Grund konzipierte Siloë den Raum als Zentralbau in Form eines überkuppelten Rundtempels und verband ihn durch kassettierte Rundbogen mit Chorumgang und Langhaus. Darauf ist gleichfalls das umfassende Bildprogramm abgestimmt: Orantenfiguren der Katholischen Könige (1675–1677) von Pedro de Mena stehen über den Balkonen an den Pfeilern des Eingangs. Sie sind Alonso Canos polychromen Büsten von Adam und Eva in den Rundnischen darüber zugeordnet. An den Säulen des Untergeschosses stehen die zwölf Apostel, auf denen Christus seine Kirche erbaute. Gemälde von Alonso Cano mit Darstellungen aus dem Marienleben im oberen Geschoß leiten über zu den Szenen aus der Passionsgeschichte, welche die flämischen Glasfenster aus der Mitte des 16. Jh.s darstellen.

Santiago-Retabel

In der südlichen Kapelle, die zwischen Chor und Langhaus liegt, steht ein reich dekorierter Schnitzaltar mit der Reiterstatue des Hl. Jakobus (1640). In Spanien als Santiago verehrt oder auch »Matamoros« (der Maurentöter) genannt, war er der erste Heilige mit einem eigenen Heiligtum: Santiago de Compostela, ein seit dem Mittelalter berühmter Wallfahrtsort im Nordwesten der Halbinsel. Alonso de Mena

für das Lesepult im Chor geplant war. Eindrucksvoll ist der Gegensatz zwischen dem melancholischen Gesichtsausdruck sowie den gefalteten Händen und dem überaus reichen Faltenwurf des Gewandes, unterstützt durch die schlichte farbige Fassung in Blau-Grün-Tönen.

stellte den Heiligen in seiner Rüstung mit breitrandigem Hut und erhobener Klinge auf seinem Schimmel dar. Unter seinen Hufen liegt ein besiegter Maure.

Sakristei (Sacristía)

In der Sakristei, die sich an den Chorumgang anschließt, steht unter dem lebensgroßen Kruzifix von Martínez Montañés eine knapp 50 cm hohe Statue der Inmaculada von Alonso Cano, die ursprünglich

Isabella – eine Königin geht ihren Weg

Als mittelgroß, von kräftiger, aber wohlgefälliger Gestalt wird sie beschrieben, mit einem runden Gesicht, blaugrünen Augen und blonden, ins Rötliche schimmernden Haaren – jene Frau, die als Königin von Kastilien durch eine kluge, weitsichtige und mutige Politik Spanien, das zur Zeit ihrer Thronbesteigung noch nicht einmal als geographischer Begriff existierte, zur europäischen Vormacht führte. Mit 18 Jahren entschloß sie sich, ihren elf Monate jüngeren Cousin Ferdinand, den Erben des Throns von Aragón, zu heiraten. Damit hatte sie die Vereinigung von zwei der drei großen Königreiche der Halbinsel möglich gemacht, die dem Siglo de Oro, Spaniens Goldenem Zeitalter, den Weg bereiten sollte.

Isabella war eine Frau, die sich ganz und gar nicht in das zeitgenössische Bild vom weiblichen Wesen einfügte. Sie war klug, selbstbewußt und resolut, wußte, was sie erreichen wollte und welche Mittel einzusetzen waren. Sie besaß politische Führungskraft und ebenso persönliche Charakterstärke. Außergewöhnlich für die damalige Epoche war ihre gleichrangige Stellung neben Ferdinand, dem sie zeit ihres Lebens an Stärke und Mut überlegen war. Dabei ist Ferdinands Tüchtigkeit keinesfalls anzuzweifeln. Er verstand es, Bündnisse zu arrangieren, Kriege zu führen, besaß diplomatisches Geschick im Umgang mit den mächtigen Adeligen und konnte die verschiedenen Interessengruppen für eigene Zwecke begeistern.

Madrazo, Porträt von Isabella I., die Katholische, Königin von Kastilien und León, 19. Jh.

Zudem zeichnete er sich durch persönliche Tapferkeit aus. Aber Macchiavelli sah in ihm nicht ohne Grund den idealen Fürsten, rühmte ihn als skrupellosen Politiker, dessen politisches Handeln stets auf Machtgewinn und Machterhaltung ausgerichtet gewesen sei. Ferdinand hat, wie Isabella, zu allen großen Erfolgen des Königspaares auf politischem, militärischem und wirtschaftlichem Gebiet beigetragen. Sie wären ohne ihre Partnerschaft kaum denkbar gewesen. Doch stets war Isabella die treibende Kraft, lenkte sie die Staatsgeschäfte. Sie übertraf die Tüchtigkeit ihres Gatten an Weitsicht und Klugheit und war in jeder Hinsicht die stärkere Persönlichkeit, so daß kastilische Adelige den König spöttisch Rey jupon (König Unterrock) nannten. Diese zeitgenössische Einschätzung spiegelt noch das Grabmal der beiden in der Capilla Real zu Granada, bei dem der Kopf der Königin tiefer in das Kissen des Ruhebettes eingesunken ist – ein Sinnbild für die »Gewichtigkeit« ihrer Person.

Die erste Entscheidung

Daß Isabella einmal Königin von Kastilien werden sollte, hätte niemand, am allerwenigsten sie selber, geglaubt. Nach dem frühen Tod ihres Vaters, König Johanns II., im Jahr 1454, als Isabella gerade drei Jahre alt war, übernahm dessen Sohn aus erster Ehe als Heinrich IV. die kastilische Krone. Isabella wuchs außerhalb des Hofes in der Burg von Arévalo heran, wo sie zusammen mit ihrer Mutter, Isabella von Portugal, und ihrem jüngeren Bruder Alfonso lebte. Abgeschottet durch Burgmauern hatte sie nur eine Freundin, Beatriz de Bobadilla, die Tochter des Burgkommandanten, mit der sie das ganze Leben befreundet bleiben sollte. Gemeinsam mit ihr wurde sie von Klerikern aus dem nahegelegenen Ávila unterrichtet und mit Rhetorik, Geschichte, Philosophie, Dichtkunst und Musik vertraut gemacht. Als sie elf Jahre

Marcuello, Symbole der Katholischen Könige, um 1482, Chantilly, Musée Condé

alt war, holte sie ihr Halbbruder, König Heinrich IV., zusammen mit dem Infanten Alfonso an den Hof von Madrid, damit ihnen eine »sittsame Erziehung« zuteil werde. Angesichts des weithin bekannten lasterhaften Lebens am Hof schien diese Begründung mehr als zynisch. Nur wenige Monarchen Spaniens sind schon von den zeitgenössischen Chronisten so negativ beurteilt worden wie Heinrich IV. Man nannte ihn einen schlechten Monarchen und üblen Menschen, warf ihm Nachgiebigkeit, Unentschlossenheit, mangelnde Durchsetzungskraft, fehlende Menschenkenntnis und vor allem seine homosexuellen Neigungen vor. Als seine zweite Frau 1462 eine Tochter namens Johanna gebar und der König diese zur Thronfolgerin proklamierte, obwohl der wahre Vater offensichtlich einer seiner Günstlinge, Beltrán de la Cueva, war (nach dem Johanna spöttisch »La Beltraneja« genannt wurde), rebellierte der Adel. Er rief zunächst den Infanten als Alfons XII. zum König aus und bot nach dessen frühem Tod im Jahre 1468 Isabella die Königswürde an. Isabella hatte während ihrer fünf Jahre am Hof stets eine Gegenposition zu den Intrigen und Korruptionsfällen bezogen, was ihre

Isabella betet vor der Jungfrau mit Kind, Illustration aus dem Stundenbuch der Königin, Madrid, Biblioteca del Palacio Real

streng moralische Grundhaltung gefestigt zu haben schien. Nun stand sie vor der ersten folgenschweren, politischen Entscheidung ihres Lebens, ohne daß sie jemanden um Rat fragen konnte. Doch die Siebzehnjährige reagierte mit außergewöhnlicher Besonnenheit. Sie verweigerte die Königskrone und forderte von den Adeligen, sie mögen um des Friedens willen Heinrich als rechtmäßigen König anerkennen und ihr lediglich die Thronfolge zugestehen. Heinrich wie die rebellierenden Granden gaben ihre Zustimmung, und der Frieden war wiederhergestellt.

Die unerlaubte Heirat

In den Vereinbarungen hatte Isabella sich verpflichtet, nicht ohne das Einverständnis des Königs zu heiraten, während dieser umgekehrt zusicherte, sie nicht gegen ihren Willen zu vermählen. Aber beide sollten ihre Zusagen nicht einhalten. Schon bald sah sich Isabella von einer Schar Prätendenten umringt, die um ihre Hand anhielten. Darunter waren der Herzog von Berry, der Bruder des französischen Königs Ludwig XI., Ferdinand, einziger Sohn König Johanns II. von Aragón, und der um vieles ältere König Alfons V. von Portugal, den Heinrich und seine Ratgeber favorisierten. Wahrscheinlich hofften sie, mit Isabellas portugiesischer Heirat lasse sich die kastilische Thronfolge noch einmal zugunsten seiner Tochter Johanna regeln. Doch sie hatten die Rechnung ohne die willensstarke Isabella gemacht. Sie entschied sich für den jungen, stattlichen aragonesischen Thronfolger, der als klug, tapfer und in allen Sätteln sicher galt, und hat ihm schließlich die Zusage gegeben. Heinrich war wütend, wollte diese Hochzeit um jeden Preis verhindern und ließ seine Halbschwester, da er sich gerade auf einem Feldzug befand, überwachen. Die Chancen einer baldigen Heirat erachtete er jedoch als gering, weil beide miteinander verwandt waren und deshalb zuerst eine päpstliche Genehmigung benötigten. Isabella, unterstützt durch den Erzbischof von Toledo, trieb allerdings insgeheim die Vorbereitungen für die Vermählung voran und holte sich die Zustimmung vieler Adeliger und kastilischer Städte. Schließlich unterschrieb Ferdinand im September 1469 den Ehevertrag, der seine Rolle (als Prinzgemahl) in beider Partnerschaft unwiderruflich festlegte, und gelobte folgende Grundsätze:

»Er werde seinen Wohnsitz in Kastilien nehmen und das Land ohne Isabellas Erlaubnis nicht verlassen;

Er werde ohne Isabellas Einwilligung weder Krieg führen noch Bündnisse schließen, aber mit Isabella den heiligen Krieg gegen die Mauren fortsetzen;

Er werde kein Eigentum der Krone veräußern und gemeinsam mit Isabella nur Kastilier in hohe Staatsämter berufen, jedoch sie allein könne den Treueeid kastilischer Städte entgegennehmen, Belehnungen und Titel gleichberechtigt vergeben;

Er werde für den Unterhalt ihrer Mutter in Arévalo sorgen und König Heinrich IV. mit Achtung und kindlichem Gehorsam begegnen;

Ihre beiden gleichrangigen Unterschriften werden künftigen öffentlichen Erlassen Rechtskraft verleihen.«

Was sich dann einen Monat später abspielte, hätte Miguel de Cervantes, der Autor des »Don

Quijote« nicht besser erfinden können. Weil die Verbindungswege nach Aragón von königlichen Truppen kontrolliert wurden, kam der Prinz auf abenteuerlichen Wegen, als Maultiertreiber verkleidet, nach Burgo de Osma, wo Isabella sich aufhielt, und wäre beinahe dem Steinwurf eines übereifrigen Stadtwächters zum Opfer gefallen. Am 18. Oktober 1469 fand dann mit einer gefälschten päpstlichen Heiratserlaubnis die festliche Hochzeit in Valladolid statt.

Ein Mönchsgelehrter präsentiert Isabella und Ferdinand sein Buch, 1502, Holzschnitt

Königin ohne König

Heinrich enterbte daraufhin seine Halbschwester und erhob seine kleine Tochter Johanna erneut zur rechtmäßigen Thronfolgerin. Er versöhnte sich jedoch einige Zeit später wieder mit Isabella. Als er am 11. Dezember 1474 unerwartet verstarb, war seine Nachfolge nicht eindeutig geregelt und die Lage im Königreich gespannt. Isabella entschloß sich zum raschen Handeln, um den Anhängern der »Beltraneja« zuvorzukommen. Obwohl Ferdinand in Aragón weilte und noch nicht einmal die Nachricht vom Tode des Königs erhalten hatte, ließ Isabella sich nur zwei Tage später, am 13. Dezember, zur Königin von Kastilien salben. Ein großer Teil des Adels und des Klerus sowie die meisten Städte erkannten die Proklamation an und versicherten ihr die Gefolgschaft. Aber es war eine Krönung ohne den König gewesen. Ferdinand fühlte sich zutiefst gekränkt. Um selbst die Macht in die Hände zu bekommen, erhob er sogar die ungeheure Forderung, wie in seinem Land die weibliche Thronfolge außer Acht zu lassen. Doch Isabella blieb Siegerin. Das Schiedsgericht schließlich, das beide anriefen, bestätigte den Ehevertrag und fügte lediglich einige Zusätze an. Danach durften im Namen beider unterzeichnete Dokumente von Ferdinand an erster Stelle unterschrieben werden, die Münzen sollten fortan das Bildnis beider tragen und ihr Wappenschild die Wappen Kastiliens und Aragóns vereinen. Und Isabella ergänzte: »Mein Herr und Gemahl, es sei bestimmt, daß Ihr als mein Gatte auch König von Kastilien seid und daher in diesem Land Eurem Befehl gehorcht wird.«

Die tatkräftige Königin

Aber Ferdinand sollte seine Rolle als Prinzgemahl bis zu Isabellas Tod behalten, denn stets war sie es, die in der Politik des Landes die Maßstäbe setzte. Ob es um die Wiederherstellung der öffentlichen Ordnung, der zerrütteten Wirtschaft oder die Konsolidierung der Staatsfinanzen ging, um die Einsetzung des Inquisitionstribunals, die Eroberung von Granada oder die Entsendung des Kolumbus, immer war sie die treibende Kraft. So überlegt und selbstbewußt sie sich für die Ehe mit Ferdinand und die Annahme des Königstitels entschieden hatte, so führte sie auch die Staatsgeschäfte. Ihrer staatspolitischen Klugheit verdankte das heruntergekommene Reich den politischen und wirtschaftlichen Aufschwung und den Wiederaufstieg zur Weltmacht. Durch die Einrichtung der Inquisition gab sie nicht nur dem Druck der ärmeren Bevölkerung nach, sondern hoffte auch, das Land in einem Glauben zu vereinen. Als einzige Erbin der kastilischen Könige, die allein die Reconquista von Süden nach Norden vorangetrieben hatten, schien es ihr aufgetragen zu sein, den Krieg gegen die Mauren wiederaufzunehmen, um die mehr als 800jährige islamische Herrschaft zu beenden. Der nach vielen Jahren gereifte Entschluß, Kolumbus auf die Fahrt in die »Neue Welt« zu schicken, wurde nicht nur vor dem Hintergrund der leeren königlichen Kassen getroffen, sondern auch durch die Aussicht auf neues Land und die dadurch mögliche Ausbreitung des Katholizismus. Gleichfalls plante sie wohlüberlegt die Verheiratung ihrer vier Kinder, um Allianzen mit anderen mächtigen Königreichen Europas zu schaffen.

Unbekannter Meister, Isabella von Kastilien (Detail aus einem Doppelporträt der Katholischen Könige), Ende 15. Jh., Ávila, Museo de la Catedral

Trotz allen machtpolitischen Kalküls zeigte Isabella immer wieder ihre menschliche Seite. So befahl sie in ihrem Testament, »das gute Recht der Einheimischen (in den eroberten Gebieten), die freie Menschen und keine Hörigen seien, zu wahren«, sie menschlich zu behandeln und entstandenen Schaden wiedergutzumachen. Isabellas Geisteshaltung war von humanistischem Gedankengut geprägt. Sie war es, die – unterstützt von ihren Beratern, den beiden jüngsten Söhnen des berühmten Humanisten, Dichters und Gelehrten Iñigo López de Mendoza, Marqués de Santillana (1398–1458), – am nachhaltigsten das geistige Leben in ihrem Land förderte. Im Gespräch mit Gelehrten und Künstlern suchte sie ihren eigenen geistigen Horizont zu erweitern. Nachdem sie sich mit 31 Jahren ernsthaft dem Lateinstudium zu widmen begonnen hatte, richtete sie an ihrem Hof Grammatikschulen für die Söhne des kastilischen Adels ein und gründete in Valladolid ein neues Universitätskollegium namens Vera Cruz. Sie unterstützte die neuen Drucktechnologien und deren Verbreitung im ganzen Land, indem sie beispielsweise 1477 dem aus Deutschland stammenden Buchdrucker Dierck Maertens für die Ausübung seiner »Kunst« Steuerfreiheit gewährte. Am Ende ihres Lebens konnten etwa 50 % der Stadtbewohner lesen. Unter den bereits 1 000 gedruckten Büchern befand sich die nach dem Vorbild lateinischer Sprachlehren erstellte erste Grammatik der spanischen Sprache. Der Latein-Gelehrte und Grammatiker Antonio de Nebrija (1441–1522) hatte sie im Jahre 1492 der Königin präsentiert. Auf dieser Grundlage sollte das Land wie die Besitzungen in Übersee eine einheitliche Sprache erhalten.

Der Tod

Einer der wichtigsten Einschnitte in ihrem Leben war der frühe Tod ihres Sohnes und Thronfolgers Juan, den sie zärtlich »mi ángel« (mein Engel) nannte. Er starb kurz vor seiner Hochzeit mit Margarete von Österreich, der Tochter des zukünftigen Kaisers Maximilian I., im Oktober 1497. Juan sollte eine nie heilende Wunde hinterlassen und die Sorge um die Regelung der Thronfolge Isabellas letzte Lebensjahre bestimmen. Als sie mit 53 Jahren den Tod nahe fühlte, entschloß sie sich, auch dies endgültig zu regeln. Bei Juana, ihrer zweiten Tochter, die mit dem Sohn des deutschen Kaisers Maximilian, dem Habsburger Philipp dem Schönen, vermählt war, waren die Anzeichen für eine seelische Labilität und Unbeherrschtheit immer stärker geworden. Da sie nunmehr Erbin der kastilischen Krone geworden war, bestimmte Isabella in ihrem Testament, daß Ferdinand die Regentschaft in Kastilien zufalle, wenn Juana die Regierung nicht übernehmen könne oder wolle, und zwar stellvertretend bis zur Volljährigkeit von Juanas Sohn Carlos (dem späteren Karl V.). Darin zeigte sich noch einmal ihr politischer Weitblick, wenn auch Ferdinand später diese Regelung aus politischer Machtgier für seine eigenen Belange ausnutzen sollte, indem er seine Tochter für regierungsunfähig erklären und in Gefangenschaft halten ließ. Ferner bat sie um die Überführung ihres Leichnams nach Granada, der Stadt ihres größten Triumphes, und untersagte jeden Aufwand und die Errichtung eines Grabmals. Am 26. November 1504 starb Isabella von Kastilien, die Pedro Mártir, der Gelehrte und Erzieher ihrer Kinder, mit den Worten würdigte: »Niemals noch las ich von einer Frau, die von Gott und Natur geschaffen war wie sie. Jeder kennt ihren Mut, ihre Tatkraft, ihre Stärke und den Eifer, mit dem sie Böses rodete, um Gutes zu pflanzen.«

Michael Sittow (zugeschrieben),
Die Jungfrau der Katholischen Könige,
um 1490, Madrid, Museo del Prado

Capilla Real

Am Ort ihres größten Triumphes wollten die Katholischen Könige zu Grabe gelegt werden, und so gab Isabella I. bereits im Jahre 1504, nur wenige Monate vor ihrem Tod, die königliche Kapelle in Auftrag, die direkt neben der Kathedrale, damals noch die ehemalige Moschee, errichtet werden sollte. Mit der Bauleitung wurde Enrique de Egas betraut, der ein Jahr später die Arbeiten aufnahm. Als der Bau 1521 vollendet war, überführte man die sterblichen Überreste vom Convento de San Francisco auf der Alhambra hierhin. Zeitgenossen und v.a. Kaiser Karl V. bemängelten die auffallende Nüchternheit, die aber dem Wunsch der Königin entsprach. Denn anders als die meisten europäischen Fürsten und Kleriker hatten die damals mächtigsten Herrscher im Abendland keine impo-

sante Grablege gewollt. Die Kapelle ist in Form eines lateinischen Kreuzes mit je vier Seitenkapellen und polygonaler Ostapsis angelegt. Einst lag das Hauptportal an der Nordseite, doch wurde es beim Bau der Kathedrale in diese einbezogen und bietet den Zugang zur Vierung. Heute ist die Capilla Real über die Plazuela de la Lonja zugänglich, wo man auf eine im Isabellinischen Stil gestaltete Fassade blickt, die Juan García de Pradas 1527 schuf. Über dem Portal sind Maria mit dem Jesusknaben sowie zu ihren Seiten Johannes d. Täufer und Johannes Evangelista, denen die Capilla Real geweiht ist, dargestellt. Das Gebälk ist geschmückt von kaiserlichen Wappen mit dem Doppeladler sowie den Emblemen der Katholischen Könige.

Reja (Eisengitter)

Beim Eintritt in die einschiffige Kapelle fällt der Blick sogleich auf das schmiedeeiserne Gitter, das den Chor abtrennt. Bartolomé de Jaén hat dieses Meisterwerk 1518 gefertigt, das als eine der schönsten Rejas ganz Spaniens gilt. Königswappen, Heiligenfiguren und Medaillons schmükken auf beiden Seiten das vergoldete Gitter. Plateresk verzierte Stäbe mit korinthischen Kapitellen wechseln ab mit spiralförmigen Stangen und rautenförmigen Schlingen. Sie tragen im unteren Register ein Gebälk, auf dem Apostelfiguren unter spätgotischen Maßwerkbaldachinen stehen. Über dem Eingangstor erscheint das von Löwen gestützte kastilische Wappen, umgeben von den Emblemen der Katholischen Könige, Ochsenjoch und Pfeilbündel. Im oberen Teil verläuft über die gesamte Breite ein Fries bewegter Figuren mit zehn Szenen aus dem Leben Christi sowie dem Martyrium von Johannes d. Täufer und Johannes Evangelista, überragt von der Kreuzigung. Unter der Figur des Hl. Petrus (1. Reihe, 3. von links) steht die Signatur des Künstlers: »Maestro Bartolomé me fecit«.

Grabmal der Katholischen Könige (mit Detail)

Vor dem Altar stehen die beiden Renaissance-Grabmäler der Begründer des vereinigten Königreiches und ihrer ersten Nachfolger. In der Krypta darunter befinden sich die schmucklosen bleiernen Särge mit den sterblichen Überresten. Das Grabmal der Katholischen Könige wurde 1517 vom Florentiner Bildhauer Domenico Fancelli geschaffen und ist mit einer Vielzahl von Figuren und Emblemen geschmückt: die zwölf Apostel in Nischen an den unteren Seiten, Greife als Allegorien des heidnischen Bösen an den Kanten, überragt von den vier Kirchenvätern, die dieses bezwungen haben. Der aufgebrochene Granatapfel symbolisiert das besiegte Granada, der Löwe im Wappen das Königreich León, das Kastell das von Kastilien. Isabella hat ihre Hände übereinandergelegt und trägt das Santiago-Kreuz, Ferdinand ist mit Schwert und dem Sankt-Georgs-Orden dargestellt. Beide werden von einem Löwen, dem Symbol der Stärke, bewacht. Am Fußende halten Putti eine Tafel mit der Inschrift »Unamines Catholici Appelati« (gemeinsam Katholische Könige genannt).

In dem Grabmal daneben von 1519/20 ruhen auf einem höheren Paradebett Johanna die Wahnsinnige und Philipp der Schöne. Der Bildhauer Bartolomé Ordóñez hat sich bei der Ausführung am benachbarten italienischen Vorbild orientiert. So begleiten an den oberen Ecken die Heiligen Andreas und Michael den König, Johannes

d. Täufer und Johannes Evangelista die Königin. Johanna hat ihre Hände zum Gebet gefaltet, Philipp sein Schwert auch im Tode noch drohend erhoben. Auf das unglückliche Ende ihrer Ehe hat der Künstler angespielt, indem er Johanna den Kopf von ihrem Ehemann abwenden läßt: Mit der Heirat der Thronerbin Johanna und des Habsburgers Philipp waren zwei Riesenreiche vereinigt worden. Doch nach anfänglich glücklichen Jahren kam es wegen der Treulosigkeit Philipps zum Zerwürfnis zwischen den beiden: Johanna wurde wegen einer angeblichen Geisteskrankheit für regierungsunfähig erklärt und nach dem Tode Philipps auch von ihrem Sohn Karl V. in Gefangenschaft gehalten, da er sonst die spanische Krone an seine Mutter hätte abtreten müssen. Erst dessen Sohn, Philipp II., ließ ihren Leichnam 1574 in die Capilla Real überführen.

Hochaltarretabel (mit Detail)

Zu den frühesten Renaissance-Retabeln in Spanien gehört das zwischen 1520 und 1522 entstandene Werk von Felipe Bigarny (auch Felipe de Borgoña). Es ist Johannes dem Evangelisten und Johannes dem Täufer gewidmet. Die vollplastisch und im Relief ausgeführten Szenen mit ihren überaus naturalistischen Darstellungen sind aus Holz geschnitzt und in Bildkästchen eingeteilt. Oberhalb der Predella, die den Einzug der Katholischen Könige in Granada und die Zwangstaufe der Mauren zeigt, schildern die Reliefs das Leben Christi. Im unteren Register erscheinen zwischen den Figuren von Johannes dem Evangelisten und Johannes dem Täufer die »Anbetung der Könige«, deren jüngster König ein Porträt Kaiser Karls V. sein soll, die »Taufe Christi« und »Johannes auf Patmos«. Im mittleren folgen die Szenen des Martyriums, im oberen schließlich die »Kreuztragung«, »Christus am Kreuz zwischen Maria und Johannes« und die »Pietà«. Orantenfiguren der Katholischen Könige, die Diego de Siloë zugeschrieben werden, stehen an beiden Seiten des Altars.

Rogier van der Weyden, Die Heilige Familie
Öl auf Holz, etwa 37 x 27 cm

In der Sakristei, die den Kirchenschatz und einen Teil der umfangreichen Gemäldesammlung der Katholischen Könige beherbergt, finden sich zahlreiche Werke aus der flämischen Malerschule des 15. Jh.s, für die das Königspaar offensichtlich eine besondere Vorliebe hatte. Unter ihnen ragen zwei Gemälde von Rogier van der Weyden (1399 /1400–1464) heraus, der neben Jan van Eyck zu den bedeutendsten Vertretern der südniederländischen Malerschule zählt. Seine besondere Vorliebe für die Figur und deren plastische Präzision rühren vermutlich daher, daß er wie sein Vater zunächst als Bildhauer gearbeitet hat. Auch die große Mannigfaltigkeit und Intensität der Wiedergabe seelischer Haltungen können auf diese Verbindung mit der Plastik zurückgeführt werden. Beide Gemälde waren ehemals Teil eines Triptychons, das die Verherrlichung Mariens durch ihre Teilnahme an den drei großen Stationen im Leben Christi – Geburt, Tod und Auferstehung – zum Thema hat. (Der rechte Flügel befindet sich heute im New Yorker Metropolitan Museum). Auf jede Szene blickt man durch einen Bogen mit als Grisaille gemalten Skulpturen, die wie die plastischen Szenen auf den Kapitellen das Hauptthema ergänzen. Die Granadiner Tafeln sind im oberen Teil beschnitten, weil sie unter Philipp IV. 1632 in einen Altarflügel eingepaßt wurden. Ursprünglich schwebte am Scheitel der Bogen jeweils ein bekrönter Engel, aus den Kronen entrollten sich Spruchbänder, auf denen die Verdienste Mariens beschrieben waren. Dies läßt sich anhand einer früher entstandenen Fassung des Triptychons in Berlin rekonstruieren. Der linke Flügel zeigt die »Heilige Familie«, die entsprechend der mittelalterlichen Denkweise übergroß im gotischen Innenraum vor der Folie eines kostbaren Brokattuches dargestellt ist: Maria trägt als Zeichen ihrer Reinheit ein weißes Kleid, das mit Goldlettern gesäumt ist, die die Worte des Magnifikats bilden. Mit den gefalteten Händen weist sie auf das Christuskind auf ihrem Schoß, während Joseph – in Anspielung auf seinen Traum – schlafend wiedergegeben ist. Die Gewände des Bogens sind mit den Statuen des Hl. Petrus und des Hl. Lukas geschmückt. Die Szenen in den Archivolten stellen Christi Geburt und die Anbetung der Hirten dar, die der Kapitelle das Opfer Abrahams und den Tod Absaloms, die als Vorahnung der Leidensgeschichte gedeutet werden können.

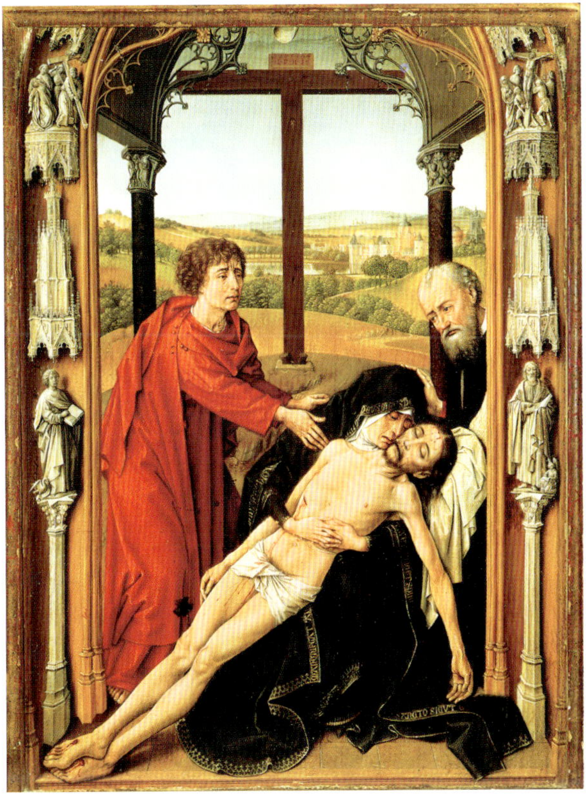

Rogier van der Weyden, Pietà
Öl auf Holz, etwa 37 x 27 cm

Die Pietà auf der Mitteltafel ist eine der eindruckvollsten Szenen. Sie ist vor dem Hintergrund einer Landschaft dargestellt, in der das Kreuz aufragt. Im Vordergrund stehen die trauernde Maria und der tote Chri-

Anbetung der Könige (Detail)

Aufrichtung des Kreuzes (Detail)

stus, umgeben von Johannes und Joseph von Arimathäa, während der eigentliche Vorgang, die Abnahme des schweren Körpers vom Kreuz, nur von sekundärer Bedeutung ist. Über den Gewändefiguren des Hl. Johannes und des Hl. Matthäus erinnern die Skulpturen in den Archivolten an das Leiden Christi. Dieses war Voraussetzung für die Erlösung der Menschheit. Darauf wird durch die Darstellung der Vertreibung Adams und Evas aus dem irdischen Paradies auf den Kapitellen verwiesen.

Hans Memling, Kreuzabnahme, 1492/1494
Öl auf Holz, 56,6 x 38,2 cm

»Kreuzabnahme« und »Weinende Frauen« sind Werke des aus Hessen stammenden Hans Memling (um 1433–1494), dem es gelang, in den verhältnismäßig kleinen Kreis niederländischer Maler des 15. Jh.s Eingang zu finden und zu einem ihrer führenden Vertreter aufzusteigen. Nachdem er mehrere Jahre im Atelier von Rogier van der Weyden tätig gewesen war, gründete er nach 1465 eine eigene große Werkstatt in Brügge, wo er auch das Bürgerrecht erwarb. Sein Stil zeichnet sich durch einen ausgeprägten Sinn für Anmut und Maß sowie einen harmonischen Zusammenklang der Farben aus. Memlings Verdienst ist unzweifelhaft in der Vervollkommnung der Altarform des Diptychons zu sehen. So gehen auch die beiden Gemälde in der Sakristei der Capilla Real auf ein etwa zehn Jahre älteres Diptychon gleicher Thematik (Privatsammlung und São Paulo, Museu de Arte) zurück und werden seinem Spätwerk zugerechnet. Da Memling der einzelnen Gestalt mehr Bedeutung beimaß als der straffen kompositionellen Bindung und anstelle der bewegten Handlung eine Summe statischer Gegebenheiten setzte, ist er in den Bildern, die ihrem Thema nach keine äußere Handlung enthalten, zu höchster Meisterschaft gelangt. Die Granadiner Gemälde entsprechen trotz ihrer eigentlich dramatischen Thematik eher einem Andachtsbild, das zur religiösen Meditation anregt. So ist die »Kreuzabnahme« auf den toten Körper Christi zentriert, dessen Arme über den Schultern von Joseph von Arithmäa und Nikodemus herabhängen. Sie erhält damit die gleiche kontemplative Funktion wie eine Pietà, bei welcher der Körper über den Beinen Mariens liegt und deren Andachtsgegenstand die Erfüllung der Heilsgeschichte ist.

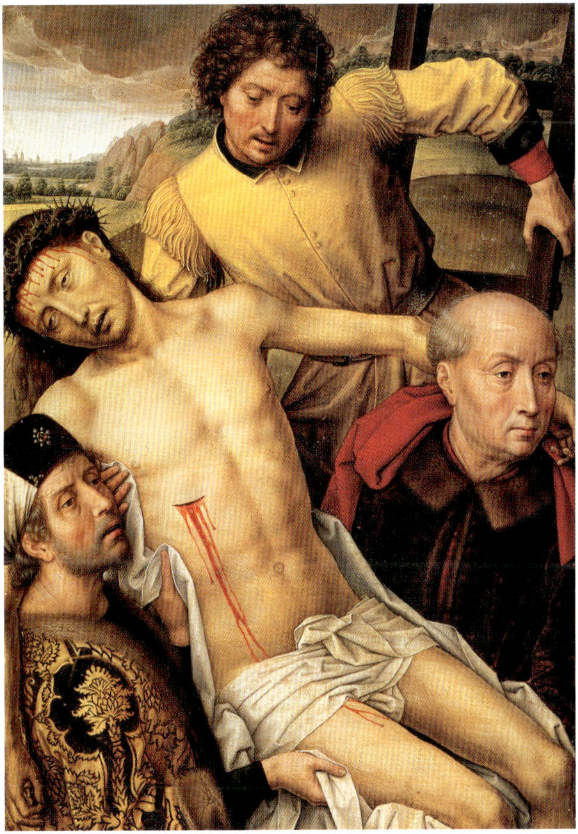

Dieric Bouts, Kreuzabnahme (Triptychon)
Öl auf Holz, Mitteltafel 191 x 145 cm,
linker und rechter Flügel je 191 x 66 cm

Dieric Bouts (um 1415–1475) gehört zusammen mit dem etwas jüngeren Hans Memling zu den großen Malern der niederländischen Schule in der Nachfolge Rogier van der Weydens. Er war ab 1457 Stadtmaler von Löwen. Das Triptychon der »Kreuzabnahme« zeigt deutlich den Einfluß des älteren Meisters, dessen gleichnamiges Hauptwerk Bouts aus der Löwener Liebfrauenkirche kannte. Es erscheint jedoch besinnlicher und ruhiger. Die Szenen sind in eine dreitorige Portalrahmung gefügt und rufen den Eindruck eines Triumphbogens hervor, durch dessen Öffnungen man auf das Geschehen blickt. Dies wird besonders im Mittelteil deutlich, wo der Kreuzesbalken von der Archivolte überschnitten wird. Wie bei Rogier van der Weyden hat Bouts hier den knappen biblischen Bericht zu einer emotional geladenen Szene umgestaltet. Joseph von Arithmäa und Nikodemus halten den Leichnam Christi, während links Johannes die zusammengesunkene Maria tröstet. Rechts ist Maria Magdalena in ihrem Schmerz dargestellt. Die Farben Rot und Schwarz akzentuieren das zur Meditation einladende Bild, das von Szenen aus der Genesis in den Archivolten des Bogens und Apostelfiguren in den Gewänden begleitet wird. Auf den schmaleren Seitenflügeln sind links die »Kreuzigung Christi« und rechts die »Auferstehung« zu sehen.

Maurischer Stuckdekor

Tritt man in das Innere eines islamischen Bauwerks, entfalten sich wie auf einem Wandteppich überall Ornamente mit wiederkehrenden Motiven. Sie bedecken jede, selbst die noch so kleinste Fläche. Geprägt ist diese Ornamentierlust vom islamischen Gesetz, das – im Unterschied zum Christentum – jedwede Art figürlicher Gestaltung untersagt. Hält dort die Bildende Kunst den Blick des Gläubigen fest und läßt vor seinen Augen eine vorgestellte Welt entstehen, so befreit hier die rhythmische Wiederholung der floralen und geometrischen Motive den Gläubigen von allen gedanken- oder vorstellungsmäßigen Verhaftungen. Sie ist »ein Gleichnis für die Kundgebung der göttlichen Wirklichkeit, die überall und in jedem Kosmos Mitte ist, ohne daß irgendein Wesen oder irgendein Ding den Anspruch erheben darf, allein ihr Abbild zu sein.« Hatten die Kalifen von Córdoba noch den behauenen Stein vorgezogen, so fand unter den Almohaden der Dekor aus skulptiertem oder geschnittenem Stuck Eingang in die maurische Architektur Andalusien. Er hatte den Vorteil, minderwertiges Baumaterial, das wegen der

Granada, Alhambra, Myrtenhof, Wandnische der nördlichen Schmalseite

oftmals kurzen Bauzeit vieler Denkmäler vermutlich bewußt gewählt wurde, mit einer kunstvollen Dekoration zu verkleiden. Seine Verwendungsmöglichkeiten waren vielfältiger Natur: So konnte er als einzelnes behandeltes Ornamentfeld oder Paneel in ein Ensemble eingefügt werden, Gewölbezwickel und Bogenfelder schmücken oder auch ganze Wände und Decken, Friese über den Türen und Fenstern oder Pilaster zieren. Ebenso reichhaltig war das Formenrepertoire: Spielerisch werden Quadrate, Achtecke, Rauten und Sterne zusammengesetzt oder miteinander verflochten, stilisierte Pflanzenmotive – Blumen und Blätter, Ranken, Rosetten und Palmetten – zu Arabesken verbunden und hieratische Schriftzeichen in schmalen Kartuschen oder langen Bändern eingefügt. Dabei wurden auch die floralen Motive geometrischen Prinzipien unterworfen – entweder durch die Geometrisierung der Formen oder durch ihre Einbindung in ein streng fortlaufendes Raster oder ein Gitternetz. Vergegenwärtigt man sich, daß diese Stuckdekorationen einst bemalt waren, kann man vielleicht noch etwas von der Farbenpracht erahnen, die den Glanz dieses spitzenartigen Flechtwerks um ein Vielfaches gesteigert haben muß.

Granada, Alhambra, Bad, Detail des Wanddekors (Mitte 19. Jh. restauriert)

Casa del Cabildo Antiguo (Madrasa)

Im Innern des Barockpalasts haben sich Reste eines Gebetsaales mit dem Mihrab erhalten, der einst Teil der von Yusuf I. errichteten Koranschule war. Hatten die Gelehrten bis dahin in Moscheen oder Privathäusern unterrichtet, so ließ der Nasridenherrscher 1349 direkt gegenüber der Großen Moschee (an deren Stelle heute die Kathedrale steht) eine Madrasa, eine juristisch-theologische Hochschule, errichten. In dem viereckigen Raum sind die überreichen Stuckdekorationen zu bewundern. Im oberen Bereich leiten Muqarnas-Zwickel zu einem Achteck über, das oberhalb eines Fenstergeschosses von einer Laterne mit einer hölzernen Balkendecke in Zeltform bekrönt wird.

Corral de Carbón

Die schöne Fassade mit dem großen Hufeisenbogen aus Backstein bildete einst den Eingang zu der Anfang des 14. Jh.s in der Nähe der Großen Moschee errichteten Karawanserei. Als einziges vollständig erhaltenes Beispiel dieses Bautypus in Spanien vermittelt sie einen anschaulichen Eindruck vom maurischen Handelsleben. Sie lag wie üblich an den Straßen, die von den Stadttoren zum Markt führten, und diente als Warenlager, Handelszentrum und Herberge. Die ursprüngliche Rechteckanlage ist noch erhalten, um deren Innenhof im Untergeschoß Stallungen für die Zugtiere, in den oberen Geschossen Gastzimmer und Lagerräume untergebracht waren. Als im 16. Jh. hier die Kohlenhändler einzogen, erhielt das Bauwerk seinen heutigen Namen (von spanisch »carbón«, Kohle). Nachdem es später als Theater und Wohnhaus diente, wurde es 1933 vom Staat erworben und von Torres Balbás renoviert. Der große Patio im Inneren wird von drei übereinanderliegenden Galerien, die auf Backsteinpilastern ruhen, umgeben.

Monasterio de San Jerónimo

Während der Belagerung Granadas hatten die Katholischen Könige 1492 das Kloster zu Ehren des Bibelübersetzers und Kirchenvaters Hieronymus gegründet, zu dem vier Jahre später im heutigen Universitätsviertel der Grundstein gelegt wurde. Auf Anordnung Karls V. wurde es zur Erinnerungsstätte für Gonzalo Fernández de Córdoba, bekannt unter dem Namen El Gran Capitán. Gemeinsam mit seiner Gemahlin fand der Heerführer Isabellas und Ferdinands und spätere Vizekönig von Neapel (gestorben 1515) hier seine letzte Ruhestätte. Ihre Figuren knien seitlich des Hochaltarretabels, das Szenen aus dem Leben Christi und Mariens darstellt. Zudem werden die ruhmreichen Taten des Gran Capitán in den Reliefs der Deckengewölbe mit den Darstellungen antiker Helden und Vertretern der Heilsgeschichte verherrlicht. Ihr Entwurf geht auf den Renaissance-Architekten Diego de Siloë zurück, der 1528 die Bauleitung übernommen hatte und als eigentlicher Gestalter der im spätgotischen Stil begonnenen Kirche gelten darf. Neben der Westfassade spiegelt v.a. der zweigeschossige Hauptpatio seine bravouröse Baukunst wieder. In die Arkaden des Untergeschosses hat er reich

geschmückte Portale eingefügt und das obere Geschoß mit einer Steinbalustrade versehen. Sie ist mit den Initalien der Katholischen Könige sowie verschiedenen Wappen, darunter das des ersten Granadiners Erzbischofs Hernando de Talavera, geschmückt.

ter Bogen, auf dessen Gewölbelaibungen in goldenen kufischen Lettern die Inschrift »Gott ist groß« steht. Seitlich des Eingangs wird der Raum durch Nischen erweitert, die mit Stuckornamenten und blau-weiß-goldenen Fliesen ausgestattet sind.

Palacio de Almanxarra, Cuarto Real de Santo Domingo

Innerhalb des heute in Privatbesitz befindlichen Baus ist der Turm eines ehemals maurischen Palastes aus der 1. Hälfte des 13. Jh.s erhalten geblieben, der zu der damaligen Befestigungsanlage gehörte. Der Palast soll einst in fürstlichem Besitz gewesen und im Zuge der Reconquista an die Katholischen Könige übergegangen sein. Sie wandelten ihn dann in ein Kloster um. Ein Besuch lohnt sich wegen des Saals im Innern des Turmes, der noch einmal die Pracht nasridischer Architektur abseits der Alhambra vor Augen führt. Den Eingang bildet ein mit Azulejos geschmückter wei-

Bañuelo

Über den Innenhof eines Hauses in der Carrera del Darro 31 gelangt man in eines der ältesten und besterhaltenen arabischen Bäder Andalusiens aus dem 11. Jh. Sie waren einst charakteristisches Element einer jeden arabischen Wohnstadt. Die drei Räume sind mit Tonnengewölben gedeckt, die z. T. von Säulen gestützt werden und die typischen sternförmigen Öffnungen aufweisen. Von besonderem Interesse sind die Kapitelle, die größtenteils aus römischen und westgotischen Bauten, teilweise auch aus der Zeit des Kalifats von Córdoba stammen. Zu jener Zeit, als eine rege Bautätigkeit herrschte, wurden aus Mangel an Bauleuten und Gründen der Zeitersparnis oftmals Spolien, d. h. Teile eines anderen Bauwerks, verwendet.

Albaicín

Jenseits des Darro, gegenüber der Alhambra, liegt das vielleicht schönste Stadtviertel von Andalusien, das mit seinen engen, steilen Gassen und den alten, weißen Häusern viel von der Atmosphäre des maurischen Granada bewahrt hat. Bis zu den letzten großen Maurenaufständen von 1568 wurde der Albaicín von Mauren bewohnt, die vor den christlichen Verfolgern aus Baeza nach Granada geflüchtet waren. Sie sollen dem Hügel seinen Namen gegeben haben – Albayyasin (der den Menschen aus Baeza gehört). Nach einer anderen Deutung leitet er sich von Albayyazin (Falknerei) ab, die unter den Arabern sehr beliebt war. Heute ist das Viertel eine malerische Wohngegend, in der sich wieder eine moslemische Gemeinde gebildet hat.

Die Kunst der islamischen Kalligraphie

Überall in der islamischen Kunst, ob als Dekor an den Wänden der Bauwerke, als Verzierung auf Stoffen, Gefäßen, Waffen oder Fliesen, findet man die – oftmals zu phantastischen Formen stilisierte – Schrift. Die Kalligraphie (Kunst des schönen Schreibens) gehörte in einer Welt, in der es bis zum 18. Jh. keinen Buchdruck gab, zu den vornehmsten Künsten. Der Kalligraph stand über den anderen Künstlern und genoß bei den moslemischen Herrschern hohes Ansehen. Die Bedeutung der Schrift im Islam liegt darin begründet, daß die Moslems die Fähigkeit zu schreiben als Gabe Gottes ansehen und den Gebrauch der Feder für eine jener Fertigkeiten halten, mit denen Gott die Menschen begnadet hat. »Lies im Namen deines Herrn, (...) er lehrte den Menschen, das Schreibrohr zu gebrauchen, er lehrte ihn, was er zuvor nicht wußte,« war die erste Offenbarung, die Mohammed empfing. Arabisch ist die heilige Sprache, denn auf Arabisch hatte Gott zu Mohammed gesprochen, und in arabischer Schrift wurden seine Worte niedergeschrieben. So kann nur der, der des Arabischen mächtig ist, die Offenbarungen wirklich begreifen. Von Anfang an bestand die wichtigste Aufgabe dieser Religion in der Wahrung und Verbreitung des Wort Gottes. Weil der Islam als Religion eines nicht abbildbaren Gottes figürliche Darstellungen untersagt (nach einer Auslegung sündigt der Mensch, wenn er ein Abbild schafft, da er ihm keine Seele geben kann), schufen die Künstler aus der Schrift eine höchst dekorative Schmuckform, denn – so lautet eine Überlieferung Mohammeds – »schönes Schreiben läßt die Wahrheit hervortreten.«

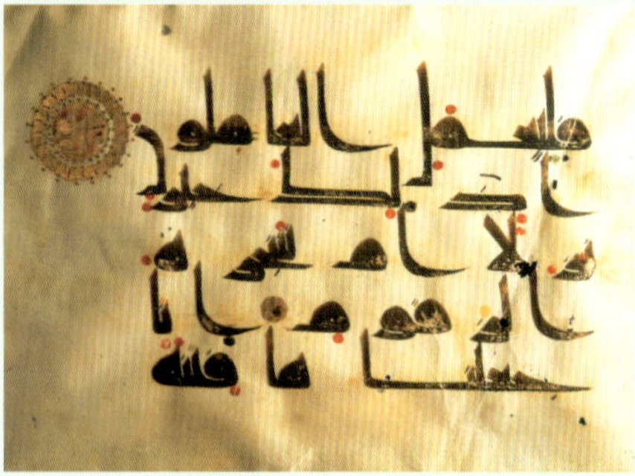

Blatt aus einer Koranhandschrift in kufischer Schrift, Abbasiden-Zeit, 9. Jh., Irak, Mrs. Bashir Mohamed Collection

Das arabische Alphabet

Arabisch wurde erst im späten 7. Jh. unter den Omaiyaden zur offiziellen Sprache des islamischen Reichs. So wurden die unterworfenen Völkerschaften ungeachtet ihrer kulturellen und nationalen Vergangenheit zu einem homogenen Gesamtgefüge verschmolzen. Als gottgegebene Sprache des Koran war Arabisch zunächst auch die Sprache des Gottesdienstes und des Rechts, wurde nun zur Sprache der Literatur, der Wissenschaft und der Administration. Nach

Ein Kalligraph bei der Arbeit, al-Kazwini, Die Wunder der Schöpfung, 16. Jh., türkische Handschrift, London, British Museum

der allgemeinen Auffassung übernahmen die Araber ihr Alphabet von den Syrern und versahen verschiedene Buchstaben mit diakritischen Zeichen, um sie voneinander zu unterscheiden. Das arabische Alphabet ist im wesentlichen eine Kursivschrift, die von rechts nach links gelesen wird und keine Großbuchstaben enthält. Es besteht aus 28 Konsonanten, die je nach ihrer Stellung im Wort, am Anfang, in der Mitte oder am Ende, anders geschrieben werden. Sie

Das arabische Alphabet

werden durch bestimmte Zeichen wiedergegeben und sind entlang einer horizonalen Linie angeordnet, über und unter der sich Vokale, diakritische und andere Sonderzeichen reihen. Hinzu kommt der erste Buchstabe des Alphabets, das Alif, der das Maß vorgibt und nach dessen Größe sich alle Buchstaben des Alphabets richten.

Die arabischen Schriften

Aufgrund des kursiven Charakters der Schrift begann schon früh ihre kalligraphische Ausgestaltung. Durch die einfachen geometrischen Grundelemente konnten deren Verbindungen vielfach in einem Zug geschrieben werden. Im Verlauf der Jahrhunderte entwickelte sich eine Vielzahl von Schulen und Stilen. In jedem Land entstand eine besondere Schreibweise. Manchmal waren die Schriften an bestimmte Materialien gebunden oder wurden nur für eine bestimmte Thematik – wie Koranverse, Gedichte oder offizielle Dokumente – verwendet.
Eine der ältesten Schriften ist das nach der Stadt Kufa benannte Kufi, eine auf eckige Elemente gestützte Schrift, die immer waagerecht, oft mit einer betonten Basis, geschrieben wird. Seit den Anfängen des Islam war sie wegen ihres feierlichen, monumentalen Charakters die vorherrschende priesterliche Schrift, in der der Koran und Texte von hohem religiösem Wert niedergeschrieben wurden. Durch die Einführung des Hadernpapiers, das leichter als das spröde Papyrus zu beschreiben war, und den Gebrauch der Rohrfeder entwickelte sich parallel dazu im 8. Jh. eine gerundete Schriftform, deren Linien sich aus einer Reihe von Schleifen zusammensetzen. Im 10. Jh. wurde das Naschi,

eine der Stenographie ähnliche Schrift, die sich besser für bürokratische und private Zwecke eignete, in den Rang einer Koranschrift erhoben und löste schließlich das Kufi ab. Aus diesem Duktus entstand dann eine Vielzahl gerundeter Schriftarten wie der andalusisch-maghrebinische Stil in Andalusien, der sich vom Naschi durch eine schlankere, weichere Federführung und engere Wortzwischenräume unterscheidet. Die alten Kufi-Buchstaben aber blieben als besonders würdevoller Schmuckstil den sakralen Monumenten und den heiligen Texten vorbehalten.

Kalligraphie und Architektur

Eines der wesentlichen Gestaltungselemente islamischer Architektur sind die Kalligraphien, die, verbunden mit floralen Arabesken und geometrischen Ornamenten, die Wände von Moscheen, Palästen und Grabmälern überziehen. Dank des außergewöhnlichen Gestaltungsreichtums ihrer Schriftzeichen, deren Harmonie und der rhythmischen Bewegung ihrer Komposition, schaffen sie ein reiches Spiel an Licht und Schatten, das die Nuancen der Farben und Formen hervortreten läßt. Als die Gestalt gewordene Erscheinungsform von Sprache und Schrift verherrlichen Kalligraphien das verborgene Antlitz Allahs. Eingebunden in einen geometrischen Rahmen zitieren sie Verse aus dem Koran, um Gott und den Propheten zu loben, religiöse Vorschriften, Glaubensbekenntnisse und Gebete, preisen den Herrscher, geben Gedichte der Poeten wieder oder nennen den Bauherrn und den Anlaß der Erbauung. Wurde das Kufi bis ins 11. Jh. ausschließlich für epigraphische Texte verwendet, fand dann das Naschi Einzug in die islamische Architektur, weil es durch seine kursive Struktur den Künstlern andere Möglichkeiten zur kreativen Entfaltung bot. Diese Innovation hat zur stetigen Weiterentwicklung geführt, denn durch die Anpassung an die Dimensionen und Materialien der Architektur wurden auch die Formen der Schriftzeichen Veränderungen unterworfen.

Kufische Inschrift, Alhambra, Sala de los Embajadores

Monasterio de la Cartuja

Einst lag das wegen seiner barocken Sakristei berühmte Kartäuserkloster inmitten von weiten Ländereien außerhalb der Stadt. Es geht auf eine Stiftung des Gran Capitán aus dem Jahre 1506 zurück, der an dieser Stelle gegen die Mauren gekämpft haben soll. Die endgültige Fertigstellung erfolgte aber erst im 18. Jh.

Über dem Portal der schlichten, von Lisenen umrahmten Fassade steht eine Statue des Ordensgründers, dem Hl. Bruno. Seine Anhänger lebten hier in Einzelzellen, bis die Franzosen im Jahre 1824 das Kloster schwer beschädigten. Durch eine Vorhalle gelangt man in den Kreuzgang mit Orangenbäumen, dessen Nebenräume einen Besuch lohnen. Hier werden Gemälde des Laienbruders Juan Sánchez Cotán (1560–

1627) und des Malers Vicente Carducho (1578–1638) ausgestellt, darunter einen Zyklus zur Ordensgeschichte sowie Bilder, die das Martyrium der Kartäuser in England zur Zeit Heinrichs VIII. illustrieren.
Schon beim Eintritt in die einschiffige Klosterkirche, die der Architekt Cristóbal Vilches in der 1. Hälfte des 17. Jh.s vollendete, fällt der überreiche phantasievolle Stuckdekor auf, der die Cartuja zu einem der Meisterwerke barocker Architektur macht. Der Raum ist durch schmiedeeiserne Gittertüren in einen Mönchs- und einen Laienbereich unterteilt, zu deren Seiten zwei Altäre mit der »Taufe Christi« und der »Flucht nach Ägypten« von Juan Sánchez Cotán stehen. Das letztgenannte Gemälde besticht durch ein Stilleben aus Brot und Käse, welches den ärmlichen Proviant der Heiligen Familie darstellt. Auf die Schutzpatronin des Klosters, María de la Asunción, gehen die sieben Bilder von Pedro Atanasio Bocanegra ein, die Szenen aus dem Leben der Jungfrau darstellen (1670). Blickfang des gesamten Innenraums aber ist der 1710 von dem Architekten und Bildhauer Francisco Hurtado Izquierdo gestaltete Baldachinaltar im Chor. Er steht auf einem Sockel aus rotem Marmor mit schwarzen Inkrustationen, wird von sechs vergoldeten Säulen mit floralem Dekor und eingelegten Spiegeln getragen und von einem Gemälde der Virgen de Asunción bekrönt.

en stellt sie ein Meisterwerk der hochbarocken Dekoration dar. An der von Antonio Palomino ausgemalten Kuppel sind im Zentrum die Dreifaltigkeit, darunter der Hl. Bruno mit der Weltkugel, in den Pendentifs die vier Evangelisten zu sehen.

Sakristei (Sacristía)

Ziel jeden Besuches ist die 1727 begonnene einschiffige Sakristei, die zu den Höhepunkten des spanischen Barocks gehört und einen starken Kontrast zur Farbenpracht des Sagrario darstellt. Oberhalb des Sockels aus gemasertem, farbigem Marmor überzieht ein reicher, vielfach aufgebrochener und profilreicher Dekor aus weißem Stuck die Wände. Er löst die architektonischen Gliederungselemente nahezu auf und verändert sich je nach Art des Lichteinfalls ständig. Schränke mit Intarsienarbeiten aus Holz, Elfenbein, Schildpatt und Silber unterstützen diesen Effekt. Das polychrome Marmorretabel wird von der Statue des Hl. Bruno beherrscht. Er ist über einen Totenschädel in seiner linken Hand meditierend dargestellt. Heilige und Erzengel schmücken die Kuppel, Gemälde von Heiligen des Kartäuserordens zieren die Wände.

El Sagrario

Auf Hurtado Izquierdo geht auch die quadratische Kapelle des Sagrario (1704/05) zurück, in deren Mitte sich ein polychromes Marmorretabel erhebt. Mit goldenen Schnitzarbeiten, leuchtenden Fresken, einer reichen Marmorausstattung und Statu-

Guadix

Catedral Santa María de la Encarnación

Die für ihre Höhlenwohnungen bekannte Stadt wird als Wiege des spanischen Christentums angesehen, da ihre Einwohner nach einem wundersamen Ereignis durch den Hl. Torcuato bekehrt worden sein sollen. Auf den Fundamenten der ehemaligen Freitagsmoschee erhebt sich die dreischiffige Renaissance-Kathedrale, die 1510 begonnen wurde, ihre entscheidende Gestaltung aber 1549 durch Diego de Siloë erfuhr und erst 1796 vollendet wurde. Nach dem Vorbild der Kathedralen von Málaga und Granada entwarf der Kathedralbaumeister von Granada einen neuen Chor und einen Turm, der schließlich im 17. Jh. hinzukam. Die monumentale Fassade, die neben barocken schon erste frühklassizistische Stilelemente aufweist, ist das Ergebnis einer Umgestaltung im 18. Jh. durch Vicente de Acero, den Baumeister der Kathedrale von Cádiz.

Lacalahorra

Castillo de La Calahorra

Vor dem Hintergrund der nahen Gebirgszüge der Sierra Nevada bieten die Mauern mit ihren vier runden, kuppelgedeckten Ecktürmen ein malerisches Bild. Nach außen präsentiert sich das 1509–1513 entstandene Bauwerk als solide Festung, im Innern aber offenbart es sich als glanzvoller Palast der italienischen Renaissance. Architekten, Bildhauer und Handwerker aus Italien, allen voran der Genuese Michele Carlone, waren an der Ausstattung beteiligt, für die eigens Bauelemente aus Carrara-Marmor in Italien gearbeitet und dann in Spanien montiert wurden. So wurde die Anlage v. a. für die Entwicklung des Platereskenstils bedeutsam, brachte ihre Dekoration doch erstmals die bekannten Elemente der italienischen Renaissance nach Andalusien. Eigentlich war Castillo de La Calahorra ein Brautgeschenk, das der Markgraf, ein Sohn des berühmten Kardinals Mendoza, seiner ersten Gemahlin überreichte. Prunkstück ist der zweigeschossige Innenhof mit lateinischen Inschriften und Wappen, die sich auf die Verbindung der Familien des Markgrafen und seiner zweiten Gemahlin beziehen.

Provinz Jaén

Provinz Jaén

»Felder, nichts als Felder – und zwischen den Olivenbäumen weiße Bauernhöfe«, so beschrieb der spanische Dichter Antonio Machado (1875–1939) die Provinz, die er schwärmerisch »silbernes Jaén« nannte. Und in der Tat, überall trifft man hier auf endlos weite Olivenhaine, die sich wie ein grünes Netz über die roten und hellen Hügelketten ziehen und im Sonnenlicht einen silbernen Glanz ausbreiten. Nur wenige Städte, so die schönen Renaissance-Städtchen Úbeda und Baeza oder die gleichnamige Provinzhauptstadt, unterbrechen dieses Bild und lassen verstehen, daß die strukturschwache Region wirtschaftlich völlig von der Monokultur des Olivenanbaus abhängig ist. Lediglich der Osten der Provinz unterbricht diese Monotonie, liegt doch hier im Quellgebiet des Guadalquivir und des Río Segura Spaniens größter Naturpark: Die Sierra de Cazorla und die Sierra de Segura gehören wegen ihrer außergewöhnlichen Pflanzenvielfalt und den vielen Tierarten zu den Geheimtips für Reisende. Aber trotz der Begeisterung, die viele Besucher für die Provinz verspüren, ist die Stadt Jaén seit Jahrhunderten nur eine Durchgangsstation geblieben, in die sich wenige Touristen verirren: Wie zu Zeiten der Mauren, die dem Ort den Namen Giyen oder Geen (Karawanenweg) gaben, liegt sie noch heute im Schnittpunkt vieler Verkehrswege, die vom Norden an die Küste führen. Schon die Karthager hatten die strategische Lage Jaéns erkannt, das sie wegen der Silberminen Aurigii nannten. Unter den Römern wurde es als Flavia zur Stadt erhoben und nach dem Zerfall des Kalifats zur Hauptstadt eines der vielen Taifa-Reiche. Die strategische Lage machte die Region zum Schauplatz heftiger Kämpfe während der Reconquista: Der Paß Desfiladero de Despeñaperros (Engpaß der Herabstürzenden Hunde) gelangte als Einfallstor Kastiliens nach Andalusien zu großer Berühmtheit, denn an dieser unüberwindbar erscheinenden Stelle soll ein Schafhirte den Armeen Alfons VIII. einen Pfad hinunter gewiesen haben. Damit war der Weg nach Andalusien frei und Alfons VIII. konnte nach seinem Sieg über die Almohaden bei Navas de Tolosa 1212 den christlichen Eroberungszug gegen die Mauren antreten. Auch andere historische Schlachten sind in der Nähe des Passes ausgetragen worden: So wurden 1808 bei Bailén die napoleonischen Truppen vernichtend geschlagen. Jaén aber, das 1246 dem Christen Ferdinand III. zufiel, hatte nur noch kurze Zeit als Grenzfestung im Kampf gegen das Königreich von Granada Bedeutung und leidet bis heute unter seinem Schicksal. Kulturell stellt es eine Besonderheit dar, treffen doch hier die Kunstlandschaften Kastiliens und Andalusiens aufeinander.

Jaén, La Guardia de Jaén

Jaén

Museo Provincial,
Paseo de la Estación 29, S. 370

Baños Árabes, Plaza de
S. Luisa de Marillac, S. 365

weitere Sehenswürdigkeiten:

1 Palacio Episcopal,
Plaza de Santa María

2 Iglesia de San Bartolomé,
Plaza de San Bartolomé

3 Arco de San Lorenzo,
Almendros Aguilar

4 Iglesia de San Andrés,
Calle de San Andrés

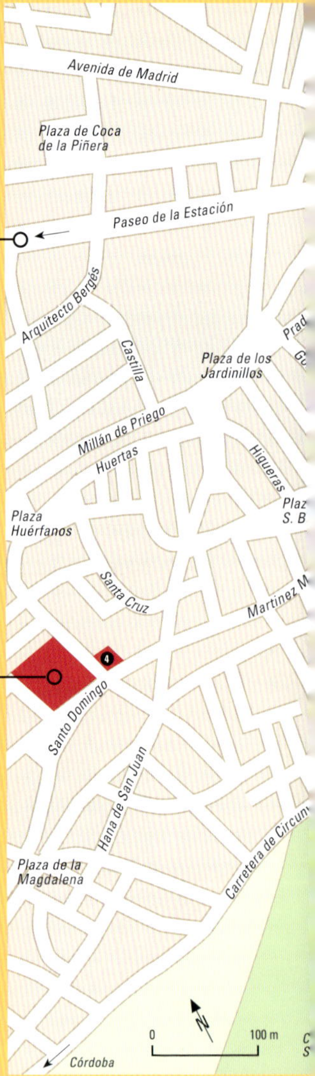

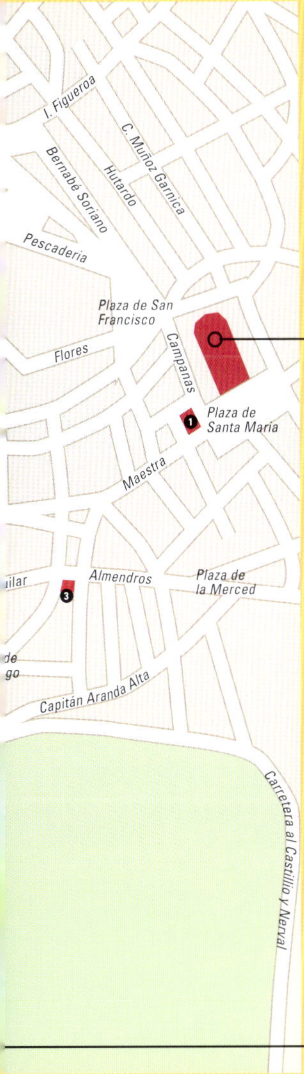

Catedral, Plaza de Santa María, S. 366

Castillo de Santa Catalina, S. 364

Castillo de Santa Catalina

Die Burg trägt ihren Namen nach der Hl. Katharina, an deren Tag sich 1246 die Eroberung Jaéns zutrug. Auf den Ruinen des arabischen »castillo«, das als eines der unzugänglichsten und meist befestigsten galt, ließ der christliche Herrscher einen Neubau mit Hilfe maurischer Handwerker aus Granada errichten, der lange Zeit die Bastion des christlichen Spaniens blieb.

Von dort ging man in den mehrschiffigen, überkuppelten Zentralraum, der das Warmbad enthielt. Der Badevorgang wurde schließlich in einem kleineren Seitenraum mit kaltem Wasser, das in Tonkrügen bereitgestellt war, beendet.
Von den Bädern verlief ein unterirdischer Verbindungsgang zum Gebäudekomplex des Klosters Santo Domingo mit einem schönen Innenhof, an dessen Stelle sich einst der maurische Königspalast erhob.

Baños Árabes

1913 wurden unter dem Palacio de Villadompardo aus dem 16. Jh. die Reste arabischer Bäder entdeckt, die mit einer Gesamtfläche von 470 m^2 zu den größten in ganz Spanien gehören und die hoch entwickelte Badekultur in Andalusien eindrucksvoll belegen. Nach einem Taifa-König, der im 11. Jh. über die Stadt regierte und einer Legende zufolge hier ermordet worden sein soll, werden sie auch Banos de Alí genannt. Die Raumabfolge gibt einen guten und bleibenden Einblick in das arabische Badeleben, das als gesellschaftlicher Treffpunkt genutzt wurde: Über eine Vorhalle, in der die Kleider abgelegt wurden, trat der Besucher in das Dampfbad, dessen sternförmige Öffnungen in den Gewölbekuppeln Licht und Luft verschafften. Heißwasserkanäle unter den Fußböden sorgten für die Erwärmung des Bades, indem das verspritzte Wasser verdampfte.

Catedral

Westfassade

Über den Dächern der Altstadt erhebt sich eine der schönsten Renaissancekirchen Andalusiens. Ob man sie von fern oder aus unmittelbarer Nähe betrachtet, immer beeindruckt der rechteckige, massive Baukörper durch seine Ausgewogenheit. Die dreischiffige Hallenkirche, die an der Stelle der früheren Hauptmoschee und eines gotischen Vorgängerbaus steht, wurde um 1540 nach Plänen des einheimischen Architekten Andrés de Vandelvira begonnen. Nach über 150jähriger Bauzeit konnte sie schließlich Anfang des 18. Jh.s fertiggestellt werden. Aus der letzten Bauphase stammt die von Eufrasio López de Rojas errichtete Doppelturmfassade im Westen, die mit ihrem Säulen- und Figurenschmuck nach Art eines barocken Retabels dem Bau seine Strenge nimmt. Zur Plaza de Santa María hin öffnet sie sich in drei Portalen zwischen korinthischen Säulen auf hohen Postamenten und mit einem monumentalen Attikageschoß. Hier thront inmitten von Evangelisten und Kirchenvätern Jaéns Eroberer, Ferdinand III., mit Schwert und Reichsapfel in den Händen, in einer übergiebelten Nische. Seinen Blick hat er bezeichnenderweise hinüber zur ehemals maurischen Burg gerichtet. Alle Skulpturen, wie die Nischenfiguren von Petrus und Paulus im Untergeschoß, sind Werke von Pedro Roldán.

Grundriß

Nach dem Vorbild der Kathedrale von Sevilla ist die Kirche als Rechteck mit drei gleich hohen Schiffen und jeweils zwei angrenzenden Seitenkapellen konzipiert, in dessen Mitte der Chor mit einem aufwendig geschnitzten Chorgestühl aus dem frühen 16. Jh. und die Capilla Mayor liegen. Letztere birgt in einem goldenen Schrein den wichtigsten Schatz der Kathedrale, das Schweißtuch der Hl. Veronika mit dem Antlitz Christi.

Sakristei (Sacristía)

Bedeutendster Innenraum ist die von Vandelvira entworfene Sakristei. Gekuppelte Säulen mit abwechselnd hohen und kleinen Arkaden, die an die Moschee von Córdoba erinnern, gliedern den tonnengewölbten Raum. In den Nischen stehen Schränke zur Aufbewahrung der Meßgewänder und liturgischen Geräte. Von hier aus gelangt man in das Kathedralmuseum, das viele Kunstschätze, darunter Gemälde von José de Ribera und Valdés Leal, ausstellt.

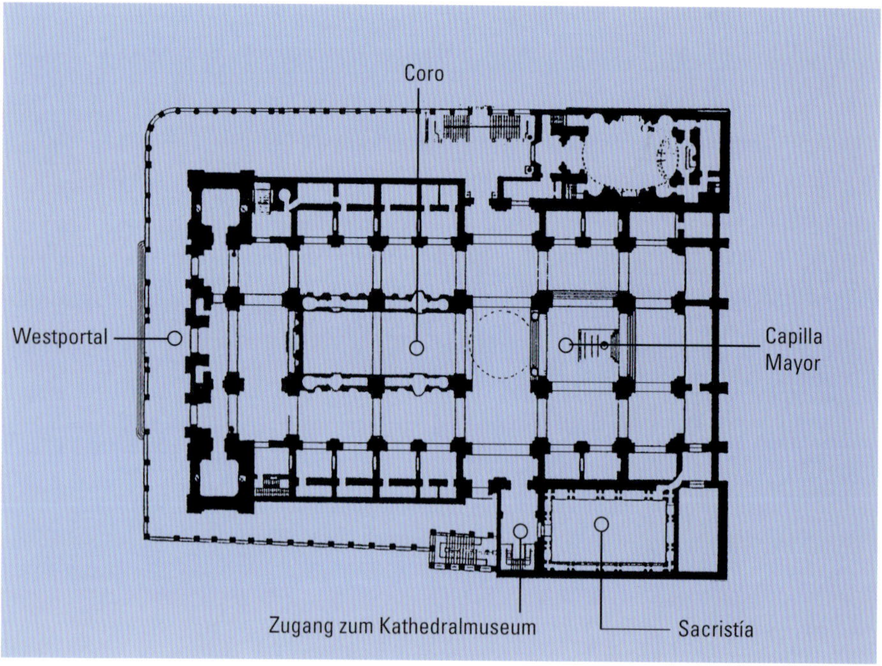

Museo Provincial

Torso eines Reiters aus Porcuna

Der Torso ist Teil eines umfangreichen Fundkomplexes aus dem antiken Obulco (heutiges Porcuna). Er kann als einzigartiges Beispiel für den Einfluß der griechischen Kunst auf die iberische Kultur im 5. Jh. v. Chr. angesehen werden. Die über 40 nicht ganz lebensgroßen Skulpturen aus einheimischem Gestein, die alle derselben Werkstatt entstammen, waren wohl um 400 v. Chr. zerschlagen und vergraben worden. Ihre Themen – Kampf- und Jagdszenen, mythologische Darstellungen, Götter, Priester, Adler, Löwen, Stiere, Sphingen – lassen vermuten, daß die Statuen einst als Weihgeschenke in einer heiligen Stätte aufgestellt waren oder dort eine Rolle im Totenkult gespielt haben.

Frühchristlicher Sarkophag aus Martos

Zu den schönsten und kostbarsten Zeugnissen der frühchristlichen Kunst im spätrömischen Reich gehören in Hispanien die steinernen Sarkophage. Sie wurden offensichtlich nach künstlerischen Vorbildern aus der Hauptstadt Rom gemeißelt. In den Nischen des Säulensarkophages aus Martos sind Szenen aus dem Neuen Testament dargestellt: Die wundersame Brot- und Fischvermehrung, die Bitte des kananäischen Weibes um die Heilung ihrer vom Dämon besessenen Tochter, die Verleugnung Petri, die Heilung des Blinden und des Gelähmten sowie die Hochzeit zu Kana.

Baeza und Úbeda

Anders als die Orte im Süden und Westen Andalusiens sind die beiden Städte Baeza und Úbeda, nur 9 km voneinander entfernt und nahe der kastilischen Grenze, nicht hauptsächlich durch ihre maurische Geschichte geprägt. Vielmehr fühlt man sich hier in die Zeit der Renaissance versetzt: Sandsteinfarbene Kirchen und Paläste aus dem 16. Jh. beherrschen das Bild der »Zwillingsstädte« und fügen sich gleichzeitig harmonisch in die noch immer weißen Häuser der maurisch-arabischen Vergangenheit ein. Beide Städte haben eine lange Tradition aufzuweisen: An der Stelle des römischen Beatia (glückliche Stadt), einem der wichtigsten Zentren der Baetica, gründete König Bayyani 1013 in Baeza ein unabhängiges Reich. Úbeda, eine iberische Siedlung, hatte als Ubdalat al-Arab schon in maurischer Zeit Bedeutung gewonnen und war für seine Keramik und »ubedíes« (Teppiche aus versponnenem Espartogras) in ganz Andalusien bekannt. Die Eroberung durch Ferdinand III. – Baeza wurde 1227, Úbeda 1234 eingenommen – setzte der maurischen Herrschaft ein Ende. In der Folgezeit fiel beiden Städten die Rolle wichtiger Grenzfesten im Kampf gegen das Königreich Granada zu. Ihre wirtschaftliche und kulturelle Blüte erlebten sie im 16. Jh., als sich viele Adelige, die an der Reconquista teilgenommen hatten, hier niederließen. Sie waren die Bauherren der zahlreichen Kirchen und Paläste, deren prunkvolle Fassaden den Reichtum ihrer Stifter zur Schau stellten. Baeza wurde von Antonio Machado, der hier mehrere Jahre als Lehrer tätig war, als »schöne Stadt, halb maurisch, halb La Mancha, aus deren ehrwürdigen Steinen ihre ruhmreiche Vergangenheit spricht«, gerühmt. Sie war ab 1542 Universitätsstadt und über mehrere Jahrhunderte Bischofssitz. In Úbeda waren es v. a. zwei Männer, die die Geschicke der Stadt in der Zeit der Renaissance bestimmten: Francisco de los Cobos y Molina, Staatssekretär Karls V. und sein Neffe Juan Vásquez de Molina, der in den Diensten Philipps II. stand. Ihnen verdankt der Architekt Andrés de Vandelvira (1509– 1575) seine glanzvolle Karriere, von der viele Bauten in Baeza und Úbeda Zeugnis ablegen.

Úbeda, Casa de los Salvajos (Detail)

Baeza, Fuente de Santa María

Baeza

Plaza del Pópulo, S. 376

Palacio de los Marqueses de Jabalquinto, Calle San Juan de Ávila, S. 387

Catedral de Santa María, Plaza Santa María, S. 386

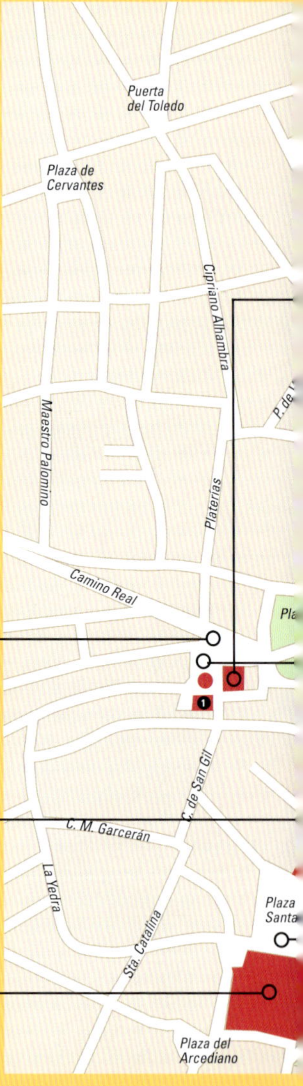

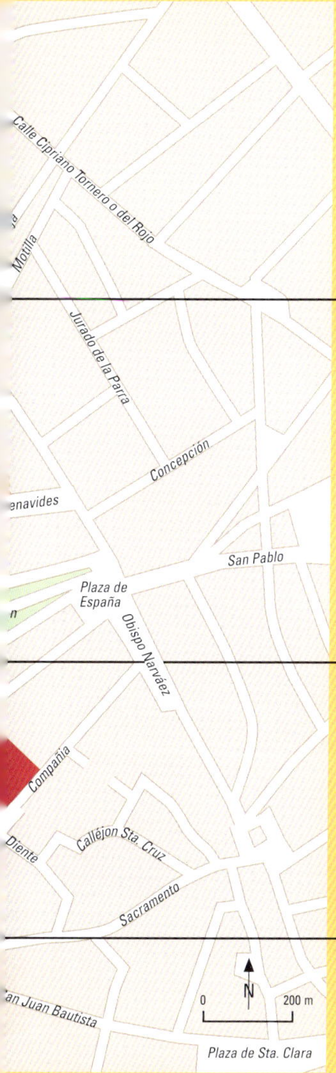

Antigua Carnicería, Plaza del Pópulo, S. 377

Fuente de los Leones, Plaza del Pópulo, S. 377

Fuente de Santa María, Plaza Santa María, S. 373

weitere Sehenswürdigkeiten:

1 Casa del Pópulo, Plaza del Pópulo

2 Seminario de San Felipe Neri, Plaza Santa María

3 Universidad, Calle Beato Ávila

4 Ayuntamiento, Calle Cuesta Buenavides

Plaza del Pópulo

Als schönster Platz der Stadt gilt die Plaza del Pópulo, die an drei Seiten von Renaissancebauten umschlossen wird. Die zweigeschossige Casa del Pópulo, zwischen 1535 und 1540 erbaut, war ursprünglich Zivilgericht und Kanzleigebäude. Daher wurde das Bauwerk auch Audiencia Civil e Escribanías genannt. Hinter den sechs Eingängen des Untergeschosses hatten die Stadtschreiber früher ihren Arbeitsplatz; heute ist dort die Touristeninformation untergebracht. Der Name geht auf die Virgen del Pópulo zurück, deren Skulptur

einst auf dem rechten Balkon an der plateresken Fassade mit den Wappen Karls V. und der Stadt gestanden hat. Seitdem nach der christlichen Eroberung von 1227 vor dieser Schutzmantelmadonna die erste Messe gefeiert worden war, baten die Soldaten vor jedem Aufbruch zur Schlacht um den Schutz der Madonna.
Daneben schließen sich die Puerta de Jaén, eine Ehrenpforte, die 1526 anläßlich des Besuchs von Karl V. errichtet worden war, und der Arco de Villalar an. Er wurde zur Erinnerung an den kaiserlichen Sieg über die Comuneros, die aufständischen kastilischen Städte, in der Schlacht von Villalar 1521 erbaut, an der viele Adelige der Stadt teilgenommen hatten.

Fuente de los Leones

Das Zentrum des Platzes bildet der Löwenbrunnen aus dem 16. Jh., dessen Skulpturen ebenso wie die Säule aus der römischen, ehemals karthagischen Stadt Cástulo (bei Linares, Provinz Jaén) stammen. Der Überlieferung nach stellt die weibliche Statue, die den Brunnen auf einer Säule mit den vier Löwen zu ihren Füßen bekrönt, die iberische Fürstentochter Imilce, die Ehefrau Hannibals, dar.

Antigua Carnicería

Die repräsentative Fassade der Alten Fleischerei neben der Fuente de los Leones läßt nichts von der ursprünglichen Bestimmung des Renaissancebaus erkennen: Über dem flächigen Erdgeschoß ist eine Galerie angelegt, zwischen deren Pfeilern in der Mitte das gewaltige Wappen Karls V. erscheint. Heute dient das 1550 vollendete Gebäude als Stadtarchiv und Museum.

Reyes católicos

Pfeilebündel und Ochsenjoch schmücken die Außenwände der Capilla Real in Granada, verbunden mit den Buchstaben F (für Fernando) und Y (für Ysabella). Diese Embleme stehen als Symbol für ein ungewöhnliches Herrscherpaar, das als Isabella von Kastilien (1474–1504) und Ferdinand II. von Aragón (1479–1516) über beide Königreiche in Personalunion regierte und 1496 von Papst Alexander I. mit dem Ehrentitel »reyes católicos« (Katholische Könige) ausgezeichnet wurde. Ihre Regentschaft ist durch innen- und außenpolitische Umwälzungen gekennzeichnet und gilt als Wendepunkt in der modernen Geschichte Spaniens. Zugleich ist sie aber auch eine der umstrittensten Epochen des Landes. Die Könige übernahmen ein abgewirtschaftetes, politisch zerrüttetes Land und schufen einen geeinten Staat unter christlichen Vorzeichen, mit dem der Grundstein für den Aufstieg Spaniens zur europäischen Hegemonialmacht unter Karl V. und Philipp II. gelegt wurde. Voraussetzung für ihren Erfolg war das persönliche Einvernehmen der Herrscher, die – trotz mancher verschiedener Ansichten und unterschiedlich verteilter Rollen – eine weitestgehend einheitliche und kohärente Politik verfolgten. »Tanto monta, monta tanto Isabel como Fernando« (Gleichviel gelten, Hand in Hand, Isabella und Ferdinand) war ihr Wahlspruch.

Als sie 1469, mit siebzehn beziehungsweise achtzehn Jahren, ihre Vermählung feierten, bedeutete dies das Ende der jahrhundertelangen Machtkämpfe zwischen den beiden größten Königreichen Spaniens. Wenn die Hochzeit auch als die Verbindung zweier Ebenbürtiger angesehen wurde, so war doch Kastilien das größere und bedeutendere Reich mit 6–7 Millionen Einwohnern und besaß dreimal so viel Fläche wie Aragón, dessen Bevölkerung sich auf etwa eine halbe Million belief. Für die Eheschließung mag der Gedanke an den Zusammenschluß ihrer beider Königreiche zwar eine Rolle gespielt haben, aber im Vordergrund standen die Eigeninteressen des jeweiligen Landes.

Granada, Capilla Real, Fassade, Details: Ochsenjoch und Pfeilebündel

Granada, Capilla Real, Statuen der Katholischen Könige

So suchte Aragón den Beistand gegen Frankreich und die rebellierenden Katalanen und hoffte auf eine Rückgewinnung einiger an Kastilien verlorengegangener Ländereien, während Isabellas Beratern diese Verbindung als die geeignetste für die Thronfolgerin erschien. Denn der amtierende König, Heinrich IV., favorisierte noch immer seine Tochter Johanna als seine Nachfolgerin. Kastilien und Aragón hatten den Wunsch, ihre Ressourcen zusammenzuführen, nicht aber ihre unterschiedlichen staatlichen und sozialen Institutionen, ihre Traditionen oder sogar ihre Sprache aufzuheben. Zwar war die Hochzeit letztlich der auslösende Faktor für die Gründung des modernen Spaniens, aber dahinter hatte nie die visionäre Vorstellung eines vereinten Staates gestanden. Aus der Rückschau wird deutlich, daß dies nur durch das zeitliche Zusammenwirken von komplexen innenpolitischen Vorgängen auf der Iberischen Halbinsel möglich wurde.

Spanien auf dem Weg zur Macht

Dank einer geschickten Außen- und Bündnispolitik sollten die Katholischen Könige während ihrer 35jährigen gemeinsamen Herrschaft Spanien zur führenden Macht im westlichen Mittelmeer machen. Bis dahin aber war es ein weiter und beschwerlicher Weg.

Der erste außenpolitische Schachzug war die erfolgreiche Beendigung des kastilischen Erbfolgekrieges im Jahre 1479, der durch die Ansprüche des portugiesischen Königs Alfons V. auf den kastilischen Thron ausgelöst wurde. Um den Preis erheblicher wirtschaftlicher Zugeständnisse – sie betrafen die Abmachungen

über die Abgrenzung der jeweiligen Interessensphären im Atlantik – erreichten die Könige den Verzicht Portugals auf alle Erbansprüche. Sie schlossen darüber hinaus ein Bündnis mit dem bedeutendsten Rivalen auf der Iberischen Halbinsel, das sie durch die Hochzeit ihrer ältesten Tochter mit dem Enkel des portugiesischen Königs festigten.

Der zweite Triumph sollte die Einnahme des maurischen Granadas werden, welche die seit über 700 Jahren währende Reconquista, die Wiedereroberung ursprünglich spanischen Territoriums von den Mauren, zu einem Abschluß brachte. Zwar war das reiche, kulturell und wirtschaftlich blühende Emirat der kastilischen Krone schon seit längerem tributpflichtig, bestanden zwischen beiden enge diplomatische Beziehungen und ein reger Handelsaustausch, doch kam es oft zu Grenzstreitigkeiten, welche immer wieder den Einsatz kastilischer Kräfte erforderten. Zudem bestand die Gefahr, daß sich Granada im Ernstfall mit den Feinden Kastiliens verbünden konnte, da es schon jetzt Verbindungen zu den islamischen Piraten Nordafrikas unterhielt, welche wiederholt die Küstenregionen geplündert hatten. Obwohl das maurische Fürstentum durch interne Fraktionskämpfe politisch gespalten und geschwächt war – was einen Militärschlag hätte günstig erscheinen lassen – waren es Grenzscharmützel, an denen sich der Krieg entspann. Er wurde auf Betreiben Isabellas fortgesetzt, die nachhaltig die Eroberung der letzten maurischen Bastion in Andalusien forderte. Zehn Jahre vergingen, in denen ein riesiges Heer mobilisiert und große Summen aufgebracht werden mußten, bis die Katholischen Könige im Januar 1492 als Sieger in die Stadt einziehen konnten. Als »Kreuzfahrer für den Glauben« wurden sie in ganz Europa gerühmt und vom Papst mit dem Ehrentitel ausgezeichnet.

Philipp I. von Kastilien, genannt »der Schöne«, Pedro Maranello zeigt seine Werke den Königen

Im gleichen Jahr begann die Expansion nach Amerika. Nachdem Granada gefallen war, schienen ausreichend Ressourcen frei, um Portugal die Führung in der Meereserkundung streitig zu machen. So hat Portugal denn auch sofort, als es von der glücklichen Heimkehr des Christoph Kolumbus im Frühjahr 1493 Kenntnis bekam, seinen vertraglich zugesicherten Anspruch auf die entdeckten Inseln geltend gemacht. Aber Isabella und Ferdinand gelang es, Papst Alexander VI. auf ihre Seite zu ziehen, der eine neue Trennungslinie für die beiderseitigen Interessenssphären vorschlug. Man legte eine imaginäre Trennungslinie fest, die den Atlantik westlich der Kapverdischen Inseln teilte, und alle Länder westlich dieser Linie wurden Kastilien, alle östlich davon gelegenen Portugal mit den jeweils exklusiven Seefahrts- und Kolonisationsrechten zugesprochen. Für Spanien sollte das der Beginn der Conquista, der Eroberung der Neuen Welt, werden, die dem Land unter Karl V. riesige Mengen an Gold und Silber einbrachten.

Das letzte außenpolitische Unternehmen, das von aragonesischen Interessen geleitet war, fand auf italienischem Boden statt. Ferdinand, zugleich König von Sizilien, konnte 1503 Süditalien und Neapel von der französischen Okkupation befreien, das Königreich Neapel der spanischen Krone angliedern und damit die Vor-

Hauptaltar in der Hauskapelle der Katholischen Könige, 1504, Sevilla, Oberer Palast der Alcázares Reales

herrschaft Spaniens im westlichen Mittelmeer sichern und ausbauen.

Am Ende der Regentschaft der Katholischen Könige war Spanien ein mächtiges Land geworden. Welch tiefgreifende Veränderungen sich in der spanischen, europäischen und selbst in der Weltgeschichte vollzogen hatten, wird deutlich, wenn man den territorialen Besitzstand Spaniens zur Zeit ihrer Eheschließung im Jahre 1469 mit der politischen Landkarte beim Regierungsantritt Karls V. (1516 – 1556) vergleicht.

Der innere Frieden

Der steile Aufstieg des Landes war gleichfalls im Innern von grundlegenden Umwälzungen begleitet, denn die bürgerkriegsähnlichen Auseinandersetzungen während der Regierung Heinrichs IV. und des Erbfolgekrieges hatten die innere Ordnung Kastiliens erschüttert und Handel, Verkehr und Wirtschaft schwer beeinträchtigt. Als Isabella und Ferdinand die Staatsgeschäfte übernahmen, standen sie macht- und finanzpolitisch vor einem Scherbenhaufen. Zwar regierten sie über ein territorial weites Gebiet, das von Asturien an der Nordküste bis zu den andalusischen Städten Sevilla und Cádiz, von der westlichen Estremadura bis Murcia an der Mittelmeerküste reichte. Ihre wirkliche Herrschaft war jedoch nur auf das kleine, innerkastilische Besitztum beschränkt, während die restlichen Gebiete von den mächtigen Adeligen und Kirchenfürsten beherrscht wurden. Das Königspaar war abhängig von der Gunst der Granden und der Städte sowie deren Steuereinnahmen, um seine leeren Kassen zu füllen. Darüber hinaus waren in der damaligen Zeit im Land Übergriffe aller Art, seitens der rivalisierenden Parteien oder durch Räuberbanden, an der Tagesordnung.

So standen die Katholischen Könige vor zwei dringlichen Aufgaben: Neben der Eindämmung von Macht und Einfluß des Adels zugunsten der Krone war die Wiederherstellung der öffentlichen Ordnung oberstes Gebot. Ein Bündel von Maßnahmen sollte dies in kurzer Zeit bewerkstelligen. Dazu zählten die Reform des Systems der Rechtsprechung, die Stärkung des Consejo

Real (Königlichen Rats), des obersten Gerichts, die Einsetzung unabhängiger Gerichte (chancillerías) sowie die Gründung der Santa Hermandad, der heiligen Bruderschaft. Diese hatte in allen Städten eine feste Truppe aufzustellen, die Polizeiaufgaben übernahm und damit lokale Unruhen und organisierte Kriminalität bekämpfte. Die Santa Hermandad war zugleich eines der wichtigsten Mittel zur Durchsetzung der königlichen Autorität, weil sie die oftmals im Auftrag der großen Adelsherren agierenden Banden zerschlug und so den Einfluß der Granden radikal beschnitt. Ferner gelang es den Königen, durch eine geschickte Personalpolitik den mächtigen Adel zunehmend zu schwächen. Indem sie in allen Bereichen der Verwaltung die entscheidenden Ämter mit Männern besetzten, die vom Adel weitestgehend unabhängig waren, schufen sie sich eine breite Anhängerschaft. So konnten sie sich der Unterstützung des Volkes sicher sein und nach und nach alle Adeligen auf ihre Seite ziehen. Ein weiteres innenpolitisches Feld betraf die Religionspolitik. Je mehr es den Katholischen Königen gelang, ihre Machtposition auszubauen, um so dringlicher erschien es, ihrer Autorität auch die autonome Macht der Kirche mit deren weitreichendem sozialen Einfluß und ausgedehntem wirtschaftlichen Potential zu unterwerfen. Durch die volle Verfügungsgewalt über die mächtigen Ritterorden konnten sie schrittweise dieses Ziel erreichen und damit die Grundlagen des spanischen Staatskirchentums schaffen. Die einschneidendsten Maßnahmen im Rahmen ihrer Religionspolitik waren jedoch die Einführung der Inquisition und die Vertrei-

Schale mit Wappen Ferdinands und seiner Gemahlin Isabella von Kastilien, um 1469/1479, spanisch-maurische Keramik, glasiert, London, Victoria and Albert Museum

bung Andersgläubiger, die zu den umstrittensten Entscheidungen ihrer Regentschaft zählen.

Die Katholischen Könige, Initiale aus einer Handschrift, 1494, Valladolid, Universität

Die Inquisition

Schon seit dem 14. Jh. hatten sich die Beziehungen zwischen Juden und Christen verschlechtert, war es wiederholt zu Pogromen gekommen, in deren Folge sich viele Juden zum Christentum bekehrten. Dadurch war eine große Schicht von Conversos entstanden, die verdächtigt wurde, den Katholizismus nur zum Schein angenommen zu haben. Diese zahlenmäßig starke Minderheit schien den spanischen Katholiken als ernsthafte Bedrohung des Christentums. Deshalb erwirkten die Könige bereits 1478 von Papst Sixtus IV. die Einberufung des Inquisitionstribunals, um die Konvertiten zu überprüfen. War die Inquisition vordergründig durch den Wunsch nach Reinhaltung des christlichen Glaubens motiviert, so standen auch wirtschaftliche und soziale Gründe dahinter. Juden und Conversos waren nämlich eine der tragenden Kräfte der Wirtschaft und gehörten zur reicheren Bevölkerungsschicht, was Neid erweckte beim einfachen Volk. Doch die Methoden der Inquisition galten nicht als unumstritten. Einer ihrer schärfsten Gegner war der Bischof Hernando de Talavera, nach dessen Auffassung die Bekehrung der religiösen Minderheiten nur durch beharrliche Missionsarbeit zu erreichen war. Zu seinen ärgsten Widersachern zählte der mächtige Erzbischof von Toledo, Francisco Jiménez de Cisneros, Beichtvater der Königin, der die Inquisition gleichfalls als Mittel zur Durchsetzung von Reformen innerhalb der Kirche nutzte, um Moral und Disziplin in den kirchlichen Einrichtungen wiederherzustellen und die Kirche vor dem Einfluß der Reformation zu schützen.

Die Vertreibung der Juden und Mauren

Weil die jüdische Minderheit, die zu den Conversos oftmals enge familiäre Verbindungen besaß und wirtschaftliche Beziehungen unterhielt, weiterhin ein Problem für den katholischen Staat darstellte, erließen die Katholischen Könige am 31. März 1492 einen folgenschweren Beschluß: Alle Juden wurden aufgefordert, innerhalb von vier Monaten die Taufe anzunehmen oder das Land zu verlassen. Etwa 200 000 Juden wählten das Exil, wobei sie aufgrund der Zwangslage ihren Besitz oftmals weit unter Wert veräußern mußten. Als einzige religiöse Minorität blieben jetzt nur noch die Mauren, denen die Könige vor der Einnahme von Granada Religionsfreiheit zugesichert hatten. Doch der Kardinal Cisneros forderte auch für sie die gleichen Bedingungen wie für die Juden. Nach einem Aufstand der Mauren gaben die Könige seinem Drängen nach.Ein königliches Dekret vom 11. Februar 1502 stellte schließlich die Mauren vor die Alternative der Bekehrung oder der Auswanderung.

Mit der Vertreibung von Juden und Mauren hatten Isabella und Ferdinand die Glaubenseinheit in Kastilien hergestellt, was für ihre Zielsetzung – ein geeinter Staat – ein wichtiger Schritt gewesen ist. Aber zugleich hatte der Staat eine Vielzahl von Bürgern verloren, die für das Geistes- und Wirtschaftsleben eine herausragende Rolle gespielt hatten. Darüber hinaus war mit den zwangsbekehrten Mauren, den Morisken, ein neuer Unruheherd entstanden, da die meisten lediglich formal zum Christentum übergetreten waren.

Als Isabella 1504 starb, konnten sich die Katholischen Könige rühmen, die königliche Macht als absolute, unumstrittene Autorität etabliert, einen im Glauben geeinten Staat geschaffen und sich die Kirche als Instrument ihrer staatlichen Politik untertan gemacht zu haben. Durch ihre weitsichtigen außenpolitischen Unternehmungen hatten sie Spanien zu einem mächtigen, neuen Staat werden lassen und den Weg zur späteren Weltmacht bereitet. Einzig die rigide Verfolgung Andersgläubiger und die Einführung der Inquisition warfen dunkle Schatten auf ihre ansonsten glanzvolle Herrschaft.

Schwert und Zepter der Katholischen Könige, Granada, Schatzkammer der Kathedrale

Catedral de Santa María

Baezas Geschichte als Bischofssitz reicht bis in das 7. Jh. zurück. Erst 1248 wurde das Erzbistum nach Jaén verlegt. Eine Seite der Plaza de Santa María mit dem in Art eines Triumphbogens gestalteten Fuente de Santa María (1564) nimmt die Renaissancefassade der Kathedrale ein. Die dreischiffige Hallenkirche wurde über den Ruinen der alten Moschee und eines gotischen Vorgängerbaus errichtet und 1593 nach Plänen von Andrés de Vandelvira vollendet. Reste der maurischen Architektur sind noch am Sockelgeschoß des Glockenturms und im Kreuzgang erhalten. An der Westfassade finden sich die ältesten Teile des christlichen Baus: Die Puerta de la Luna zeigt mit ihrem mudejaren, leicht spitz zulaufenden und gezackten Hufeisenbogen Formen des späteren 13. Jh.s, während das

Maßwerkfenster darüber vom Ende des 15. Jh.s stammt. Im Innern sollte man die kunstvolle, dem Meister Bartolomé de Jaén zugeschriebene Reja in der Capilla del Sagrario besichtigen.

Palacio de los Marqueses de Jabalquinto

Der wahrscheinlich schönste Renaissancepalast von Baeza mit seinem reizvollen Innenhof besticht durch eine Fassade im reinsten Isabellinischen Stil: Halbrunde Pfeiler, die jeweils auf stalaktitartigen Kapitellen eine kleine Kanzel tragen, flankieren den Mittelteil. Dieser wiederum schafft einen interessanten Kontrast zwischen strenger gotischer Linienführung und maurischer Ornamentierlust. Steinerne Bänder, feine Gesimse, kleine Reliefs, zierliche Zwillingsfenster mit zartem Säulenschmuck und ein großes Portal gliedern die Wandfläche. Durch ihre vorspringenden Spitzquader, sog. Picos, erscheint sie im flirrenden Sonnenlicht wie mit Diamanten bestreut. Lediglich die im 16. Jh. angefügte Galerie mit fünf Arkaden verändert das ursprüngliche Bild des Palastes, den Juan Guas im späten 15. Jh. im Auftrag von Juan Alfonso de Benavides Manrique, einem Vetter Ferdinands III., erbaut hat.

Úbeda

Sacra Capilla del Salvador

An der Ostseite der von eleganten Palästen und Kirchen gesäumten Plaza de Vásquez de Molina erhebt sich die Erlöserkirche, an der die großen andalusischen Architekten mitgewirkt haben: Die Pläne stammen von Diego de Siloë; Andrés de Vandelvira und Alfonso Ruiz begannen 1536 mit der Ausführung. Das Ergebnis ihrer Arbeit spiegelt die platereske Westfassadc im Renaissancestil wider. Der hohe Mittelteil wird von Strebepfeilern und einem Dreiecksgiebel gerahmt, halbhohe runde Türme mit pagodenartigen Aufsätzen begrenzen die niedrigeren Seitenteile. Reliefs füllen die freien Zonen: Über dem Portal halten die Allegorien des Glaubens und der Gerechtigkeit eine Inschriftentafel. Ein kleinteiliger Fries mit der Darstellung der Vertreibung der Israeliten aus Ägypten schmückt das Gebälk, über dem das große Relief mit der Verklärung Christi, flankierend die Heiligen Paulus und Petrus, stehen. Auf den seitlichen Wandfeldern im Erdgeschoß wie oben an den Strebepfeilern werden die Wappen der Stifter, Francisco de los Cobos y Molina und

seine Gattin Maria de Mendora, zur Schau gestellt. Sie hatten die Capilla als ihre Privatkapelle in Auftrag gegeben und sind in der Krypta bestattet. Im Innern ist neben dem im spanischen Bürgerkrieg stark beschädigten Holzretabel von Alonso Berruguete aus der Mitte des 16. Jh.s die von Vandelvira im klassischen Renaissance-Stil entworfene Sakristei mit reichem Atlanten- und Karyatidenschmuck sehenswert.

Palacio de las Cadenas

Die Nordseite der Plaza wird von einem der schönsten Renaissance-Paläste beherrscht, der seinen Namen den ursprünglich mit Ketten, Cadenas, verbundenen Pfeilern des Vorhofs verdankt. Die schmucklose, strenge Fassade zeichnet sich durch ein ausgewogenes Verhältnis der Horizontalen und Vertikalen aus: Die Geschosse, durch kräftige Gesimse getrennt, werden in der Vertikalen unten durch korinthische, in der Mitte durch ionische Pilaster und oben durch Karyatiden (anstelle der kanonischen dorischen Pilaster) gegliedert. Steinerne Löwen bewachen den Bau, den Andrés de Vandelvira Mitte des 16. Jh.s als Residenz für Juan Vásquez de Molina schuf. Sein Wappen – zusammen mit dem der kastilischen Könige und den Löwen von Leon – schmückt die Säulenbogen im Patio. Nachdem das Bauwerk ab 1566 als Dominikanerinnenkloster gedient hatte, ist es seit 1873 das Rathaus, Ayuntamiento, von Úbeda.

Provinz Córdoba

Provinz Córdoba

Córdoba, Puente Romano

Zu Füßen der Sierra Morena, vom Río Guadalquivir in zwei Teile geschieden, breitet sich die Provinz Córdoba aus: Der Fluß trennt die Gebirgslandschaft im Norden von der Campiña im Süden, einer ebenmäßig gewellten Hügellandschaft mit fruchtbaren Feldern. Mittelpunkt ist die Hauptstadt, die als Kalifenresidenz und Mekka der Wissenschaften einst Weltruhm genoß und neben Bagdad die Metropole des Islam war. Als »Zierde der Welt» pries die deutsche Dichterin Roswitha von Gandersheim im 10. Jh. Córdoba, dessen Zentrum die Medina mit der großen Moschee bildete. Noch heute läßt sich beim Spaziergang durch die Altstadt eine Vorstellung von der mit Leben erfüllten maurischen Stadt gewinnen, wenn die 300 000-Einwohner-Stadt im Vergleich mit den beiden anderen berühmten Städten

Andalusiens, Sevilla und Granada, auch eher provinziell wirkt. Von der vergangenen Pracht ist nicht viel erhalten geblieben, aber die wenigen Reste sind eindrucksvoll genug und ohne Beispiel in der europäischen Welt.
Córdobas Geschichte beginnt mit den Phöniziern, unter deren Herrschaft die Stadt schon große wirtschaftliche Bedeutung besessen haben soll. Ab etwa 200 v. Chr. in römischer Hand, wurde sie unter Augustus als Corduba Hauptstadt der römischen Provinz Baetica, bis Hispalis (Sevilla) im 4. Jh. diese Rolle übernahm. Große römische Dichter und Philosophen, wie die beiden Seneca und Lucanus, wurden hier geboren. Nach der Eroberung durch die Westgoten im 6. Jh. wurde die Stadt Bischofssitz. Ihre wahre Blütezeit aber begann, als Abd ar-Rahman I. sie 756 zur Hauptstadt seines Emirats machte. Er brachte nicht nur den Granatapfelbaum und die Dattelpalme nach Córdoba, sondern legte auch den Grundstein für die Entfaltung arabischer Architektur und Kunst. Unter ihm und seinen Nachfolgern setzte eine umfassende Bautätigkeit ein, in deren Folge sich die Stadt zum repräsentativen Mittelpunkt des Omaiyadenreiches entwickelte. Unter Abd ar-Rahman III. war Córdoba die größte Stadt im Mittelmeerraum und besaß über 300 Moscheen, 300 öffentlichen Bäder, 50 Hospitäler, 80 öffentlichen Schulen, 20 öffentlichen Bibliotheken und 17 Hochschulen. Doch der Zerfall des Kalifats leitete auch den Niedergang der Metropole ein: Schon 1013 zerstörten glaubensfanatische Berbertruppen die prächtige Residenzstadt Medina az-Zahara und 1031 wurde Córdoba Sitz eines der vielen Taifa-Reiche. Im 12. Jh. erlebte es noch einmal eine Zeit geistiger Blüte – die Philosophen Maimonides und Averroes sind die berühmtesten Vertreter dieser Epoche –, bis 1236 mit Ferdinand III. ein christlicher Herrscher in die Stadt einzog. Mit der Rückeroberung setzte eine starke Einwanderung aus dem kastilischen Norden ein. Córdoba stieg zum Handelszentrum für Tuch und Seide auf. Aber die Vertreibung der maurischen und jüdischen Bevölkerung, die Wirtschaftskrisen des 16. Jh.s, die Pestepidemie und Aufstände des 17. Jh.s ließen den einstigen Glanz verkümmern.

Wassermühle am Guadalquivir bei Córdoba

Medina az-Zahara

Eine Vorstellung vom einstigen Glanz im Leben der arabischen Fürsten und der ungeheuren Ausmaße ihrer Residenzen gewinnt man beim Durchschreiten der Ruinen von Medina az-Zahara, etwa 8 km westlich von Córdoba. Fast 40 Jahre lang (ab 936) waren hier unzählige Künstler und Handwerker beschäftigt, die Palaststadt auf einem Areal von 750 x 1500 m im Auftrag Abd ar-Rahmans III. zu errichten. Der Kalif gab, so berichten die Quellen, der neuen Residenz den Namen seiner Lieblingsfrau az-Zahara (Blume), deren Statue das Hauptportal geschmückt haben soll. Andere Quellen jedoch gehen von einer antiken Figur aus. Der Bau verschlang ungeheure Summen, von 1,8 Millionen Golddinaren ist die Rede. Außerdem ließ der Herrscher 4 313 Säulen, darunter 140 aus Konstantinopel, und zwölf goldene, mit Perlen besetzte Skulpturen für das Schlafgemach herbeischaffen. Mit der Bauaufsicht betraute er seinen Sohn al-Hakam II., der nach dem Tode des Vaters das neue Wohn- und Verwaltungszentrum noch beträchtlich vergrößerte. Nach der Weihe der Moschee 941 siedelte vier Jahre später der komplette Hofstaat mit der Verwaltung in die neue Palaststadt über. Doch der Glanz war nur von kurzer Dauer. Bereits zu Anfang des 11. Jh.s verwandelten aufständische Berbertruppen Medina az-Zahara in ein Trümmerfeld. Danach dienten die Ruinen nur noch als Steinbruch.

Medina az-Zahara

Die an einem Berghang gelegene Anlage ist, von einer gewaltigen Schutzmauer umgeben, terrassenförmig in drei Stufen aufgebaut: Die oberste Terrasse nahmen der Palast des Kalifen und die Adelsresidenzen ein. Auf der mittleren Terrasse lagen repräsentative Empfangsgebäude und Verwaltungszentren, während sich die Wohnstadt mit Moschee, Werkstätten, Unterkünften für die Reiterei, Münzpräge wie auch ein Wildgehege auf der untersten Terrasse befanden. Interessant ist das raffinierte Kanalsystem, das Abd ar-Rahman III. zur Bewässerung hat anlegen lassen. Über Aquädukte und Tunnel wurde das Wasser bis zu 15 km aus den Bergen in die Herrscherstadt befördert. Ein System unterirdischer Gänge mit gedeckten Galerien durchzog die gesamte Palaststadt. Es durfte aber nur von dem Kalifen und seinen Beamten benutzt werden.

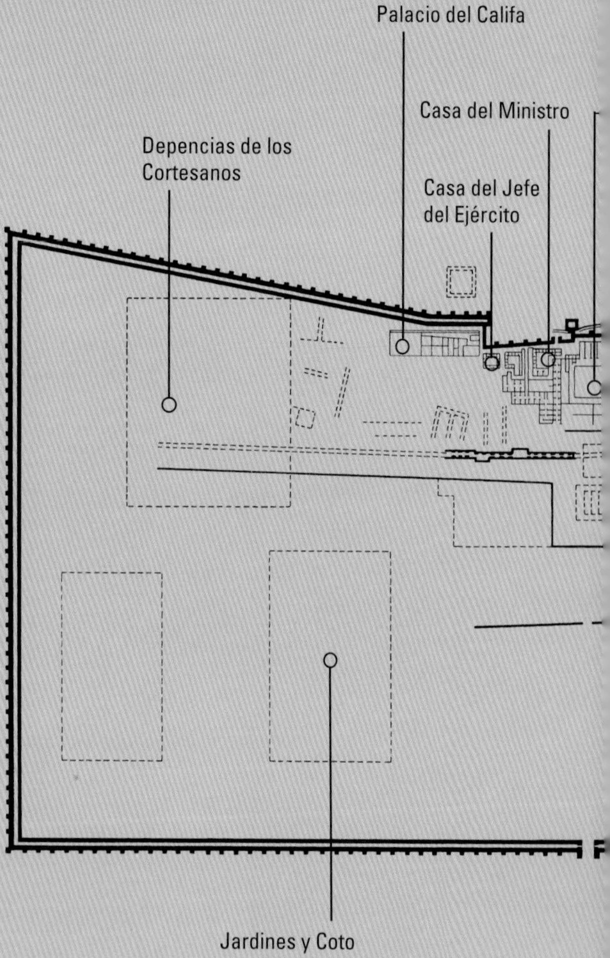

Haus der Armee,
S. 398

Östlicher Versammlungssaal

Sala del Trono

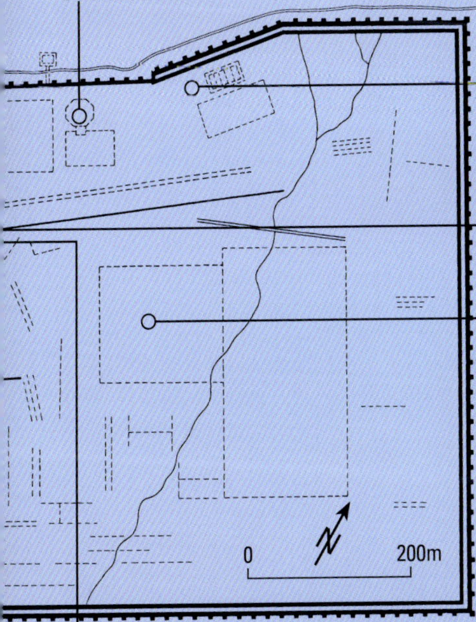

Dar al Mulk, Salón Rico, S. 399

Barrio del Mercado

Mezquita

Haus der Armee

Das Haus der Armee auf der oberen Terrasse weist eine ungewöhnliche Grundrißkonzeption auf: Waren die Häuser der Beamten nach dem traditionellen arabischen Schema angelegt, das mehrere Räume um einen zentralen Hof gruppiert, liegen hier die Räume nebeneinander und werden an ihrer Schmalseite durch die mächtigen Pfeilerarkaden eines Portikus zusammengefaßt. So öffnen sie sich nach Süden, während der Herrscherthron vor der Nordwand aufgestellt wurde. Hier wird vermutlich der Einfluß slawischer Militärsklaven spürbar, die am Hofe des Kalifen hohe Funktionen innehatten. Denn nach den nomadischen Traditionen in Osteuropa galt der Norden als heilige Himmelsrichtung. Der Portikus trennte den Bau vom großen Waffenplatz, auf dem die 1 200 Mann starke Leibgarde des Herrschers ihre Übungen abhielt. Von der Palastanlage des Kalifen sind kaum Überreste erhalten, doch berichten zeitgenössische Quellen von ihrer Pracht: Zwei Brunnen aus vergoldeter Bronze, die ein Geschenk des byzantinischen Kaisers waren, standen in den Innenhöfen. Seine Gäste empfing der Kalif im achteckigen Thronsaal, dessen Bogen mit Elfenbein und Ebenholz verkleidet und dessen Wände mit Intarsien aus Gold und Juwelen, Jade und verschiedenfarbigem Marmor überzogen waren. Eine Kuppel mit gold- und silberbehafteten Ziegeln, die im Sonnenlicht blendende Lichtreflexe erzeugte, hat der Kalif vermutlich abreißen lassen. Denn als er seine Höflinge um ihre Meinung zur Ausstattung des Raumes fragte, gab es einen unter ihnen, der den Herrscher wegen seiner Prunksucht als Ungläubigen anklagte. Dieser verwies auf die Zeilen des Koran, wonach jene zu verurteilen seien, »die nicht an Gott glauben, ihre Häuser mit silbernen Dächern ausstatten und Treppen, auf denen sie emporsteigen.«

Dar al Mulk, Salón Rico

Einer der prächtigsten Paläste der ganzen Stadt ist das auf der mittleren Terrasse gelegene Königliche Haus, das wegen seiner reichen Dekoration Salón Rico genannt wird. Es besteht aus einer dreischiffigen Halle, die Abd ar-Rahman III. vermutlich als Empfangssaal diente, und angrenzenden Nebenräumen, in denen ehrwürdige Gäste untergebracht wurden. Polychrome Baumaterialien, filigrane Pflanzenornamente und zahlreiche Inschriften schmücken die Halle. Eine Inschrift besagt, daß sie zwischen 953 und 957 entstanden ist. Betreten wurde sie über eine Vorhalle, die sich in fünf Hufeisenbogen nach außen öffnete. Von hier aus konnte man ehemals eine Folge von Gärten und Wasserbecken überblikken, unter denen sich auch ein Bassin mit zwölf Tierstatuen aus Córdoba befand – so sagen die Quellen. Dem Komplex war ein rechteckiges Wasserbecken im Süden vorgelagert. Zeitgenössischen Berichten zufolge soll es mit Quecksilber gefüllt gewesen sein, dessen Lichtreflexe die Halle abends ausleuchteten. Ein eindrucksvolles Schauspiel fand während der Audienz fremder Gäste statt: Sklaven peitschten das Wasser mit Ruten auf, um die Lichtreflexe in der Halle zu durchbrechen.

Der letzte Seufzer

Als Boabdil, der letzte Herrscher des maurischen Königreichs Granada, am 2. Januar 1492 mit seinen Getreuen in das Bergland der Alpujarras ritt, blickte er mit Tränen in den Augen von der ersten Paßhöhe noch einmal zurück auf die Stadt und die in der Wintersonne rötlich schimmernden Mauern und Türme der Alhambra. »Beweine nicht wie ein Weib, was du nicht wie ein Mann hast verteidigen können«, wurde er von seiner Mutter Aisha damals ermahnt. In Erinnerung an dieses Geschehen wird der Paß seitdem Puerto del ultimo suspiro del moro (Paß des letzten Seufzers des Mauren) genannt.

Kaum ein anderer Herrscher in der Geschichte Spaniens hat so viele negative Schilderungen erfahren wie Boabdil, mit richtigem Namen Abu Abdallah. Aber auch keiner hat die Dichter und Schriftsteller so fasziniert wie diese tragische Figur des letzten Nasriden, der das Ende der fast 800 Jahre währenden maurischen Herrschaft in Al-Andalus besiegelt hatte. Dabei war ihm kaum eine andere Wahl geblieben, wollte er nicht die Zerstörung seines Palasts wie der Stadt und die Gefangennahme seiner Untertanen hinnehmen. Schon seit der Gründung des Königreichs Granada im Jahre 1246, als im Zuge der Reconquista immer mehr Taifa-Reiche Andalusiens in die Hände der christlichen Eroberer fielen, hatten die Nasriden durch ein Wechselspiel von Waffengewalt und einer äußerst geschickten Propaganda ihre Herrschaft behaupten und sich der christlichen Wiedereroberung widersetzen können. Als sich Boabdils Vater, der greise Emir Muley, aber 1481 weigerte, erneuten Tributforderungen nachzukommen, und überdies die kastilische Stadt Zahara in seine Gewalt brachte, war dies der Anfang des mehr als zehn Jahre währenden Kriegszuges der Katholischen Könige. Im Gegenzug drang Anfang 1482 der Marqués von Cádiz tief in maurisches Gebiet vor und eroberte völlig überraschend die Festung von Alhama. Diese lag nahe bei Granada, nur fünf Wegstunden entfernt, und beherrschte den Verbindungsweg nach Málaga, der zweiten großen Stadt mit dem einzigen Hafen des Reiches. Die Einnahme einer solchen Schlüsselposition war das Signal für die Katholischen Könige, die die Festung nicht wie üblich zerstörten, sondern rasch Truppen zusammenzogen, um sie gegen die Muslime zu verteidigen. Nun begann der Kampf um den letzten Rest maurischer Herrschaft auf iberischem Boden, den Ferdinand und Isabella schließlich gewinnen sollten. In nicht geringem Maße haben dazu auch die inneren Machtkämpfe in Granada beigetragen, da die streitenden Parteien ihre Rivalitäten nicht beizulegen vermochten, um gemeinsam gegen die äußere Bedrohung vorzugehen.

Eine Tragödie in fünf Akten

Die komplexen Ereignisse dieser zehn Jahre erscheinen wie eine Tragödie mit fünf Hauptdarstellern in fünf Akten:

José Moreno Carbonero, Die Übergabe Granadas an die Katholischen Könige, Madrid, Palacio Senado

Erster Akt

Im ersten Akt erscheinen der greise Emir Muley und seine Geliebte, eine christliche Sklavin namens Zoraya, die alles daran setzt, ihre eigenen Söhne auf den Thron zu bringen. Sie prophezeit, mit Boabdil werde das Königreich untergehen, woraufhin sein eigener Vater ihn ins Gefängnis wirft. Weil Muley aber wegen eines christlichen Überfalls an die Grenzen seines Reiches gerufen wird, ruft das Volk Boabdil während der Abwesenheit des Herrschers zum neuen Herrscher aus.

Zweiter Akt

Boabdil ist nun der neue Herrscher von Granada. Inzwischen mit der Tochter des bedeutendsten Generals der Stadt verheiratet, führt er ein glückliches Leben. Weil man ihm jedoch Feigheit und Untätigkeit vorwirft, während sein verstoßener Vater zusammen mit seinem jüngeren Bruder das Reich von Málaga aus gegen die Christen verteidigt, entschließt er sich 1483 zum Angriff auf die christliche Stadt Lucena. Der Feldzug bleibt ohne Erfolg, und er gerät in die Gefangenschaft der Katholischen Könige.

Felipe Bigarny, Der Maurenkönig Boabdil übergibt nach der Kapitulation Granadas die Schlüssel der Stadt, 16. Jh., Holzrelief, Granada, Capilla Real, Hochaltar (Predella)

Dritter Akt

Boabdils Gefangennahme ruft Muley wieder auf die Bühne, der nach Granada zurückkehrt. Doch die neu gewonnene Herrschaft dauert nicht lange, da sein Bruder El Zagal den alten und schwachen Emir vom Thron stürzt.

Vierter Akt

Ferdinand nutzt die Gunst der Stunde, um die Granadiner zu spalten. Er läßt Boabdil frei, nachdem er mit ihm einen Friedens- und Vasallenvertrag abgeschlossen hat. Nach mehrjährigen Kämpfen kann Boabdil schließlich wieder in die

Alhambra einziehen – aber um welchen Preis: Als Marionettenfigur des kastilischen Königs. Nicht allein, daß er diesem die Oberhoheit über Granada garantiert und auf den Titel eines Emirs – den die Spanier mit dem eines Königs gleichsetzten – verzichtet, wenn er die Herrschaft über Teile des alten Königreichs erhält. Er hat auch seinen Onkel El Zagal verraten und in die Falle der christlichen Truppen laufen lassen und muß zusehen, wie Málaga erobert und seine Bevölkerung in die Sklaverei verkauft wird.

Fünfter Akt

Der fünfte und letzte Akt spielt in Granada. Als die Katholischen Könige im Winter 1490 in die Stadt kommen, um ihre Absprachen mit Boabdil einzufordern, widersetzt sich die Bevölkerung. Nach einem langen Jahr der Belagerung, in dessen Verlauf die Kastilier vor den Stadtmauern eine Lagerstadt mit dem Namen Santa Fé (Heiliger Glaube) errichten, stimmen die Bewohner schließlich erneuten Verhandlungen zu. Nachdem Boabdil die Sicherheit und Glaubensfreiheit der Bevölkerung zugesagt worden ist, willigt er in die Übergabe ein. Als er an der Spitze des Zuges maurischer Edelleute zum Ort der Schlüsselübergabe reitet, wirft ihm seine Mutter Aisha mit einem letzten Blick auf die Alhambra vor: »Dies alles, seht es Euch an, wollt Ihr preisgeben. Und bedenkt auch, daß alle Eure Vorfahren als Könige von Granada gestorben sind.« Kaum weniger demütigend schildern Zeitgenossen den Akt der Übergabe. Boabdil steigt vom Pferd und will die Hand Ferdinands küssen, was der König ihm barsch verwehrt. Er küßt einige große Schlüssel und sagt: »Herr, das sind die Schlüssel zu Eurer Alhambra und zu Eurer Stadt. Geht hin, Herr, und nehmt sie in Besitz.« Dann verläßt er die Stadt durch ein Tor, das auf seinen Wunsch hin zugemauert wird. Aus den Alpujarras zieht er 1493 nach Nordafrika, wo er im Jahre 1527 umgekommen sein soll.

Dolch mit arabeskenverziertem Griff von Boabdil oder Mohammed V., Madrid, Museo del Ejército

Almodóvar del Río

Auf einem 70 m hohen Felshügel, hoch über der Ebene des Guadalquivir, erhebt sich weithin sichtbar eine der besterhaltenen Festungen Andalusiens. Das Castillo erscheint wie das Paradebeispiel einer mittelalterlichen Burg, war der Ort doch wie geschaffen für eine uneinnehmbare militärische Bastion vor den Toren Córdobas. Die zinnenbekrönte Anlage mit einem mächtigen Bergfried (Torre Albarrana) und fünf Türmen geht auf Peter I. zurück, der sie Mitte des 14. Jh.s im mudejaren Stil erbauen ließ. Ihre Anfänge reichen jedoch viel weiter zurück, denn unter ihren Fundamenten wurden Reste aus römischer, westgotischer und arabischer Zeit gefunden. Als historische Stätte ist sie ebenfalls bekannt: Vor ihren Toren starb der Regent des Taifa-Reiches Baeza im Kampf mit seinen eigenen Truppen, weil er vorhatte, Ferdinand III. einige Festungen in Andalusien zu übergeben.

Lucena

Torre del Moral

Der Ruhm Lucenas liegt weniger in seinen Bauten als in seiner Geschichte begründet. Hier wurde Boabdil 1483 festgehalten, nachdem der Conde de Cabra ihn bei seinem Überfall auf Lucena gefangengenommen hatte. Durch ein Neutralitätsabkommen und Tributzahlungen kam er zwar wieder frei, wurde aber neun Jahre später von den Katholischen Königen endgültig von seinem Thron vertrieben. Von diesen Ereignissen zeugt heute nur noch die achteckige Torre del Moral, der einzige Überrest der maurischen Festung.

Cabra

San Juan Bautista

In Cabra, dem Geburtsort von Don Juan Valera (1824–1905), einem der großen spanischen Romanciers des 19. Jh.s, führt eine steile, kopfsteingepflasterte Straße zu einer der ältesten andalusischen Kirchen: Aus einer Inschrift auf einer Art Stele erfahren wir, daß die »Baselica« im Jahre E 628 (590 n. Chr.) geweiht wurde. Sie weist den schlichten Bau als Kirche der Westgoten aus, unter denen Cabra Sitz eines der zehn Bistümer der Baetica (Andalusien) gewesen ist. Besonders sehenswert ist das alte Weihwasserbecken mit Pflanzenmotiven.

Priego de Córdoba

Das kleine Städtchen römischen Ursprungs, das schöne Barockarchitektur aufzuweisen hat, zählt zu den oft übersehenen Schätzen in Andalusien. Neben dem alten, maurischen Viertel, das seit dem 15. Jh. fast unverändert erhalten geblieben ist, gibt es einen »neuen« Stadtteil mit zahlreichen Plätzen, Brunnen, Herrenhäusern und Kirchen, die nach dem verheerenden Erdbeben von 1755 während der Regierungszeit Karls III. im Zuge einer umfangreichen Bautätigkeit entstanden sind . Dank ihrer Seiden- und Textilmanufakturen hat die Stadt einen kräftigen Aufschwung erlebt, der sich in vielen verschwenderischen Bauten niederschlug.

Fuente del Rey

Zu den schönsten Kunstwerken der kleinen Stadt gehört der Fuente del Rey (Brunnen des Königs), ein barockes Gesamtkunstwerk aus hellem Gestein, der sich innerhalb einer parkähnlichen Promenade erhebt. Sein sprudelndes, klares Wasser

plätschert über Kaskaden in mehrere kunstvoll geschwungene Becken. Das Hauptbecken wird von 139 Rohren gespeist, die am inneren Beckenrand angebracht sind. Zwei Skulpturengruppen bereichern die weitläufige Brunnenanlage, die José Álvarez y Cubero, der sich später Canova in Rom anschloß, um 1800 errichtete: Im oberen Becken ist ein Löwe im Kampf mit einer Schlange zu sehen, während im unteren der Meeresgott Neptun mit seiner Gattin Amphitrite an seiner Seite in einem von Seepferden gezogenen Wagen durch das Wasser fährt.

Santa María de la Asunción

Nahe des Castillo, der von den Christen im 13. Jh. unter Verwendung von Teilen eines maurischen Vorgängerbaus errichteten Burg, trifft man auf ein weiteres Meisterwerk des spanischen Barocks: die dreischiffige Pfarrkirche, die im 18. Jh. ihre entscheidende Gestaltung erfuhr: Ihre Sakramentskapelle gestaltete der aus Priego gebürtige Francisco Javier Pedrajes, einer der großen andalusischen Rokoko-Meister, 1784 im Auftrag eines reichen Bürgers als achteckigen Saal mit üppigem Stuckdekor und einer lichtdurchfluteten Kuppel. Zum Inventar zählen außerdem kunstvolle barocke Goldschmiedearbeiten. Von Pedrajes stammen auch andere Kirchen der Stadt, so wie der Carnarín von San Pedro, das Sagrario von San Francisco, Santa María de las Angustias und das Sagrario der Capilla de la Aurora, die seinen meisterhaften Stil offenbaren.

Córdoba

Synagoge, Calle Maimónides, S. 415

Mezquita, Calle Herreros, S. 430

Puente Romano, S. 458

weitere Sehenswürdigkeiten

1 Alcázar de los Reyes Cristianos, Calle de Amador de los Ríos/Campo Santo de los Mártires, S. 428

2 Torre de la Calahorra, S. 459

3 Casa de los Marqueses del Carpio, Calle San Fernando

Römischer Tempel, Calle de Claudio Marcello, S. 418

Museo Arqueológico Provincial, Plaza Jerónimo Páez, S. 420

Museo Provincial de Bellas Artes, Plaza del Potro, S. 422

Museo Julio Romero de Torres, Plaza del Potro, S. 424

Claudio Marcelo
Capitulares
Jesus y Maria
Valladares
Barraso
C. Fernandez Ruano
Sta. Victoria
C. Pompeyos
Fernando Colón
C. Maese
P. Muñoz
Plaza de la Corredera
B. Belmonte
Almanzor Romero
Rey Heredía
Plaza Jéronimo Páez
A. de Morales
San Fernando
Luque
Deanes
Encarnatión
Luis Tornillo
Plaja
Manríquez
C. Herreros
C. Martinez Ruker
Torruos
M. G. Frances
Caldereros
Pl. del Potro
Coronel Cascajo
Lucano
Cardenal González
Amador de los Ríos
Plaza Alhondiga
Ronda de Isasa
Paseo de la Ribera
Río Guadalquivir
1
2
3

Juden in Andalusien

Heute trifft man nur noch vereinzelt auf Zeugnisse der jahrhundertealten jüdischen Kultur, die Andalusien auf entscheidende Weise mitgeprägt hat. Lediglich die alten Judenviertel, wie das Barrio de Santa Cruz in Sevilla oder die Judería in Córdoba, erinnern an die einstige Blütezeit dieser Kultur. Dabei sind bereits seit dem 1. Jh. n. Chr. die Sephardim genannten Juden (Sepharad ist das hebräische Wort für Spanien) nachweisbar. Als die Westgoten 507 Spanien eroberten, lebten beide Bevölkerungsgruppen zunächst friedlich zusammen. Aber mit dem Übertritt der Westgoten zum Katholizismus begannen nach 589 die Pogrome und Verfolgungen, die erst mit der Machtübernahme durch die Mauren und ihrer toleranten Religionspolitik ein Ende fanden. Im maurischen Andalusien erwuchs in den folgenden Jahrhunderten eine multikulturelle Zivilisation, die eine einzigartige Symbiose aus arabischen Fürsten, arabischen und berberischen Soldaten und islamischen Siedlern, vielen Christen und einem beständig wachsenden jüdischen Bevölkerungsanteil darstellte. Da der Islam sich als Erneuerer der ursprünglichen Abrahamischen Religion, der Grundlage aller monotheistischen Religionen, ansieht, von der auch das Judentum und das Christentum ausgehen, erkennt er beide Religionen grundsätzlich an. Abraham, Moses, Christus und Mohammed gelten ihm gleichermaßen als Gesandte und Propheten, die die heilige Botschaft in die Völker trugen. Da er Thora und Bibel als heilige Bücher, als Wort Gottes achtet, genossen Juden und Christen einen besonderen Schutz. Sie hatten lediglich Sondersteuern zu entrichten, durften aber ihre Kultstätten behalten und ihre Religion weiter ausüben. Die alteingesessenen Juden waren zudem für die schnelle islamische Eroberung Andalusiens von Bedeutung. Die Moslems betrauten sie mit der Verwaltung der eingenommenen Städte, so daß sie sich selbst dem nächsten Angriff zuwenden konnten. Dank dieser einzigartigen und toleranten Politik wurde diese gesellschaftliche Gruppe rasch zu einem bedeutenden Kulturträger, der entscheidenden Anteil an der glanzvollen Zivilisation des Landes in jenen Jahrhunderten hatte. Viele Juden übten hohe politische und kulturelle Ämter aus; hebräische Literatur, Philosophie, Medizin und Wissenschaften nahmen einen enormen Aufschwung, deren Errungenschaften von Andalusien aus in das christliche Europa gelangten. Moslems, Juden und Christen lebten auch in den Anfängen der Reconquista friedlich miteinander. Erst mit der fortschreitenden Rückeroberung sollte sich die Situation ändern. Bis dahin übernahmen Juden eine Vermittlerrolle zwischen Christen und Mauren, indem sie die arabische Sprache lehrten und die arabischen Kenntnisse in den Bereichen Medizin, Technik und Landwirtschaft weitergaben. Das Jahr 1391 war der

Lucas Valdés, Autodafé, Sevilla, Iglesia de Santa María Magdalena

Wendepunkt, als es in Sevilla infolge der antisemitischen Thesen des 4. Laterankonzils zu einem von den Dominikanern ausgelösten Pogrom an den Juden kam. Damit begann der rigorose Kampf der katholischen Kirche gegen Juden wie Moslems, der für diese Zwangstaufe oder Vertreibung bedeutete. Juden ließen sich zum Schein taufen, wurden »Marranos« oder »Conversos«, wie man die Neuchristen seit dem 16. Jh. bezeichnete. Aber auch sie waren nur kurze Zeit vor Verfolgungen sicher, denn die 1478 in Sevilla gegründete Inquisition nahm den Kampf gegen alle auf, die nicht »reinen Blutes« waren. Nur alle anderen hatten das Recht, in dem Staat zu leben, der nach dem Willen der Katholischen Könige durch den Glauben geeint werden sollte. Den Vielvölkerstaat, der fast 800 Jahre lang auf spanischem Boden existiert hatte, gab es nicht mehr. 1492 setzte die massive Vertreibung der Sephardim aus Spanien ein. Getreu dem Wahlspruch der Katholischen Könige, »Ein Volk, ein Staat, ein Glaube«, wurden bis zu 200 000 Juden aus dem Lande gejagt und eine alte, blühende Kultur endgültig ausgelöscht. Es sollte 400 Jahre dauern, bis in Spanien wieder Synagogen gebaut werden (1909) durften. 1968 wurde das Ausweisungsedikt offiziell aufgehoben. Nach fast 500 Jahren verabschiedete die spanische Regierung schließlich im Jahr 1990 ein Gesetz, das den Juden und Protestanten die gleichen Rechte wie den Katholiken zuerkennt.

Judería

Seit der Zerstörung des Salomonischen Tempels im Jahre 586 bis zu den Verfolgungen durch die Almoraviden im 12. Jh. strömten viele Juden nach Andalusien. In Córdoba lebte zur Zeit des Kalifats die größte jüdische Gemeinde, die zu einem geistigen und sozialen Zentrum heranwuchs. Da die Juden sowohl per Gesetz als auch durch Steuern in Landerwerb und Landwirtschaft benachteiligt wurden, waren sie überwiegend in den Städten ansässig, wo sie als Ärzte, Dolmetscher, Händler und Handwerker arbeiteten. Westlich der arabischen Stadtmauer erstreckte sich einst das Judenviertel, von dem das Labyrinth der engen Gassen und die kleinen verwunschenen Plätze noch heute zeugen. Zwischen weiß getünchten Wänden bieten sich dem Besucher immer wieder überraschende Einblicke in schattige, mit Blumen reich geschmückte Patios.

Synagoge

Wenige Meter vom Maimónides-Denkmal entfernt steht die einzige unzerstörte Synagoge Südspaniens, die unter christlicher Herrschaft nahe des früheren Eingangstores zum jüdischen Viertel, der Puerta de Almodóvar, erbaut wurde. Über einen Innenhof gelangt man in einen Vorraum, von dem eine Treppe zur Empore im Obergeschoß führt. Diese war den vom Synagogendienst ausgeschlossenen Frauen vorbehalten. Über dem Eingang ist auf hebräisch zu lesen: »Öffnet die Tore den Gerechten und Getreuen.« Die Wände sind mit reichen mudejaren Stuckornamenten ausgeschmückt, die sich aus floralen und geometrischen Motiven sowie Psalmeninschriften zusammensetzen. In der Ostwand tut sich die Nische der Thorarolle auf, neben der eine Inschrift den Erbauer, Isaac Mejeb, sowie das Datum der Fertigstellung, 1315, nennt. Die gegenüberliegende Westwand weist einen siebenpässigen Bogen auf, in dem noch die Reste eines Kreuzes verschwommen zu erkennen sind. Das christliche Zeichen stammt aus der Zeit nach 1588, als die Schuhmacherzunft das Bauwerk als Kapelle des Hl. Krispinus, ihres Schutzheiligen, nutzte. Zunächst hatte es nach der Vertreibung der Juden 1492 als Tollwut-Hospital gedient, 1885 wurde es zum Nationaldenkmal erklärt.

Maimónides und Averroes

Córdoba, Denkmal des Averroes

Schulen und Bibliotheken in Córdoba waren seit der Omaiyadenherrschaft der Mittelpunkt des geistigen Lebens von Juden, Christen und Moslems. Auch nach dem Zerfall des Kalifats blieben sie weiter bestehen. Doch als im 12. Jh. das dogmatische Regime der Almohaden – rigorose Verfechter des Islam – die Macht übernahm, waren die Zeiten der Toleranz vorbei. Verfolgung und massive Unterdrückung Andersdenkender traten an ihre Stelle. Diesem Glaubenskampf fielen zwei der größten Söhne Córdobas, der eine jüdischen, der andere islamischen Glaubens, zum Opfer.

Mosche ben Maimon, eher bekannt als Maimónides (30.3.1135 in Córdoba – 13.12.1204 in Kairo), mußte bereits 1149/50 mit seiner Familie nach Marokko fliehen. 1165 siedelte er nach Ägypten über, wo er der Leibarzt des Sultans Saladin und Oberhaupt der jüdischen Gemeinde wurde. Seine literarischen Schriften, die aus dem Arabischen ins Hebräische übersetzt und damit auch den Moscheen und Synagogen Andalusiens bekannt wurden, befaßten sich mit der Erklärung des biblischen und talmudischen Schrifttums, mit Philosophie, Mathematik, Astronomie und Medizin. Sein Ruhm beruht auf einer philosophischen Begründung der jüdischen Glaubensordnung (»Führer der Unschlüssigen«), in der er die Vernunft dem Wunderglauben entgegensetzte und zentrale Elemente des jüdischen Glaubens mit der antiken Philosophie des Aristoteles verband.

Das Denkmal auf der Plazuela de Maimónides zeigt den großen Gelehrten als reifen Mann in sitzender Haltung mit Turban und Robe. Auf der dahinter, an der Straßenecke stehenden Säule ist in Spanisch und Hebräisch »Córdoba für Maimónides« angebracht. Die Inschrift nennt zudem die Daten 1964 und 5724, entsprechend den verschiedenen Kalendern.

In einem Tor der alten Stadtmauer an der Puerta de Almodóvar steht das Denkmal für einen anderen großen Gelehrten der Stadt, Averroes (Ibn Ruschd), der 1126 als Sohn eines Richters in Córdoba geboren wurde. Der Jurist, Mediziner und Religionsphilosoph war zeitweise oberster Richter von Sevilla und Córdoba. Doch die strenggläubigen Almohaden verbannten ihn in die alte Judenstadt Erisana (Lucena). Seine philosophischen Werke wurden verboten und verbrannt. Es heißt, er habe vor der Puerta del Perdón der Moschee stehen müssen, damit die Gläubigen ihn bespucken konnten. Nach seiner Rehabilitierung ereilte ihn ein Ruf an den Hof von Marrakesch, wo er kurze Zeit später, 1198, verstarb. Averroes genoß bereits zu Lebzeiten in der islamischen und christlichen Welt großen Ruhm, wenngleich seine Lehren oftmals umstritten waren. So hat die Ablehnung seiner Erklärung, daß die Erkenntnis der Philosophie für das einfache Volk in der Religion bildhaft angeglichen werden müsse, dazu geführt, daß er in der arabischen Welt nach seinem Tode schnell in Vergessenheit geriet. Aber auch im christlichen Europa – seine Schriften waren Anfang des 13. Jh.s ins Lateinische und Hebräische übersetzt worden und an die europäischen Universitäten gelangt – erfuhr seine Lehre Widerspruch, weil er wie sein großes Vorbild Aristoteles nicht an die Unsterblichkeit der Seele glaubte. Vielmehr solle der Mensch das Gute um seiner Selbst willen tun und eine höhere Sittlichkeit anstreben als jene, die sich an einem Urteil im Jenseits bemißt. Dennoch wurden seine Schriften über die Philosophie des Aristoteles von allen Gebildeten in Europa gelesen und galten den christlichen Scholastikern bis zur Renaissance als Schlüssel zur Lehre des antiken Philosophen.

Córdoba, Denkmal des Maimónides

Santa Marina

Die dreischiffige gotische Basilika ist die älteste Kirche Córdobas. Ihr Bau wurde unmittelbar nach der Reconquista 1236 begonnen. Im 18. Jh. wurde sie umgebaut. Der wuchtige, durch Strebepfeiler gegliederte Außenbau hat den Charakter einer Festung, wenngleich das Spitzbogenportal und das Radfenster die strenge Erscheinung auflockern. Das Nordportal überrascht durch seine verwitterten Kapitelle mit Menschen- und Tiermasken, die in Andalusien überaus selten sind. Im Innern kann man in der Capilla de los Orozcos aus dem 15. Jh., der heutigen Sakristei, noch die mudejare Ausstattung bewundern: kunstreiche Arabesken, welche Wappenschilder mit dem Lilienkreuz umranken, stehen neben einem Stalaktitgewölbe.

Römischer Tempel

Seitdem Córdoba 206 v. Chr. an die Römer fiel, begann der Aufstieg zur glänzenden Metropole und Hauptstadt der römischen Provinz. 151 v. Chr. errichtete der römische Praetor Marcus Claudius Marcelus hier eine Kolonie, die während der Bürgerkriege zerstört und unter Augustus wiederaufgebaut wurde. Von der römischen Vergangenheit zeugt heute noch das aus großen Quadern errichtete Podium mit den rekonstruierten Säulen eines Tempels direkt an der römischen Stadtmauer. Er wurde im 1. Jh. n. Chr. erbaut und war vermutlich dem Kaiserkult geweiht. Nach Aussage der Funde war der Bau weitgehend aus Marmor errichtet und besaß eine qualitätvolle Architekturdekoration, von der die korinthischen Kapitelle noch heute Zeugnis ablegen. Ein Modell ist im Archäologischen Museum der Stadt zu besichtigen.

Iglesia del Carmen

Juan de Valdés Leal, Eliasaltar, 1658
Öl auf Leinwand, 567 x 508 cm

In der Nähe der Puerta Nueva liegt das Convento de las Carmelitas Descalzas, das Kloster der Unbeschuhten Karmeliterinnen, vom Ende des 16. Jh.s. Zu ihm gehört die mudejare Kirche Iglesia del Carmen, in der eines der bedeutendsten Werke von Juan de Valdés Leal zu sehen ist. Zwischen 1654 und 1658 schuf der Maler, Hauptmeister der Sevillaner Schule, das Retabel mit zwölf Bildern, das der Verherrlichung des Propheten Elias gewidmet ist. Szenen aus dem Leben des Propheten sowie die Schutzheiligen Córdobas und die Virgen del Carmen rahmen den Mittelteil, der die Himmelfahrt des Elias darstellt. Meisterhaft hat es Valdés Leal verstanden, allein durch die Abstufungen des Lichts, unter weitgehendem Verzicht auf Farbigkeit, den visionären Vorgang zu beschreiben. Der erste große schicksalverkündende Prophet Israels fährt mit fliegendem Bart auf einem goldenen Wagen über flammende Wolken gen Himmel. Ein Engel lenkt die vier rotgeschirrten Schimmel, die in ihrer Kehrtwendung selbst wie eine lodernde Flamme wirken. Rechts unten steht sein Nachfolger Elisa, der seine Arbeit unterbrochen hat, um den Mantel aufzufangen. Diese Szene wird stets als Präfiguration der Auferstehung Christi gedeutet.

Museo Arqueológico Provincial

Schon wegen seiner schönen Anlage lohnt ein Besuch des Archäologischen Museums, das im ehemaligen Palast der Cordobeser Adelsfamilie Páez de Castillejo eingerichtet ist. Neben der figurenreichen, plateresken Fassade von Hernán Ruiz II. (1543) führt der Eingang in einen ersten, begrünten Patio mit einem Wasserbecken. Um den zweiten Patio sind im Stil der alten Herrschaftshäuser Córdobas die Räume angeordnet, in denen im Untergeschoß neben Funden aus prähistorischer und iberischer Zeit zahlreiche Exponate der römischen und westgotischen Kunst ausgestellt sind. Im Obergeschoß wird eine Sammlung aus maurischer Zeit präsentiert, die zu den bedeutendsten in ganz Spanien zählt.

Der stiertötende Mithras

Unter den römischen Skulpturen ragt eine Marmorgruppe aus dem 2. Jh. hervor, die den Gott Mithras bei der Tötung des Urstiers zeigt – ein Opfer, das von den Anhängern des Gottes als rituelle Handlung wiederholt wird. Der Gott sticht seinen Dolch in den Stier, unter dem ein Hund und eine Schlange nach dem herabfließenden Blut lecken. Ein Skorpion beißt in die Geschlechtsorgane des Stieres. Mithras, der indoiranische Gott der sieghaften Ordnung und des himmlischen Lichts, hat wie alle orientalischen Gottheiten große Anziehungskraft auf die Römer, besonders aber auf die römischen Soldaten ausgeübt. Sie verehrten ihn als Lichtgott, der die Dunkelmächte erfolgreich zu überwinden vermag. So verkörpert die Skulpturengruppe denn auch das mythische Bild von der Tötung des Mondstieres durch die »Sonne« Mithras.

Museo Provincial de Bellas Artes

An der Plaza del Potro, deren Name übersetzt Fohlenplatz bedeutet, wurden früher Pferde und Maultiere gehandelt. Daran erinnert die Steinskulptur, die den Brunnen aus dem 16. Jh. schmückt und ein Fohlen darstellt. An der einen Seite des Platzes liegt die berühmte alte Herberge Posada del Potro aus dem 15. Jh., die Miguel de Cervantes in seinem »Don Quijote« erwähnt. Gegenüber errichteten die Katholischen Könige das Hospital de la Caridad, das heute das städtische Kunstmuseum beherbergt. Hier kann man eine bemerkenswerte Sammlung von Werken Cordubeser Maler und Bildhauer vom 14.–20. Jh. besichtigen.

Alejo Fernández, Geißelung Christi, vor 1508

Alejo Fernández gehört zu den herausragenden Vertretern andalusischer Malerei im frühen 16. Jh. Er ist erstmals 1496 in Córdoba nachweisbar. Als ihm das Domkapitel von Sevilla 1508 den Auftrag für den Hochaltar der Kathedrale übertrug, zog er mit seinem Bruder, dem Bildhauer Jorge Fernández Alemán, nach Sevilla. Das Cordobeser Gemälde veranschaulicht Fernández' Rolle innerhalb der Kunst Andalusiens am Übergang von der Gotik zur Renaissance: Das großartige Szenario des nach dem Verrat an eine Säule gefesselten Christus mit dem betenden Hl. Petrus zu seiner Rechten weist neben spätgotischen Elementen, wie den kleinen Stifterfiguren und den Draperien, v. a. solche der Renaissance auf. Dazu zählen die opulenten architektonischen Details wie die Säulenbasen und Kapitelle, die an die Kalifenzeit erinnern. Im Hintergrund rechts greift eine kleine Szene das Thema des Verrats wieder auf: Man sieht dort eine der drei Verleumdungen Petri.

Juan de Valdés Leal, Virgen de los Plateros, 1654–1656, Öl auf Leinwand, 217 x 202 cm

In diesem Gemälde wird der Einfluß von Bartolomé E. Murillos deutlich, dessen Schönheitsideal Juan de Valdés Leal nachzustreben versucht: Das Gemälde, das vermutlich im Auftrag der Goldschmiedezunft geschaffen wurde, zeigt die Jungfrau Maria auf einem Halbmond stehend und über einem Piedestal schwebend. Ihr Haupt ist von einem Sternenkranz umgeben und eine Schar von Engeln begleitet sie. Ihr Blick ist zu dem graubärtigen Hl. Eligius, dem Schutzpatron der Goldschmiede, gerichtet. Auf seinem reichverzierten Pluviale, das vorne von einer kunstvoll gearbeiteten Goldspange zusammengehalten wird, sind die Verkündigung, die Geburt Christi und die Apostel Johannes und Matthäus dargestellt. Rechts von ihm hält ein Engel seine Mitra, ein weiterer am linken Bildrand trägt seinen Krummstab. Auf der rechten Bildseite kniet der Hl. Antonius von Padua mit dem Jesuskind auf seinem Schoß. Das goldene Piedestal gleicht dem Korb eines von der Seite gesehenen Triumphwagens, der mit seinem überreichen Dekor ebenfalls an die Kunst der Goldschmiede erinnert.

Museo Julio Romero de Torres

Gegenüber dem Museo Provincial de Bellas Artes liegt das Museum zu Ehren des bedeutenden Cordubeser Malers Julio Romero de Torres (1874–1930), das im Wohnhaus seiner Familie eingerichtet ist. Anders als große Maler wie Picasso gehörte er nicht zu denjenigen, die beim Aufbruch in die Moderne eine entscheidende Rolle spielten. Vielmehr führten seine Gemälde keinen radikalen Bruch mit dem vorherrschenden Kunstgeschmack herbei, sondern zeigen den Stil des bürgerlich-repräsentativen Realismus aus dem frühen 20. Jh. Dabei griff er oftmals auf die spanische und italienische Malerei der Vergangenheit zurück.

La Chiquita Piconera (Die kleine Köhlerin), 1930

Der Cordubese wird – so ein beliebtes andalusisches Volkslied – als »Maler der schwarzbraunen Mädchen« verehrt. Kein anderer hat mit solcher Eindringlichkeit die Schönheit und Melancholie andalusischer Frauen wiedergegeben. Auf diesem Gemälde – das sein letztes ist – setzt er sich sozialkritisch mit der Situation vieler junger Andalusierinnen auseinander, die von Armut und Hoffnungslosigkeit geprägt war. So ist die mechanische, fast kraftlose Geste als Zeichen der Resignation zu deuten, während das kindliche Gesicht den Willen zum Ausdruck bringt, doch noch einen Ausweg aus dieser Situation zu finden.

El Poema de Córdoba (mit Detail), 1914

De Torres hat die »Hymne an Córdoba« in Form eines dreiteiligen Retabels aufgebaut, das durch verschiedene Monumente im Hintergrund der realistischen Frauendarstellungen die Größe der Stadt rühmt. So erinnert der linke Flügel mit den Statuen des Gran Capitan, des Dichters Luis de Góngora und des jüdischen Philosophen Maimónides an die ehemalige glanzvolle Bedeutung Córdobas als politisches und wissenschaftliches Zentrum. Im Mittelteil des Retabels werden die Goldschmiedekunst Córdobas, der städtische Schutzpatron Rafael und die römische Vergangenheit thematisiert, die durch Seneca repräsentiert wird. Der rechte Flügel verweist mit der Fassade der Kapuzinerkirche auf die Klöster und mit dem Denkmal des Toreros Rafael Molina auf die Traditionen des Stierkampfs in der Stadt.

Flamenco – Tanz um Leben und Tod

Georges Bizet, »Je vais en ton honneur danser la Romalis ...«, um 1905, Fotopostkarte, koloriert, Paris

»Tablaos« (Flamenco-Clubs) sind allerorten in Andalusien – der Heimat des Flamenco – anzutreffen. Bunt kostümierte »bailadoras« (Tänzerinnen) begeistern durch Händeklatschen, Röckewirbeln und Fußstampfen das Publikum, sie werden von ihren männlichen Begleitern unterstützt, die mit ihren hochhackigen Schuhen donnernde Stakkatos in die Bühnenbretter hacken. Ihr schreiender, ekstatischer Gesang mischt sich mit dem Gitarrenspiel, das den Rhythmus vorgibt. Doch haben derartige Inszenierungen kaum etwas mit dem wirklichen Flamenco gemein, eine der ursprünglichsten Formen spanischer Musik, die von der spontanen Inspiration und von der intimen Sphäre lebt. Echten Flamenco kann man nur in einer kleinen Runde von aficionados erleben, wenn einer von ihnen beginnt, seine »coplas«, überlieferte oder auch frei abgewandelte Liedtexte, zu singen, unterstützt und angefeuert von den Anwesenden. Flamenco will nicht unterhalten, sondern ist in seiner ursprünglichen Form ein Klagelied. Wenn den »cantaor« (Sänger) der »duende«, der Dämon, erfaßt, kann der »quejido« heraustreten, die aus tiefster Seele kommende Klage, der heisere, kehlig wimmernde und sich im Schrei befreiende Gesang, der sich in der Fremdartigkeit seiner Tonfolgen und den eigenartigen Rhythmen fundamental von europäischer Musik unterscheidet. In diesem »cante jondo« werden Gefühle herausgeschrien: Er kündet vom Schmerz einer unglücklichen Liebe, vom Verlassensein und von Hoffnungslosigkeit. Flamenco kann sich über Stunden oder auch Tage hinziehen. Die Zuhörer tragen die Ekstase des Sängers, begleiten ihn, feuern ihn an, geben den Rhythmus vor. Sie klatschen zu den ausdrucksvollen Arm- und Körperbewegungen

(»brazadas«) mit den Händen (»palmas«) und stampfen mit den Füßen (»zapateado«). Andere cantaores treten hinzu, tragen ihre coplas vor und erleben in Gesang und Tanz die eigene Ekstase. So ist Flamenco v. a. ein Gemeinschaftserlebnis, bei dem über Musik und Tanz die Klagen vorgetragen, aber gleichfalls auch Gefühle großen Glücks sowie Zuversicht oder Lebensfreude zum klangvollen Ausdruck gebracht werden können.

Woher das Wort Flamenco kommt und was es eigentlich bedeutet, ist nicht bekannt: Manche leiten es vom arabischen fellah und mangu (Volksgesang) ab. Andere verbinden es mit dem spanischen Wort flamenco für Flame, eine Anspielung auf die als arrogant charakterisierten flandrischen Gefolgsleute Karls V., die sich besonders stolz und eingebildet gebärdeten. Jedenfalls hat der Flamenco seine Heimat im Dreieck zwischen Sevilla, Cádiz und Jerez. Er entstand im Kreis der »gitanos«, der in Andalusien lebenden Zigeuner. Als sie, vermutlich aus Indien, über Südosteuropa in der Mitte des 15. Jh.s nach Andalusien kamen, verschmolzen die Lieder und Tänze ihrer indischen Heimat mit den Traditionen anderer Kulturen in Südspanien. So enthält der Flamenco Elemente altindischer und byzantinischer liturgischer Musik, maurischer und mozarabischer Gesänge sowie jüdischer Synagogenlieder, die von den gitanos durch die Jahrhunderte weitergetragen wurden. Er ist seines Ursprungs und Wesens nach die Musik eines unterdrückten Volkes, dem der katholische Staat kein Recht auf eine selbstbestimmte Lebensweise zugestand. Erst als sich die Situation der gitanos im 18. Jh. verbesserte und Bizets Oper »Carmen« den Flamenco weithin bekannt machte, fand die Musik späte Anerkennung. Es entstanden die cafés cantantes, Treffpunkt der Flamenco-Aficionados, und auch »payos«, Nicht-Zigeuner, erlernten diese Kunst, diesen Dreiklang von Gesang (»cante«), Gitarre (»toque«) und Tanz (»baile«), der bis heute nichts an Lebendigkeit verloren hat.

Spanische Tanzszene, um 1850, Farblithographie

Alcázar de los Reyes Cristianos

In den Gärten der maurischen Festung ließ 1327/28 Alfons XI. seine Residenz erbauen, die im späten 14. und frühen 15. Jh. um Gartenanlagen und Bäder erweitert wurde. Nachdem die Katholischen Könige hier 1482–1490 während des Krieges mit Granada residiert hatten, wurde der Alcázar Sitz des Inquisitionsgerichts. Seit dessen Auflösung zu Anfang des 19. Jh.s bis 1951 diente er als Stadtgefängnis. Die Rechteckanlage erhebt sich über den Palmenhain an der Nordseite und setzt sich aus einem Wohn- und Wehrbau auf oktogonaler Grundfläche im Osten – der Torre del Homenaje – sowie drei weiteren Türmen zusammen: die runde, dreigeschossige Torre del Río im Süden, die Torre de la Vela im Norden und die Torre de los Leones mit quadratischem Grundriß im Westen. Sie dient als Ausstellungsort für die Bau- und Ornamentfragmente der ursprünglichen Anlage sowie für die römischen Funde. Unterhalb des Mosaiksaals kann man die Bäder aus arabischer Zeit besichtigen. Von besonderem Reiz sind die prachtvollen Gartenanlagen mit zahlreichen Wasserbecken und Springbrunnen. Der Paseo de los Reyes wird von den Statuen all jener Könige flankiert, die im Alcázar gelebt haben. Am Ende der Promenade kommt man zu einem kleinen Platz, auf dem die Statuen der Katholischen Könige und des Kolumbus stehen, der hier Isabella mehrfach Bericht erstattet hat.

»Polyphem und Galatea« (Mosaik)

Im Salón de los Mosaícos sind römische Mosaiken aus dem 2. und 3. Jh. ausgestellt, von denen eines den Mythos von Polyphem und Galatea in einer felsigen Landschaft darstellt: Links erscheint Galatea, mit der einen Hand eine Haarstähne haltend, auf dem Rücken eines Meeresungeheuers. Sie blickt zu dem rechts auf einem Felsen sitzenden Polyphem, der die Nereide mit seiner Liebe vergeblich umwirbt.

Marmorsarkophag

Das berühmteste Ausstellungsstück ist ein Marmorsarkophag aus der Mitte des 3. Jh.s, der die Verstorbenen vor den Toren des Totenreichs zeigt. Im Mittelfeld befindet sich die mit Löwen- und Widderköpfen geschmückte, leicht geöffnete Pforte zum Hades, deren Symbole auf ein glückliches Leben nach dem Tod anspielen. Die Frau hat ihren rechten Arm zum Gebet erhoben und wird von der Muse Kalliope, Beschützerin von Epos, Philosophie und Rhetorik, begleitet. Der Mann, gemäß seiner Kleidung ein Senator, wird von einem Ritter zu einer feierlichen Amtshandlung geführt. Angehörige der römischen Oberschicht ließen sich auf den Sarkophagen gerne zusammen mit Philosophen und Musen darstellen, um ihre Bildung zur Schau zu stellen. Dementsprechend ähnelt der Kopf des Ritters dem eines antiken Philosophen. Pegasos auf den Schmalseiten gilt als Symbol dichterischer Inspiration.

Mezquita

Inmitten von Córdobas Altstadt erhebt sich die Moschee, deren Architektur die Geschichte der Omaiyadenherrschaft von den Anfängen des Emirats über die Blütezeit des Kalifats bis zu ihrem plötzlichen Ende widerspiegelt. Von außen läßt der festungsähnliche, rechteckige Bau jedoch nichts von der Pracht erahnen, die dem Besucher im Innern begegnet. Das Areal von 175 m Länge und 128 m Breite – die Moschee wird als die größte in der islamischen Welt angesehen – ist von Sandsteinmauern umgeben, die mit Zinnen bekrönt und mit

Strebepfeilern versehen sind. Einziger Schmuck sind Portale, die die Mauern durchbrechen.

Nichts soll es in der islamischen Welt gegeben haben, was der Mezquita an Bedeutung, Größe, Pracht und Perfektion gleichkam, berichtet eine anonyme Quelle aus dem 14. oder 15. Jh. Einst stand an ihrer Stelle ein römischer Tempel, auf dessen Fundamenten die Westgoten eine christliche Basilika zu Ehren des Hl. Vinzenz errichteten. Als die Araber 711 Córdoba zu ihrer Hauptstadt machten und für die neue islamische Gemeinde ein Gebetssaal geschaffen werden mußte, wandelte man zunächst eine Hälfte der Kirche San Vicente in eine Moschee um, während man die andere Hälfte den Christen beließ. Die Zahl der muslimischen Bevölkerung wuchs jedoch so schnell, daß Abd ar-Rahman I. 785 auch den christlichen Flügel erwarb und mit dem Bau einer neuen Moschee begann. Dieser Gründungsbau ist unter seinen Nachfolgern wegen der stetig wachsenden Bevölkerungszahl beständig erweitert und ergänzt worden.

Mezquita, Außenansicht, 5. Joch von links

Abd ar-Rahman III. – der erste Kalif des Westens

Als Abd ar-Rahman III. (912–961), Emir von Córdoba aus der Dynastie der Omaiyaden, 929 den Kalifentitel annahm, erreichte die arabische Zivilisation auf der Iberischen Halbinsel ihren glanzvollen Höhepunkt. Ohne die Gründung des westlichen Kalifats, das dem Reich eine eigene – politische und geistige – Mitte verlieh, hätte die islamische Kultur wohl kaum ihre immense Ausstrahlungskraft besessen.

Abd ar-Rahman III. war als Kalif – was vom arabischen »khalifa« kommt und Stellvertreter bedeutet sowie den Nachfolger des Propheten Mohammed bezeichnet – sowohl religiöses Oberhaupt als auch politischer Führer der Muslime, da im Islam keine Trennung zwischen weltlichem und religiösem Gesetz besteht. Er war ein kluger und gerechter Staatsmann und ein erfolgreicher Feldherr. Als der Omaiyade 912 die Herrschaft in Córdoba übernahm, waren das Reich durch die Unabhängigkeitsbestrebungen der arabischen Sippen- und Stammesführer geschwächt und die Einnahmen zusammengeschmolzen. Konsequent und entschlossen machte sich der neue Herrscher an die Unterwerfung seiner Gegner. In nur zwanzig Jahren gelang es ihm, seine politischen Rivalen auszuschalten, die allmählich stark gewordenen christlichen Königreiche im Norden zurückzudrängen und die Angriffe der Fatimiden in Nordafrika abzuwehren. Bedingt durch den inneren Frieden blühte die Landwirtschaft wieder auf und der Handel florierte, wodurch gewaltige Summen in die Staatskasse flossen. Abd ar-Rahman III. konnte sich bald als einer der reich-

Hof eines Kalifen, Miniatur aus dem Siliman Namé, Istanbul, Topkapi Saray Bibliothek

sten Herrscher der damaligen Welt bezeichnen. Daß er 929 sein Reich zum Kalifat erhob, war nur ein folgerichtiger Schritt. Zum einen war das Fürstentum der Omaiyaden schon immer unabhängig vom Abbassiden-Kalifat in Bagdad gewesen, wenn es dieses bisher auch als geistliches Oberhaupt des Islam anerkannt hatte. Zum anderen hatten die schiitischen Fatimiden in Nordafrika inzwischen ein eigenes Kalifat errichtet, dem die Omaiyaden als Sunniten feindlich gegenüberstanden. Als neuer Kalif des Westens setzte Abd ar-Rahman III. einen politischen Akzent und unterstrich, daß er ab sofort die volle Souveränität über sein Reich wahrzunehmen gedachte. Dies spiegelt der von ihm selbst gewählte Kalifentitel an-Nasir li Din Allah, was übersetzt »Schützer der Religion Allahs« heißt.

Abd ar-Rahman III. strebte von nun an danach, diesem Titel gerecht zu werden und ihm auch sinnbildlichen Ausdruck zu verleihen. Er trug in seiner Hauptstadt zu einer Prunkentfaltung bei, die der Bagdads in nichts nachstehen sollte. Beredtes Zeugnis für den Ruhm und Glanz seines Hofes war die Palaststadt Medina az-Zahara vor den Toren Córdobas mit ihren zahlreichen verschiedenfarbigen Marmorsäulen, edelstein- und perlenbesetzten Wänden und ihren mit Elfenbein und Ebenholz verkleideten Bogen. »Az-Zaharas Überlegenheit über alle Paläste der Welt gleicht der Überlegenheit der Dynastie ihres Erbauers über die anderen Dynastien«, rühmte der arabische Dichter Ibn Suhais die Schönheit dieser monumentalen Anlage.

Mag der Prunk der Herrscherresidenz auch Erinnerungen an die alte Tradition des persischen Gottkönigtums hervorrufen, so fühlte sich

Christen auf den Knien vor dem Kalif von Bagdad, um 1412, französische Handschrift des »Livre des Merveilles du Monde« aus dem Atelier des Boucicaut-Meisters

Abd ar-Rahman III. doch zugleich den ersten Kalifen, die in Einfachheit gelebt hatten, verpflichtet. »Vor mir, als dem Stellvertreter des Propheten, seid ihr alle klein«, soll er gesagt haben, »aber vor Gott bin ich selbst nichts.« Wie sehr seine Herrscherauffassung durch diesen Dualismus von Prunk und Einfachheit geprägt war, spiegelt der Bericht eines zeitgenössischen Historikers: »Eine Gesandtschaft von spanischen Christen aus dem Norden war gekommen, um mit dem Kalifen zu verhandeln. Dieser wollte sie mit Furcht erfüllen, indem er ihnen die Herrlichkeit seines Königtums vor Augen führte. Er ließ deshalb vom Stadttor Córdobas bis zum Tor von Medina az-Zahara auf einer Strecke von einer Parasange (etwa 5,5 km) zu beiden Seiten des Weges eine doppelte Reihe von Soldaten aufstellen, die ihre blanken, breiten und zugleich langen Schwerter so emporhielten, daß sie sich mit den Spitzen wie die Balken eines Daches berührten. Auf Befehl des Herrschers wurden die Gesandten durch diese doppelte Reihe von Soldaten wie durch einen gedeckten Gang hindurch geführt. Die Furcht, die ihnen dieses Gepränge einflößte, ist unbeschreiblich. Von diesem Tor bis zu dem Ort, wo der Empfang des Herrschers stattfinden sollte, hatte der Kalif den Boden mit Brokatstoffen bedecken lassen; an bestimmten Stellen aber ließ er Würdenträger Platz nehmen, die man für Könige halten konnte, denn sie saßen auf prachtvollen Stühlen und waren in Seide und Brokat gekleidet. Jedesmal, wenn die Gesandten einen dieser Würdenträger sahen, warfen sie sich vor ihm nieder, da sie ihn für den Kalifen hielten. Da wurde ihnen gesagt: »Erhebt Euer Haupt! Das ist nur ein Knecht von seinen Knechten!« Endlich gelangten sie in einen Hof, dessen Boden mit Sand bestreut war. In seiner Mitte war der Kalif. Er trug grobe und kurze Kleider; alles, was er an sich hatte, war nicht mehr als vier Dirhem wert. Er saß auf der Erde und

Julian Köchert, Harun al-Raschid empfängt die Gesandtschaft Karls des Großen 786, 1864, Öl auf Leinwand, 354 x 195 cm, München, Stiftung Maximilianeum

Córdoba, La Mezquita, Zierinschrift über dem Tor des Imam

hielt den Kopf vornüber geneigt. Vor ihm waren der Koran, ein Schwert und ein Feuer. ›Das ist der Herrscher‹, wurde den Gesandten gesagt, die sich niederwarfen. Er erhob das Gesicht in ihre Richtung, und ehe sie noch fähig waren, einen Ton von sich zu geben, sagte er zu ihnen: ›Gott hat uns befohlen, o ihr Leute, euch aufzufordern, daß ihr euch dem da unterwerft.‹ Mit diesen Worten zeigte er ihnen den Koran …«
Ruhm und Glanz des Hofes von Abd ar-Rahman III. verbreiteten sich auf diese Weise in die ganze Welt. Sein Palast wurde zu einem kulturellen und politischen Zentrum. Er zog nicht nur viele Wissenschaftler, Gelehrte und Künstler an. Auch so mächtige Reiche wie Byzanz und die Normannen und Franken entsandten Botschafter hierher. Als 961 Abd ar-Rahman III. im Alter von 73 Jahren starb, hatte er ein bedeutendes Lebenswerk hinterlassen. »Niemals war das islamische Reich glücklicher und die wahre Religion triumphierender, als unter seiner Herrschaft.«, sollte später ein Historiker urteilen.

Puerta del Perdón

Der Haupteingang der Moschee liegt an der Nordseite direkt neben dem Glockenturm, an dessen Stelle einst das Minarett stand – ein Wunderwerk seiner Zeit, das in allen islamischen Ländern der Welt nachgeahmt wurde. Der Name Bübertor stammt aus christlicher Zeit, als das kirchliche Gericht unter dem Torbogen tagte und säumigen Schuldnern Abgaben oder Strafen erlassen konnte. Heinrich II. von Trastámera ließ das Tor, das nach dem gleichnamigen Vorbild in der Kathedrale von Sevilla konzipiert ist, 1377 im Mudéjar-Stil erbauen. Der Torbogen ist vollständig mit einem Reliefdekor aus stilisiertem Rankenwerk überzogen und in den Bogenzwickeln mit christlichen Wappenschilden geschmückt. Die schweren Holztüren verkleiden gehämmerte Metallplatten, auf denen abwechselnd gotische und arabische Schriftzeichen, »Deus« und »Al Mulk Lilah« (Die Macht ist Gott allein) graviert sind.

Puerta de San Esteban

An der Westseite liegt das Stefanstor, das älteste erhaltene Portal der gesamten Anlage. Es geht zu weiten Teilen auf den Gründungsbau Abd ar-Rahmans I. zurück. Die Inschrift des Tympanons, die das Jahr 855 als Datum der Fertigstellung unter Mohammed I. angibt, bezieht sich auf eine Restaurierung des Hufeisenbogens. Seine Keilsteine sind alternierend in Ziegel und hellem Sandstein gesetzt, wobei die hellen Steine Reliefarabesken schmücken. Das in maurischer Zeit Portal der Wesire genannte Tor weist noch die ursprüngliche Dreiteilung sowie die zweigeschossige Gliederung auf. Oberhalb des gerade abschließenden Eingangs ist die Fassade mit Blendbogennischen geschmückt, auf denen Kragsteine mit einer Art eingerolltem Blätterdekor ruhen, die ein vorspringendes Gesims tragen. Auf den Seiten, die von kunstvollem Rankenwerk überzogen sind, befinden sich Fensteröffnungen mit Steingittern. Den oberen Abschluß bilden die vierstufigen Mauerzinnen.

Mezquita

Unter Abd ar-Rahman I. entstand eine Moschee mit elf Schiffen von je zwölf Jochen, der ein offener Hof vorgelagert war. Unter Abd ar-Rahman II. wurde von 833–852 eine erste Erweiterung des Gebetssaales über die Quiblawand hinaus nach Süden um acht Joche vorgenommen. Abd ar Rahman III. (912–961) vergrößerte den Moscheehof und errichtete ein neues Minarett. Al-Hakam II. ließ 961 den Gebetssaal nochmals um weitere zwölf Joche nach Süden verlängern und den Vormihrabraum sowie die beiden flankierenden Joche überkuppeln. Da eine weitere Ausdehnung nach Süden wegen des Guadalquivir nicht möglich war, verbreiterte al-Mansur 987/88 die Bethalle um acht auf 19 Schiffe nach Osten und vergrößerte den Vorhof entsprechend. Nach der Eroberung Córdobas durch die Christen wurde im 16. Jh. eine gewaltige Kathedrale in der Mitte des Betsaales erbaut.

Patio de los Naranjos, S. 446

Puerta del Perdón, S. 436

Puerta de San Esteban, S. 437

Glockenturm, ehemaliges Minarett

Puerta de los Deánes

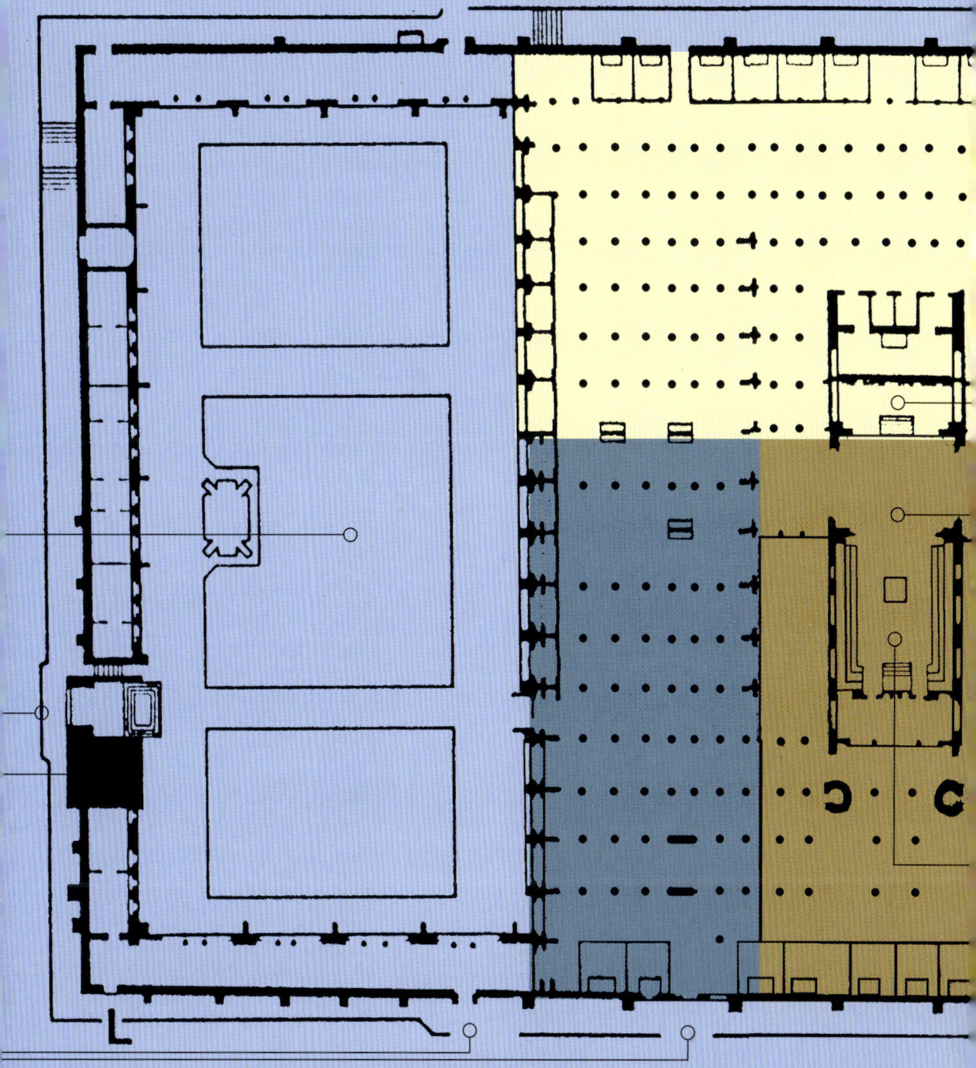

Der Ort, wo man sich niederwirft

Im maurischen Andalusien gab es in jeder Stadt unzählige Moscheen, unter denen die größte, die Freitagsmoschee, das Herz der Stadt bildete. Um sie herum waren die Zugangsstraßen und die engen Gassen vom bunten Treiben des Marktlebens erfüllt, während sich vom Markt weg zu den Stadtmauern hin die Wohnviertel erstreckten. Mit der Moschee, dem religiösen Machtzentrum, eng verbunden war der Herrscherpalast, da der Kalif als Nachfolger des Propheten zugleich religiöses Oberhaupt und politischer Führer der muslimischen Gemeinschaft war.

Moschee bedeutet wörtlich »Ort, wo man sich niederwirft«. Der Akt der Niederwerfung gilt als Zeichen der Unterwerfung unter Gott und ist der Kern des Islam. Anders als das Christentum basiert der Islam auf einem abstrakten Gottesbild, für das Gott als das Wesen der Welt nicht personifizierbar und nicht durch Symbole deutbar ist. Einzig durch die Heilige Schrift, den Koran, ist Gott erfahrbar. So ist er im islamischen Gotteshaus nur durch sein Wort allgegenwärtig. Der überaus reiche und kostbare Schmuck der Wände dient einzig dazu, Gottes Wort – in Form kalligraphischer

Mohammedaner beim Gebet, Photographie, um 1885, Berlin, Sammlung Archiv für Kunst und Geschichte

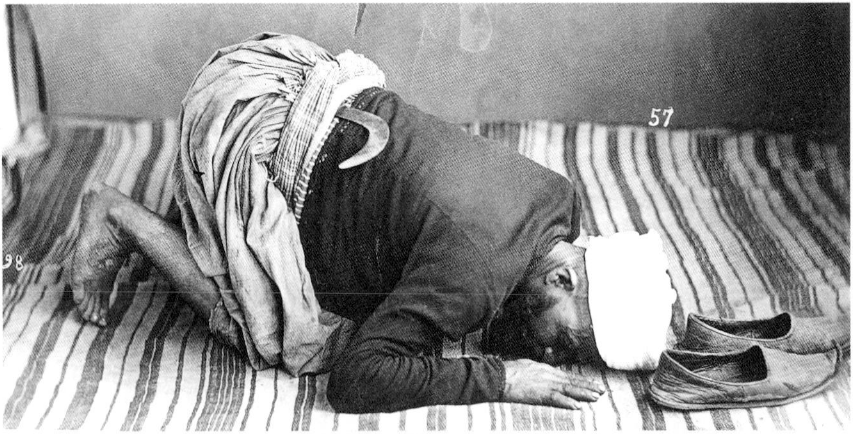

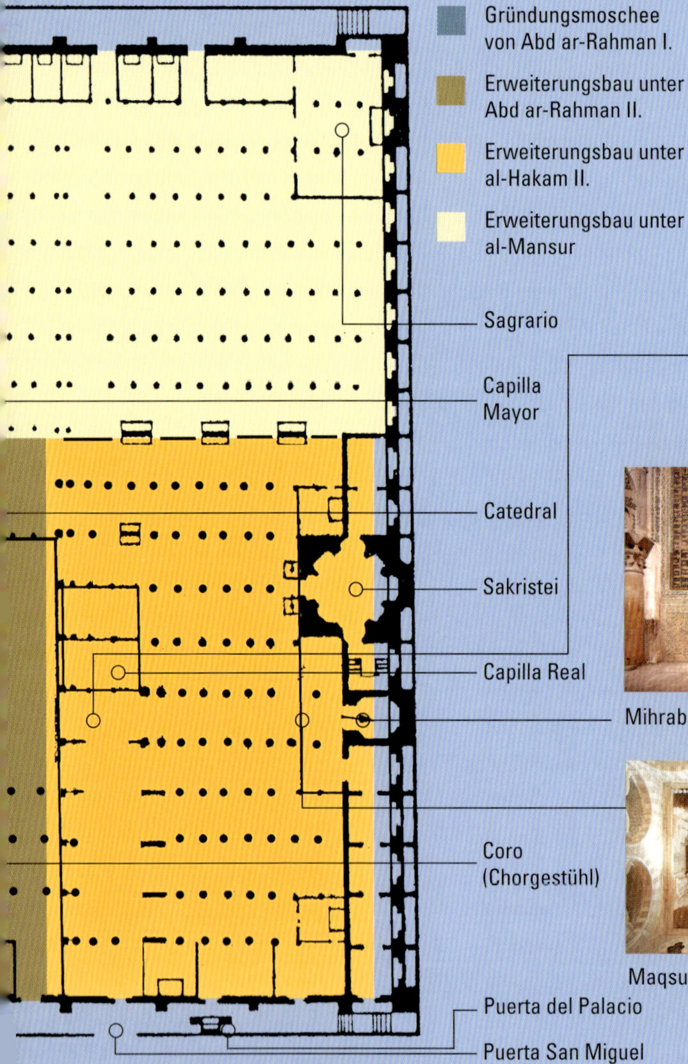

Capilla de Villaviciosa, S. 448

Mihrab , S. 452

Maqsura, S. 453

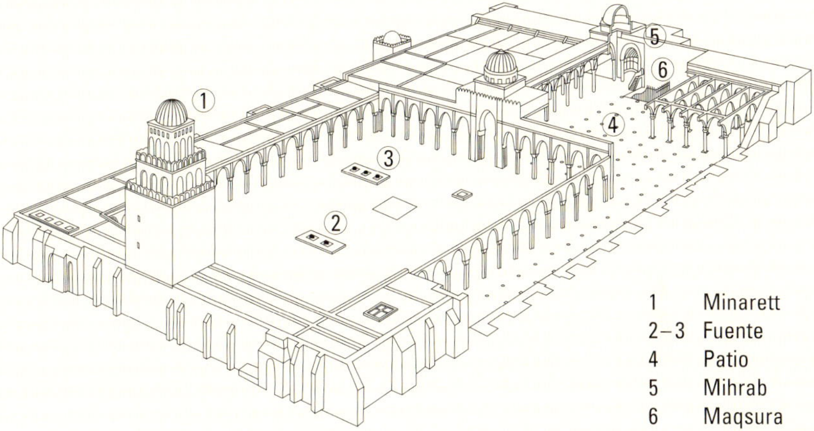

1 Minarett
2–3 Fuente
4 Patio
5 Mihrab
6 Maqsura

Große Moschee in Kairuan, Tunesien

Inschriften aus dem Koran – zu umrahmen. Im Gegensatz dazu sind in einer christlichen Kirche Gott und die Heiligen in reichem Bildwerk präsent, das die Gläubigen zur Verehrung der personifizierten Heiligkeit aufruft. Auch sind christliche Gotteshäuser immer auf das heilige Zentrum ausgerichtet: Den Gläubigen, die sich im Innenraum dicht zusammendrängen, wird der Weg nach oben zum beherrschenden Altar gewiesen. Hingegen ist für den Moslem jeder Platz, an dem er seine Gebete verrichtet, von Allah gleich weit entfernt; einzig die Ausrichtung nach Mekka zählt. Wo immer ein Betender steht, da ist für ihn die Mitte des Raums, ja die Mitte der Welt. Dem entspricht die Ordnung des Gebetssaales mit der endlosen Wiederholung gleicher Pfeiler und Bogenjoche, er birgt kein Ziel in sich. In dem endlos weiten Wald dicht zusammenstehender Säulen wird der Blick nicht in eine Richtung gelenkt, sondern kann frei umherschweifen. Der Säulenhain steht als Sinnbild für die Unendlichkeit dessen, an den man glaubt, und die Gleichheit aller Gläubigen vor ihm. Schon in der allerersten Moschee, die Mohammed und seine Gefährten in Medina erbauten, wurde dies durch Baumstämme symbolisiert, deren Palmwedel als Dachbedeckung dienten.

Besuch der Moschee

Trotz aller Unterschiede in Größe und Ausstattung sind Moscheen stets nach dem gleichen Schema angelegt. Über die schattigen Arkaden des Hofes ragt das Minarett, von dem der

Muezzin die Gläubigen fünfmal am Tag zum Gebet ruft: »Gott ist größer! Auf zum Gebet! Auf zum Heil! Ich bezeuge, daß es keine andere Gottheit gibt außer Gott, und ich bezeuge, daß Mohammed der Gesandte Gottes ist. Gott ist größer! Keine Gottheit außer Gott!« Das Gebet können sie an jedem Ort verrichten; hingegen

Mohammed und die erste Moschee: Der Prophet hält in der Moschee eine Predigt, Miniatur aus der türkischen Handschrift »Siyer i Neb« (Das Leben des Propheten), 16. Jh.

sind alle männlichen, volljährigen und im Besitz der Geisteskräfte befindlichen Muslime verpflichtet, die Moschee am Freitag zum Mittagsgebet zu besuchen. Dann wird auch eine Predigt gehalten. Bevor der Gläubige die Gebetshalle betritt, muß er seine Schuhe ausziehen, um den Boden nicht zu verunreinigen oder zu entweihen, und sich an einem der Wasserbecken im Hof Gesicht, Hände und Füße waschen. Das ist die rituelle Reinigung für das Gebet. Befindet er sich aber im Zustand der »großen Unreinheit«, die beispielsweise durch den Geschlechtsverkehr hervorgerufen wird, muß er sich vollständig waschen, wofür es oftmals eigene Waschräume gibt. Unterläßt der Muslim die vorgeschriebene Waschung, ist das folgende Gebet vergeblich. In der Gebetshalle versammeln sich die Gläubigen und preisen Gott mit dem Gesicht in Richtung Mekka. Diese wird durch eine Nische in der Qiblawand, den Mihrab, angegeben und ist der wichtigste Teil jeder Moschee. Im Gegensatz zum christlichen Altar ist der Mihrab aber nicht heilig, sondern nur die Richtung nach Mekka. Sie ist für die Muslime von so großer Bedeutung, daß sie sogar Gräber, Waschgelegenheiten und Schlafräume danach ausrichten. Ursprünglich war der Mihrab nur eine flache, manchmal durch eine Lampe hervorgehobene Nische, die der Blinde bei seinem Weg entlang der Mauern ertasten und sich so selbst nach Mekka orientieren konnte. Später wurde er jedoch zu einem prächtigen Raum gestaltet, den die Anbetenden siebenmal auf den Knien umkreisten, um so die rituellen Umkreisungen der Kaaba in Mekka nachzuvollziehen. Der Mihrab ist der Ort, an dem Gott sich offenbart, und so spricht der

Imam, der Vorbeter, hier die Worte, die Gott im Koran offenbart hat. Er leitet das gemeinsame Gebet zu festgelegten Zeiten, die Gläubigen sprechen die von ihm aufgesagten Worte laut oder leise, je nach der Regel, wiederholen seine Gebärden, Verneigungen und Niederwerfungen. Aber der Gläubige kann zu allen Zeiten auch in irgendeinem Teil der Moschee sein Gebet verrichten und für jeden, der sich ihm anschließt, zum Vorbeter werden. Denn anders als im Christentum gibt es im Islam keine priesterliche Hierarchie. In der Nähe des Mihrab liegt in vielen hauptstädtischen Moscheen ein abgetrennter Raum, die Maqsura, die dem Herrscher oder Statthalter und seinem Gefolge vorbehalten ist. Auf der rechten Seite des Mihrab steht der Minbar, die Kanzel, von der aus der Imam im Namen des Herrschers die Freitagspredigt hält. Ein Stück vor der Gebetsnische befindet sich in größeren Moscheen die Dikka, ein Podium, das dem Respondenten Platz bietet. Dieser wiederholt die Gebetshaltung des Imam und spricht die vorgeschriebenen Entgegnungen, so daß die Gebetsstadien einer großen Gemeinde übermittelt werden können. Daneben steht der Kursi, das Lesepult mit dem Koran.

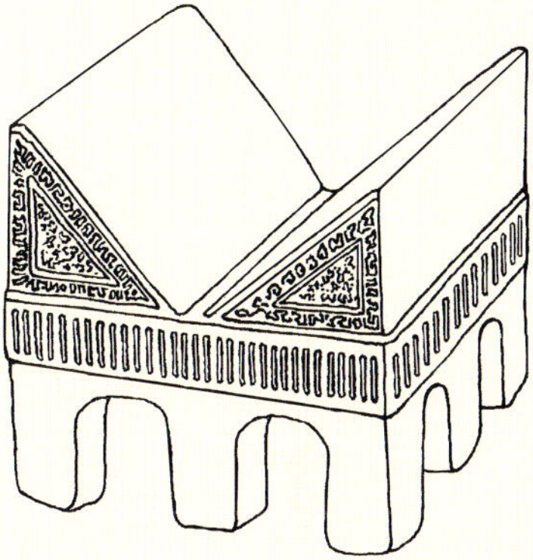

Kursi, Lesepult

Die Moschee im Mittelalter – eine Stätte der Wissenschaften und Rechtsprechung

Im Mittelalter war die Moschee nicht nur Stätte des Gebets. Hervorragende Gelehrte wurden in der Regel auf Lebenszeit mit einem Lehrstuhl betraut; der Besuch ihrer Vorlesungen stand jedem offen. Die Lehrer saßen außerhalb der festgelegten Gebetszeiten unter den Arkaden des Hofes, ein jeder am Fuße seiner bestimmten Säule, um den Studenten, anderen Interessierten und den Besuchern der Moschee die Wissenschaften nahezubringen, die mit der Religion zusammenhängen. Sie hielten freie Vorträge, indem sie aus ihrem großen Wissensstand schöpften, oder kommentierten grundlegende Lehrwerke, um die Zuhörer in der arabischen Sprache, in der sich der Koran offenbart, und in der Rechtskunde, die allein aus der Religion abgeleitet wird (ein weltliches Recht existiert im Islam nicht) zu unterrichten. An anderer Stelle hielt der oberste Richter in Begleitung einiger Berater und Gerichtsdiener zu bestimmten Stunden Gerichtssitzungen ab. Nicht immer fällte er ein unwiderrufliches Urteil, denn waren die Umstände zweifelhaft, überließ er Gott das Urteil, soweit dadurch nicht ein bestehendes Unrecht verlängert wurde.

den sie durch die Puerta de las Palmas (Palmentor) direkt in das Mittelschiff und damit in den ältesten Teil der Moschee geführt.

Innenraum

Betritt man die Mezquita, so wird der ursprüngliche Eindruck eines schier endlosen Säulenwaldes durch die Eingriffe der Christen entscheidend beeinträchtigt. Zuvor war der Innenraum von einer Holzdecke mit geschnitzten, kostbar bemalten Tragebalken abgeschlossen (die heute meist sichtbaren hellen Gewölbe stammen aus dem 18. Jh.) und durch die offenen Arkaden der Nordseite sowie Tausende von brennenden Öllämpchen erhellt. Obwohl dem Einbau der Kathedrale viele Säulen zum Opfer gefallen sind, stützen noch über 800 von ihnen aus Marmor, Granit und Jaspis die Hufeisen- und Zackenbogen des Betsaales. Im ältesten Bereich der Moschee haben die Baumeister trotz der geringen Höhe des weitgehend verwendeten römischen und westgotischen Spolienmaterials eine geniale Lösung gefunden, um einen hohen Innenraum zu schaffen: Auf den Kapitellen der Säulen liegen Kämpferblöcke, von denen Hufeisenbogen zur benachbarten Stütze überleiten. Darauf ruhen zusätzlich massi-

Patio de los Naranjos

Durch die Puerta del Perdón tritt man in den Orangenhof. In diesem weiten, arkadengesäumten Innenhof standen einst Zypressen, Lorbeer- und Olivenbäume und Brunnen, die zur rituellen Reinigung der Gläubigen vor dem Gebet dienten. Die Orangenbäume wurden erst von den Christen gepflanzt, die auch die 19 Arkaden der Moschee vermauern ließen und dadurch die Lichtwirkung des Innenraums entscheidend veränderten. Unter den Arkaden saßen in maurischer Zeit Gelehrte und hielten ihren Unterricht ab, gaben Ärzte Ratschläge und sprachen die »qadi« Recht. Heute findet man hier Reste der alten maurischen Moscheeholzdecke. Wollten sich die Gläubigen zum Gebet begeben, so wur-

ve Pfeiler, die die darunterliegenden Säulen verlängern und eine weitere Rundbogenstellung tragen. Für beide Arkaden sind im Wechsel roter Ziegel- und heller Sandstein verwendet worden. Zum Ausgleich der unterschiedlichen Längenmaße wurden einige Säulen auf Basen gestellt, andere in den Fußboden gesenkt. Die symmetrische Anordnung der Stützen erzeugt im Zusammenspiel mit dem rot-weißen Farbwechsel der Bogen einen Rhythmus und den Eindruck von Schwerelosigkeit. Die zweigeschossige Bogenstellung gleicht den Ästen einer Dattelpalme und scheint den Raum fächerartig nach oben zu öffnen. Bei allen späteren Erweiterungen der Moschee hat man dieses Gesamtbild beizuhalten versucht, indem man jeweils die zweigeschossige Gliederung und die Farbgebung übernahm.

schen Säulen erheben sich drei Vielpaßbogen, die darüber von weiteren überfangen und schließlich von einem großen Bogen umschlossen werden. Die kunstfertigen Bogen nehmen die frühere Zweifarbigkeit auf, indem ihre Stirnfelder im Wechsel glatt gearbeitet oder mit filigranem Arabeskendekor verziert sind.

Capilla de Villaviciosa

Das zweigeschossige Bogensystem der Capilla de Villaviciosa, auch Lucernario genannt, die im 15. Jh. zum Altarraum der ersten christlichen Kirche umgestaltet wurde, bildete ehemals einen großartigen Auftakt zum prachtvollen Gebetssaal al-Hakams II., mit dem dieser alle bisherigen islamischen Bauten an Glanz und Schönheit übertreffen wollte: Über vier korinthi-

Kuppel

Als erste von vier Lichtkuppeln, die für eine ausreichende Beleuchtung des Erweiterungsbaus von al-Hakam II. sorgten, verdient die der Capilla de Villaviciosa Bewunderung. Mit diesem Meisterwerk hatten die Baumeister des 9. Jh.s, die auf keine Vorbilder zurückgreifen konnten, eine eigenständige und originelle Lösung gefunden, einen großen Raum zu überwölben: Mittels Rippen, die ein kunstvolles Geflecht aus Dreiecken und Vierecken bilden, wurde die zu überkuppelnde Grundfläche so verkleinert, daß ihre Mitte von einer Muschel abgeschlossen werden konnte. Zwischen den senkrechten Abschnitten der Rippen öffnen sich kleine Kleeblatt- und Hufeisenbogen, die das Tageslicht einfallen lassen.

Catedral

Inmitten der flachen Satteldecke der Moschee ragt die Kathedrale hervor, deren Errichtung das Domkapitel 1523 gegen den Widerstand der Bevölkerung, die um die Harmonie der Moschee bangte, beschlossen hat. Ähnlich wie der Bischofspalast an die Stelle der maurischen Fürstenresidenz gesetzt wurde, sollte auch dieser Eingriff in den islamischen Gebetssaal den Sieg des Christentums über den Islam demonstrieren. Obwohl der Stadtrat den Baumeistern und Handwerkern bei Todesstrafe verbot, an der Kathedrale zu arbeiten, wurden in kürzester Zeit 63 Säulen abgeschlagen. Hernán Ruiz d. Ä. schuf eine Kirche in Form eines lateinischen Kreuzes, deren Chor zwischen Querschiff und Hauptschiff liegt. Als Karl V. drei Jahre später nach Córdoba kam, soll er ausgerufen haben: »Ihr habt zerstört, was in der Welt einmalig war, und etwas hingestellt, was man überall sehen kann.«

Capilla de la Encarnación: Pedro de Córdoba, Anunciación (Mariä Verkündigung), 1475

In der Capilla de la Encarnación, östlich des Mihrab, eine der über 30 Seitenkapellen der Kathedrale, kann man das Hauptwerk von Pedro de Córdoba, dem herausragenden andalusischen Maler der Spätgotik, bewundern. Das Tafelgemälde, von ihm signiert und 1475 datiert, zählt zu den Hauptarbeiten des sog. hispano-flämischen Stils, der sich in der spanischen Malerei im 15. Jh. durchsetzte. Sein Kennzeichen ist die Verbindung von maurischer Dekorationsfreude mit dem Realismus der niederländischen Malerei: Gewänder, Attribute und architektonische Details werden mit sorgfältiger Genauigkeit wiedergegeben, das Maßwerk ist spätgotischen Goldschmiedearbeiten vergleichbar. Unterhalb der Verkündigungsszene knien links der Stifter des Bildes und rechts der Maler selbst.

Mihrab

Córdoba war unter den Omaiyaden zu einem bedeutenden Pilgerzentrum aufgestiegen und benötigte einen seinem Rang angemessenen, prachtvoll ausgeschmückten Mihrab. Seinem Vorbild folgend, dem Bauherrn der Moschee von Damaskus, bat al-Hakam II. den byzantinischen Kaiser um die Entsendung eines Mosaizisten, der die einheimischen Künstler in dieser Technik unterweisen sollte. Mit dem Spezialisten kamen gleichzeitig 16 Tonnen Stein- und Würfelmaterial nach Córdoba. Den Zugang zum Mihrab bildet ein alfizgerahmter Hufeisenbogen, der sich auf je zwei Paare von Halbsäulen aus dem Mihrab Abd ar-Rahmans II. stützt und von Blendarkaden bekrönt wird. Er ist von einer quadratischen Schmuckfläche eingefaßt, auf der polychrome Mosaiksteine auf goldenem Grund zu floralen Mustern und Inschriften

zusammengesetzt sind, welche Allah und al-Hakam II. preisen. Die Inschrift auf der Kämpferzone des Bogens nennt das Jahr 965 als Datum der Vollendung. Der Mihrab selbst ist als achteckige Nische gebildet, die von einer muschelförmigen Kuppel aus einem monolithen Marmorblock bekrönt wird und dazu mit reichen Stuckdekorationen verziert ist. Die Muschel symbolisiert im Islam das Behältnis des Herzens, in das Allah sein Wort, die Perle, legt.

Maqsura, Kuppel

Die Kuppel des Vormihrab-Jochs besticht durch Pracht und Reichtum. Sie wird von Mosaiken auf goldenem Grund überzogen, die geometrische und florale Ornamente bilden. Ein System sich kreuzender Rippen formt einen achtzackigen Stern, in dessen Mitte eine Halborange sitzt. Der zehnzackige Stern im Zenit der Kuppel gilt als Symbol der Himmelskugel.

Ziryab – ein Sänger schafft Standards

Am Hofe von Abd ar-Rahman II. (822–852) lebte ein Sänger namens Ziryab, der wie kein anderer Musik und Lebensstil des mittelalterlichen Andalusiens geprägt hat. Ziryab – was »Amsel« bedeutet, sein richtiger Name lautete Abul Hassan Ali Ibn Nafi – war aus Bagdad nach Córdoba gekommen, nachdem er sich mit seinem Lehrmeister überworfen hatte. Sein Biograph Ibn Khalliqan berichtet: Eines Tages habe der Kalif Harun ar-Raschid (786–809) seinen Hofmusiker Ibrahim gefragt, ob er nicht einen neuen Sänger kenne, der vor ihm auftreten könne. Ibrahim nannte ihm einen seiner Schüler, und der Kalif ließ diesen sofort rufen. Es war Ziryab, und er stellte den Herrscher vor die Wahl, eine eigene, von ihm selbst verfaßte Singweise zu hören oder etwas, das er von Ibrahim gelernt habe. Harun ar-Raschid entschied sich für ein Lied von Ziryab und ließ ihm die Laute seines Meisters reichen. Der Sänger aber wehrte ab, da er nur seine eigene Laute gebrauchen könne, weil er auf dieser eine zusätzliche Saite angebracht hatte. Das Lobeslied auf den Kalifen, das Ziryab vortrug, gefiel diesem so gut, daß er später Ibrahim Vorwürfe machte, ihm einen Sänger von solcher Qualität und Originalität so lange verheimlicht zu haben. Die Vorhaltungen erzürnten den Lehrer und er schrie Ziryab an: »Du hast mich betrogen, indem du deine beste Kunst mir vorenthalten und sie erst dem Kalifen zur Geltung gebracht hast! Ich weiß nun, du bist auf dem Weg, der Günstling des Herrschers zu werden! Aber nimm dich vor mir in acht! Ich schwöre, ich werde dir nach dem Leben trachten, wenn du mir beim Kalifen den Rang abläufst! – Wenn dir dein Leben lieb ist, nimm Reisegeld von mir und verzieh dich an den äußersten Rand der Erde, wo weder ich noch der Herrscher je wieder von dir hören werden.«

Ziryab entschloß sich, mit seiner Familie Bagdad zu verlassen, und gelangte an den Hof von Abd ar-Rahman II. Schnell gewann er die höchste Gunst des Herrschers, der keinen anderen Sänger mehr hören wollte. Nächtelang führten sie Gespräche über Geschichte, Dichtkunst und alle anderen Künste und Wissenschaften. Ziryab soll auf all diesen Gebieten beschlagen gewesen sein und mehr als 10 000 Lieder gekannt haben. Auf diese Weise brachte er die Weisen der persischen Musik nach Córdoba, die in Andalusien andauernd und bis in den Flamenco hinein nachwirken sollten, und führte die fünfsaitige Laute ein. In Córdoba gründete er eine Schule für Musik und Gesang, von der aus persische Traditionen nach ganz Europa übermittelt wurden. Außerdem machte Ziryab Sevilla zu einem Zentrum für die Herstellung von Musikinstrumenten.

Musik am Hofe eines Kalifen, Miniatur aus dem Siliman Namé, Istanbul, Topkapi Saray Bibliothek

Sog. Scheferscher Hariri, Das Weinhaus von Anah, arabische Handschrift, Bagdad 1237, Paris, Bibliothèque Nationale

Ziryab aber war nicht nur ein begnadeter Sänger, sondern ein in allen Künsten der Konversation beschlagener Hofmann. Er führte sämtliche feinen Hofgebräuche ein, wie sie in der Weltstadt Bagdad gepflegt wurden, und schuf damit Standards in Sachen Geschmack. Hatten die

Cordobaner bis dahin noch einen schlichten, altarabischen Lebensstil bewahrt, so lehrte er sie die neue Mode sowie neue Höflichkeitsformen, Benimmregeln, Tischmanieren und Speisen, Dekorationen, Wohnkultur und vieles mehr. Vor seiner Ankunft, wird erzählt, hätten die Vornehmen ihr Haar lang und gescheitelt getragen, Gold- und Silbergefäße als Tafelgeschirr benutzt, Leinentischtücher verwendet, und alle Speisen wären zusammen auf den Tisch gestellt worden. Nun aber rasierten sich die Männer ihren Schädel, gebrauchte man Gläser und Schüsseln aus Kristallglas und Tischtücher aus feinem Leder. Darüber hinaus stellte Ziryab eine Speisenfolge auf, die mit einem Dessert abgeschlossen wurde, brachte den Cordobanern das Spargelessen bei und erfand viele Gerichte. Für die Übermittlung islamischen Kulturguts vom arabischen Osten in den Fernen Westen der islamischen Welt war Ziryab von großer Bedeutung. Er besaß die Autorität und den Einfluß, mit Traditionen zu brechen und den andalusischen Lebensstil entscheidend zu verändern. Als er 845 starb, hinterließ er acht Söhne und zwei Töchter, die wie er Musiker waren und zur Erneuerung der andalusischen Musik beitrugen.

Paul Louis Buchard, Les almées (umherziehende Tänzerinnen und Sängerinnen), 1893, Öl auf Leinwand, 160 x 133 cm, Paris, Musée d'Orsay

Puente Romano

Nähert man sich vom Süden der einstigen Residenzstadt der spanischen Kalifen, sollte man zunächst die 240 m lange Brücke über den Guadalquivir überschreiten. Die auf 16 Bogen ruhende Brücke war bereits von Augustus als Teil der Via Augusta, der Hauptverkehrsader der Baetica, angelegt worden. Lange Zeit bildete sie den einzigen Zugang zur Stadt und war deshalb oft Schauplatz heftiger Kämpfe. Im Laufe der Jahrhunderte hat sie so viele Veränderungen erfahren, daß von ihrem ursprünglichen Zustand kaum mehr als die Fundamente erhalten sind. In ihrer Mitte steht eine Statue des Erzengels Raphael, des Stadtpatrons von Córdoba, die 1651 nach einer Pestepidemie aufgestellt wurde. Von der Brücke aus hat man einen guten Blick auf die Ruinen arabischer Mühlen und das

wiederaufgebaute Schöpfrad der La Albolafia genannten Wassermühle am Flußufer, das die nahen Gärten des Alcázars mit Wasser versorgte. Am Ende der Brücke zur Stadtseite hin erhebt sich die Puerta del Puente, das Brückentor, ein in der Art eines römischen Triumphbogens gestaltetes Portal mit dem Wappen Kastiliens. Es war ehemals Teil der alten Stadtmauer und wurde 1571 von Hernán Ruiz III. im Auftrag Philipps II. an der Stelle seiner Vorgängerbauten errichtet.

Torre de la Calahorra

Am südlichen Ende der Puente Romano, gegenüber der Altstadt, steht der zinnenbekrönte Festungsbau, dessen Name sich vermutlich vom arabischen »kalat« (Festung) und »horr« (frei, außerhalb) ableitet. Auf den Resten eines maurischen Vorgängerbaus hatte Alfons XI. 1325 eine Doppelturmanlage erbaut. Heinrich II. von Trastámara ließ sie 1369 durch einen dritten Rechteckturm ergänzen, wodurch der T-förmige Grundriß entstand. Er hatte ihn errichten und die Mauern verstärken lassen, nachdem sich bei den Angriffen seines Halbbruders Peters I. des Grausamen die alte Verteidigungsanlage als zu schwach erwiesen hatte. Die beiden Winkeltürme und der Wehrgang stammen aus der Mitte des 15. Jh.s. Heute ist in den Räumen der Anlage das von dem französischen Philosophen Roger Garaudy konzipierte Museo de las Tres Culturas untergebracht, das den Besucher über das mittelalterliche Geistesleben der Stadt mit Modellen der Moschee sowie der Alhambra in Granada informiert.

Der Patio – eine abgeschiedene Oase inmitten des Hauses

Wenn man durch die engen, gewundenen Gassen in den alten Vierteln von Córdoba, Sevilla, Granada und den vielen kleinen Städtchen Andalusiens wandelt, schaut man immer wieder in die blumengeschmückten Innenhöfe, die das Herzstück jeden andalusischen Hauses darstellen. Schöne, vergitterte Eisentüren, sog. »Cancelas«, geben den Blick vom Durchgang zur Straße frei in die Patios mit ihren weiß gekalkten Wänden. Dort spielt sich schon seit Jahrhunderten das familiäre und gesellschaftliche Leben ab: Arkaden, die Schatten spenden, Kieselsteinpflaster, ein Brunnen in der Mitte, farbenprächtige Azulejos, Orangen- und Zitronenbäume und ein Blumenmeer lassen den Patio zu einer Oase werden. Auch in den Palästen der Renaissance und des Barocks führt der Weg immer in einen oder sogar mehrere Innenhöfe: Von doppelstöckigen Arkaden umgeben, die Wände mit Azulejos und mudejaren Stuckdekorationen überzogen, mit antiken Statuen und kunstvollen Brunnen geschmückt, sind diese Patios ungewöhnlich prachtvoll gestaltet.

García Rodríguez (1863–1925), Andalusischer Patio

Die reiche Tradition der Patio-Architektur geht auf die maurische Vergangenheit Andalusiens zurück. Schon in den Häusern der Mauren waren die Wohn- und Schlafräume rechtwinklig um einen Innenhof angeordnet, der Licht und Luft in das Haus fluten ließ und zugleich im Sommer kühlen Schatten spendete. In jener Zeit aber waren die Durchgänge nicht geöffnet, und die grauen Mauern, die nur wenige und stets hochgelegene Fenster aufwiesen, ließen nicht erahnen, ob sich dahinter Armut oder Reichtum verbargen.

Der eigentümliche Kontrast zwischen dem schlichten Äußeren und den prachtvollen Patios und Innenräumen war die architektonische Umsetzung der maurischen Lebensformen, wo-

Sevilla, Casa de Pilatos, Patio Principal

nach sich das private Leben im Innern, dem als heilig geltenden und geschützten Bereich abspielte. Einen besonderen Stellenwert hatte der Brunnen, denn körperliche Reinheit spielt im Islam eine wichtige Rolle. Deshalb legte jeder Muslime großen Wert auf Wasser in seinem Haus, das in ausreichendem Maße vorhanden sein mußte und durch Röhren, Ziehbrunnen oder Zisternen bereitgestellt werden konnte. Heute ist diese Wohnkultur vom Untergang bedroht, da immer mehr moderne Luxuswohnungen an die Stelle der alten Häuser gebaut werden. Zum Erhalt der Patios schreibt z. B. die Stadt Córdoba jeden Mai einen Wettbewerb aus, in dem die schönsten Innenhöfe prämiert werden und Besuchern offenstehen.

Anhang

Geschichte Andalusiens im Überblick

Vorgeschichte

Andalusien ist Schauplatz eines Ereignisses der mythischen Vorgeschichte. Die spätere griechische Überlieferung wird hier, wo die Sonne im Ozean versinkt, eines der zwölf Abenteuer des Herakles lokalisieren: den Diebstahl der berühmten Rinderherde des dreileibigen Geryoneus. Bevor Herakles den Riesen Geryoneus tötet und dessen Herde mitnimmt, setzt er zwischen Himmel und Erde zwei mächtige Säulen, den Berg Moussa auf afrikanischer und den Felsen von Gibraltar auf europäischer Seite.

um 20 000 v. Chr. Von den Spuren ältester menschlicher Besiedlung zeugen prähistorische Gräber und Felsmalereien (z. B. Cueva de la Pileta bei Benaoján, 30 km westlich von Ronda/Prov. Málaga, Cueva de Nerja bei Veléz Málaga/Prov. Málaga).

Tarifa, Gibraltar

4000 – 1800 v. Chr. Infolge mehrerer Kolonisierungswellen aus dem Vorderen Orient kommen bäuerliche Lebensformen auf.

nach 2500 v. Chr. Andalusien wird zu einem Zentrum der Megalithkultur: Es entstehen neue Bestattungsformen in Dolmen, Kammer- und Ganggräbern (z. B. Cueva de Menga bei Antequera/Prov. Málaga).

2500 – 1800 v. Chr. Von Andalusien ausgehend breitet sich die Glockenbecherkultur (benannt nach der Glockenbecherkeramik mit geometrischer Dekoration bzw. naiven Tierdarstellungen) nach Europa aus (Los Millares 25 km nördlich von Alméria).

um 1800 – 1500 v. Chr. Blüte der El Argar-Kultur (benannt nach der Stadtsiedlung El Argar bei Antas/Prov. Alméria), die führend in der Bronzeverarbeitung ist und Schmuck und Waffen herstellt.

Ende des 2. Jt.s v. Chr. Einwanderung der Phönizier, die das sagenumwobene Reich von Tartessos gründen, das bis heute nicht lokalisiert werden kann. Vermutlich lag es an der Mündung des Guadalquivir (der bis 200 v. Chr. noch Tartessos hieß) und ist wohl mit dem Tharschisch des Alten Testaments identisch. Von manchen Autoren wird es mit dem legendären, im Meer versunkenen Atlantis gleichgesetzt. Ergiebige Erzvorkommen und die Bronzeherstellung verhelfen Tartessos zu großem Reichtum. Dank seiner Zinn-, Kupfer und Silberexporte nimmt das Gebiet eine Vorrangstellung ein. Es unterhält Handelsverbindungen mit Kreta, Phönizien und Karthago. Seine größte Blütezeit erlebt es in den Jahrhunderten zwischen 800 und 500 v. Chr. Zu diesem Zeitpunkt scheint es zerstört worden zu sein, da es in den Quellen nicht mehr erwähnt wird.

um 1100 v. Chr. Phönizier aus Tyros und Sidon gründen an der Atlantikküste ihre erste Handelsniederlassung, Gadir (das heutige Cádiz, die älteste Stadt Spaniens), möglicherweise als Umschlagplatz für Zinn und den Silberhandel mit Tartessos. Es folgen bald weitere bedeutende Handelskolonien wie Malaka (Málaga) und Sexi (Almuñécar).

um 700 v. Chr. Die reichen Metallvorkommen lassen schließlich auch die Griechen zu Handelspartnern von Tartessos werden. Sie gründen Handelsstützpunkte, so etwa die Stadt Mainaké (bei Málaga).

ab 700 v. Chr. Die phönizische Tochterkolonie Karthago verdrängt Phönizier und Griechen, übernimmt die phönizischen Siedlungen und legt weitere Niederlassungen an.

ab 237 v. Chr. Karthago, das zur führenden See- und Handelsmacht im westlichen Mittelmeerraum aufgestiegen ist, kämpft mit Rom um die Vorherrschaft. Nach dem Verlust von Sizilien, einem der Stützpunkte, an die Römer im Ersten Punischen Krieg (264 – 241 v. Chr.) beginnen die Karthager unter Führung des Feldherrn Hamilkar, ihren Einflußbereich auf der Iberischen Halbinsel auszudehnen. 226 v. Chr. wird in einem Vertrag mit Rom der Fluß Iberus (Ebro) als Grenze der jeweiligen Einflußsphären bestimmt.

Die römische Herrschaft

218–201 v. Chr. Der Angriff Hannibals auf die mit Rom verbündete Stadt Sagunt (bei Valencia) löst den Zweiten Punischen Krieg aus. In dessen Verlauf siegt P. Cornelius Scipio 206 v. Chr. über die Karthager in der Schlacht bei Ilipa und gründet die Veteranenstadt Itálica. Nach der Niederlage Karthagos wird die Iberische Halbinsel in zwei Provinzen gegliedert, wodurch Andalusien Teil der Hispania Ulterior wird .

27 v. Chr. Unter Augustus werden die spanischen Provinzen in die Tarraconensis im Norden und Osten, Lusitania im Westen und Baetica im Süden neu aufgeteilt. Die Baetica, benannt nach dem großen Fluß Baetis (Guadalquivir), mit Verwaltungssitz in Corduba (Córdoba), entspricht dem heutigen Andalusien. Dank einer blühenden Landwirtschaft und wertvollen Bodenschätzen steigt sie zur wohlhabenden Provinz im Reich auf.

Marmorsarkophag (Detail), Córdoba, Alcázar

ab 409 Im Zuge der Völkerwanderung dringen Vandalen, Sueben und Alanen in Andalusien ein, die schließlich von den Westgoten vertrieben werden.

Westgotenreich

507 Nachdem die Westgoten aus Südfrankreich verdrängt worden sind, verlegen sie ihr Königreich auf die Iberische Halbinsel. Ihre Hauptstadt wird Toledo.

589 Auf dem 3. Konzil von Toledo wird der katholische Glaube zur Staatsreligion erhoben.

1. Hälfte 6. Jh. Durch innere Machtkämpfe und Thronstreitigkeiten kommt die Baetica zeitweise unter die Herrschaft von Byzanz.

7. Jh. Das Westgotenreich wird durch die sozialen Gegensätze zwischen der besitzenden Oberschicht und der Masse von Abhängigen und Sklaven zunehmend geschwächt.

710 Das islamische Reich steht ab 661 unter der Herrschaft der Omaiyaden. Gemäß Moham-

Patio de los Leones, Kupferstich der Alhambra

meds Auftrag (gestorben 632), den Islam zu verbreiten, dehnen diese ihre Herrschaft bis nach Indien und Westafrika aus. Nach der Unterwerfung der ehemals römischen Provinzen in Nordafrika machen sie unter der Führung des Berberfürsten Tarif einen ersten Beute- und Erkundungszug an die Südspitze der Iberischen Halbinsel. Der Ort, an dem der Fürst an Land geht, wird Tarifa genannt.

711 Im Auftrag des arabischen Statthalters von Nordafrika führt der Feldherr Tarik ibn-Ziyad ein Heer von 7 000 Arabern durch die Meerenge nach Gibraltar und bezwingt im Tal des Río Barbate das 9000 Mann starke Heer des Westgotenkönigs Roderich.

Die Zeit der islamischen Herrschaft

Die Araber stoßen in einer Eroberungswelle bis nach Südfrankreich vor, ehe sie 732 in der Schlacht bei Tours und Poitiers von Karl Martell zurückgedrängt werden.

722 Die Schlacht von Covadonga (Asturien), in der der westgotische Graf Pelayo eine arabische Expedition besiegt, gilt als Beginn der Reconquista. In der Folgezeit entsteht das erste christliche Königreich im Norden.

750 In Damaskus stürzt das Geschlecht der Abbasiden (750 – 1258) die Omaiyaden-Dynastie. Dem letzten Überlebenden, Abd ar-Rahman, gelingt die Flucht nach Andalusien.

Omaiyaden-Herrschaft

756 Abd ar-Rahman I. (731 – 788) begründet das unabhängige Emirat von Córdoba, dessen Hauptstadt zu einer blühenden Metropole aufsteigt. (785 Baubeginn der Moschee von Córdoba). Am Ende seiner Regierungszeit, die von Aufständen und Intrigen begleitet ist, hat er einen geeinigten islamischen Staat geschaffen, in dem die Religionen der nicht-islamischen Bevölkerung toleriert werden.

822 – 852 Unter Abd ar-Rahman II. erlebt Andalusien eine kulturelle Blütezeit. Am Hofe werden Dichter, Musiker, Philosophen und Wissenschaftler besonders gefördert. Der bekannteste ist der persische Sänger und Musiker Ziryab, der die fünfsaitige Laute in Andalusien einführt und eine Musikschule in Córdoba gründet.

Granada, Alhambra, Badanlage

929 Abd ar-Rahman III. (891 – 961) ernennt sich zum Kalifen und gibt damit auch in religiöser Hinsicht die Verbindung mit Bagdad auf. Unter seiner Führung erreicht die Omaiyaden-Dynastie in Spanien ihren Höhepunkt (ab 936 Bau der Palaststadt Medina az-Zahara bei Córdoba). Córdoba, mit mehr als einer halben Million Einwohner nun neben Konstantinopel die größte Metropole Europas, kann sich unzähliger Moscheen, öffentlicher Bäder, Schulen, Bibliotheken und Hochschulen rühmen.

997 Unter seinen Nachfolgern, al-Hakam II. (961 – 976) und Hischam II. (976 – 1031), beginnt der unaufhaltsame Verfall. Der Reichsverweser al-Mansur zerstört während seiner ausgedehnten Feldzüge Stadt und Kathedrale von Santiago de Compostela.

1031 Nach dem Tode al-Mansurs bricht ein Bürgerkrieg um die Thronfolge zwischen Omaiyaden und den Nachfahren des Reichsverwesers aus. Im Verlauf von Aufständen und Unruhen zerfällt die politische Einheit des Kalifats. Im Umkreis der größten Städte entstehen zahlreiche kleinere Teilreiche (taifas), die einander zu übertrumpfen versuchen und sich gegenseitig bekämpfen. Untereinander zerstritten, sind sie der von Norden heranziehenden Macht der vereinigten Christen nicht gewachsen. Manche von ihnen sind sogar den christlichen Herrschern tributpflichtig.

Blick auf die Ruinen von Medina az-Zahara

Die Reconquista

1023 – 1091 Die Abbadiden herrschen in Sevilla, der nun führenden Stadt im Reich.

1035 Mit der Vereinigung der nördlichen Königreiche zum Königreich Leon-Kastilien unter Ferdinand I. dem Großen beginnt der Vorstoß der Christen nach Süden.

1085 Als Alfons VI. von Kastilien (1072 – 1109) Toledo erobert, rufen die bedrängten Mauren die Almoraviden, einen kriegerischen und fundamentalistischen Berberstamm, zu Hilfe.

Sieg der vereinigten Christenheere in der Schlacht von Las Navas de Tolosa (1212)

Gründung des Nasriden-Emirats in Granada (1238)

Peter I. der Grausame, König von Kastilien (1349–1369)

1. Judenpogrom in Sevilla (1391)

Vereinigung der Königreic von Kastilien und Aragón (147

Gründung der Inquisition in Sevilla (147

1300 1350 1400 1450 1475

Granada, Alhambra, Sala de los Reyes (14. Jh.)

Azulejos-Fries (14 Jh.)
Granada, Alhambra, Patio de los Arrayanes

Pedro de Córdoba: Annunciación (1475), Córdoba, Mezquita

Sevilla, Alcazares Reales, Palast Peters I. des Grausamen (1364 begonnen)

Granada, Alhambra, Patio de los Leones (um 1370)

Sevilla,Catedral (1401–1506)

Jerez de la Frontera, Iglesia de San Miguel (1430–Mitte 16. Jh.

Granada, Alhambra, Palacio de Carlo V., Gazellen-Vase (frühes 14. Jh.)

Nufro Sánchez: Chorgestühl, Sevilla, Catedral, (1478 vollendet)

Pieter Dancart u. a.: Retabel, Sevilla, Catedral (1482 begonnen)

Ibn Zamrak, Dichter am Hofe Mohammeds V. (1354–1359, 1362–1391) in Granada

Christoph Kolumbus (1451–1506)

Fernão de Magalhães (um 1480–1521)

Geschichte

Gründung des Emirats von Córdoba (756)

Gründung des Kalifats von Córdoba (929)

Zerfall des Kalifats von Córdoba in Taifas (1031)

Vorherrschaft der Abbadiden in Sevilla (1023–1090)

Eroberung von Toledo durch Alfons VI. (1085)

Vorherrschaft der Almoraviden (1089– 1145) und der Almohaden (1145–1230) in Sevilla

800	900	1000	1100	1200

Malerei

Architektur

Córdoba, Mezquita (785 begonnen; 3. Erweiterung bis 988)

Palaststadt von Medina az-Zahara (936 begonnen)

Sevilla, Giralda (Minarett der Moschee) (1184–1196)

Sevilla, Torre del Oro (1220)

Skulptur

Literatur und Kultur

Ziryab (am Hofe Abd ar-Rahmon II, 822–852)

al-Mutamid, der Dichterkönig von Sevilla (seit 1068)

Ibn Ammar, Dichter am Hofe al-Mutamids (2. Hälfte 11. Jh.)

Averroes (1126–1198)

Maimonides (1135–1204)

1086 Mit dem Sieg der Almoraviden über Alfons VI. bei Sagrajas wird der christliche Vormarsch gestoppt.

1089–1145 Die Almoraviden übernehmen nach der Einnahme von Sevilla 1091 die Herrschaft. Andalusien wird Provinz des Almoravidenreiches mit Marrakesch als Hauptstadt.

1145–1230 Nachfolger der Almoraviden wird die Berberdynastie der Almohaden.

1195 Die Almohaden siegen über den christlichen König Alfons VIII. (1158–1214) in der Schlacht bei Alarcos/Prov. Ciudad Real.

1211 Papst Innozenz III. ruft zum Kreuzzug gegen die Mauren auf.

1212 Die entscheidende Wende im Kampf der Christen um das Maurenreich bringt die Schlacht von Las Navas de Tolosa (bei Jaén), in der Alfons VIII. den Almohaden eine schwere Niederlage zufügt. Im Verlauf der nächsten Jahrzehnte wird der überwiegende Teil Andalusiens von den Christen unterworfen: 1236 fällt Córdoba, 1245 Jaén, 1248 Sevilla, das die christlichen Herrscher als Residenz wählen, 1262 Cádiz, 1292 die Meerenge von Gibraltar.

1340 In der Schlacht am Río Salado bei Jerez de la Frontera wird die maurische Streitmacht erneut geschlagen.

1238–1492 Als Vasallenstaat des kastilischen Königreiches kann lediglich das Nasriden-Emirat in Granada überdauern. Sein Gründer, Mohammed I., beginnt mit dem Bau der Alhambra.

1349–1369 Peter I. (der Grausame) residiert als kastilischer König in Sevilla.

1479 Nach der Heirat Isabellas von Kastilien (1451–1504) und Ferdinands von Aragon (1452–1516) 1469 regieren die Katholischen Könige beide Reiche in Personalunion.

1480 Die 1478 gegründete Inquisition nimmt ihre Tätigkeit in Sevilla auf.

Granada, Capilla Real, Grabmal Johanna der Wahnsinnigen und Philipp des Schönen

1492 Mit der Übergabe Granadas an die Katholischen Könige endet die Herrschaft der Mauren in Spanien. Andalusien wird Teil des spanischen Nationalstaates, der zur Weltmacht aufsteigt. Christoph Kolumbus verläßt den Hafen von Palos de la Frontera, um den Seeweg nach Indien zu suchen. Die Entdeckung Amerikas schafft die Voraussetzung für die Gründung eines kastilischen Kolonialreiches in der Neuen Welt, dessen Gold und Silber dem spanischen Mutterland unermeßlichen Reichtum bringt. Im selben Jahr beginnt der rigorose Kampf gegen Juden und Muslime, mit dem die Einheit von Kirche und Staat erzwungen werden soll.

1499 Kardinal de Cisneros ordnet die Verbrennung aller islamischen Manuskripte und die Zwangstaufe der Muslime an. Viele Juden und Muslime fliehen aus dem Land. Dieses verliert dadurch seine fähigsten Ärzte, Verwalter, Finanziers, Agrarexperten und Handwerker.

1503 Sevilla erhält das Monopol für den Handel mit der Neuen Welt.

Zeit der Habsburger

1516 – 1556 Durch die Hochzeit von Johanna, Tochter der Katholischen Könige, mit dem Habsburger Philipp dem Schönen werden zwei europäische Riesenreiche vereinigt. 1516 wird ihr Sohn als Karl V. spanischer König. Er verwendet die Reichtümer, die aus der Neuen Welt nach Spanien fließen, zur Finanzierung seiner Kriegszüge gegen die türkische Macht im Mittelmeerraum und zum Kampf gegen den Protestantismus in Zentraleuropa.

1529 In Granada finden vermehrt Inquisitionsprozesse gegen »conversos« (Neuchristen) und »moriscos« (Zwangsgetaufte) statt.

1556 – 1598 Unter Philipp II. erreicht Spanien seine größte Machtentfaltung. Doch die massive Vertreibung der Juden und Muslime führt zum Zusammenbruch von Handwerk und Landwirtschaft sowie zum Niedergang von Kunst und Wissenschaft.

1568 Nachdem Philipp II. das von Karl V. für 40 Jahre aufgehobene Verbot der arabischen Sprache und Kleidung wieder für rechtskräftig erklärt, kommt es zum Aufstand der Morisken. Die nach der arabischen Herrschaft in Spanien zurückgebliebenen Mauren kämpfen zwei Jahre lang. Ihr Aufstand wird von den Christen niedergeschlagen.

1571 Die vereinigten Christenheere siegen über die Türken in der Schlacht bei Lepanto, wodurch die türkische Vormachtsstellung im Mittelmeerraum gebrochen wird.

1588 Mit der Niederlage der Armada Philipps III. gegen die Engländer beginnt auch der politische Abstieg des Reiches. 1640 sagt sich Portugal los, 1648 muß Spanien die Unabhängigkeit der Niederlande anerkennen.

1609 Alle Morisken werden aus Spanien vertrieben.

Geschichte

Philipp IV. (1621–1665)

Spanien erkennt die Unabhängigkeit der Niederlande an (1648)

Karl II. (1665–1700), Beginn des wirtschaftlichen und politischen Niedergangs

Ende der Habsburgerherrschaft, Beginn des Spanischen Erbfolgekrieges (1700–1714)

Verlegung der Casa de Contratación nach Cádiz (1717)

Niederlage der Franzosen in der Schlacht bei Bailén (1808)

Spanischer Unabhängigkeitskrieg gegen Napoleon (1808–1813)

Die Cortes in Cádiz proklamieren die 1. liberale Verfassung (1812)

1625 | 1650 | 1675 | 1700 | 1800

Malerei

Francisco de Zurbarán: Apotheose des Hl. Thomas von Aquin (1631), Sevilla, Museo de Bellas Artes

Diego Velázquez: Las Meninas (1656), Madrid, Museo del Prado

Bartolomé Esteban Murillo: Der Hl. Thomas von Villanueva (um 1668), Sevilla, Museo de Bellas Artes

Francisco de Goya: Justina und Rufina, (1817), Sevilla, Catedral

Architektur

Jerez de la Frontera, La Cartuja de Santa María de la Défension, Fassade der Kirche (1667)

Granada, Westfassade der Catedral (1667)

Sevilla, Palacio San Telmo (1682–1734)

Sevilla, Iglesia de San Luis (1699–1731)

Écija, Palacio de los Marqueses de Peñaflor (1726 vollendet)

Ronda, Puento Nuevo (1793 vollendet)

Skulptur

Santiago-Retabel (1640), Granada, Catedral

Pedro Roldán: Grablegung Christi (1670), Sevilla, Hospital de la Caridad

Francisco Antonio Gijón: Sterbender Christus (1682), Sevilla, Capilla del Patrocino

Literatur und Kultur

oberung Granadas (1492)

tdeckung Amerikas durch
lumbus (1492)

rtreibung der Juden (1492)

Karl V. (1516–1556), Aufstieg Spaniens zur Weltmacht mit einem riesigen Kolonialreich

Sieg der vereinigten Christenflotte über die Türken in der Schlacht bei Lepanto (1571)

Philipp II. (1556–1598), Höhepunkt der Machtentfaltung, Einsetzen des kulturellen Verfalls durch die Vertreibung von Juden und Morisken

Philipp III. (1598–1621), Siglo de Oro spanischer Kunst und Literatur

Pestepidemie (1598–1601)

Vertreibung der Morisken (1608–1611)

1500 **1525** **1550** **1575** **1600**

lejo Férnandez: Geißelung Christi (vor 1508),
órdoba, Museo Provincial de Bellas Artes

Alejo Férnandez: Virgen de los Navegantes (1531–1536), Sevilla, Alcazares Reales

Diego Velázquez: Maria schenkt dem Hl. Ildefonso das Meßgewand (um 1620), Sevilla, Museo de Bellas Artes

evilla, Casa de Pilatos
Ende 15. Jh. begonnen)

Granada, Alhambra, Palast Karls V. (1526 begonnen)

Granada, Catedral (1523 begonnen)

Sevilla, Aufsatz der Giralda (1560–1568)

Sevilla, Lonja (1583–1598)

Domenico Fancelli:
rabmal der Katholischen
Könige (1517), Granada,
Capilla Real

Bartolomé de Jaén: Réja (1518), Granada, Capilla Real

Felipe Bigarny: Retabel (1520–1522), Granada, Capilla Real

Juan de Mesa: Jesús de Gran Poder (1620), Sevilla, Iglesia de Jesús

Juan Martinez Montañés: Cristo de la Clemecia (1603), Sevilla, Catedral

Hernán Cortés , Eroberer Mexikos (1485–1547)

Luis de Gongóra (1561–1627)

Lope de Vega (1562–1635)

Francisco de Pacheco (1564–1654)

Calderón de la Barca (1600–1681)

Tirso de Molina (1581–1648)

Miguel de Cervantes, Don Quijote (1605)

EL INGENIOSO
HIDALGO DON QVI-
XOTE DE LA MANCHA,
Compuesto por Miguel de Ceruantes
Saauedra.
DIRIGIDO AL DVQVE DE BEIAR,
Año, 1605.
CON PRIVILEGIO,
EN MADRID, Por Iuan de la Cuesta.

Tizian, Kaiser Karl V. mit Hund, 1533, Öl auf Leinwand, 192 x 111 cm, Madrid, Museo del Prado

Die Neuzeit

1704 Gibraltar geht im Verlauf des Spanischen Erbfolgekrieges an England verloren.

1714 Im Frieden von Utrecht wird der spanische Königsthron den Bourbonen zugesprochen. Die Reformpolitik Philipps V. bewirkt einen wirtschaftlichen Aufschwung. Spanien wird nun zentralisiert verwaltet, die Teilreiche verlieren ihre Autonomie. Die Gründung der Königlichen Akademien (1750 Kgl. Akademie für Chirurgie in Cádiz, 1752 für Literatur in Sevilla) gibt dem geistigen und kulturellen Leben neue Impulse.

1717 Cádiz übernimmt das Monopol für den Handel mit den überseeischen Kolonien.

1808 Nachdem Napoleon den spanischen König Karl IV. zur Abdankung gezwungen hat und französische Truppen das Land besetzen, bricht der Spanische Unabhängigkeitskrieg (1808–1814) aus. In der Schlacht bei Bailén (Provinz Jaén) erleidet Napoleon seine erste Niederlage. 1809 gerät aber auch Andalusien unter französische Fremdherrschaft. Lediglich Cádiz bleibt die einzige nicht besetzte Enklave.

1812 In Cádiz tritt die ursprüngliche Ständeversammlung, die Cortes, zusammen und proklamiert die erste liberale Verfassung Spaniens. Sie wird von Ferdinand VII. nach seiner erneuten Einsetzung zwei Jahre später wieder außer Kraft gesetzt.

1820 Als Ferdinand VII. durch den Volksaufstand zum Eid auf die liberale Verfassung gezwungen wird, ruft er die Franzosen zu Hilfe. 1823 muß die liberale Regierung flüchten und die beschlossenen Reformen werden widerrufen. Es folgt das »absolutistische Dezennium« mit der brutalen Unterdrückung aller freiheitlichen Ideen.

1816 – 1824 Während der Besetzung Spaniens durch die Franzosen beginnt in der Neuen Welt der Kampf um die Unabhängigkeit.

1833 – 1839 Kriegerische Auseinandersetzungen infolge von Thronstreitigkeiten erschüttern das ganze Land (sog. Karlistenkriege).

1844 Die Polizeieinheit Guardia Civil wird ins Leben gerufen. Die Großgrundbesitzer setzen sie gegen die aufständischen Landarbeiter ein.

1873 Die Erste Republik wird proklamiert und von den Militärs ein Jahr später beendet. Alfons wird zum König proklamiert.

1892 Trotz der Säkularisation von Kirchengütern und dem Verkauf von kirchlichem Grundbesitz (sog. demortización, ab 1836) bleiben die krassen Gegensätze zwischen der Schicht der Besitzenden und der Besitzlosen bestehen. Die sozialen Spannungen entladen sich in verschiedenen Aufständen: 1840 Bauernaufstand bei Casobermeja (Provinz Málaga), 1863 in Loya, 1892 in Jerez de la Frontera.

1898 Im Kampf gegen die USA verliert Spanien fast alle überseeischen Kolonien.

1914 – 1918 Während des Ersten Weltkrieges bewahrt Spanien seine Neutralität. Dadurch gewinnt es gegenüber den kriegführenden Mächten Vorteile auf den Weltmärkten.

1923 – 1930 Unter der Diktatur des Generals Primo de Rivera setzt sich der wirtschaftliche Aufschwung fort, der seinen sichtbaren Ausdruck in der Ibero-Amerikanischen Ausstellung von 1929 in Sevilla findet.

1931 – 1936 Nach dem Sieg der Republikaner in den Gemeindewahlen wird die Zweite Republik ausgerufen. Eine Agrarreform scheitert am Widerstand der Konservativen. Den Unruhen und antiklerikalen Ausschreitungen fallen viele Kirchen und Klöster zum Opfer.

1936 – 1939 Als die Mehrheit der Linksparteien aus den Wahlen von 1936 erfolgreich hervorgeht, kommt es zum Putsch der Rechten unter General Francisco Franco. Daraufhin bricht der Spanische Bürgerkrieg aus, in dessen Verlauf viele Kunstschätze vernichtet werden.

1939 – 1975 Diktatur von General Franco.

1960er Jahre In den Küstenregionen entwickelt sich der einsetzende Tourismus zu einem bedeutenden Wirtschaftsfaktor.

1975 Juan Carlos I. wird als König zum Nachfolger Francos ernannt. Damit beginnt der demokratische Erneuerungsprozeß Spaniens: 1977 finden die ersten freien Wahlen statt, 1978 erhält das Land eine demokratische Verfassung mit der Regierungsform der parlamentarischen Demokratie, 1982 erfolgt der Beitritt zur NATO, 1986 zur EG.

1982 Andalusien erhält als Comunidad Autónoma eine Teilautonomie.

1992 Die Weltausstellung »Expo 92« in Sevilla öffnet Andalusien den Weg nach Europa.

Glossar

Abbadiden, arabische Dynastie in Sevilla (1023 – 1091), begründet von Mohammed ibn Abbad.
Abbasiden, Kalifendynastie (750 – 1258), Nachfahren von Abbas, einem Onkel des Propheten Mohammed, die ihre Kalifenresidenz 763 von Damaskus nach Bagdad verlegen.
Aedikula (lat. aedicula, »Häuschen«), Rahmung von Portalen, Fenstern und Nischen mittels zweier Säulen, Pfeiler oder Pilaster, die ein Gebälk und einen Dreiecks- oder Segmentbogengiebel tragen.
Alabastron (grch.), kleines griechisches Salbgefäß, ursprünglich aus Alabaster, später auch aus Ton oder Bronze, langgestreckte oder kugelförmige Form mit engem Hals.

Sevilla, Iglesia San Pedro, Hauptportal

Alcazaba (arab. al-kasbah), befestigter Bereich, Zitadelle.
Alcázar (arab. al-kasr, »Burg«), befestigte maurische Herrscherresidenz, die von den christlichen Königen oft übernommen und ausgebaut wurde.
Alfiz, rechteckige Reliefrahmung von Bogen.
Alicatado (span. »Fliesenbelag [im arab. Stil]«), aus der maurischen Zeit (712 – 1492) stammender Begriff für Paneele mit Fayencemosaik, die als Wandverkleidung dienten. Bis zum Anfang des 16. Jh.s haben die span. Alicatados fast ausschließlich geometrische Muster, die in der Folge durch Renaissancemuster verdrängt wurden. Dagegen blieben die zum Teil bis in die Gegenwart hergestellten nordafrikanischen Alicatados in der geometrischen Tradition.
Alkoven (span. alcoba, »Schlafgemach«; arab. al-qobbah, »Gewölbe, Gemach«), fensterloser Nebenraum, der durch eine große Wandöffnung mit dem Hauptraum verbunden ist; dient meist als Schlafgemach.
Allegorie (grch. allegoria; zu allegorein, »anders abbilden«), Gleichnis, Veranschaulichung abstrakter Begriffe und Inhalte mittels sinnbildlicher Darstellung, meist in Personifikationen (in Gestalt von Personen) oder szenischen Situationen.
Almohaden (arab. al-Muwahhidun, »Bekenner der Einheit Gottes«), Berber-Dynastie, die aus der religiösen Bewegung des asketischen Gelehrten Mohammed ibn Tunart hervorgegan-

gen ist. Sie herrschten in Marokko (1147 – 1269) und Spanien (1147 – 1224).

Almoraviden (arab. al-Murabitun, »Männer des Ribat«), Berber-Dynastie (1089 – 1145), entstanden aus einem zur Islamisierung der Berber gegründeten Missionsorden. Von Marokko aus [illegible] sie die Herrschaft in Nordafrika und Spa[illegible] ab 1086), bis sie 1145 von den Almohaden gestürzt wurde.

Altarretabel (frz. retable; lat. altare, »Opfertisch« und tabula, »Brett«), auch Altarbild, plastischer oder gemalter Altarschmuck, der sich meist hinter dem Altar oder über dessen Rückwand befindet. Er kann aus einem einzigen Bildwerk oder aus mehreren Tafeln bestehen.

Amphitheater (grch. amphitheatron; zu amphi, »auf beiden Seiten, um ... herum« und theatron, »Schauspielhaus«), Theater unter freiem Himmel mit elliptischem Grundriß und ansteigenden Sitzreihen; diente hauptsächlich Gladiatorenkämpfen.

Amphitrite, griechische Meeresgöttin, Gattin des Poseidon, Mutter des Triton.

Amphore (lat. amphora; zu grch. amphoreus, »Gefäß mit einem Henkel auf beiden Seiten«; zu amphi, »auf beiden Seiten« und pherein, »tragen«), zweihenkliges, bauchiges Vorratsgefäß der Griechen mit einer Höhe bis zu 1 m.

Apostel (grch. apostolos, »Sendebote, Vorkämpfer«), die zwölf Jünger Jesu, von ihm unter seinen Anhängern ausgewählt, um sein Werk fortzusetzen und das Evangelium zu verkünden.

Appian (um 100 n. Chr. geboren), römischer Geschichtsschreiber, der aus verschiedenen Quellen eine Geschichte Roms verfaßte.

Apsis (lat.; grch. hapsis, »Verbindung, Rundung, Wölbung«), eine über einem halbkreisförmigen

Granada, Kathedrale, Inmaculada

oder vieleckigen Grundriß errichtete oder mit einer Halbkuppel überwölbte Nische, in der ein Altar stehen kann. Im Anschluß an den Haupt- oder den Klerikern vorbehaltenen Chorraum einer Kirche wird sie auch Exedra oder Chorhaupt genannt. Kleinere Nebenapsiden finden sich oftmals am Chorumgang, an Quer- und Seitenschiffen (Quer- oder Seitenräumen).

Aquädukt (lat. aquaeductus, »Wasserleitung«; zu aqua, »Wasser« und ducere, »führen«), Wasserleitung in Gestalt einer Bogenbrücke, die eine Wasserrinne trägt.

Córdoba, Medina Az-Zahara, Salon Rico, Arabeske

Arabeske (frz. arabesque, »arabische Verzierung«; zu ital. arabesco, »arabisch«), Ornament aus Blatt- und Rankenwerk, das den jeweiligen pflanzlichen Vorbildern sehr nahe kommt. Es ist seit der hellenistischen Kunst bekannt und wurde in der Antike zur Dekoration von Pilastern (flache Wandpfeiler) und Friesen (streifenartige Felder) benutzt. Nachdem es von der italienischen Frührenaissance in großem Umfang wieder aufgenommen worden war, fand es Eingang in die späteren Epochen der abendländischen Kunst.

Archivolte (ital. archivolto, »vorderer Bogen«; zu grch. archein, »anfangen, herrschen« und lat. volutus, »gewälzt, gedreht«), profilierter oder dekorierter Bogen, der als ein zum Halbkreis gebogener Architrav (die Last des Oberbaus tragender Hauptbalken) über den Stützen einer Laibung (senkrechte Schnittfläche einer Maueröffnung) zu verstehen ist.

Arianismus, Lehre des alexandrinischen Priesters Arius, wonach Christus nicht wesensgleich mit dem Vater, sondern ein Geschöpf des Vaters aus dem Nichts ist; vom Konzil zu Nizäa 325 verurteilt. Kaiser Constantius II. (337 – 361) verhilft der Lehre zu weiter Verbreitung; wird von Goten, Vandalen, Burgundern und Langobarden unterstützt, bis die politisch übermächtigen Franken, Anhänger der römisch-katholischen Kirche, diese Lehre im 7. Jh. zum Erliegen bringen.

Arkade (frz. arcade, »Schwibbogen«; zu lat. arcus, »Bogen, Jagdwaffe«), ein auf seitlichen Stützen ruhender Bogen oder eine Bogenreihe.

Artesonado (span. »Täfelung«), ornamentierte Kassettendecke aus vielen Hölzern, die zu geometrischen Mustern zusammengefügt sind.

Athena, auch Athene, griechische Göttin des Kampfes und des Sieges, aber auch der Weisheit, Schirmherrin des staatlichen Lebens, Patronin der Künste und Wissenschaften sowie des Handwerks; Tochter des Zeus, dessen Haupt sie der Überlieferung nach entsprang.

Attika (lat. [columna] attica, »attischer [Pfeiler]«), in der Baukunst ein niedriger geschlossener Mauerstreifen über dem Hauptgesims eines Bauwerks, häufig um das Dach zu verdecken; kann mit Inschriften oder Reliefs gestaltet oder auch mit Statuen besetzt sein.

Attis, auch Athys oder Atys, Gottheit aus der kleinasiatischen Landschaft Phrygien, die zum Gefolge der Kybele (Mutter der Götter) zählt. Attis gelobt der ihn liebenden Göttin die Keuschheit. Nachdem er sein Versprechen bricht, versetzt sie ihn so sehr in Raserei, daß er sich selbst entmannt und Selbstmord begeht.

Attribut (lat. attributum, »das Beigefügte«), der einer Person zur Identifizierung beigegebene Gegenstand oder das eine Person kennzeichnende Symbol, meist in Bezugnahme auf eine wesentliche Begebenheit in deren Leben.

Augustus (63 v. Chr. – 14 n. Chr.), erster römischer Kaiser.

Ayuntamiento (span.), Rathaus.

Azulejos (span.; zu azul »blau«; arab. az-zuleycha »glasiertes, farbiges Steingut«), farbige glasierte Fliese aus gebranntem Ton, von den Nasriden Ende des 13. Jh.s in Spanien eingeführt.

Bacchus (grch. bakchos), auch Liber, römischer Gott des Weines, schon früh dem griechischen Dionysos gleichgesetzt.

Baldachin (ital. baldacchino), Stoffdach über einem Thron oder Bett; der von Stangen gehaltene Traghimmel bei Prozessionen; in der Baukunst der fest eingebaute Prunkhimmel aus Holz oder Stein über einem Thron, Bischofsstuhl, Altar, Katafalk oder einer Kanzel bzw. Statue. Der Name geht zurück auf den kostbaren, golddurchwirkten Seidenstoff aus Bagdad (ital. Baldaccho), aus dem die ersten Prunkhimmel in Italien hergestellt wurden.

Balustrade (frz., »Geländer«; ital. balaustrada; zu frz. balustre, »Geländersäule, Gitterstab«; ital. balaustro; mittellat. balaustium; grch. balaustion, »Blüte des wilden Granatbaumes«), Brüstung, Balkon mit Geländer aus Balustern (untersetzte kleine Säulen).

Barock (zu port. barocco, »Steinchen, schiefrund«), europäische Stilepoche zwischen dem Ende des Manierismus (um 1590) und dem Beginn des Rokoko (um 1725). Der Begriff kommt ursprünglich aus dem Goldschmiedehandwerk, wo »barocco« eine unregelmäßige Perle bezeichnet.

Basilika (grch. stoa basilike, »Königshalle«), in der Regel nach Osten ausgerichteter Kirchenbau mit einem Hauptschiff (Mittelraum) und zwei oder vier niedrigeren Seitenschiffen. Ein Querschiff zwischen Langhaus und Chor, das den Klerikern vorbehalten ist, kann die Anlage erweitern. Ursprünglich war die Basilika ein altgriechisches Amtsgebäude bzw. eine altrömische Markt- und Gerichtshalle, dann ein altchristlicher Versammlungsraum. Die Bezeichnung geht auf den Amtssitz des obersten Richters Archon Basileus zurück, der auf dem Marktplatz von Athen stand.

Basis (grch., »Schritt, Gang, Grundlage«, dann »der betretene Boden«; zu banein, »gehen«), in der Baukunst ausladender, meist profilierter Fuß einer Säule oder eines Pfeilers, der den Druck der Stütze auf eine größere Fläche verteilt und den Übergang zur Plinthe (Fußplatte) vorbereitet; in der Plastik Standblock einer Statue oder eines Reliefs.

Berber (vermutlich zu grch. barbaroi, »Laller, Stammler, unverständlich Redender«; lat. barbari, »Nichtrömer«), Name einer nordafrikanischen mohammedanischen Völkergruppe.

Bischof (grch. episkopos, »Aufseher«), hoher geistlicher Würdenträger. Im Urchristentum ist er Vorsteher einer Gemeinde, später als Apostelnachfolger der Kirchenobere eines Bistums, einer Diözese oder eines Sprengels. Er besitzt die Vollmacht des Lehr-, Priester- und Hirtenamtes und ist mit Mitra (Bischofsmütze), Bischofsstab und goldenem Bischofsring ausgestattet.

Blende, ein dem Mauerkörper zum Zweck der Dekoration und Gliederung hinzugefügtes (blindes) Architekturmotiv, das keine tragende Aufgabe erfüllt; z. B. Blendfenster oder Blendarkade.

Bodegón (span., »Garküche«), in der Malerei der Genrebild-Typus des Küchenstücks mit stillebenhaftem Charakter.

Bogen, gewölbte Konstruktion in einer Maueröffnung, die die Last abfängt bzw. auf Pfeiler oder Säulen überleitet. Der höchste Punkt des Bogens mit dem Schlußstein ist der Scheitel. Die Stichhöhe ist der senkrechte Abstand zwischen Scheitel und der Linie, auf der der Kämpfer (Steinlage zwischen Mauer, Pfeiler oder Säule und Bogen) liegt. Die Innenfläche nennt man Bogenlaibung, die vordere Ansichtsfläche Bogenhaupt oder Bogenstirn.

Bündelpfeiler, in der gotischen Baukunst eine um den Pfeilerkern geordnete Gruppe von kleinen und großen Dreiviertelsäulen, sog. jungen und alten Diensten; in der Hochgotik wird diese Gruppierung so verdichtet, daß der Pfeilerkern fast oder ganz unsichtbar ist.

Sevilla, Kathedrale, Innenraum

Caesar, römischer Staatsmann und Feldherr am Ende der römischen Republik (100 – 44 v. Chr.).

Camarín (span.), Kapelle, die in der Regel die Kleiderkammer für die Madonnen- und Heiligenstatuen beherbergt und meist hinter dem Altar plaziert ist.

Campanile (zu ital. campana, »Glocke«), freistehender Glockenturm einer Kirche.

Capilla Mayor (span.), Hauptkapelle, Hochaltarraum.

Cartuja (span.), Kartause, Kartäuserkloster; eine von den Kartäusermönchen entwickelte Sonderform des Klosters, bei dem die einzelnen Häuschen der Mönche mit kleinen Gärten am Kreuzgang liegen und nur Kapitelsaal (Versammlungsraum) und Kirche gemeinsam benutzt werden; Abts- und Gästehaus befinden sich außerhalb der Klausur (der nur den Mönchen zugängliche Bereich).

Ceres, römische Göttin des Ackerbaus und aller der Ernährung dienenden Pflanzen, zugleich auch Ehe- und Totengöttin; seit dem 6. Jh. v. Chr. mit der griechischen Demeter gleichgesetzt.

Chor (lat. chorus und grch. choros, »Reigentanz, Tanz- und Sängergruppe«), zumeist erhöhter, räumlich abgesonderter Raum im Inneren einer Kirche, dem gemeinsamen Gebet der Kleriker oder dem Chorgesang vorbehalten. Seit karolingischer Zeit Bezeichnung für die über die Vierung (Kreuzungsbereich von Quer- und Langhaus) hinausreichende Verlängerung des Mittelschiffs (Mittelraum), einschließlich der sich oftmals als Abschluß anschließenden Apsis (Mauervertiefung mit Halbkuppel).

Chorgestühl (lat. chorus und grch. choros, »Reigentanz, Tanz- und Sängergruppe«; span. sillería), die zu beiden Seiten des Chores angebrachten Sitzreihen für die Mitglieder eines Dom- oder Kollegiatskapitels oder einer bestehenden Mönchsgemeinschaft. Das Chorgestühl besteht aus einer unteren und einer oberen Sitzreihe, hinter der sich die Rückwand (Dorsale) erhebt; die einzelnen Sitze (Stallen) haben Armlehnen (Accoudoirs) und Klappsitze, deren vorderer Rand zu einer Gesäßstütze (beim Stehen, sog. Miserikordie) verbreitert ist. Den Abschluß des ganzen Komplexes bilden hohe Seitenwände (Wangen).

Chorhaupt (lat. chorus und grch. choros, »Reigentanz, Tanz- und Sängergruppe«), auch Apsis, der meist östlich gelegene Abschluß des den Geistlichen vorbehaltenen Chorraumes einer Kirche in Form einer Mauervertiefung mit Halbkuppel.

Chorschranken (lat. chorus und grch. choros, »Reigentanz, Tanz- und Sängergruppe«), Brüstungen oder Wände, die den ausschließlich dem Gebet oder Gesang der Kleriker vorbehaltenen Chorraum abgrenzen. Oftmals sind sie mit bildlichem Schmuck versehen.

Christogramm, auch Christusmonogramm (grch. Christos, »der Gesalbte« und spätlat. monogramma, »ein Buchstabe, der mehrere in sich faßt«), die ineinandergesetzten griechischen

Málaga, Kathedrale, Chorgestühl (Detail)

Anfangsbuchstaben des Namen Jesus Christus, Chi (X) und Rho (P).

Cicero, Marcus Tullius (106 – 43 v. Chr.), römischer Politiker, Philosoph und Rhetor.

Claudius (10 v. Chr. – 54), römischer Kaiser (41 – 54).

Conquista: Entdeckung und Eroberung des mittel- und südamerikanischen Kontinents.

Coro (span.), Chor.

Cuenca (span.), Azulejo (farbig glasierte Fliese) mit (Ton-)Stegen zur Begrenzung der einzelnen Ornamentfelder.

Cueva (span.), Höhle.

Custodia, auch Monstranz; Hostienbehälter; in Spanien speziell ein Prozessionstabernakel für die Monstranz; meist mehrgeschossige, bis zu 3 m hohe Ziergehäuse aus Edelmetall.

Diptychon (lat. diptychum; grch. diptychos, »doppelt gefaltet«), in der Antike eine zusammenklappbare Schreibtafel; in der mittelalterlichen Kunst ein zweiflügeliges, aufklappbares Altarbild (plastischer oder gemalter Altarschmuck) ohne feststehendes Mittelteil.

Dolmen (breton. dol, »Tafel« [oder zu neubreton. toul, »Loch»] und men, »Stein«), Steintisch; vorgeschichtlicher Grabbau aus vier bis sechs unbehauenen Felssteinen, die in Form eines Vierecks oder Polygons aufgestellt sind, durch einen mächtigen Deckstein abgeschlossen werden und ursprünglich mit einem Erdhügel überwölbt waren.

Dominikanerorden (lat. Ordo Fratrum Praedicatorum, »Orden der Predigenden Brüder«), vom Hl. Dominikus (1170 – 1221) in Toulouse 1216 gegründeter Bettelorden, der der Ausbreitung und Verteidigung des Glaubens durch Predigt und Unterricht verpflichtet ist. 1232 werden die Dominikaner vom Papst mit der Durchführung der Inquisition, des Kirchengerichts gegen Glaubensabtrünnige, beauftragt.

Dorische Säule, zur dorischen Säulenordnung (griechisches Architektursystem) gehörendes, senkrechtes Bauglied ohne Basis, mit scharfen Graten (Kanten), gekehltem Schaft und einem nicht ausgearbeiteten Kapitell aus Anuli (eingeschnittene Ringe), Echinus (kissenartiger Wulst) und quadratischem Abakus (Deckplatte).

Emir (arab. emir, amir, »Befehlshaber«), Titel arabischer Stammesfürsten über ein Emirat (islamisches Fürstentum).

Empore, tribünen- oder galerieartige Anlage in Kirchenräumen zu dem Zweck, zusätzlichen Raum für die Gottesdienstbesucher zu schaffen oder um bestimmte Gruppen (Frauen, Angehörige des Hofes) abzusondern; in Hallen- oder Saalkirchen auf Freistützen, im Zentralbau über dem Umgang, in der Basilika über den Seitenschiffen, selten über dem Westjoch oder im Querschiff angelegt.

Ephebe (grch. ephebos, »Jüngling«), im Griechenland der Antike ein wehrfähiger Jüngling zwischen 18 und 20 Jahren.

Estofado-Skulptur (span. estofar, »herausputzen«), naturalistische, farbige, oft zum Volkstümlichen neigende Form der Fassung und Ausgestaltung spanischer Barockskulptur.

Exedra (grch., »Außensitz, abgelegener Sitz«; Pl.: Exedren), Nische mit einer Bank am Ende eines Säulenganges; Bezeichnung für die Apsis, die Altarnische am Ende des den Geistlichen vorbehaltenen Chorraumes, oder jede andere halbrunde Nische.

Fayence (frz. faience, nach der ital. Stadt Faenza), auch Majolika; Tonwaren, deren einmal vorgebrannter Scherben mit einer undurchsichtigen, meist weißen und mit Scharffeuerfarben bemalten Zinnglasur überschmolzen ist.

Fiale (grch. phiale, »Gefäß, Urne«), kleines Türmchen als architektonisches Zierelement der Gotik. Es hat meist ein vier- oder achteckiges, hohes spitzes Dach und ist v. a. an Ziergiebeln von Fenstern oder Portalen oder als Bekrönung von Strebepfeilern (zusätzlich zur Mauer den Gewölbeschub und die Dachlast abfangende Pfeiler außerhalb eines Bauwerks) zu finden.

Flamboyant (frz., »geflammt«), an züngelnde Flammen erinnerndes Ornamentmotiv, das die französische Spätgotik beherrscht.

Forum (lat., »Marktplatz, Geschäftsmarkt, Platz, wo Gerichtsverhandlungen geführt und öffentliche Angelegenheiten verhandelt wurden«), Marktplatz der römischen Stadt; meist als langgestrecktes Viereck angelegt und von öffentlichen Gebäuden umstanden, die später noch durch Kolonnaden (Säulenreihen mit Architrav) zusammengefaßt wurden.

Fresko (ital. fresco, »frisch«), Wandgemälde, das auf noch feuchtem Kalkputz in sog. Tagwerken aufgetragen wird.

Fries (mittellat. frisium, »Franse, Zipfel«), plastische oder gemalte, streifenartig fortlaufende Wandverzierung in horizontaler Ausrichtung, als Schmuck, Gliederung oder Belebung einer Wandfläche dienend.

Frontispiz (frz. frontispice, »Stirnseite [eines Gebäudes], Titelblatt«; mittellat. frontispicium; zu lat. frons, »Stirn« und spicere, »schauen«), Giebeldreieck über dem Mittelrisalit (mittlerer, aus der Hauptfluchtlinie eines Baus in dessen ganzer Höhe hervortretender Bauteil) eines Gebäudes, auch über Türen und Fenstern.

Galatea (grch. galateia, »die Milchweiße«), eine der Nereiden (die 50 Töchter des Meergottes Nereus und der Okeanide Doris), die der Kyklop Polyphem mit seiner Liebe vergeblich umwirbt.

Galerie (frz., »gedeckter Gang«), 1. langgestreckter Raum zur Verbindung mehrerer Räumlichkeiten; 2. empore- oder balkonartiger Einbau eines größeren Saales; 3. nach einer Seite offener Laubgang an Häusern und Wehrbauten; 4. gedeckte Passage.

Gebälk, alle zu einer Decken- oder Dachkonstruktion gehörenden Balken; aus Architrav (die Last des Oberbaus tragender Hauptbalken), Fries (waagerechte Wandverzierung) und Kranzgesims (vorspringender Wandstreifen unterhalb des Daches) bestehender, oberer Teil einer Säulenordnung (antikes Architektursystem).

Gesims, waagerechter, aus der Wand hervortretender Streifen, der die horizontalen Abschnitte eines Gebäudes gliedert.

Granada, Monasterio S. Jerónimo, Gesims

Gewände, die schräg verlaufende, oftmals profilierte oder abgestufte Einschnittfläche von Fenstern oder Portalen.

Gewölbe, gekrümmte, meist aus keilförmigen Steinen zusammengesetzte Decke über einem Raum. Im Unterschied zur Kuppel findet man sie auch über Längsräumen. Die Widerlager, z. B. Mauern oder Pfeiler, fangen den Druck und den Schub des Gewölbes auf.

Giebel, Abschluß eines Satteldaches; Bekrönung von Türen, Fenstern oder Nischen. Die antiken flachen Dreiecks- oder Segmentbogengiebel werden in der Renaissance, im Barock und Klassizismus nachgeahmt und, wie bei den Vorbildern, gesprengt oder verkröpft, was bedeutet, daß das Mittelteil fehlt oder stärker bzw. schwächer hervortritt. Das Tympanon (Giebelfeld) kann dekoriert sein.

Glorie (lat. gloria, »Ruhm, Glanz, himmlische Herrlichkeit«), auch Gloriole, Heiligenschein, der in der Regel bei Gottvater, Christus, dem Heiligen Geist und Maria den ganzen Körper umgibt.

Gotik (ital. gotico, »barbarisch, nicht antik«), europäische Stilepoche des Mittelalters, die um 1150 von Nordfrankreich ausgeht. Dort endet sie um 1400, während sie anderenorts bis zum Anfang des 16. Jh.s andauert. Die Bezeichnung ist vom germanischen Volksstamm der Goten abgeleitet. Spezifische architektonische Merkmale sind die Einführung des Spitzbogens (im Scheitel gebrochener spitzer Bogen) und des Kreuzrippengewölbes (die rechtwinklige Verschneidung zweier Tonnengewölbe gleicher Größe) sowie die Verlegung des Strebewerks (die zusätzlich zu den Mauern den Gewölbeschub und die Dachlast abfangenden Bogen und Pfeiler) nach außen. Das Streben in die Höhe, die Auflösung und Durchlichtung der Wand- und Mauerflächen prägen den Gesamteindruck der Gebäude. Bestimmend für die Baukunst ist die Kathedrale (Bischofskirche). Die Skulptur ist in besonderem Maße an die Architektur gebunden. Kennzeichnend ist eine idealisierte Naturauffassung. Körper und Gewänder, die zumeist in überproportionierter Streckung dargestellt werden, sind in ihrem Zusammenspiel wesentlich für die Ausdrucksgestaltung. Hauptaufgaben der Malerei sind die Tafel-, Buch- und die Glasmalerei.

Grisaille (zu frz. gris, »grau« und grisailler, »grau anstreichen«), Grau-in-Grau-Malerei, Art der Malerei, die in bewußtem Verzicht auf farbliche Abstufungen ausschließlich Steinfarben, Braun- oder Grautöne verwendet. Sie ist besonders geeignet zur malerischen Nachahmung bildhauerischer Arbeiten.

Groteske (zu ital. grottesco, »wild, phantastisch«), aus der hellenistisch-römischen Antike stammende Dekorationsform mit phantastischen Pflanzen- und Tierornamenten. Die Bezeichnung wird im 16. Jh. vom Fundort in unterirdischen Räumen (ital. grotta, »Grotte«) abgeleitet, die heute als Titusthermen oder das Goldene Haus des Nero bekannt sind.

Hades, griechischer Gott der Unterwelt; Bezeichnung für die Unterwelt selbst.

Hadrian (76 – 138), römischer Kaiser (117 – 138).

Hallenkirche (grch. kyriakon, »das zum Herrn Gehörige«), ein Langbau, dessen Seitenschiffe (Seitenräume) auf gleicher Höhe mit dem Mittelschiff abschließen und mit diesem unter einem Dach zusammengefaßt sind. Meistens ist kein Querschiff vorhanden.

Herkules (grch. Herakles), bedeutendster griechischer Heros; Sohn des Zeus und der Alkmene; seine Taten, insbesondere die 12 Arbeiten, die er für den König Eurystheus ausführen mußte, sind oftmals in der antiken sowie der späteren Kunst dargestellt worden.

Hufeisenbogen, unten eingezogener Bogen in Form eines Dreiviertelkreises.

Inkrustation (zu lat. incrustare, »mit Rinde überziehen«), Verkleidung von Wand- und Bodenflächen mit farbigen, polierten Steinplatten, meist aus Marmor oder Porphyr, die zu Mustern gefügt sind und somit die Flächen gliedern und dekorativ beleben.

Inmaculada (span., zu lat. immaculata »die Unbefleckte«), Lehre von der unbefleckten Empfängnis Mariens, die im 15. Jh. von den Franziskanern vertreten und später zum Dogma der katholischen Kirche wird.

Intarsie (zu ital. intarsiare, »Einlegearbeiten fertigen«; arab. tarsi, »das Auslegen, Besetzen«), Einlegearbeit in Holz, auch aus Elfenbein, Perlmutt, Schildpatt oder Metall. Die Muster werden entweder aus dem Holzkörper ausgehoben und mit anderem Material gefüllt oder aus kleinen Stücken zusammengefügt und aufgeleimt.

Ionische Säule, stützendes Element aus einer reich profilierten Basis, einem aus Stegen gekehlten schlanken Schaft sowie einem Kapitell mit Eierstab (Zierelement), Voluten (eingerolltes Bauglied) und Abakus (Deckplatte) zusammengesetzt, die zur ionischen Säulenordnung (griechisches Architektursystem) zählt.

Isabellinischer Stil (span. estilo Isabel), Stilbegriff für eine spanische Sonderform der Spätgotik, benannt nach Isabella I. (1451 – 1504), der sich vom letzten Drittel des 15. Jh.s bis zum frühen 16. Jh. entfaltete. Ihn kennzeichnet ein Dekor, der ausladende und wuchernde Flamboyantformen (Flammenornament) mit mudejaren Elementen verbindet.

Islam (arab. islam, »Heilzustand, Hingabe an Gott«), von dem Propheten Mohammed im 7. Jh. begründete monotheistische Religion.

Jaspis (grch., » iaspis«; hebr. »jaspeh«; assyr. »aspu«), Halbedelstein aus sehr feinkörnigem, undurchsichtigem und meist intensiv gefärbtem Quarzmineral; verbreitet sind braune, gelbe, rote und graue Farbtöne, seltener blaue und schwarze. Er wird seit dem Altertum im Kunsthandwerk als Schmuckstein für Kleingeräte, Dosen, Schalen, Vasen, Tisch- und Wandmosaike oder Kameen verwendet.

Janus, alter römischer Gott der Tordurchgänge, aber wohl auch des Eingangs und Ausgangs im wörtlichen und übertragenen Sinne; meist doppelköpfig dargestellt, mit nach rechts und links ausgerichtetem Profil.

Joch (althochdt. joh; lat. iugum), auch Travée (frz., »Feld«), eine Gewölbeeinheit innerhalb einer Folge von gleichartigen Gewölbefeldern; der einem Gewölbeabschnitt entsprechende und zugeordnete Raumteil.

Juno (zu lat. iuvenis, »Lebenskraft [der jungen Frau]«), römische Göttin der Frauen und des gesamten Frauenlebens, insbesondere der Geburt; mit Jupiter und Minerva auf dem Kapitol in Rom als kapitolinische Trias verehrt.

Jupiter, auch Juppiter, Iuppiter (zu lat. Diespater und Diespiter, »Lichtvater«), lateinischer Name des indogermanischen Himmelsgottes, dem der griechische Zeus entspricht; Wettergott, der Blitz, Donner und Regen entsendet; Wahrer von Recht und Sitte, der v. a. die Ehe und den Eid

Granada, Bañuelo, Kapitell

schützt; Schwurgott. Als Jupiter Optimus Maximus wurde er auf dem Kapitol in Rom zusammen mit Juno und Minerva als Verkörperung der römischen Staatsidee verehrt.

Kämpfer, Steinlage zwischen Mauer, Pfeiler oder Säule und Bogen oder Gewölbe, die häufig durch die vorspringende, profilierte Kämpferplatte betont wird.

Kalifat (zu arab. halifa, »Nachfolger, Stellvertreter«), Amt, Würde, Herrschaftsgebiet eines Kalifen (Titel der Nachfolger Mohammeds als Herrscher des islamischen Reiches).

Kanzel (mittellat. cancelli, »Gitter, Schranken, das durch Schranken abgetrennte Lesepult für die Geistlichen in der Kirche«), erhöhter Predigerstand in der Kirche; entstanden aus dem Ambo, der in der altchristlichen Basilika an oder vor den Chorschranken errichteten und um mehrere Stufen über sie erhöhten Lesebühne. Die Kanzel lehnt sich an einen Pfeiler der Vierung oder des Langhauses an; sie ruht auf dem Kanzelfuß, der in Gestalt einer oder mehrerer Säulen oder als Tragfigur gestaltet sein kann, hat in der Regel ein polygonal durchbrochenes Geländer und wird über eine mit einer Brüstung versehene Treppe erreicht. Über ihr befindet sich ein Schalldeckel in Form eines Baldachins (Schutzdach). Brüstungen und Schalldeckel sind in der Spätgotik und Renaissance architektonisch gegliedert und plastisch reich verziert.

Kapelle (mittellat. cap[p]ella, »kleiner Mantel«), kleiner selbständiger Kultraum in Kirchen; kleinere Kirche ohne Pfarrechte für besondere Zwecke, wie z. B. die Tauf- oder Grabkapelle. Abgeleitet ist die Bezeichnung von einem kleinen Betraum der Königspfalz zu Paris, in dem seit dem 7. Jh. der Mantel des Hl. Martin von Tours (316/17 – 397) aufbewahrt wird.

Kapitell (lat. capitulum, »Köpfchen«), Kopfstück einer Säule oder eines Pfeilers. Man unterscheidet je nach der Dekorationsform Blatt-, Blüten- und Figurenkapitell.

Kapitelsaal (lat. capitulum, »Köpfchen«), Versammlungsraum des Kapitels (Körperschaft der Geistlichen) in einem Kloster, meist am Ostflügel des Kreuzganges gelegen. Er dient der täglichen Lesung von Kapiteln der Ordensregel und aus der Heiligen Schrift.

Kapitol (lat. capitolium, »Haupttempel des Jupiter«), Name des alten Burghügels von Rom oberhalb des Forum Romanum.

Karavelle (frz. caravelle; port. caravela, »großes Schiff«; zu lat. carabus, »geflochtener Korb«), dreimastiges Segelschiff mit hohem Heckaufbau.

Karawanserei (pers. karwan sarai, »Gebäude, in dem Karawanen einkehren«), öffentliches Gebäude in Städten und an Handelswegen zur Beherbergung von Reisenden und Kaufleuten mit ihren Saumtieren und Waren. Das Gebäude ist in der Regel um einen offenen Arkadenhof angeordnet, in dessen Erdgeschoß Stallungen und Lagerräume sowie in den ein oder zwei Stockwerken darüber entlang von Holzgalerien die Schlafkammern untergebracht waren.

Kartäuserorden (lat. Ordo Cartusiensis), katholischer Eremitenorden, 1084 durch Bruno von Köln (1032 – 1101) in der Grande Charteuse bei Grenoble begründet. Der Orden verbindet in seinen Idealen Einsiedler- und Gemeinschaftsleben. Im 14. und 15. Jh. entstehen neue Kartausen (Klöster mit Einzelhäusern), die sich der spätmittelalterlichen Mystik, der »devotio moderna« (neue Frömmigkeit) und dem Humanismus, dem Streben nach echter Menschlichkeit, öffnen.

Kartusche (ital. cartuccia, »kleines, geringes Papier«; zu lat. charta, »Papier«), schildförmige Umrahmung eines Wappen-, Inschrift- oder Bildfeldes, das durch einen Rahmen aus Rollwerkornamenten, die sich an ihren Enden oder Rändern rollen, gebildet wird; besonders im Barock beliebtes Element der Flächendekoration.

Karyatide (grch. karyatides, vermutlich nach den Priesterinnen im Artemistempel zu Karyai in Lakonien), Stützpfeiler in Form einer weiblichen Gewandfigur.

Kassettierung (zu frz. cassette und ital. cassetta, »kleines Behältnis, Kästchen«), Gestaltung einer Bogenlaibung (Innenfläche eines Bogens) oder einer flachen oder gewölbten Decke mittels rechteckiger, kastenförmiger Vertiefungen. Kassettendecken sind bereits seit der Antike bekannt und werden besonders beim Bau der Renaissancepaläste und -kirchen vielfach wieder aufgegriffen.

Kathedrale (mittellat. ecclesia cathedralis, »zum Bischofssitz gehörige Kirche«; zu grch. cathedra, »Bischofsstuhl«), Bezeichnung für eine Bischofskirche.

Kirchenschiff (grch. kyriakon, »das zum Herrn Gehörige«), Innenraum von sakralen Langbauten. Man unterscheidet das Mittelschiff, die zu diesem hin geöffneten, parallel verlaufenden Seitenschiffe und das quer zum Langhaus ausgerichtete Querschiff.

Klassizismus (zu frz. classique und lat. classicus, »mustergültig, erstrangig«), die am Vorbild der klassischen Antike (5. – 4. Jh. v. Chr.) orientierte Stilrichtung zwischen 1750 und 1840.

Kline (grch.), Speisesofa.

Konsole (frz. console, »Kragstein, Unterlage«; zu lat. solidus, »fest«), aus der Mauer vorkragender, zumeist profilierter oder figürlicher Tragstein, der als Stütze u. a. für Bogen, Gesimse (waagerecht vorspringende Wandstreifen), Balkone oder Figuren dient.

Konzil (lat. concilium, »Zusammenkunft«), Versammlung hoher kirchlicher Würdenträger, v. a. der Bischöfe.

Koran (arab. qur'an, »Lesung, Vortrag«), heilige Schrift des Islam; Sammlung der Offenbarungen Allahs, die dem Propheten Mohammed zuteil geworden sind und die dieser in den Jahren von etwa 610 bis 632 in arabischer Sprache verfaßt und verkündet hat.

Korinthische Säule, wie die ionische Säule aus einer reich profilierten Basis und einem mit Stegen gekehlten, schlanken Schaft bestehend, jedoch mit einem aus Akanthusblättern (große, ausgezackte, an der Spitze eingerollte Distelblätter) gebildeten Kapitell und Abakus (Deckplatte). Sie ist Bestandteil der korinthischen Säulenordnung (griechisches Architektursystem).

Kragstein, auch Konsole (frz. console, »Kragstein, Unterlage«), vorstehender Tragstein, der eine Last aufnehmen kann.

Kreuzgang, der im Viereck um den Klosterhof führende und gegen diesen offene, überwölbte Bogengang mit Brüstung meist an der Südseite des Klosters, dessen freie Seiten nach festen Regeln von den Haupträumen des Klosters besetzt sind.

Santillas del Mar, Kreuzgang

Kreuzrippengewölbe, die rechtwinklige Verschneidung zweier Tonnengewölbe (halbkreis- und segmentförmige Decken) gleicher Größe. Die Schnittstellen nennt man Rippen.

Kruzifix, auch Kruzifixus (lat. crux, »Kreuz« und fixus, »angeheftet«), plastische oder malerische Darstellung des gekreuzigten Christus.

Krypta (lat. krypta und grch. krypte, »gedeckter Gang, Gewölbe«; Pl.: Krypten), unterirdischer Kult- oder Grabraum, meist unterhalb des den Geistlichen vorbehaltenen Chores einer Kirche.

Kubismus (zu lat. cubus; grch. kybos, »Würfel«), Sonderrichtung der neueren Malerei, die sich zwischen 1908 und 1910 als Bewegung gegen den Impressionismus bildete und die kubischen Werte zum Gestaltungsprinzip erhob, um sie in die Fläche umzusetzen. Dabei wird die Körperhaftigkeit eines dargestellten Objektes durch die Übereinander- oder Nebeneinandersetzung seiner Vorder- und Seitenflächen gleichberechtigt in die Ebene eingeschmolzen.

Kufi, Kufische Schrift, Bezeichnung für eine ältere Form der arabischen Schrift, benannt nach der Stadt Kufa (bei Bagdad).

Kuppel (mittellat. cup[p]ula, »[umgestülptes] Tönnchen, Becher«), Decken- oder Dachform, Überwölbung eines runden, vier- oder vieleckigen Raumes in regelmäßigen Krümmungen. Die Überleitung vom quadratischen Grundriß zur Rundung des Kuppelgrundrisses kann verschieden vollzogen werden: 1. Bei der Hänge-

Córdoba, Mezquita, Kuppel der Maqsura

kuppel bildet die Basis der Kuppel einen gedachten Kreis, der das Grundrißquadrat umschreibt. 2. Bei der Pendentifkuppel ist eine gedachte Hängekuppel über den Bogen horizontal abgeschnitten, die so entstandene Kreisfläche ist mit einer Halbkuppel überwölbt; die dabei entstehenden sphärischen Dreiecke nennt man Pendentifs. 3. Bei der Böhmischen Kappe ist, ähnlich der Hängekuppel, die zu überwölbende Fläche kleiner als das Grundquadrat.

Kuppeltambour (mittellat. cup[p]ula, »umgestülptes Tönnchen, Becher« und arab. tanbur, »Trommel«), auch Tambour, zylindrischer architektonischer Bereich zwischen Unterbau und Kuppel. Er ist zumeist mit Fenstern versehen und dient der Überhöhung des Raumes.

Laibung, die senkrechte Schnittfläche der Maueröffnung u. a. bei Bogen, Fenstern und Portalen.

Langhaus, bei Kirchen mit erkennbarer Längsausdehnung der Teil zwischen Westbau (Fassade) und Vierung (Kreuzungsbereich von Lang- und Querhaus) oder dem den Geistlichen vorbehaltenen Chor. Das Langhaus kann wie bei der Saalkirche einschiffig (ein Raum) oder wie bei der Basilika und Hallenkirche mehrschiffig sein.

Lateinisches Kreuz, Kreuz, dessen Hauptstamm länger als der Querbalken ist. Im abendländischen Sakralbau (kultischer Bau) des Mittelalters ist es die bevorzugte Grundrißform.

Laterne (lat. la[n]terna und grch. lamptera, »Leuchter, Lampe«), runder oder vieleckiger, durchfensterter Aufbau über Kuppel- oder Gewölbeöffnungen.

Lisene (frz. lisière, »Randstreifen, Saum«), nur leicht hervortretender, senkrechter Mauervorsprung, der der Gliederung einer Wandfläche dient und oft durch Blendbogen (auf die Wand gelegte Bogen) oder Friese (waagerechte Wandverzierungen) mit Rundbogen überfangen ist.

Loggia (ital.), offener, von Säulen oder Pfeilern gestützter Bogengang oder Bogenhalle.

Lonja (span., »Vorplatz, Vorhof, auch langgestreckte Halle, in der sich im Mittelalter die Kaufleute versammelten«), Börse.

Lucanus, Marcus Annaeus (39 – 65), römischer Epiker, Neffe des Seneca; aus Córdoba.

Lünette (frz. lunette, »kleiner Mond«), halbkreisförmiges Bogenfeld oberhalb von Türen oder Fenstern, zumeist mit bildlichem Schmuck versehen.

Manierismus (zu frz. manière, »Art und Weise«; zu lat. manuarius, »zu den Händen gehörig«), Kunstepoche zwischen Renaissance und Barock, etwa von 1520/30 bis 1620. Im Manierismus werden die in der Renaissance entwickelten harmonischen Idealformen, -proportionen und -kompositionen aufgehoben. So kennzeichnet die Malerei eine Dynamisierung der Bildszenerien, eine Überlängung des menschlichen Körpers und dessen Darstellung in anatomisch widersprüchlichen Positionen, eine übersteigerte Kompliziertheit der Kompositionen, eine irrationale und stark theatralisierte Lichtführung sowie eine Loslösung von der strengen Gegenstandsbindung der Farbe.

Maqsura (arab.), ein dem Herrscher oder Statthalter vorbehaltener, abgetrennter Raum in der Nähe des Mihrab; häufig durch ein kunstvolles Gitter abgeschlossen. Die Maqsura findet sich nur in hauptstädtischen Moscheen; sie kommt in der Omaiyadenzeit auf, vermutlich um den Herrscher vor Anschlägen zu schützen.

Marc Aurel (121 – 180), römischer Kaiser (161 – 180).

Marketerie (frz. marqueterie, »Einlegearbeit«), Einlegearbeit in Holz mit anderen Hölzern.

Martyrium (lat.; grch. martyrion, »Blutzeugnis, Beweis«), aufgrund des Glaubens oder der Überzeugung erlittene Qualen, Folterungen oder Opfertod.

Maßwerk, das mit Zirkel gemessene geometrische Bauornament der Gotik, das zur Unterteilung der Bogenspitzen großer Fenster, später auch zur Gliederung von Giebeln, Wänden und anderen Flächen verwendet wird.

Mauren (röm. Mauri, zu spätgrch. mauroi, »Schwarze« oder phöniz. mauharin, »Westliche«), römischer Name der Berber der Atlasgegenden, deren Land Mauretania genannt wurde. Nach der Eroberung Nordwestafrikas durch die Araber ging der Name auf die aus Berbern und Arabern gemischte Bevölkerung der Städte im Atlasgebiet über und wurde nach der arabischen Invasion 711 von den Spaniern unterschiedslos auf Araber und Berber (»los moros«) übertragen.

Medina (arab. madinat), Stadt.

Megalith-Kultur (zu grch. megas, »groß« und lithos, »Stein«), jungsteinzeitliche Kultur (6. Jt. – 2000 v. Chr.), für die Kultbauten und Gräber aus großen Blöcken charakteristisch sind.

Mensa, Tischplatte eines Altares.

Mezquita (span.), Moschee.

Mihrab (arab.), konkave und meist reich geschmückte Gebetsnische in der Qiblawand einer Moschee.

Minarett (arab.), Turm einer Moschee, von dessen Plattform aus der Muezzin die Gläubigen fünfmal täglich zum Gebet ruft.

Minerva, römische Göttin; Schutzgöttin Roms, Schirmherrin der Handwerker sowie der Dichter und Lehrer, als Minerva Medica auch der Ärzte; seit Ende des 3. Jh.s v. Chr. mit der griechischen Athena gleichgesetzt.

Granada, Capilla Real, Maßwerk

Mirador, 1. Aussichtspunkt, 2. offener oder verglaster überdachter Turmaufbau, meist über den Ecken eines Gebäudes.

Miserikordie (lat. misericordia, »Barmherzigkeit«), kleine, häufig durch Schnitzerei verzierte Stütze an der Unterseite der Klappsitze im Chorgestühl, die den Geistlichen das Stehen erleichtert.

Mithras, altiranischer Sonnengott, von den Griechen mit Apollon-Helios gleichgesetzt und mit Strahlenkranz, Barsom (Zweigbündel) und parthischem Gewand dargestellt; dringt früh in die römische Religion ein und gelangt mit den Heeren in die Provinzen. Das Kultbild stellt meist den Gott bei der Tötung des Stieres dar.

Monstranz (zu lat. monstrare, »zeigen«), auch Ostensorium, span. custodia, liturgischer Behälter aus Edelmetall, der hinter Glas die von einem halbmondförmigen Träger (lunula) gehaltene, geweihte Hostie zeigt.

Morisken, zum Christentum übergetretene Mauren.

Moschee (arab. masgid, »Gebetshaus«), islamisches Gotteshaus, meist bestehend aus einem Vorhof mit Brunnen für die rituellen Waschungen, einem Minarett und dem Gebetssaal mit dem Mihrab.

Carmona, Necrópolis Romana

Mozaraber, unter arabischer Herrschaft lebende Christen.

Mudéjaren (von arab. mudayyan, »zum Bleiben ermächtigt«), seit dem 13. Jh. gebräuchliche Bezeichnung für die unter christlicher Herrschaft lebenden Mauren.

Mudéjar-Stil (von arab. mudayyan, »zum Bleiben ermächtigt«), im 19. Jh. eingeführter Stilbegriff für die Bau- und Dekorationsform maurischer Künstler und Handwerker, der etwa vom 14. – 16. Jh. verbreitet war. Die meist im Auftrag christlicher Bauherren errichteten Bauwerke zeigen eine Mischung aus spätgotischen und islamischen Stilelementen.

Muqarnas (arab.), auch Stalaktiten oder (Bienen-)Waben, prismatische, dreidimensionale Schmuckelemente verschiedenster Volumen aus Stuck, die beliebig kombiniert werden können.

Musen (zu grch. mousa, »Muse, Kunst, künstlerische Tätigkeit«), weibliche Göttinnen der Poesie, Musik, des Tanzes und der Wissenschaften; treten als Gruppe von neun Schwestern auf, wobei jeder einzelnen bestimmte Funktionen des künstlerischen Bereichs zugeordnet sind.

Muslim, Angehöriger des Islam.

Mythologie (grch. mythologia; zu grch. mythos, »Rede, Erzählung« und logos, »Lehre«), Kenntnis und Deutung der Mythen (heiligen Lehren) und Sagen der Götter- und Heroenwelt eines Volkes.

Nasriden (arab. an-Nasriyyun), arabische Dynastie von Granada (1238 – 1492), begründet von Mohammed I.

Nekropole (zu grch. nekros, »Toter« und polis, »Stadt«, span. necrópolis), vor den Stadtmau-

Granada, Kathedrale, Netzgewölbe

ern angelegter Gräberbezirk des Altertums und der christlichen Frühzeit.

Neptun, römischer Gott der fließenden Gewässer, später auch des Meeres; dem griechischen Poseidon gleichgesetzt.

Netzgewölbe, spätgotische Gewölbeform, bei der die Rippen (tragende Konstruktionsteile der Decke) ein zusammenhängendes Netz bilden, so daß die Jochunterteilung zurücktritt.

Ochsenauge, rundes oder elliptisches Fenster.

Œuvre (frz., »Werk«), Gesamtwerk eines Künstlers.

Oktogon (zu grch. okto, »acht« und gonia, »Ecke«), ein altorientalisch-antikes Symbol für die Vollendung des Kosmos; in der Architektur ein Zentralbau (ein auf den Mittelpunkt ausgerichteter Bau) mit achteckigem Grundriß.

Omaiyaden, arabische Kalifendynastie 661 – 750 in Damaskus; der blutigen Ausrottung durch die Abbasiden entging ein Enkel des Kalifen Hischam, der 756 als Abd ar-Rahman I. das Omaiyadenreich von Córdoba gründete.

Orant (zu lat. orare, »beten, reden«), auch Adorant; betende Gestalt in Malerei und Plastik.

Oratorium (mittellat.; zu lat. orare, »beten, reden«), kleiner Raum oder Kapelle für das Gebet und den Gottesdienst. Zunächst nur den Klerikern bzw. Fürsten vorbehalten, ist der Betraum seit dem 16. Jh. teilweise auch der Öffentlichkeit zugänglich.

Orchestra (zu grch. orcheistrai, »tanzen«), runder Tanzplatz in der Mitte des griechischen Theaters.

Pagode, chinesischer oder japanischer Tempel in Form eines mehrgeschossigen Turmes, meist mit kunstvoll gestalteten, vorschwingenden Dächern über jedem Geschoß.

Paneel (frz. panneau, »Tafel«), vertieft liegende Holztafel als Füllung zwischen den Leisten und Rahmen einer Täfelung.

Paso, holzgeschnitzte, farbige Figur oder Figurengruppe meist in Lebensgröße, die Szenen aus der Passion darstellt und bei Prozessionen durch die Straßen getragen wird.

Paß (frz. pas; ital. passo; ndl. pas, »Schritt«), Kreisbogen des gotischen Maßwerks; nach der Zahl der im Durchmesser gleichen Kreisbogen, die durch Nasen (vorspringende Spitzen) getrennt sind, unterscheidet man Drei-, Vier- und Vielpaß.

Patio (altspan. patu, pati, »verpachtetes Land, Weide«), geschlossener Innenhof eines Gebäudes, meist mit Umgängen.

Pegasos, geflügeltes Pferd der griechischen Sage, das aus der Medusa hervorging, als Perseus dieser das Haupt abschlug.

Pendentif (frz., »Hängebogen«), vom quadratischen Grundriß zur Rundung einer Kuppel überleitender gewölbter Teil in der Form eines sphärischen Dreiecks (Zwickel).

Peripteros (zu grch. peripteros, »ringsum beflügelt«), Form des griechischen Tempels mit einfacher, umlaufender Säulenstellung.

Peristyl (grch. peristylon), die einen Hof oder Platz umgebende Säulenhalle.

Personifikation (zu lat. persona, »Persönlichkeit« und facere, »machen«), Vermenschlichung von Göttern, Begriffen oder Dingen.

Pfeiler (zu lat. pila), senkrechte Stütze mit quadratischem, recht- oder vieleckigem Querschnitt. Er kann in Basis (Fuß), Schaft (Mittelteil) und Kapitell (Kopfstück) gegliedert sein. Je nach Lage und Ausbildung unterscheidet man z. B. zwischen Frei-, Wand-, Eck- und Strebepfeiler (zusätzlich zur Mauer den Gewölbeschub und die Dachlast abfangende Pfeiler außerhalb eines Bauwerkes).

San Pedro, Piscina

Pietà (ital., »Erbarmen, Mitleid«; zu lat. pietas, »Frömmigkeit«), auch Vesperbild (lat., »Abend, Abendstern, Westen«), Darstellung der trauernden Muttergottes, die den Leichnam Christi in ihren Armen hält.

Pilaster (ital. pilastro; zu lat. pila, »Pfeiler«), rechteckiger, zumeist nur wenig vorspringender Wandpfeiler mit Basis (Fuß), Schaft (Mittelteil) und Kapitell (Kopfstück), der die Wandfläche gliedert. Oft ist er kanneliert, das heißt mit senkrechten Rillungen am Schaft versehen.

Piscina (lat.), 1. Fischbecken, 2. Schwimmbecken in den römischen Thermen (öffentliche römische Badeanlagen), auch Taufbecken des Baptisteriums (selbständiges kirchliches Bauwerk für die Taufe).

Platereskenstil (zu span. platero, »Silberschmied«), Stilbegriff für die spanische Bau- und Dekorationskunst mit filigraner, an Edelmetallarbeiten erinnernde Ornamentierung in den ersten beiden Dritteln des 16. Jh.s

Plinius der Ältere (23/24 – 79 n. Chr.), eigentlich Gaius Plinius Secundus, römischer Schriftsteller. Von seinen Schriften ist eine »Naturalis historia« (Naturgeschichte) in 37 Bänden erhalten, in der Plinius erstmals alle Erscheinungen der Natur enzyklopädisch dargestellt hat.

Podiumtempel (zu lat. podium; grch. podion, »Tritt, trittartige Erhöhung« und grch. temenos, »abgegrenztes Gut«; lat. templum, »heilige Stätte«), in der etruskischen und römischen Baukunst ein frontseitig ausgerichteter Tempel auf hohem Unterbau (Podium), durch eine breite Fronttreppe zugänglich.

Polyphem, berühmter Kyklop der griechischen Sage, Sohn des Uranos und der Gaia, mit einem einzigen runden Auge mitten auf der Stirn, wird von Odysseus trunken gemacht und anschließend mit einem Pfahl geblendet.

Pompeius (106 – 48 v. Chr.), römischer Feldherr und Staatsmann; politischer Gegenspieler Caesars.

Portal (mittellat. portale, »Vorhalle«), künstlerisch gestalteter Eingang eines Gebäudes. Das Vorbild des abendländischen Portals ist der römische Triumphbogen, ein freistehender Torbau, der meist zu Ehren eines Kaisers oder Feldherrn errichtet wurde.

Portikus (lat. porticus, »Säulengang, Halle«), meist offener, von Säulen oder Pfeilern getragener Vorbau an der Haupteingangsseite eines Gebäudes. Häufig ist er mit einem Giebel versehen.

Córdoba, Iglesia Santa Marina, Portal

Predella (ital., »Podest, Fußbank«), sockelartiger Unterbau von Flügelaltären, der teilweise zur Aufnahme von Reliquien (verehrte Gegenstände oder Körperteile eines Heiligen) dient. Oftmals ist er mit bildlichen Darstellungen versehen.

Presbyterium (grch. presbyterion, »Rat der Ältesten«), auch Chor, erhöhter, den Geistlichen vorbehaltener Ort am Ende des Langhauses einer Kirche, an dem sich der Hauptaltar befindet.

Prostylos (grch.), griechischer Tempel mit Cella (Hauptraum) und einer säulentragenden Vorhalle.

Quader (mittellat. quadrus [lapis], »viereckiger [Stein]«; zu lat. quattuor, »vier«), regelmäßig behauener Stein mit glatten, parallelen Flächen oder mit Bosse (roh bearbeitete Seite).

Quadriga (lat.; zu quattuor, »vier« und iugum, »Joch«), Gespann von vier Pferden vor offenem zweirädrigem Streit- oder Triumphwagen. In der

Baukunst findet man seit dem 4. Jh. v. Chr. die Quadriga als Bekrönung von Bauwerken.

Qibla (arab.), Bezeichnung für die Gebetsrichtung nach Mekka – innerhalb der Moschee durch die Qiblawand angegeben –, auf welche die Moschee ausgerichtet ist.

Reconquista, (span., »Wiedereroberung«), Rückeroberung der von den Mauren 711 besetzten Gebiete Spaniens durch die Christen vom 8. bis zum ausgehenden 15. Jh.

Refektorium (mittellat. refectorium; zu lat. reficere, »wiederherstellen«), klösterlicher Speisesaal.

Reja (span.), Gitter, Fenstergitter.

Relief (frz.; zu lat. relevare, »erheben«), die aus einer Fläche durch Ausmeißeln oder Modellieren herausgearbeitete Darstellung. Nach Grad der plastischen Tiefe und Hervorhebung unterscheidet man Flach-, Halb- und Hochrelief.

Renaissance (frz.; ital. rinascimento »Wiedergeburt«), die von Italien im 15. und 16. Jh. ausgehende progressive Kulturepoche. Die späte Phase, etwa von 1530 bis 1600, wird auch Manierismus genannt. Die Bezeichnung geht auf den 1550 von Giorgio Vasari (1511 – 1574) geprägten Begriff »rinascita« (Wiedergeburt) zurück. Er meint damit zunächst nur die Überwindung der mittelalterlichen Kunst. Durch den Humanismus, der mit Berufung auf das antike Vorbild die Herausbildung eines neuen, diesseitig orientierten Menschen-, Welt- und Naturbildes fördert, entwickelt sich u. a. das Leitbild des »uomo universale«, des geistig und körperlich allseitig begabten und gebildeten Menschen. So gelangen die bildenden Künste vom Rang des Handwerks in den der freien Künste. Die Künstler erringen dadurch einen höheren sozialen Status und finden ein größeres Selbstverständnis. Kunst und Wissenschaft stehen in direkter Verbindung und wirken aufeinander, wie z. B. in der Entdeckung mathematisch berechenbarer Perspektive oder anatomischer Erkenntnisse. Die Baukunst bezieht sich auf die Architekturtheorien Vitruvs (um 84 v. Chr.) und zeichnet sich im wesentlichen durch die Aufnahme antiker Bauelemente und die Ausbildung einer Palast- und Schloßarchitektur aus. Der Zentralbau, ein auf den Mittelpunkt ausgerichtetes Gebäude, wird zum typischen Bauentwurf.

Retabel (frz. retable, rétable; lat. retabulum, »Rückwand«), hinter oder auf der rückwärtigen Seite des Altartisches befindlicher Aufsatz mit plastischem oder gemaltem Altarbild.

Rippe, gurtähnlich vorstehende, stabartige, oftmals profilierte Verstärkung der Grate (Kanten, Schnittstellen) eines Gewölbes. Zwischen den Rippen sitzen die nichttragenden Kappen.

Risalit (ital. risalto, »Vorsprung«; zu risalire, »hervorspringen«), ein aus der Front eines Gebäudes senkrecht in ganzer Höhe vorspringender Gebäudeteil.

Rokoko (zu frz. rocaille, »Geröll, Grotten-, Muschelwerk«), europäische Kunstepoche zwischen 1720/30 und 1770/80. Charakteristisch ist ein Dekorationsstil, der die Leichtigkeit, das Verspielte und Kleinteilige bevorzugt. In der Malerei wird dies durch eine Aufhellung der Farbpalette unterstrichen.

Rotunde (lat. rotundus, »rund«), Rundbau oder runder Raum.

Rundbogen, Bogen mit halbrundem Abschluß.

Rustika (lat. rustica; zu rusticus, »ländlich«), Mauerwerk aus an der Außenseite nur grob behauenen Steinquadern.

Jaén, Frühchristlicher Sarkophag aus Martos

Säule, meist stützendes, sich nach oben verjüngendes Bauglied mit rundem Querschnitt, das aus Basis (Fuß), Schaft (Mittelteil) und Kapitell (Kopfstück) bestehen kann. Auf die Formen des Schaftes beziehen sich die meisten Namen, so z. B. die aus einem Stück bestehende monolithische Säule, die aus trommelförmigen Teilen gefertigte Trommelsäule oder die mit senkrechten Hohlkehlen versehene kannelierte Säule.

Sagrario (span.), Tabernakel, Sakramentshäuschen, auch Kapelle für das Tabernakel.

Sakristei (mittellat. sacristia; zu lat. sacer, »heilig, geweiht«), der priesterlichen Vorbereitung und Ankleidung dienender Nebenraum einer Kirche, Aufbewahrungsort der Kultgeräte und Gewänder.

Sanctuarium (lat. sanctus, »heilig«), 1. Heiligtum; 2. in allen Kultbauten Stätten des Heiligtums; 3. in christlichen Kirchen der Altarraum, meist identisch mit dem Chor.

Sarkophag (grch. sarcophagos, »Fleischfresser«), aus Holz, Metall, Ton oder Stein gefertigter Sarg, meist reich verziert mit figürlichen Darstellungen und Ornamenten.

Schaftring, auch Wirtel; ein um einen Säulenschaft gelegter steinerner Ring, der ursprünglich konstruktiv bedingt war.

Scipio, Publius Cornelius Africanus (235 – 183 v. Chr.), römischer Feldherr, bekannt durch seinen Sieg über Hannibal im 2. Punischen Krieg, der ihm den den Beinamen »Africanus« einbrachte.

Sebka, rautenförmige, gitterartige Flächendekoration der Almohaden; in der mudejaren Kunst beliebt und häufig verwendet.

Seneca, Lucius Annaeus (um 4 v. Chr. – 65 n. Chr.), römischer Politiker, stoischer Philosoph und Dichter; gebürtig in Córdoba.

Sphinx, ägyptisches und griechisches Fabelwesen mit Löwenleib und Menschenkopf; in der griechischen Sage saß sie vor einem der Tore Thebens und tötete jeden, der ihr Rätsel (»Was geht zuerst auf vier, dann auf zwei und schließlich auf drei Beinen?«, Antwort: »der Mensch«) nicht lösen konnte.

Spitzbogen, oben spitz zulaufender Bogen, besonders in der Gotik beliebt.

Spolien (zu lat. spolium, »Beute«; zu spoliare, »berauben, plündern«), Waffenbeute; wiederverwendete Teile eines Kunstwerkes oder Gebäudes.

Stalaktit (zu grch. stalaktos, »tropfend«), von der Decke (einer Höhle) nach unten wachsendes, hängendes Tropfsteingebilde.

Sterngewölbe, spätgotische Gewölbeform, bei der die Rippen (tragende Konstruktionsteile der Decke) sternförmige Figurationen bilden.

Stiftskirche, auch Kollegiatskirche; Kirche eines Stifts, eines mit Grundbesitz und eigenem Rechtsstatus ausgestatteten Priesterkollegiums (Kapitel) einer Domkirche (Domstift), einer nichtklösterlichen Kirche (Kollegiatsstift) oder eines Klosters.

Strebewerk, Bogen und Pfeiler, die zusätzlich zu den Mauern den Schub des Gewölbes und die Dachlast außerhalb eines Gebäudes abfangen.

Stuck (ital. stucco, »Gips«), Masse aus Gips, Kalk und Sand, die in feuchtem Zustand beliebig formbar ist, aber schnell erhärtet und dann kaum Korrekturen zuläßt.

Synagoge (grch. synagoge, »Versammlungsort«; zu synagein, »zusammenführen«), Gotteshaus, Tempel der Juden.

Tabernakel (lat. tabernaculum, »kleines Zelt, kleine Hütte«), in der Architektur das aus Säulen und Spitzdach gebildete Ziergehäuse häufig für Statuen, z. B. auf gotischen Strebepfeilern (zusätzlich zur Mauer den Gewölbeschub und die Dachlast abfangende Pfeiler außerhalb eines Bauwerks); Schrein zur Aufbewahrung der geweihten Hostien.

Taifa-Reich (span. taifa, »Partei[ung]«), Bezeichnung für die Kleinreiche (taifas), die in den beiden letzten Jahrzehnten und nach Untergang des Kalifats von Córdoba (1031) entstanden.

Tambour (altfrz.; arab. tanbur, »Trommel«), auch Kuppeltambour, zylinderförmiger oder vieleckiger Bereich zwischen Unterbau und Kuppel, der mit Fenstern versehen sein kann.

Telamon (grch., »Tragband«), römischer Ausdruck für Atlant, eine meist überlebensgroße, männliche Steinfigur, die anstelle von Säulen ein Gebälk oder Gewölbe stützt. Gegenstück zur weiblichen Karyatide.

Thermen (zu grch. thermos, »warm, heiß«), öffentliche Badeanlagen im Römischen Reich; Zentren der Thermen waren das Frigidarium mit Piscina (kaltes Schwimmbad), das lauwarme Tepidarium und das heiße Caldarium, die durch Hypokausten (unter dem Fußboden befindliche Räume oder Kanäle) beheizt wurden. Daneben lagen Auskleide-, Schwitz-, Massage- und Aufenthaltsräume, sogar Bibliotheken.

Titus (39 – 81), römischer Kaiser (79 – 81).

Tonnengewölbe (zu mittellat. tunna, »Faß«), Deckenform, deren Querschnitt zumeist ein Halbkreis oder Kreissegment ist; seltener ist der spitz- oder parabelförmige Querschnitt.

Trajan (53 –117), römischer Kaiser (98 – 117).

Traufe, waagerechte Kante eines Dachvorsprungs an der Langseite des Daches, zugleich Ablaufseite des Regenwassers.

Triclinium (lat.), 1. Speisezimmer des römischen Hauses; 2. Speiseraum der Pilger im Kloster.

Triptychon (grch. triptychos, »dreischichtig, dreifach«), dreiteilige Bildtafel, insbesondere als mittelalterlicher Flügelaltar, aus einem feststehenden Mittelteil und zwei beweglichen Seitenflügeln bestehend.

Triumphbogen (lat. triumphus, »Siegeszug«), seit dem 2. Jh. v. Chr. ein freistehender Torbau mit Durchgängen zu Ehren eines Kaisers oder Feldherrn.

Tympanon (lat. tympanum; grch. tympanon, »Trommelfell, Pauke«), 1. Giebelfeld eines antiken Tempels; 2. Bogenfeld über einem mittelalterlichen Portal.

Valens (328 – 378), römischer Kaiser (364 – 378), Bruder von Valentinian.

Valentinian I. (321 – 375), römischer Kaiser (364 – 375).

Panzerstatue, Sevilla, Museo Arqueológico Provincial

Valerian (um 185 – nach 260), römischer Kaiser (253 – 260).

Vanitas (lat., »Eitelkeit, Leere, Vergänglichkeit«), auf dem Alten Testament, »Vanitas vanitatum« (Alles ist eitel!), fußende Klage über die Vergänglichkeit und die daraus folgende Nichtigkeit alles Irdischen. Besonders während des Barocks ist der Vanitas-Gedanke, in Verbindung mit der Mahnung »memento mori« (Bedenke, daß du sterblich bist!), häufig Gegenstand bildlicher Darstellungen. Typische Vanitas-Symbole sind u. a. der Totenschädel, die Sanduhr und die abbrennende Kerze.

Venus, römische Göttin des Frühlings und der Gärten, eng mit der Vorstellung von Anmut und Liebreiz verbunden; später der griechischen Liebesgöttin Aphrodite gleichgesetzt.

Vestibül (lat. vestibulum, »Vorplatz, Vorhof, Eingang«; frz. vestibule, »Flur, Hausflur, Diele, Vorhof«), Vorraum eines Hauses.

Vierung, Teil des Kirchenraumes, in dem sich Lang- und Querhaus kreuzen.

Yesería (span., »Gips«), musterförmig der Fläche aufgelegtes Stuckwerk.

Zentralbau, ein in allen Teilen gleichmäßig auf einen Mittelpunkt ausgerichteter Baukörper. In der Renaissance wird er nach dem Vorbild der Antike, z. B. des Pantheon in Rom, bevorzugt aufgegriffen.

Zinne, rechteckige, zahnförmige Zacke auf einer Mauer, meist in einer Reihe.

Zisterne (lat. cisterna), unterirdischer, gemauerter Behälter zum Speichern und Auffangen von Regenwasser.

Andalusische Bauformen

Bogenformen

Rundbogen

Hufeisenbogen

Spitzer Hufeisenbogen

Vielpaß- und Fächerbogen

Almohad-Bogen

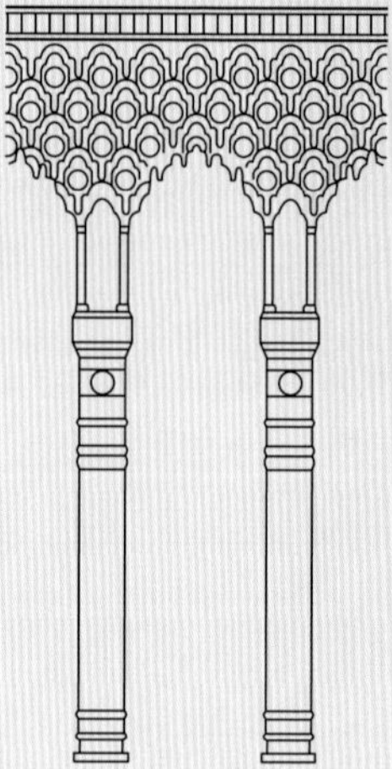

Nasrid-Bogen

Kuppeln

Charakteristisch für die Kuppeln der Mezquita von Córdoba ist die Verschleierung der tektonischen Bezüge zwischen Stütze und Last. Als Stütze der Kuppeln dient ein Arkadensystem, dessen Rundbogen mit sich kreuzenden Vielpaßbogen verstrebt sind. Das Gewicht der Kuppelschale wird durch ein kunstvolles Rippengitter getragen, wobei die einzelnen Rippen auf Halbsäulen ruhen, welche auf aus der Wand herausragenden Konsolen stehen. Die Rippen gliedern die Wölbung in kleine Teilbereiche, die mit bunten Mosaikbildern verziert sind.

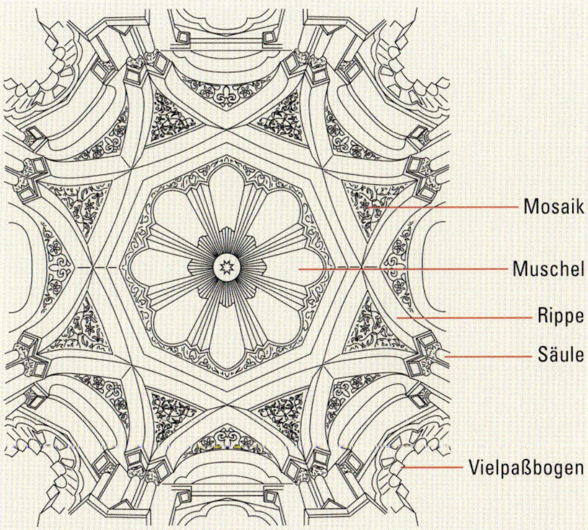

Córdoba, Große Moschee, Kuppel des Vormihrâbjoches

Córdoba, Mezquita, 785–787

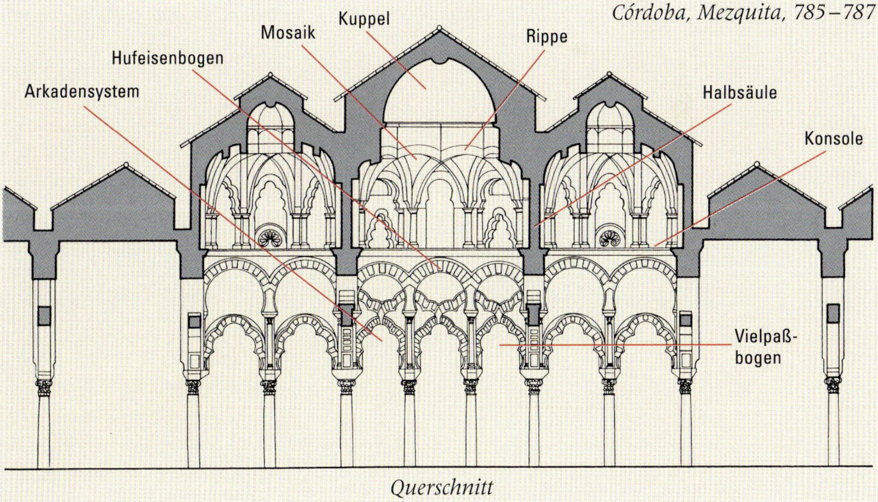

Querschnitt

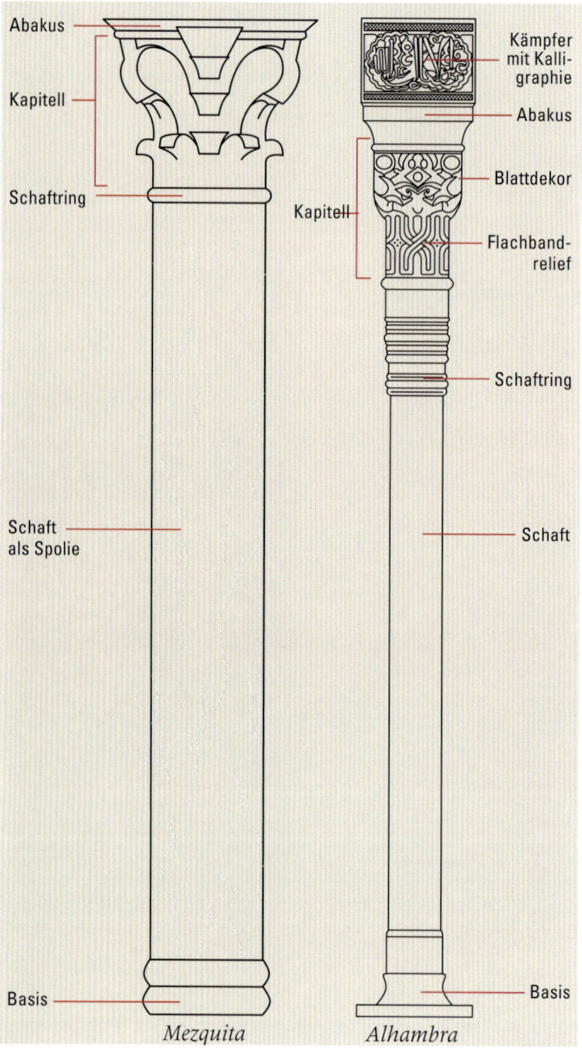

Säulen

In der Zeit des Kalifats von Córdoba wurde für Säulen und Kapitelle oft römisches und westgotisches Spolienmaterial verwendet. Anders als die römischen sind die westgotischen Kapitelle nicht den klassischen Modellen verpflichtet. In der Spätzeit des Emirats wurden auch Kopien klassischer Kapitelle angefertigt. Ein eigenständiger Typus entwikkelte sich erst in der nasridischen Architektur Granadas. Die schlanken Säulenschäfte werden optisch durch mehrere übereinanderliegende Schaftringe mit dem meist korbförmigen Kapitell verbunden. Es gliedert sich in eine untere Zone, die ungefähr den gleichen Durchmesser wie der Säulenschaft hat und gewöhnlich mit einem Flachreliefband oder -gitter verziert ist, und in einen oberen ausladenden Teil, den ein reiches Blattwerkdekor oder Stalaktiten schmükken. Darauf liegen kunstreich verzierte Kämpferblöcke auf, die nicht nur die Auflagefläche des Kapitells vergrößern, sondern in erster Linie dazu dienen, den Arkaden mit ihren kurzen Säulen mehr Höhe zu verleihen.

Ornament

Durch das Bilderverbot des Islam war die Dekoration ganz auf das Ornament beschränkt. Doch entstand durch die Kombination von geometrischen, floralen und kalligraphischen Motiven, die in ein strenges geometrisches System eingebunden und durch bunte Azulejos-Dekorationen bereichert wurden, eine überaus reiche Wanddekoration.

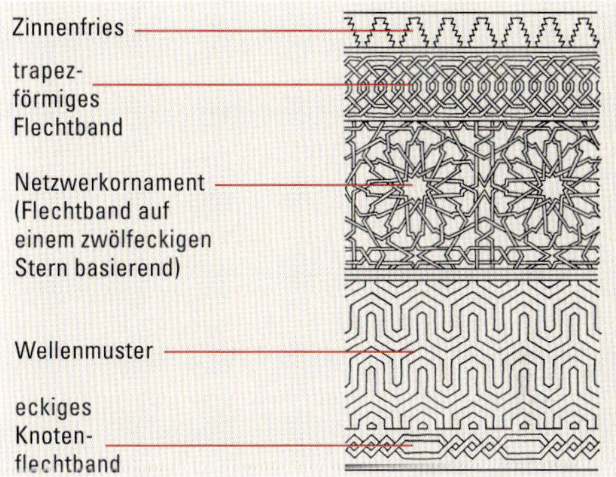

Maurisches Ornament

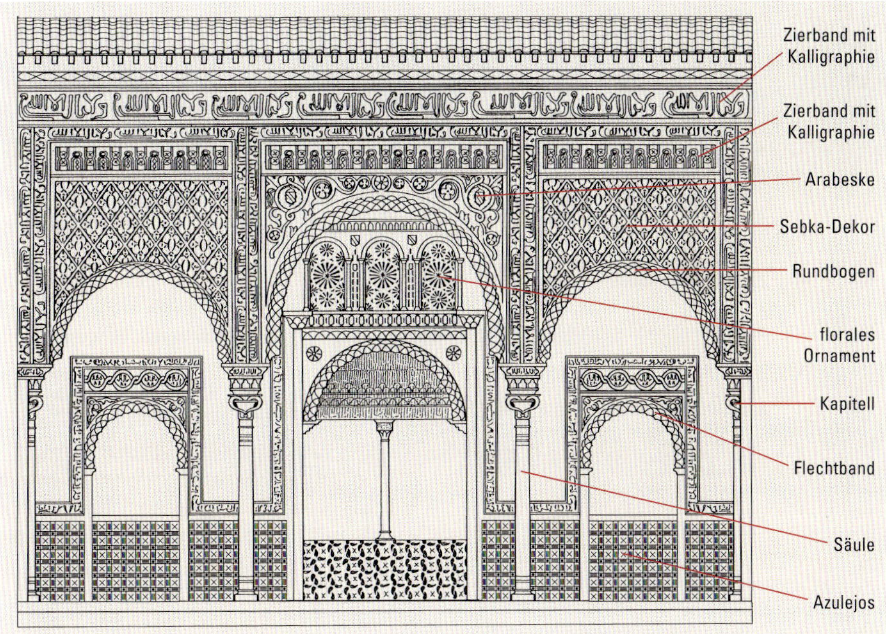

Granada, Alhambra, Ornamentfassade im Myrtenhof

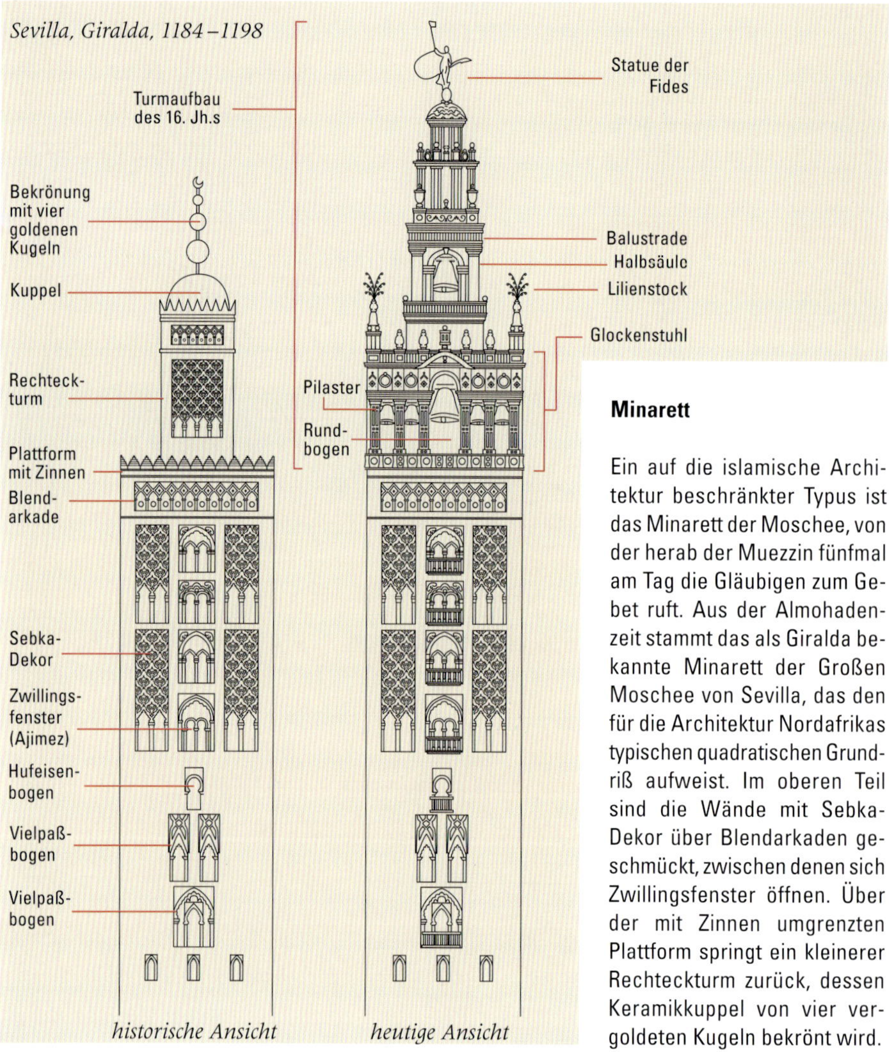

Minarett

Ein auf die islamische Architektur beschränkter Typus ist das Minarett der Moschee, von der herab der Muezzin fünfmal am Tag die Gläubigen zum Gebet ruft. Aus der Almohadenzeit stammt das als Giralda bekannte Minarett der Großen Moschee von Sevilla, das den für die Architektur Nordafrikas typischen quadratischen Grundriß aufweist. Im oberen Teil sind die Wände mit Sebka-Dekor über Blendarkaden geschmückt, zwischen denen sich Zwillingsfenster öffnen. Über der mit Zinnen umgrenzten Plattform springt ein kleinerer Rechteckturm zurück, dessen Keramikkuppel von vier vergoldeten Kugeln bekrönt wird.

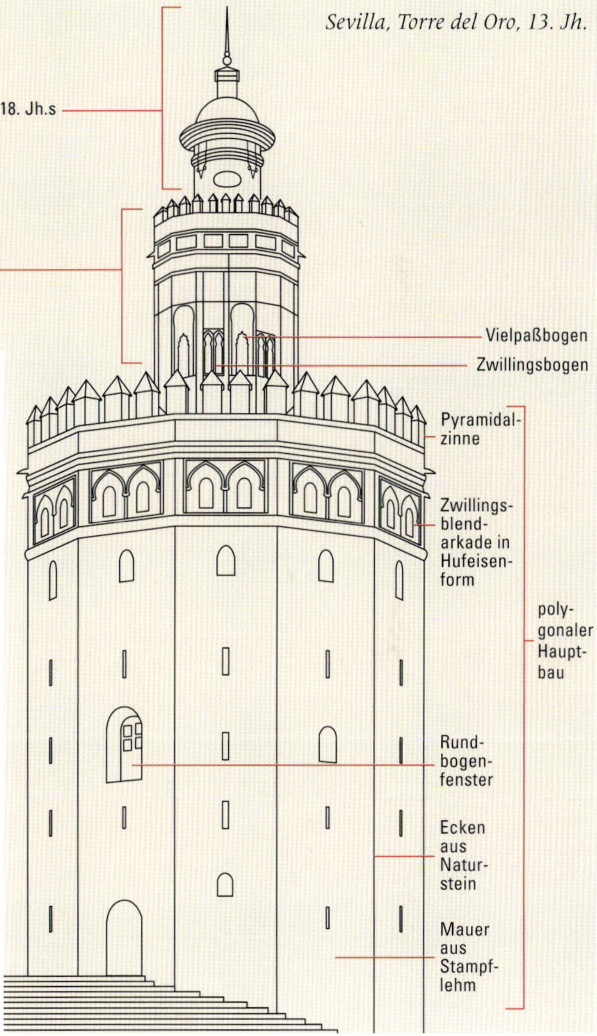

Festungsbau

Ein charakteristisches Beispiel für die Festungsarchitektur der Almohaden ist die Torre del Oro in Sevilla. Sie besteht aus einem zwölfeckigen Hauptbau, über dessen mit Pyramidalzinnen umgrenzter Plattform sich ein sechseckiger Mittelturm erhebt. Die Wände über dem steinernen Sockel bestehen aus Stampflehm und sind lediglich an den Ecken durch Naturstein verstärkt. Sie weisen nur wenige Schmuckelemente auf: Zwillingsarkaden in Hufeisenform über dem Gesims des Hauptbaus, Zwillings- und Vielpaßbogen am Mittelturm. Einst war der Turm jedoch mit goldglasierten Azulejos verkleidet.

Mudéjar-Stil Bau- und Dekorationsform maurischer Künstler, die nach der Reconquista im Auftrag christlicher Bauherren arbeiteten; er zeichnet sich durch eine Verschmelzung christlichen und islamischen Formenguts aus.

Isabellinischer Stil Spanische Sonderform der Spätgotik im letzten Drittel des 15. Jh.s und im frühen 16. Jh.; an den Fassaden werden die Höhenbetonung der gotischen Architektur durch horizontale Elemente unterbrochen und wuchernde Flamboyantformen mit mudejaren Elementen verbunden.

Platereskenstil Bau- und Dekorationsstil des 16. Jh.s, dessen filigrane, feinziselierte Flächendekoration an Edelmetallarbeiten erinnert; Vermischung spätgotischer und mudejarer Stilelemente mit solchen der Frührenaissance wie Arabesken, Voluten, Girlanden, Spiralen und Reliefs.

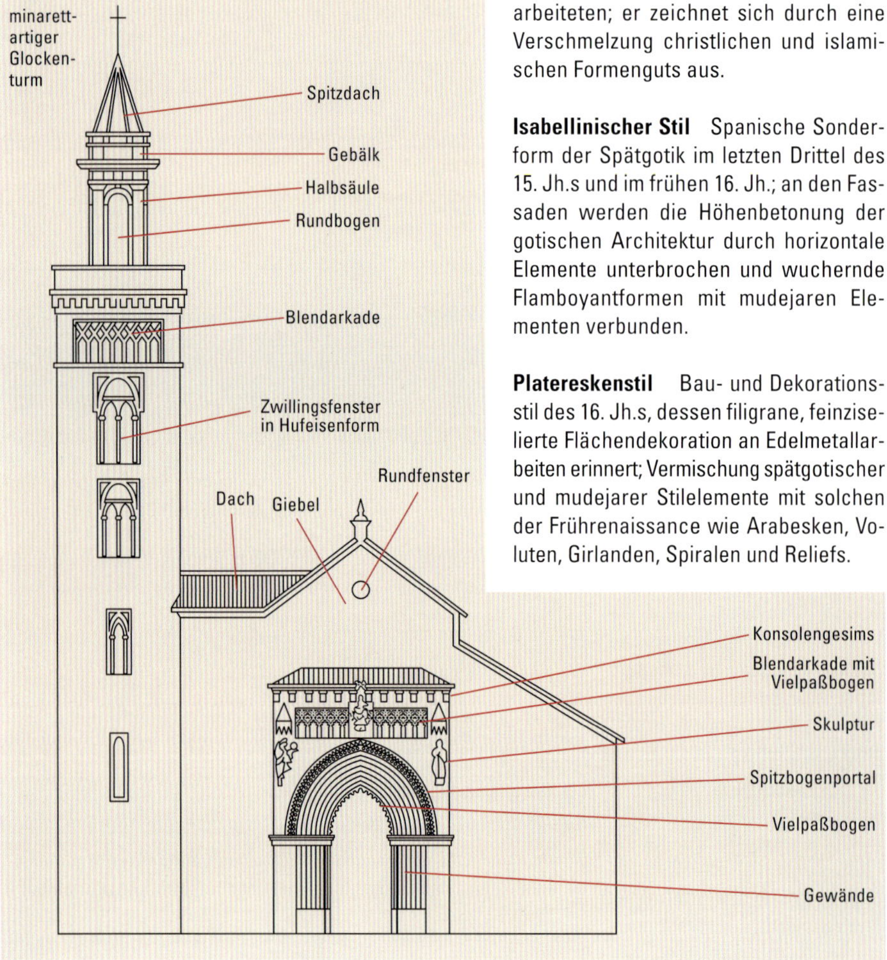

Sevilla, Iglesia de San Marcos, 14. Jh.

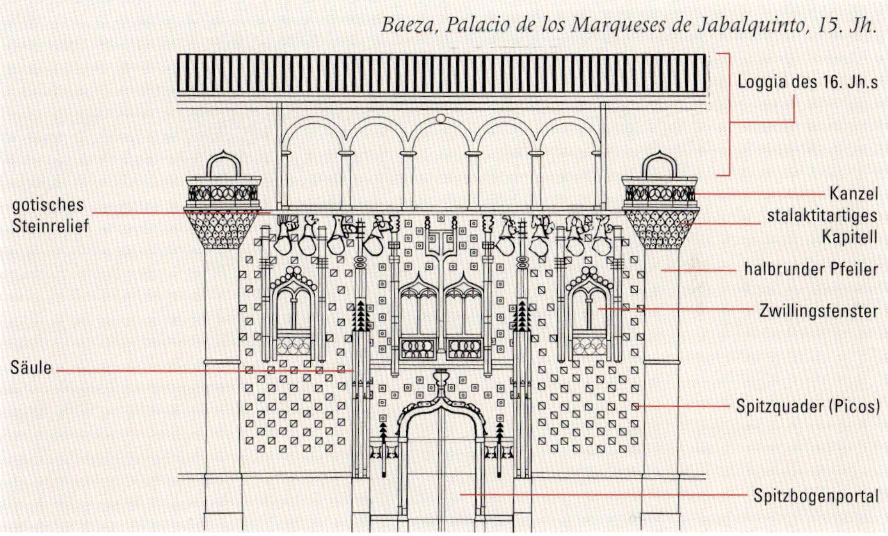
Baeza, Palacio de los Marqueses de Jabalquinto, 15. Jh.
Loggia des 16. Jh.s
Kanzel
gotisches Steinrelief
stalaktitartiges Kapitell
halbrunder Pfeiler
Zwillingsfenster
Säule
Spitzquader (Picos)
Spitzbogenportal

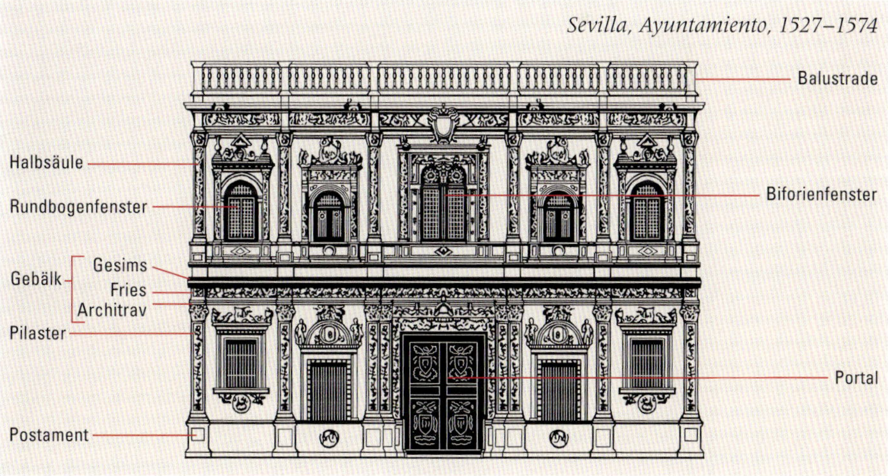
Sevilla, Ayuntamiento, 1527–1574
Balustrade
Halbsäule
Biforienfenster
Rundbogenfenster
Gebälk
Gesims
Fries
Architrav
Pilaster
Portal
Postament

Künstlerbiographien

Acero, Vicente (1. Hälfte 18. Jh.), spanischer Architekt; Werke: Fassade der Kathedrale von Guadix (1714); Neubau der Kathedrale von Cádiz (1720 – 1722); Weiterbau der Tabakmanufaktur von Sevilla (ab 1725); Entwurf der Fassade der Kathedrale von Málaga (1724 – 1756 von José de Bada und Antonio Ramos ausgeführt).

Álvarez y Cubero, José (1768 – 1827), spanischer Bildhauer des Klassizismus; 1805 bei Canova in Rom; 1826 Direktor der Akademie in Madrid; erbaute den Fuente del Rey in Priego de Córdoba.

Angelico, Fra (um 1395 – 1455), Hauptvertreter der italienischen Frührenaissance; ab 1420 im

Fra Angelico, Die Predigt des Hl. Stephanus und der Disput, 1447 – 1449, Fresko,322 x 412 cm, Rom, Musei Vaticani, Cappella Niccolina

Dominikanerkloster in Fiesole; malte 1436 – 1445 die Fresken in San Marco von Florenz, war 1445 in Rom, 1447 in Orvieto, dann in Fiesole und 1452 – 1455 wieder in Rom. Zu seinen Hauptwerken gehören die »Madonna der Flachshändler«, 1433, Florenz, Museo di San Marco, und die Fresken für die Nikolauskapelle des Vatikans bis 1455.

Aranda, Martín de (1. Hälfte 17. Jh.), spanischer Bildhauer; schuf die 12 Apostelfiguren aus vergoldeter Bronze im Chor der Kathedrale von Granada (1612).

Arce, José de (gestorben vor 1667), flämischer Bildhauer; ab 1636 in Sevilla tätig. Seine Werke, allen voran das Retabel für San Miguel in Jerez de la Frontera, zeichnen sich durch dynamische Formen und eine große kompositorische Dramatik aus, die dem barocken Stil in Sevilla endgültig zum Durchbruch verhalfen.

Arfe y Villafañe, Juan de (1535 – 1603), Mitglied der berühmten Goldschmiedefamilie deutscher Herkunft; Hauptvertreter der spanischen Hochrenaissance; ab 1596 in Madrid bei Philipp II. Er schuf silberne Custodien im klassischen, von Italien beeinflußten Stil der Hochrenaissance, zu denen die berühmte Custodia in der Kathedrale von Sevilla gehört, daneben Kirchengerät, Statuen und Porträtbüsten aus Bronze. Gleichzeitig war er als Kunsttheoretiker mit seinem Hauptwerk »Lehre von den Proportionen«, 1585, von Bedeutung.

Bada, José de (1691 – 1755), spanischer Architekt; Oberbaumeister der Kathedrale von Granada; übernahm 1719 die Bauleitung der Kathedrale von Málaga, wo er die Fassade nach den Plänen von Vicente Acero errichtete.

Bartolomé de Jaén, Meister (1. Hälfte 16. Jh.), spanischer Kunstschmied; tätig v. a. in Granada und Jaén, wo sich dank seines Schaffens eine bedeutende Kunstschule herausbildete. Er konzipierte Rejas nicht nur als Dekorationen und funktionelle Notwendigkeiten, sondern als Objekte der Andacht in der Art eines Retabels mit religiösen Szenen. Werke: Tenebrario und Osterleuchter im Museum der Kathedrale von Jaén; Reja in der Capilla Real zu Granada (20er Jahre des 16. Jh.s); Reja vor dem Hochaltar der Kathedrale von Sevilla (1524).

Bazán, Lucas (18. Jh.), spanischer Architekt; konstruierte 1745 zusammen mit Antonio Corrales den Glockenturm der Kirche San Juan in Écija.

Benjumeda, Torcuato (1757 – 1836), spanischer Architekt; Schüler von Torcuato Cayón, mit dem er später zusammenarbeitete; 1779 zum Stellvertreter für Architektur an der Academia de las Tres Nobles Artes in Cádiz berufen; Bauwerke in Cádiz: königliches Gefängnis (1764); San José (1787); Mitarbeit an der Fassade des Rathauses.

Berruguete, Alonso (um 1489 – 1561), spanischer Bildhauer, Maler und Architekt; Sohn des Malers Pedro Berruguete; seit 1504 Ausbildung in Florenz und Rom, wo er sich besonders an Michelangelo schulte; um 1517 Rückkehr nach Spanien, tätig in Zaragoza, Valladolid, Salamanca und seit 1539 als Hofbildhauer Karls V. in Toledo. Er galt seinen Zeitgenossen als einer der größten

Künstler Spaniens und wurde vor allem als Bildhauer und Dekorationskünstler des Platereskenstils berühmt. Er schuf Altäre, Chorgestühle und Dekorationen; Werke: Teile des Chorgestühls in der Kathedrale von Toledo (ab 1537); Holzretabel in der Sacra Capilla del Salvador zu Úbeda.

Bigarny, Felipe de, span. Bïguerny, genannt Felipe de Borgoña (um 1475 – 1542), spanischer Bildhauer und Baumeister; ab 1498 nachweisbar; Hauptmeister des Übergangs von der Gotik zur Renaissance (frühplateresker Stil). Zu seinen Hauptwerken in Andalusien zählen seine Reliefs mit Szenen der Passion Christi im Chor der Kathedrale von Granada und das Holzretabel in der Capilla Real, 1520 – 1522.

Bilbao y Martínez, Gonzalo (1860 – 1938), spanischer Maler; Ausbildung bei Francisco und Pedro de Vega in Sevilla; Studienreisen nach Paris und Italien; 1888 – 1890 Aufenthalt in Marokko und Aufnahme orientalischer Themen in seine Malerei; 1903 Professur an der Escuela de Artes y Indústrias in Sevilla. Den größten Teil seines Œuvres machen Landschaften und Porträts aus. Er wurde aber v. a. durch seine Genremalereien bekannt, z. B. »Die Zigarettenarbeiterinnen«, 1915, Sevilla, Museo de Bellas Artes.

Borcht, Sebastian van der, holländischer Festungsarchitekt des 18. Jh.s; erbaute die königliche Tabakmanufaktur in Sevilla, 1728 – 1771.

Borromini, Francesco (1599 – 1667), schweizerisch-italienischer Architekt und Bildhauer; Hauptvertreter des römischen Hochbarocks; Schüler von Carlo Maderna und Giovanni Lorenzo Bernini. Seine Kunst, die den Forderungen des Barocks (Vermeidung gerader Linien, geschwungene Fassaden, gebrochene Giebel, Verschmelzung von mehreren Raumkörpern) entsprach, wurde v. a. für die Architektur des Rokokos in Frankreich und Deutschland beispielgebend.

Botticelli, Sandro, eigentlich Alessandro Filipepi (um 1444 – 1510), italienischer Maler; Hauptvertreter der florentinischen Frührenaissance; Schüler von Fra Filippo Lippi. Beeinflußt von Antonio del Pollaiuolo und Andrea del Verrochio bildete er seinen eigenen Stil heraus. Erste Aufträge erhielt er von den Medici. 1480 wurde er von Papst Sixtus IV. nach Rom berufen, um an der Ausmalung der Sixtina mitzuarbeiten. Zu den bekanntesten Werken gehören der »Frühling«, um 1478, Florenz, Galleria degli Uffizi, und die »Anbetung der Könige« mit den Porträts der Medici, um 1477, Florenz, Galleria degli Uffizi.

Bouts, Dieric (um 1415 – 1475), Hauptvertreter der altniederländischen Malerschule; 1457 in Löwen als Stadtmaler bezeugt. Stilistisch war er eng mit Rogier van der Weyden verbunden. Sein Werk (Hauptwerke: Großer Abendmahlsaltar, 1464 – 1467, Löwen, Peterskirche; »Gefangennahme und Auferstehung Christi«, 1464, München, Alte Pinakothek) zeichnet sich durch eine minuziöse Darstellung, reiche Farben und feine Landschaften aus.

Campaña, Pedro de, eigentlich Peter de Kempeneer (1503 – 1580), flämischer Maler; tätig in Sevilla und Mitglied der Malerschule; von

Caravaggio, Das Martyrium des Hl. Matthäus, 1599–1600, Öl auf Leinwand, 323 x 343 cm, Rom, San Luigi dei Francesi

großem Einfluß auf die andalusische Malerei; Werke: »Kreuztragung«, Cádiz, Museo de Cádiz; »Kreuzabnahme«, 1548, Sevilla, Kathedrale, Sacristía Mayor; »Mariä Lichtmeß«, 1553, Sevilla, Kathedrale, Capilla del Mariscal; Gemälde des Hochaltars in Santa Ana, Sevilla (Mitte 16. Jh.).

Cano, Alonso, genannt el Grenadino (1601–1667), spanischer Maler, Bildhauer und Architekt; Schüler von Juan Martínez Montañés in Sevilla in der Bildhauerkunst, Schüler von Francisco Pacheco in der Malerei. Als Maler von Tizian, Correggio und Paolo Veronese beeinflußter Eklektiker, als Bildhauer Vorreiter und Architekt für den spanischen Barock. Werke finden sich in den Kathedralen von Sevilla und Granada. Seine architektonische Leistung spiegelt die Hauptfassade der Kathedrale von Granada (Entwurf 1667).

Caravaggio, Michelangelo Merisi da (1571–1610), italienischer Maler; Studium in Mailand und Venedig; war ab 1588 in Rom, wo er kurz in der Werkstatt von Giuseppe Cesari tätig war. Naturnahe Sachlichkeit und harter Realismus seiner frühen Genrebilder stießen zunächst auf Widerstand, eroberten aber schließlich die Barockmalerei und schufen eine neue Gattung. Seine religiösen Gemälde (zwei Gemälde für die Seitenwände der Contarelli-Kapelle in San Luigi dei Francesi, Rom, 1599 und das dortige Altarbild »Matthäus mit dem Engel«, 1602) bewirkten einen Wandel der kirchlichen Malerei. Caravaggios Werk zeichnet sich durch eine charakteristische Helldunkelmalerei mit scharfem Seitenlicht aus, die großen Einfluß auf viele Maler hatte.

Carducho, Vicente (1578–1638), italienischer Maler und Kunsttheoretiker; Vertreter der spanischen Schule des Manierismus; kam 1585 mit seinem Bruder Bartolomé (1560–um 1608) nach Spanien, wo er 1609 Hofmaler wurde; Werke: Gemälde im Kapitelsaal der Cartuja von Granada.

Carlone, Michele (nachweisbar 1489 – 1518), italienischer Architekt und Bildhauer aus Genua; ab 1512 in Andalusien tätig; übernahm die Leitung einer vielköpfigen Handwerkergruppe, die für die architektonische Konzeption und skulpturale Ausstattung des feudalen Castillo von La Calahorra zuständig war. Mit ihm kamen die Architekturformen der Renaissance nach Spanien.

Castillo y Saavedra, Antonio del (1616 – 1668), spanischer Maler, Zeichner, Bildhauer und Dichter; Sohn und Schüler von Agustín Castillo; 1631 – 1634 Schüler von Ignacio Aedo Calderón, bei dem er v. a. die polychrome Faßmalerei von barocken Holzskulpturen erlernte; ab 1635 in Córdoba nachweisbar, wo er der bedeutendste Maler seiner Zeit war. Seine plastische Helldunkelmalerei ist von Zurbarán und José de Ribera beeinflußt; Werke: »Martyrium des Hl. Pelagius«, 1645, Córdoba, Kathedrale, Capilla de San Pelagio; »Grablegung Christi« und »Pietà«, Córdoba, San Andrés; »Kreuzigung«, »Erzengel Raphael«, »Hl. Ferdinand«, »Hl. Katharina«, Córdoba, Museo Provincial de Bellas Artes.

Castillo, Juan del (um 1590 – 1658), spanischer Maler; einer der Wegbereiter der Sevillaner Malerschule; Lehrer von Alonso Cano und Bartolomé Esteban Murillo; tätig in Granada, Sevilla und Cádiz; Werke: »Geburt Johannes des Täufers«, »Der kleine Johannes«, »Der Gute Hirte« am Hochaltar des Convento de Santa Isabel in Sevilla.

Cayón de la Vega, Torcuato (1727 – 1784), spanischer Architekt; ab 1753 Bauführer und nach dem Tode seines Onkels Gaspar Cayón »maestro mayor« der Kathedrale von Cádiz, deren Pläne von Vicente Acero er klassizistisch umgestaltete; weitere Bauwerke in Cádiz: Puerta de Tierra, 1755; Casa de Misericordia; Hospital San José.

Córdoba, Pedro de (2. Hälfte 15. Jh.), spanischer Maler des hispano-flämischen Stils; Werke: »Mariä Verkündigung«, 1475, Córdoba, Kathedrale; »Hl. Nikolaus von Bari«, Córdoba, Museo Provincial de Bellas Artes.

Cornejo, Pedro Duque (1678 – 1757), spanischer Bildhauer des Barocks; Schüler von Pedro Roldán; Werke: Chorgestühl in der Kathedrale von Córdoba (1748 – 1757).

Corrales, Antonio (18. Jh.), spanischer Architekt; konstruierte 1745 zusammen mit Lucas Bazán den Glockenturm der Kirche San Juan in Écija.

Correggio, Antonio Allegri (um 1489 – 1534), italienischer Maler; Hauptmeister der Renaissance und der Schule von Parma. Seine Gemälde bestechen durch die Virtuosität, mit der er das Licht behandelte, indem das von Leonardo da Vinci ausgehende Helldunkel (chiaroscuro) zum bestimmenden Element wird. Ferner sind starke Bewegung der Figuren und kühne Verkürzungen Teil seines auf den Barock hinweisenden Stils, der die Schule der Carracci, die Barock- wie die Malerei überhaupt außerordentlich beeinflußte.

Dancart, Pieter (gestorben um 1487), flämischer Bildhauer; nur durch seine Tätigkeit in Sevilla bekannt: Chorgestühl der Kathedrale zusammen mit Nufro Sánchez (1478).

Dyck, Anthonis van (1599–1641), flämischer Maler und Radierer; einer der größten Meister der flämischen Kunst, als Porträtist einer der größten Meister überhaupt. Er lernte in der Werkstatt des Romanisten Hendrik van Balen, arbeitete 1617–1620 im Atelier von Peter Paul Rubens, obwohl er bereits eine eigene Werkstatt unterhielt und Lehrlinge ausbildete. 1620–1621 in London, anschließend in Italien, 1627 in Antwerpen, 1630 Hofmaler der Erzherzogin Isabella, ab 1632 Hofmaler in London, 1634 in Flandern und 1640–1641 in Paris. Er entwickelte den Stil Rubens weiter zu feineren Farbnuancen und schlanken Figuren mit empfindsamer Vornehmheit. Neben religiösen Werken (»Kreuztragung«, 1617, Antwerpen, Paulskirche) malte er ab 1635 fast ausschließlich Porträts, die ihn als scharfen Beobachter erweisen und großen Einfluß auf die weitere Bildnismalerei ausübten.

Egas, Enrique de (um 1455–um 1534), spanischer Architekt der Gotik und Begründer des Platereskenstils; 1494–1534 Dombaumeister von Toledo; 1506–1517 Architekt der Capilla Real in Granada; 1521–1528 1. Dombaumeister der neuen Kathedrale von Granada.

Fancelli, Domenico (1469–1519), italienischer Bildhauer; um 1508 nach Spanien gekommen, wo er ein einflußreicher Vertreter der italienischen Renaissance war. Zu seinen Hauptwerken gehört das Grabmal Ferdinands und Isabellas in der Capilla Real zu Granada (1522).

Fernández, Alejo (um 1475–1545), spanischer Maler wohl deutsch-niederländischer Herkunft; Meister der Schule von Sevilla; ausgebildet wahrscheinlich in den Niederlanden und in Obertalien, denn sein Werk verbindet niederländische mit venezianischen Elementen; Begründer der Renaissancemalerei in Andalusien; war zunächst in Córdoba (»Geißelung Christi«, Córdoba, Museo Provincial de Bellas Artes) tätig, bevor er 1508 nach Sevilla ging (Tafeln des Altarretabels der Kathedrale; »Virgen de los Navegantes«, 1531–1536, Alcázares Reales).

Fernández, Alemán Jorge (um 1470–1533/53), spanischer Bildhauer wohl deutscher Herkunft; zunächst mit seinem Bruder Alejo in Córdoba ansässig; 1505 nach Sevilla berufen, um im Auftrag des Domkapitels an dem von Pieter Dancart begonnenen Retabel in der Kathedrale weiterzuarbeiten.

Ferrer, Tomás (18. Jh.), spanischer Maler; tätig in Granada; Werke: Kuppelfresko in der Sakristei der Cartuja von Granada (1753); Fresken in den Arkadenzwickeln und Deckenfresko des Camarín im Hospital de San Juan de Dios in Granada bis 1759.

Figueroa, Ambrosio de (1700–1775), spanischer Architekt; führte den Stil seines Vaters Leonardo de Figueroa in Sevilla fort (Santa Catalina, 1752–1758).

Figueroa, Antonio Matías de (um 1734–1796), spanischer Architekt; Enkel von Leonardo de Figueroa; führte die Familientradition im Klassizismus fort.

Figueroa, Leonardo de (um 1650–1730), spanischer Architekt; Schöpfer der Sevillaner Barockarchitektur, faßte als erster Backsteinbauten mit weißem oder gelbem Bruchstein ein. Seine Bauten zeichnen sich durch den reichlichen Gebrauch von Azulejos sowie gedrehter und ornamentierter Säulen aus: Santa María Magdalena (1691 – 1709), San Luis (1699 – 1731), Palacio de San Telmo (1724 – 1734) in Sevilla.

Florindo, Alonso Ruiz (18. Jh.), spanischer Architekt; Mitglied der berühmten Architektenfamilie aus Fuentes de Andalucía; Werke: Turm der Iglesia de la Merced in Osuna (1767 – 1775).

Gaínza, Martín de (gestorben 1556), spanischer Architekt; Dombaumeister der Kathedrale in Sevilla, wo er die Capilla Real (ab 1522) und die Sacristía Mayor (1530 – 1543) errichtete.

García de Pradas, Juan (tätig um 1520 – 1530), spanischer Architekt und Bildhauer; v. a. in Granada: Portal der Capilla Real (1527); Portal der Lonja (1521); Fortsetzung der Bauarbeiten am Hospital Real (ab 1522).

Gijón, Francisco Antonio (1653 – nach 1692), spanischer Bildhauer des Barocks; Werke: »Josef«, 1678, Sevilla, San Nicolás de Bari; »Sterbender Christus«, 1682, Sevilla, Capilla del Patrocinio.

Gil de Hontañón, Juan (gestorben 1526), spanischer Architekt; entwarf zusammen mit seinem Sohn Rodrigo (1500 – 1577) die beiden letzten großen gotischen Kathedralen Spaniens in Salamanca und Segovia (1523 – 1577 gebaut) und für die Kathedrale von Sevilla die neue Laterne im gotischen Stil (1517 – 1519).

Gonzáles Álvarez Osorio, Anibal (1876 – 1929), spanischer Architekt und Stadtplaner; entwarf die Plaza de España und die Plaza de América im Sevillaner Parque de María Luisa.

Goya y Lucientes, Francisco de (1746 – 1828), spanischer Maler, Radierer und Lithograph; um 1766 Schüler von Francisco Bayeu in Madrid, 1770 – 1771 in Italien, ab 1775 in Madrid, ab 1776 in der dortigen Teppichmanufaktur, ab 1798 Hofmaler, 1824 nach Bordeaux emigriert. Goya war ein sehr vielseitiger Künstler: In seiner Frühzeit schuf er unter dem Einfluß der Venezianer dekorative Kartons für die Gobelinmanufaktur in leuchtenden Farben. Ab der Mitte der 90er Jahre nahm seine Kunst Elemente der Romantik und des Impressionismus vorweg, die Farben wurden dunkler, Einflüsse von Diego de Velázquez, Rembrandt und der alten Niederländer spürbar (»Die bekleidete Maja«, »Die nackte Maja«, 1797, Madrid, Museo del Prado). Goya entwickelte sich zum außergewöhnlichen Porträtisten, der Bildnisse von rücksichtsloser Wirklichkeitstreue malte (»Die Familie Karls IV.«, 1800/01, Madrid, Museo del Prado). Der spanische Befreiungskrieg gegen Napoleon hatte große Auswirkungen auf seine Arbeit. Es entstanden Schilderungen vom Schrecken des Krieges und der Not (»Die Erschießung der Aufständischen vom 3. Mai 1808«, 1814, Madrid, Museo del Prado). Sein druckgraphisches Werk in Aquatintatechnik erreicht Helldunkelwirkungen, die das Dämonische einfangen (»Caprichos«, 1796 – 1798,»Desastres de la guerra«, 1810 – 1821).

Guas, Juan (um 1430 – 1496), spanischer Architekt und Bildhauer französischer oder nieder-

Francisco de Goya, Die Familie Karls des IV., 1800 – 1801, Öl auf Leinwand, 280 x 336 cm, Madrid, Museo del Prado

ländischer Herkunft; ab 1453 in Kastilien nachweisbar; überwiegend in Toledo tätig; erbaute in Baeza den Palacio de los Marqueses de Jabalquinto.

Hernández, Juan (16. Jh.), spanischer Architekt; erbaute in den Alcázares Reales in Sevilla den Pavillon Karls V. (1543).

Herrera, Francisco de, (1627 – 1685) genannt el Mozo (der Jüngere), spanischer Maler und Architekt; mehrjähriger Aufenthalt in Rom und Neapel; wurde 1672 Hofmaler Philipps IV. in Madrid; malte religiöse Bilder im hochbarocken Stil (»Apotheose des Hl. Franziskus von Assisi«, 1656, Sevilla, Kathedrale, Capilla de San Francisco).

Herrera, Juan de (um 1530 – 1597), spanischer Architekt; 1553 in Italien; wurde Schüler, 1559 Mitarbeiter und 1567 Nachfolger von Juan Bautista de Toledo in Madrid; ab 1571 Hofarchitekt Philipps II. Sein Stil, der sich ausgehend von der italienischen Renaissance durch Nüchternheit, Strenge und Schmucklosigkeit auszeichnet, ist eine Reaktion auf den überladenen Plateresskenstil; Bauwerke: El Escorial, Madrid, 1563 von Juan Bautista de Toledo begonnen, 1567 nach Herreras Plänen weitergeführt; Casa Lonja, Sevilla, (1583 – 1598).

Hurtado Izquierdo, Francisco de (1669 – 1725), spanischer Architekt, Bildhauer und Dekorateur; einer der großen spanischen Architekten des Barock. Seine Arbeiten beschränken sich auf phantasievolle Innenraumgestaltungen, die in Europa nicht ihresgleichen finden: Sagrario der Cartuja in Granada (1702 – 20), deren Wände mit Marmor, Jaspis und Porphyr verkleidet sind und deren Marmortabernakel von roten und schwarzen gedrehten Säulen gestützt wird; auch der Entwurf der dortigen noch bizarrer und reicher dekorierten Sakristei (ab 1732) wird ihm zugeschrieben. Ausstattung des Camarín im Santuario de Nuestra Señora de la Victoria, Málaga.

López, Pedro (tätig 1512 – 1522), spanischer Architekt; Baumeister der alten Kathedrale von Jaén und der Kathedrale in Málaga neben anderen bekannten Architekten.

Machuca, Luis (gestorben 1573), spanischer Architekt; führte nach dem Tode seines Vaters Pedro 1550 die Bauarbeiten am Palast Karls V. auf der Alhambra in Granada fort.

Machuca, Pedro (um 1485 – 1550), spanischer Architekt, Bildhauer und Maler; Schüler des Italieners Giuliano da Sangallo; kehrte 1520 nach Spanien zurück; seine Bauten (Palast Karls V. auf der Alhambra, Granada, ab 1527) sind stark von der italienischen Renaissance geprägt, nehmen aber auch Merkmale des Platereskenstils, wie etwa mit Girlanden versehene Fensterrahmungen, auf.

Martín Aldehuela, José de (1719 – 1802), aragonesischer Architekt und Bildhauer; Werke: Marmorportal der Casa del Consulado (1776); Puente Nuevo in Ronda (1784 – 1793); Fertigstellung der Plaza de Toros in Ronda (1785); Baldachinaltar in San Felipe Neri, Málaga (1795).

Martínez, Alonso (14. Jh.), spanischer Architekt; Dombaumeister in Sevilla 1386 – 1394.

Memling, Hans (um 1433 – 1494), Hauptvertreter der altniederländischen Malerei; Schüler von Rogier van der Weyden; besonders von Dieric Bouts beeinflußt; war der Hauptmeister von Brügge (ab 1466 dort nachweisbar). Memlings Gemälde zeichnen sich durch ein Gefühl für Anmut und Maß sowie Farben von besonderer Schönheit und Harmonie aus. Herausragend sind seine Madonnen-Bilder wie Porträts; diese beiden Genres vereinte er oft auf Diptychen.

Mena y Escalante, Alonso de (1587 – 1646), spanischer Bildhauer; Werke: Reiterstatue des Hl. Santiago, Granada, Kathedrale (1640); zwei Reliquienaltäre, Granada, Kathedrale, Querschiff (1630 – 1632); »Inmaculada«, Granada, Abadía del Sacromonte.

Mena y Medrano, Pedro de (1628 – 1688), spanischer Hauptvertreter der Barockskulptur; Sohn von Alonso de Mena, Schüler von Alonso Cano, mit dem er ab 1652 zusammenarbeitete, in Granada und ab 1658 in Málaga tätig. Er schuf religiöse Werke, in denen er Canos Stil zu einer realistischen, aber verinnerlichten Darstellung führte, wobei er starke Bewegungen vermied. Zu seinen Hauptwerken gehören die 42 Hochreliefstatuetten an der Rückseite des Chorgestühls in der Kathedrale von Málaga (1658 – 1662), die Statuen der Inmaculada und des Hl. Franziskus in der Kathedrale von Córdoba sowie die Figuren der Katholischen Könige in der Kathedrale von Granada (1675 – 1677).

Meneses Osorio, Francisco (um 1640 – 1721), spanischer Figurenmaler; Schüler und Nachahmer von Bartolomé Esteban Murillo, den er nach Cádiz begleitete, um am Zyklus für den Hochaltar der Kapuzinerkirche (heute im Museo de Cádiz) mitzuarbeiten.

Mesa, Juan de (1583 – 1627), spanischer Bildhauer und Architekt; Schüler von Juan Martínez Montañés; schuf eindringliche Figuren mit naturalistischem Ausdruck; Werke: »Jesús del Gran Poder« in der gleichnamigen Kirche in Sevilla, 1620; »Johannes der Täufer«, »Virgen de las Cuevas«, 1623, Sevilla, Museo Provincial de Bellas Artes; Mitarbeit am Hochaltar des Klosters San Isidoro del Campo in Santiponce (1609 – 1613).

Micael Alfaro, José († 1649), spanischer Bildhauer; 1632 – 1647 in Málaga tätig; Werke: Mitarbeit am Chorgestühl der Kathedrale von Málaga.

Michelangelo Buonarroti (1475 – 1564), italienischer Maler, Bildhauer und Architekt; Hauptvertreter der italienischen Hochrenaissance und Vorreiter des Manierismus; Ausbildung bei Domenico Ghirlandaio und bei Bertoldo di Giovanni; bedeutender für seine Entwicklung in der Malerei waren jedoch die Rückgriffe auf Giotto und Masaccio, in der Bildhauerei das Studium von Jacopo della Quercia; den größten Einfluß auf seinen Stil hatte die Antike. Michelangelo war zunächst in Florenz tätig und gehörte dem Kreis der Dichter und Gelehrten an, die sich als »Platonische Akademie« um Lorenzo de' Medici gebildet hatte, hielt sich 1496 – 1501 in Rom auf (»Pietà«, 1498/99, Sankt Peter) und kehrte dann bis 1505 nach Florenz zurück (»David«, Akademie). 1505 ging er zur Errichtung des Grabmals von Papst Julius II. in Sankt Peter nach Rom zurück, 1508 – 1512 schuf er mit der Ausmalung der Decke der Sixtinischen Kapelle sein malerisches Hauptwerk. Ab 1521 Grabdenkmal der Medici in San Lorenzo in Florenz; 1534 siedelte er endgültig nach Rom über, um im Auftrag von Papst Clemens VII. das Fresko des Jüngsten Gerichts in der Sixtinischen Kapelle auszuführen (1534 – 1541). Ab 1547 war er in der Bauleitung von Sankt Peter; sein architektonisches Hauptwerk ist die dortige Kuppel.

Millán, Pedro (um 1487 – vor 1526), spanischer Bildhauer; einer der letzten Vertreter der von der flämisch-burgundischen Kunst beeinflußten gotischen Bildhauerschule in Sevilla; schuf bedeutende sakrale Plastiken (Statuen der Puerta del Nacimiento und die »Virgen del Pilar«, Kathedrale von Sevilla; Skulpturen am Portal des Convento de Santa Paula, Sevilla).

Bartolomé Esteban Murillo, Moses schlägt Wasser aus dem Fels, 1670–1674, Öl auf Leinwand, 240 x 590 cm, Sevilla, Hospital de la Caridad

Montañés, Juan Martínez (um 1568–1649), Hauptvertreter der Sevillaner Bildhauerschule in der Übergangsphase zwischen Manierismus und Barock; Schüler von Pablo de Rojas; Nachfolger von Gregorio Hernández; schuf bedeutende religiöse Werke, die sich v. a. durch das Streben nach ausgewogener Schönheit und Verinnerlichung des Ausdrucks unter weitgehendem Verzicht auf dramatische Elemente auszeichnen. Hauptwerke sind der »Cristo de la Clemencia« (1603) und die »Inmaculada« (1628–1631) in der Kathedrale von Sevilla, »Christus am Kreuz« in der Kathedrale von Granada und das Retabel in San Isidoro del Campo in Santiponce (1610–1612).

Mora, José Gómez de (1642–1724), spanischer Bildhauer; ab 1671 königlicher Hofbildhauer; beeinflußt von Alonso Cano, dessen sakrale Kunst er fortführte (Holzstatuen des Hl. Bruno und Hl. Josef, 1712 in der Cartuja, Granada; »Mater dolorosa«, Capilla Real, Granada).

Moreno Meléndez, Diego (2. Hälfte 17. Jh.), spanischer Architekt; Bauwerke: Colegiata de San Salvador (ab 1695) und Turmfassade von San Miguel (1672–1701) in Jerez de la Frontera.

Muñoz Degrain, Antonio (1840–1924), spanischer Maler; unterrichtete Picasso im Kindesalter in Málaga; Werke im Museo Provincial de Bellas Artes in Málaga und im Museo de Bellas Artes de la Provincia in Granada.

Murillo, Bartolomé Esteban (1617–1682), spanischer Maler, Vertreter der Schule von Sevilla und einer der berühmtesten Maler des spanischen Hochbarock; Schüler von Juan del Castillo; studierte die Gemälde von Raffael, Corregio, Rubens und van Dyck; 1660 Präsident der neu gegründeten Malerakademie. Murillo ist v. a. durch seine lieblichen Madonnen- und Heiligendarstellungen bekannt, denen warme und duftige Farben (estilo vaporoso) und ein weiches Helldunkel ihren harten Umriß nehmen. Zu seinen Hauptwerken gehören die Gemälde von Heiligen mit Werken der Barmherzigkeit im Hospital de la Caridad in Sevilla, die »Inmaculada« (1668) und die »Vision des Hl. Antonius« (1656) in der dortigen Kathedrale.

Niculoso Pisano, Francisco (tätig 1498 – 1535), italienischer Keramiker aus Pisa; tätig in Sevilla; Werke: »Mariä Heimsuchung« am Keramikaltar, Alcázares Reales, Oratorium der Katholischen Könige; Convento de Santa Paula, Portal (1504); Grabstein des Iñigo López, Santa Ana (1503).

Ordoñez, Bartolomé (um 1480 – 1520), spanischer Bildhauer; in seiner Jugend Aufenthalt in Florenz, ab 1515 in Barcelona; stilistisch von Andrea Sansovino und Michelangelo beeinflußt (Grabmal Philipps des Schönen und Johannas der Wahnsinnigen, 1519/20, Granada, Capilla Real).

Orea, Juan de (um 1525 – 1580), spanischer Architekt und Bildhauer; Mitarbeiter von Pedro Machuca; Bauleiter der Kathedrale von Almería (1550 – 1573) und der Kathedrale von Granada; Entwurf von Santa María auf der Alhambra in Granada (posthum 1581 – 1618 errichtet).

Ortega, Nufro de (1516 – 1575), spanischer Bildhauer; Werke: Hochaltar von Santa María in Carmona (1563).

Pacheco, Francisco (1564 – 1654), spanischer Maler; Meister des spanischen Romanismus (der von Italien beeinflußten Kunst); ab 1625 in Sevilla, wo er einen Kreis aus Künstlern, Humanisten, Dichtern und Theologen um sich versammelte; Lehrer von Diego de Velázquez; schuf religiöse Bilder, Bildnisse und schrieb maßgebende kunsthistorische Traktate (»El Arte de la Pintura«, 1649, in dem er sich ausführlich mit Fragen zur Malerei wie zur christlichen Ikonographie auseinandersetzte). Zu seinen bekanntesten Werken gehören der »Hl. Sebastian«, 1616, San Sebastián, Alcalá de Guadaira, und der Hochaltar von San Miguel in Jerez de la Frontera.

Palomino de Castro y Velasco, Antonio Acisclo (1655– 1726), spanischer Maler des Barocks; ab 1678 in Madrid, 1688 Hofmaler; schuf religiöse Bilder (»Inmaculada«, 1713, Córdoba, Kathedrale) und war einer der wichtigsten spanischen Kunsttheoretiker (»Parnaso Español«, 1724 gedruckt, Geschichte der spanischen Malerei).

Pedrajas, Francisco Javier (1736 – 1817), spanischer Architekt und Bildhauer des Rokokos; Werke: El Sagrario (Tabernakel) von Santa María de la Asunción, Priego de Córdoba (1784).

Phidias (um 500 – nach 438 v. Chr.), griechischer Architekt und Bildhauer; Hauptvertreter der hochklassischen attischen Kunst; schon in der Antike als Bildner von Götterstatuen berühmt (»Athena Parthenos«, 438, Athen, Parthenon; »Zeus von Olympia«, Olympia, Zeustempel). Eine Vorstellung von seinem Werk geben heute kaiserzeitliche Kopien. In Olympia wurde seine

Werkstatt gefunden, u. a. eine Tonscherbe mit der eingeritzten Inschrift »Ich gehöre dem Phidias«.

Picasso, Pablo (1881 – 1973), spanischer Maler, Bildhauer und Graphiker; einer der bedeutendsten Künstler des 20. Jh.s; Mitschöpfer des Kubismus; Besuch von Kunstschulen in La Coruña und Barcelona, war 1900 zum ersten Mal in Paris (1904 dorthin übergesiedelt), wo ihn Toulouse-Lautrec und Cézanne stark beeinflußten; 1901 – 1905 »blaue« Epoche; anschließend »rosa« Epoche; 1906 Bekanntschaft mit Georges Braque und Henri Matisse; Einfluß der Kunst der Naturvölker, Ablösung vom Naturvorbild, Beginn des Kubismus (»Les demoiselles d'Avignon«, 1907, New York, Museum of Modern Art). Ab 1917 bildete Picasso einen klassizistischen Stil; in den 20er Jahren folgten surrealistische Einflüsse und eine gesteigerte Expressivität mit Verzerrungen und grellen Farben, die beide für seine spätere Entwicklung maßgebend wurden (»Guernica«, 1937, Madrid, Centro de Arte Reina Sofia, als Symbol für den Schrecken des Spanischen Bürgerkrieges). Picasso schuf daneben zahlreiche graphische Werke, ab 1928 Plastiken und 1947 Keramiken.

Pineda y Paramo, Bernado Simón (1638 – um 1702), spanischer Architekt, Bildhauer und Kunsttischler; Schüler von Luis Ortiz; 1660 Mitbegründer der Akademie von Sevilla; berühmtester Sevillaner Altarbildhauer im letzten Drittel des 17. Jh.s und einer der bedeutendsten Künstler des Sevillaner Barock; Werke: Entwurf und Bauleitung des Hospital de la Caridad, Sevilla (1664 – 1674); Ausführung des dortigen Hochaltars (1670); Altar in Santa Cruz, Sevilla (1678); Altar der Santa María de la Esperanza, San Sebastián, Antequera (1683).

Poussin, Nicolas (1594 – 1665), französischer Maler; Hauptvertreter des französischen hochbarocken Klassizismus; reiste 1624 von Paris über Venedig nach Rom, wo er bis auf die Jahre 1640 – 1642 sein ganzes Leben blieb. Poussin schloß sich der italienischen Barockmalerei an und studierte die Meister der italienischen Renaissance und die Antike; schuf klare Historienbilder aus der antiken Mythologie und dem biblischen Geschehen; prägte den Typus der »heroischen Landschaft« mit Figuren aus Mythologie und Geschichte; setzte dem atmosphärischen Ton seiner Hintergründe, oft ein Goldbraun, aufs feinste abgestimmte Gewandfarben der Figuren entgegen (»Der Parnaß«, Madrid, Museo del Prado; »Die Inspiration des Dichters« und »Landschaft mit Diogenes«, Paris, Musée du Louvre).

Raffael, eigentlich Raffaello Santi (1483 – 1520), italienischer Maler und Architekt; Hauptvertreter der Hochrenaissance; kam 1494 nach Perugia in die Werkstatt Peruginos, war 1504 und 1506 in Florenz (»Madonna del Granduca«, 1504/05, Florenz, Galleria degli Uffizi), ging 1508 nach Rom (»Sixtinische Madonna«, um 1512/1513, Dresden, Gemäldegalerie; »Papst Leo X. mit zwei Kardinälen«, 1517/18, Florenz, Galleria degli Uffizi), wo er 1514 als Nachfolger Bramantes zum Baumeister von Sankt Peter ernannt wurde. Nachdem er sich in Florenz mit allen zeitgenössischen Einflüssen (Leonardo, Fra Bartolommeo) und in Rom besonders mit Michelangelo auseinandergesetzt hatte, erfolgt die gestalterische Erfüllung der Hochrenaissance-Ideen, v. a. in der Ausmalung der Stanzen, der Privatgemächer von Papst Julius II. im Vatikan (ab 1508). 1515–1518 entwarf er die 52 Deckendekorationen der Loggien des Vatikans.

Ramos, Antonio (1702–1782), spanischer Architekt und Bildhauer; übernahm 1755 die Bauleitung der Kathedrale von Málaga; weitere Bauwerke: Palacio Episcopal (1756-1776) und Pläne für die Fassade von San Felipe Neri (2. Hälfte 18. Jh.) in Málaga.

Riaño, Diego de (gestorben 1534), spanischer Architekt; tätig in Sevilla ab 1523; Bauwerke: nördliche Alabasterkapellen und Sacristía de los Cálices (bis 1537) in der Kathedrale; Entwurf des Rathauses (ab 1527).

Ribera, Andrés de (16. Jh.), spanischer Architekt; tätig in Jerez de la Frontera: Portal der Cartuja de Santa María de la Defensión (1571); Casa del Cabildo Viejo (1575).

Ribera, José (Jusepe) de, auch Spagnoletto genannt (1591–1652), spanischer Maler; ab 1610 in Italien, ab 1616 in Neapel ansässig; Mittler zwischen italienischer und spanischer Kunst; geprägt von Caravaggios kontrastreicher Helldunkelmalerei; versuchte in der Spätphase das Helldunkel und den spanischen Realismus zu dämpfen und seine Farben aufzuhellen (»Kreuzigung«, Osuna, Colegiata).

Risueño, José (1665–1732), spanischer Bildhauer und Maler; Schüler von José de Mora; bekannter Barockkünstler in der Nachfolge von Alonso Cano; Werke: »Ecce Homo«, »Mater Dolorosa«, 1712–1732, Granada, Capilla Real; »Hl. Johannes der Täufer«, »Tugenden«, Skulpturen am polychromen Marmorretabel im Tabernakel der Cartuja, Granada.

Rodríguez, Alonso (gestorben 1530), spanischer Architekt; tätig in Sevilla ab 1496; entwarf die Sacristía de los Cálices in der Kathedrale (1529).

Roelas, Juan de las (um 1560–1624), Begründer der Sevillaner Barockmalerei; 1606–1609 in Venedig, 1616/17 in Madrid, anschließend in Sevilla; knüpfte an die Kunst Tintorettos an und

José de Ribera, Die Dreifaltigkeit, um 1636, Öl auf Leinwand, 226 x 118 cm, Madrid, Museo del Prado

war von der Helldunkelmalerei Caravaggios geprägt (Hochaltar der Iglesia de San Salvador; »Hl. Jakob«, Kathedrale von Sevilla).

Roldán, Luisa (1650 – 1704), spanische Bildhauerin; Schülerin und Mitarbeiterin ihres Vaters Pedro Roldán; ab 1695 Hofbildhauerin Karls II.; Werke: »Hl. Servando« und »Hl. Germán«, Cádiz, Kathedrale; Passionsskulpturen, Sevilla, Santa Catalina.

Roldán, Pedro (1624 – 1699), spanischer Bildhauer; Schüler Alonso Canos. Seine Werke zeugen von dem Realismus jener Zeit, der auch extreme Empfindungen wie Schmerz, Trauer und Tod nicht ausläßt (»Grablegung«, 1670, Sevilla, Hospital de la Caridad).

Romero de Torres, Julio (1874 – 1930), spanischer Maler; malte im Stil des bürgerlich-repräsentativen Realismus des frühen 20. Jh.s mit zahlreichen Rückgriffen auf die spanische und italienische Malerei der Vergangenheit; wird als »Maler der schwarz-braunen Mädchen« verehrt, weil er wie kein anderer mit großer Eindringlichkeit die Schönheit und Melancholie andalusischer Frauen wiederzugeben vermochte; Werke: La Chiquita Piconera (1930), El Poema de Córdoba (1914).

Rubens, Peter Paul (1577 – 1640), Hauptvertreter der flämischen Barockmalerei; 1600 – 1608 in Italien, anschließend in Antwerpen tätig; Hofmaler des Erzherzogs Albrecht, des Statthalters der Spanischen Niederlande. Er wurde in seiner Frühzeit von der italienischen Renaissance und dem Manierismus (Caravaggio, Tizian) geprägt und studierte in Italien die Antike. Nach 1608 entwickelte er seinen eigenen Stil, der ab 1615 vom barocken Drang nach Leidenschaft geprägt ist. In seinen Geschichtsbildern ab 1620 werden Gegenwart, Mythologie und Allegorie miteinander verschmolzen; er malte Landschaften, in denen die Figuren mit dem Raum eine Einheit eingehen. Rubens hat gleichermaßen religiöse, geschichtliche, allegorische und mythologische Darstellungen, Bildnisse, Landschaften und Tierstücke geschaffen. In seiner äußerst großen Werkstatt waren neben seinen Schülern auch selbständige Maler beschäftigt, die nach seinen Ölskizzen die Gemälde ausführten. Von seinen zahlreichen Werken sind zu nennen: »Kreuzaufrichtung«, »Kreuzabnahme«, »Himmelfahrt Mariä«, 1610/11, 1610 – 1614 und 1626, Antwerpen, Kathedrale; 21 Gemälde zur Geschichte der Maria von Medici, 1621 – 1625, Paris, Musée du Louvre.

Ruiz, Diego (1427 in Sevilla bezeugt), spanischer Bildhauer und Kunsttischler; Werke: Kuppel in der Sala de Embajadores, Sevilla, Alcazares Reales.

Ruiz (el Viejo), Hernán I. (gestorben 1558), spanischer Architekt; Baumeister der Kathedrale von Córdoba (1523 – 1547).

Ruiz, Hernán II. (um 1501 – 1569), spanischer Architekt; führte die Bauarbeiten an der Kathedrale von Córdoba nach dem Tode seines Vaters Hernán I. fort; weitere Bauwerke: Palacio de los Villalones (1560) und Fassade des Palacio de Páez de Castillejo in Córdoba; Glockengeschoß der Giralda, Sevilla (1560 – 1568); Kuppel der Capilla Real, Sevilla, Kathedrale.

Ruiz, Hernán III. (um 1559 – 1606), spanischer Architekt in Córdoba; Sohn von Hernán II.; vollendete die Bauarbeiten an der Kathedrale (1607); weitere Werke: Puerta del Puente (1571); Entwurf und Baubeginn des Glockenturmes der Kathedrale (1593).

Sánchez Bartolomé (16. Jh.), spanischer Architekt; Werke: Antigua Casa des Cabildo in Jerez de la Frontera.

Sánchez Cotán, Juan (1560 – 1627), spanischer Maler; der Meister realistischer Stilleben lernte früh die Kunst Caravaggios kennen, die er in seinen »Bodegones« weiterentwickelte. Ab 1604 Kartäusermönch trat er später in das Kartäuserkloster von Granada (Cartuja) ein, für das er zahlreiche religiöse Gemälde schuf.

Sánchez, Nufro (15. Jh.), spanischer Bildhauer; ab 1461 als Bürger von Sevilla erwähnt; schuf das Chorgestühl der dortigen Kathedrale zusammen mit Pieter Dancart (1478).

Siloë, Diego de (um 1490 – 1563), spanischer Architekt und Bildhauer; Hauptmeister der Hochrenaissance in Spanien; vermutlich Studium in Italien; nachhaltig von Michelangelo und Leonardo da Vinci geprägt; 1528 zum Architekten der Kathedrale von Granada bestellt (bis 1559).

Suárez, Antonio de (tätig 1648 – 1664), spanischer Goldschmied; schuf die große silberne Custodia im Kathedralmuseum von Cádiz.

Susillo, Antonio (1857 – 1896), spanischer Bildhauer; Werke: Statuen berühmter Sevillaner an der Nordfassade des Palacio de San Telmo in Sevilla; »Barmherzigkeit«, Sevilla, Hospital de la Caridad.

Valdés, Lucas (1661 – 1725), spanischer Maler, Radierer und Kupferstecher; Sohn von Valdés Leal; Werke: Malereien (»Einzug Ferdinands des Heiligen in Sevilla«, »Autodafé«) in Santa María Magdalena, Sevilla; Scheinarchitekturen und Darstellungen der Eucharistie in der Kuppel von San Luis, Sevilla.

Valdés Leal, Juan, eigentlich Juan de Nisa (1622 – 1690), Hauptvertreter der Sevillaner Malerschule; ab 1656 in Sevilla; Rivale von Bartolomé Esteban Murillo; schuf große religiöse Werke (Hochaltar der Iglesia del Carmen, 1654 – 1658, Córdoba; »Inmaculada«, 1661, Sevilla, Museo de Bellas Artes); berühmt sind seine Todesallegorien im Hospital de la Caridad in Sevilla (1671/72).

Vandelvira, Andrés de (1509 – 1575), spanischer Architekt; v. a. in Baeza und Úbeda tätig; Bauwerke: Kathedrale (ab 1568) und Capilla Mayor von Santa María del Alcázar y San Andrés in Baeza, Sacra Capilla del Salvador (1559 geweiht), Palacio de las Cadenas (Mitte 16. Jh.), Innenhof des Palacio de la Rambla (Mitte 16. Jh.), Palacio de Vela de los Cobos (Mitte 16. Jh.) und Westportal von San Nicolás (1566) in Úbeda.

Vanderbilt Withney, Gertrude (19./20. Jh.), amerikanische Bildhauerin; schuf das Kolumbusdenkmal in der Nähe von Huelva.

Vargas, Luis de (um 1505 – 1567), spanischer Maler; Ausbildung in Rom; ab 1550 wieder in

Diego Velázquez, Übergabe von Breda, 1634/35, Öl auf Leinwand, 307,5 x 370,5 cm, Madrid, Museo del Prado

Sevilla nachweisbar; Werke: »Anbetung der Hirten«, 1555, Kathedrale, südliches äußeres Seitenschiff; »Inmaculada«, 1561, Kathedrale, Altar de la Concepción.

Vázquez, Juan Bautista (um 1510 – 1588), spanischer Bildhauer; ab 1557 in Sevilla; Werke: »Maria Beschützerin« und »Virgen de las Fiebras« an den Altären der nördlichen Querarmkapellen von Santa María Magdalena (1651), Madonnenrelief über dem Kirchenportal der Alten Universität (1573).

Vázquez Días, Daniel (1882 – 1969), spanischer Maler; Studium in Paris und Italien; Lehrer der Klasse für Dekorative Malerei an der Escuela

Superiora de Pintura in Madrid; Werke: Wandgemälde in Santa María de la Rábida bei Palos de la Frontera (1930).

Velázquez, Diego de Silva y (1599 – 1660), Hauptvertreter der spanischen Malerei im 17. Jh.; Schüler von Francisco de Herrera dem Älteren und Francisco Pacheco; 1617 Aufnahme in die Malergilde San Luca; ging 1623 nach Madrid, wo er zum Hofmaler ernannt wurde; Italienreisen 1629 – 1631 und 1649 – 1651. In seiner Frühzeit, noch stark unter dem Einfluß Caravaggios stehend, malte er hauptsächlich »Bodegones«. Auf seinen Italienreisen setzte er sich mit den Werken alter Meister auseinander, besonders mit Tizian, dessen meisterhafte Verwendung flüchtiger Pinselstriche, um Relief und Tiefe durch Schatten und Licht zu schaffen, er bewunderte (»Schmiede des Vulkan«, um 1631, »Die Übergabe von Breda«, 1634/35, Madrid, Museo del Prado); Aufstieg zum beliebtesten Porträtisten am königlichen Hofe (»Philipp IV.«, »Infant Baltasar Carlos«, Madrid, Museo del Prado). Nach der zweiten Italienreise begann seine Hauptphase, in der er mit leichtem und impressionistischem Pinselstrich Dinge in Licht und Farbe nachzeichnete, die ihn zu einem der großen Vorläufer des Impressionismus machten (»Las Meninas«, 1656, Madrid, Museo del Prado).

Vergara, Diego de (Anfang 16. Jh. – 1582), spanischer Architekt; kam 1528 von Toledo nach Andalusien, wo er ab 1540 die Arbeiten an San Sebastián in Antequera und ab 1549 von Diego de Siloë als Bauleiter die Weiterführung der Kathedrale von Málaga übernahm.

Vilches, Cristóbal de (1. Drittel 17. Jh.), spanischer Architekt; tätig in Granada: Vollendung der Kirche der Cartuja.

Weyden, Rogier van der (um 1400 – 1464), Hauptvertreter der altniederländischen Malerschule; Schüler von Robert Campin in Tournai; seit 1435 Stadtmaler in Brüssel; 1449/50 in Italien; arbeitete in der Tradition der gotisch sakralen Kunst, auch beeinflußt von Jan van Eyck. Sein Werk war von großem Einfluß auf die weitere Entwicklung der altniederländischen und auch der altdeutschen Kunst. Zu seinen Hauptwerken gehören die »Kreuzabnahme«, um 1435 – 1449, Madrid, Museo del Prado.

Zumáragga, Miguel de (gestorben um 1651), spanischer Architekt; nachweisbar ab 1585; Werke: Trascoro der Kathedrale (1619) und Entwurf der Iglesia del Sagrario in Sevilla (ab 1617).

Zurbarán, Francisco de (1598 – 1664), Hauptvertreter der spanischen Malerei des 17. Jh.s; Schüler von Juan de las Roelas; ab 1629 in Sevilla; 1638 zum Hofmaler von Philipp IV. ernannt; siedelte 1658 nach Madrid über. Zurbáran malte v. a. religiöse Bilder für Klöster, meist Zyklen der Mönchsgeschichte und Bildnisse von Mönchen. Seine Gemälde – ob ein- oder mehrfigurig – zeichnen sich durch eine einfache, ruhige, fast strenge Komposition aus, die mit oft starken Helldunkelkontrasten verbunden ist. Zu seinen Hauptwerken gehören der »Bonaventura-Zyklus«, vor 1629, einst in San Buenaventura in Sevilla und die »Apotheose des Hl. Thomas von Aquin«, 1631, in der dortigen Kathedrale.

Literaturhinweise

Sachbücher

Barrucand, Marianne und Bednorz, Achim: Maurische Architektur in Andalusien; Köln 1999

Bonet Correra, Antonio: Barock in Andalusien; Herrsching 1982

Brentjes, Burchard: Die Kunst der Mauren; Köln 1992

Burckhardt, Titus: Die maurische Kultur in Spanien; München 1970

Defourneaux, Marcelin: Spanien im goldenen Zeitalter; Stuttgart 1986

Cipolla, Carlo M.: Die Odyssee des spanischen Silbers. Conquistadores, Kaufleute, Piraten; Berlin 1998

Gibson, Ian: Lorcas Granada. Ein Stadtführer – Auf den Spuren von Federico García Lorca; Kassel 1995

Gladiss, Almut von und Scheffold, Margot: Schätze der Alhambra. Islamische Kunst aus Andalusien; Tübingen 1995

Grabar, Oleg: Die Alhambra; Köln 1989

Hänsel, Sylvaine und Karge, Henrik (Hrsg.): Spanische Kunstgeschichte. Eine Einführung, 2 Bde.; Berlin 1992

Hees, Horst van: Andalusien. Kunstdenkmäler und Museen, Reclam's Kunstführer; Stuttgart 1992

Horst, Eberhard: Die Spanische Trilogie. Isabella – Johanna – Teresa; Hildesheim 1989

Hottinger, Arnold: Die Mauren. Arabische Kunst in Spanien; München 1995

Kusserow, Mourad: Kulturlandschaft Andalusien; Freiburg 1991

Marcu, Valeriu: Die Vertreibung der Juden aus Spanien; München 1991

Perez, Joseph: Ferdinand und Isabella. Spanien zur Zeit der Katholischen Könige; München 1995

Ropp, Arved und Inge von der: Andalusien. Spaniens maurischer Süden; Köln 1985

Schomann, Heinz: Kunstdenkmäler der Iberischen Halbinsel, Teil III; Darmstadt 1998

Schubart, Hermanfrid und Trillmich, Walter (Hrsg.): Hispania Antiqua. Die Denkmäler der Römerzeit; Mainz 1993

Stierlin, Henri und Anne: Alhambra; München 1993

Wördemann, Franz: Die Beute gehört Allah. Die Geschichte der Araber in Spanien; München 1985

Belletristik

Ali, Tariq: Im Schatten des Granatapfelbaums; München 1994

Baer, Frank: Die Brücke von Alcantara; München 1996

Brandenberger, Erna: Barocke Erzählungen aus Spanien (Narracciones barrocas); München 1995

Cervantes, Miguel de: Don Quijote; München 1997

Cyran, Eberhard: Abend über der Alhambra; Heilbronn 1991

Feuchtwanger, Lion: Die Jüdin von Toledo; Berlin 1995

Frisch, Max: Don Juan oder die Liebe zur Geometrie; Frankfurt 1975

Gala, Antonio: Die Handschrift von Granada; Frankfurt 1994

García Lorca, Federico: Ausgewählte Theaterstücke. Bluthochzeit. Yerma. Das Publikum. Komödie ohne Titel; Frankfurt 1991

Gautier, Théophile: Reise in Andalusien; München 1994

Hemingway, Ernest: Der Tod am Nachmittag; Ravensburg 1999

Hermary-Vieille, Catherine: Johanna die Wahnsinnige. Die Geschichte einer Sehnsucht; Bergisch-Gladbach 1996

Gaertner, Lothar: Nicolasin und Nicolason. Spanische Volksmärchen; München 1999

Guiladi, Yael: Die schöne Orovida; Berlin 1998

Irving, Washington: Erzählungen von der Alhambra; München 1982

Jimenez, Juan Ramon: Platero und ich. Andalusische Elegie; Frankfurt 1992

Merimée, Prosper: Carmen; München 1998

Molina, Tirso de: Don Juan; Stuttgart 1983

Munoz Molina, Antonio: Der polnische Reiter; Reinbek 1993

Potocki, Jan: Die Handschrift von Saragossa; Frankfurt 1975

Rilke, Rainer Maria: Rilke in Spanien. Gedichte, Briefe, Tagebücher; Frankfurt 1993

Rushdie, Salman: Des Mauren letzter Seufzer; München 1998

Sender, Ramon José: Der König und die Königin; Frankfurt 1962

Silva, Colin de: Alhambra; München 1999

Sinoué, Gilbert: Der blaue Stein; München 1997

Register

Abd ar-Rahman I. 393, 431, 438, 467, 495
Abd ar-Rahman II. 438, 454, 468
Acero, Vicente 171, 357, 510, 511, 514
Acinipo 235, 254
Alcaracejos 253
Alfons V. 379
Alfons V. von Portugal 323
Alfons VI. 37, 469, 470, 471
Alfons VIII. 360, 470
Alfons X. der Weise 21, 36, 37, 40, 46, 54, 112, 154, 188, 242, 249
Alfons XI. 50, 428, 459
Aisha 400, 403
al-Hakam II. 440, 471
al-Mansur 438, 440, 468, 471
Almodóvar del Rio 404
al-Mutamid 36, 37, 38, 235
Almería 9, 13, **258 – 271**, 276, 471, 521
Alcazaba 256, 258, **260 – 261**, 271, 478
Ayuntamiento 271, 481
Castillo de San Cristóbal 261
Catedral Nuestra Señora de la Encarnación 259
La Chanca 271
Plaza Vieja 259, **271**
San Juan 258, **261**
Alpujarras 274, 400, 403
Álvarez y Cubero, José 407, 510
Antas 256, 465
Antequera 202, 203, **222 – 229**, 465, 522, 527
Arco de los Gigantes 224, 227
Cueva de Menga 222, 465
Museo Municipal 225, 227, **228 – 229**
San Sebastián 224, **227**, 527
Santa María Mayor 224, **227**
Arce, José de 64, 79, 197, 198, 511
Arfe y Villafañe, Juan de 42, 511
Augustus 118, 393, 418, 458, 466, 481
Averroes 393, **416 – 417**, 471
Bada, José de 211, 510, 511
Baetica 9, 121, 252, 372, 393, 405, 458, 466
Baeza 13, 276, 347, 360, **372 – 387**, 404, 472, 517,
Antigua Carnicería 375, **377**
Arco de Villalar 377
Casa del Pópulo 375, 376
Catedral de Santa María 386 – 387
Fuente de los Leones 375, **377**
Fuente de Santa María 372, 375
Palacio de los Marqueses del Jabalquinto 374, **387**, 517
Plaza del Pópulo 374, 375, **376 – 377**
Puerta de Jaén 377
Bagdad 190, 192, 392, 433, 454, 456, 468, 478, 481, 490
Balbás, Torres 278, 343
Bartolomé de Jaén 329, 387, 473, 511
Bazán, Lucas 128, 511, 514
Belo 184, **187**
Benjumeda, Torcuato 173, 511
Bigarny, Felipe de 277, 333, 402, 473, 512
Bilbao y Martinez, Gonzalo 80, 512
Boabdil 277, **400 – 403**, 405
Bolonia 184 – 185
Borcht, Sebastian van der 81, 512
Borromini, Francesco 94, 512
Bouts, Dieric 339, 512, 518
Byzanz 265, 266, 435, 466
Cabo de Gata 13, 15

Cabra 405
San Juan Bautista 405
Cádiz 5, 9, 22, 167, **168** – **183**, 184, 196, 198, 357, 382, 400, 427, 465, 470, 474, 476, 510, 511, 513, 514, 519, 524, 525
Catedral Nueva 169, **171**, 357, 510, 514
Castillo de Santa Catalina 169
Museo Municipal 172
Oratorio de San Felipe Neri 168, **172**
Oratorio de la Santa Cueva 169, **172**
Puerta de Tierra 169, **170**, 514
Caesar 19, 121, 144, 197, 482, 497
Calderón, Ignacio Aedo 75, 514, 473
Campaña, Pedro de 113, 119, 512
Cano, Alonso 78, 216, 312, 318, 319, 513, 514, 519, 520, 523, 524
Caravaggio, Michelangelo Merisi da 98, 147, 513, 523, 524, 525, 527
Carducho, Vicente 102, 353, 513
Carmona 114 – **123**, 494, 521
Nekropole **122** – **123**, 494
Puerta de Córdoba 115, **121**
Puerta de Sevilla 114, **118**, 121, 122
San Pedro 115, **116**
Santa María 114, **119**, 121, 512
Tumba del Elefante 122
Tumba de Servilia 123
Cayón de la Vega, Torcuato 171, 173, 196, 511, 514
Cisneros, Francisco Jiménez de 233, 384, 385, 475
Cervantes, Miguel de 22, 75, **174** – **179**, 323, 422, 473
Cicero 87, 484
Cipangu 158, 162
Claudius 184, 484
Córdoba 9, 20, 29, 78, 90, 121, 124, 261, 356, 368, 393, 394, 399, 404, **408** – **462**, 466, 467, 468, 470, 471, 472, 473, 480, 490, 492, 497, 499, 503, 514, 515, 519, 521, 524, 525
Alcázar de los Reyes Cristianos 408, **428**, 459, 466, 478
Ayuntamiento 481
Iglesia del Carmen **419**, 525
Judería 412, **414**
Mezquita 10, 29, 356, 396, 408, **430** – **453**, 471, 472, 492, 503
Museo Arqueológico Provincial 410, **421**
Museo Julio Romero de Torres 410, **424**
Museo Provincial de Bellas Artes 410, **422**, 424, 473, 514, 515
Posada del Potro 422
Puente Romano 392, 408, **458**, 459
Puerta del Puente 525
Römischer Tempel 410, **418**, 431
Santa Marina **418**, 497
Synagoge 408, **415**, 500
Torre de la Calahorra 408, **459**
Córdoba, Pedro de 451, 514
Cornejo, Pedro Duque 64, 514
Corrales, Antonio 128, 511, 514
Cortés, Hernan 12, 65, 153, 473
Costa del Sol 202, 274
Coto de Doñana 13, 152, 153
Damaskus 267, 269, 452, 467, 478, 495
Dancart, Pieter 35, 472, 514, 515, 525
Don Quijote 22, 23, 75, **174** – **179**, 422, 473
Doré, Gustave 23, 278
Écija 124 – **131**, 474, 511, 514
Palacio de los Marqueses de Peñaflor 125, **129**
Plaza de España 124, **127**, 129, 130
San Juan 125, **128**, 511, 514
Santa Bárbara 125, 128

Santa Cruz 124, **130**
Egas, Enrique de 211, 328, 515
El Torcal 202, 203, 222
Falla, Manuel de 169, 171
Fancelli, Domenico 331, 473, 515
Ferdinand II. der Katholische 91, 93, 163, 220, 277, 286, 320, 321, 323, 324, 325, 326, 328, 331, 344, 378, 381, 382, 383, 385, 400, 402, 403, 470, 515
Ferdinand III. der Heilige 21, 29, 40, 49, 96, 97, 114, 235, 276, 360, 367, 372, 387, 393, 404, 525
Ferdinand VII. 172, 476
Fernández, Alejo 53, 422, 515
Fernández Alemán, Jorge 422, 515
Figueroa, Ambrosio de 116, 515
Figueroa, Antonio Matías de 73, 515
Figueroa, Leonardo de 73, 88, 94, 96, 515
Florindo, Alonso Ruiz 145, 516
Franco, Francisco 12, 23, 477
García de Pradas, Juan 329, 516
Generalife 279, **306**
Ghirlandaio, Domenico 158, 519
Gibraltar 166, 167, 230, 241, 464, 467, 470, 476
Gijón, Francisco Antonio 113, 516, 474
Gil de Hontañon, Juan 29, 33, 516
Góngora, Luis de 75, 425
Goya y Lucientes, Francisco de 45, 91, 173, 206, 207, 244, 245, 516, 517
Granada 9, 78, 160, 212, 234, 266, **308** – **355**, 393, 402, 403, 472, 473, 475, 460, 504, 511, 514, 515, 516, 518, 519, 527
Abadía del Sacromonte 274
Albaicín 282, 274, 276, 308, **347**
Alcazaba 276, 278, 282, **286**, 287, 478
Alhambra 58, 210, 276, 277, **278** – **307**, 310, 312, 328, 340, 341, 345, 347, 351, 356, 400, 403, 467, 468, 518, 521
Bañuelo 10, 308, **346**, 488,
Capilla Real 276, 277, 308, 314, 321, **328**, 329, 337, 378, 379, 402, 470, 473, 493, 511, 512, 515, 516, 520, 523, 527
Cartuja **352**, 353, 483, 513, 515, 518, 520, 523, 525, 527
Casa del Cabildo Antiguo (Madrasa) 310, **343**
Catedral 308, 312, **314** – **315**, 473, 474,
Corral de Carbón 310, **343**
Museo Nacional de Arte Hispano-Musulmán 306 – 307
Palacio de Almanxarra (Cuarto Real de Santo Domingo) 310, **345**
Palast Karls V. 11, 54, 278, 473, 518, **306** – **307**
San Francisco 282, 312, 328
San Jerónimo 308, 317, **344**
Guadalquivir 13, 19, 22, 45, 66, 72, 88, 110, 112, 132, 134, 137, 148, 152, 167, 360, 392, 393, 404, 438, 458, 465, 466
Guadix 274, **356**, 510
Kathedrale Santa María de la Encarnación 356
Guas, Juan 387, 516
Hadrian 85, 132, 486
Hannibal 377, 466, 499
Heinrich II. von Trastámara 437, 459
Heinrich IV. 312, 323, 322, 324, 379, 382
Herkules 19, 487
Hernández, Juan 63, 517
Herrera, Juan de 65, 518
Hischam II. 130, 468
Hurtado Izquierdo, Francisco 221, 353, 354, 518
Ibn Ammar 37, 38, 471
Ibn Zamrak 282, 301, 472
Irving, Washington 277, 282

Isabella I. 53, 91, 92, 93, 153, 163, 220, 221, 235, 277, 286, 312, **320 – 327**, 328, 331, 344, 378, 379, 381, 382, 383, 385, 400, 428, 470, 487, 515
Isabella von Portugal 54, 63
Isidor 13, 20, 43, 149
Itálica 19, 85, **132 – 136**, 148, 466
Amphitheater 132, **134**
Casa de los Pájaros 132, **136**
Nova Urbs 133, 134
Vetus Urbs 133, 134, 148
Jaén 9, 11, 256, 360, **362 – 371**, 386, 470, 499, 511, 518
Baños Arabes 365
Castillo de Santa Catalina 363, **364**
Catedral **367**, 386
Museo Provincial 362, **370**
Jerez de la Frontera 167, 182, **188 – 199**
Alcázar **188**, 194, 196
Cartuja **198**, 474, 523
Casa de Cabildo Viejo 195, **197**, 523, 525
San Miguel 195, **196**, 511, 521
San Salvador 194, **196**, 524
Johann II. 321, 323
Johanna 322, 323, 324, 379
Johanna die Wahnsinnige 331, 470, 475, 521
Karl V. 30, 282, 312, 473, 475, 476
Kolumbus 11, 23, 31, 40, 46, 53, 110, 153, 156, **158 – 163**, 167, 325, 381, 428, 472, 473, 475, 525
Kufa 190, 267, 350, 490
Lacalahorra 357, 514
Castillo 357
Leander 20, 43
López, Pedro 211, 518
Lorca, Federico García 245
Los Millares 256, 465
Lucanus 393, 492
Lucena 401, **405**
Torre del Moral 405
Machado, Antonio 9, 360, 372
Machuca, Pedro 306, 518, 521
Madrid 22, 65, 75, 78, 79, 100, 101, 103, 321, 511, 516, 518, 521, 523
Magalhães, Fernão 53, 65, 167, 472
Maimónides 393, **416 – 417**, 471
Málaga 9, 202, **208 – 221**, 293, 307, 400, 519, 520
Alcazaba 209, **210**, 478
Castillo de Gibralfaro 209, **210**
Catedral Nuestra Señora de la Encarnación 208, **211**, 212, 213
Museo Provincial de Bellas Artes 209, **218**, 520
Marc Aurel 135, 492
Marco Polo 158, 162
María Luisa Fernanda 73, 82
Martín Aldehuela, José de 247, 518
Martínez, Alonso 29, 518
Martos 371, 499
Medina 190, 265, 267, 312, 443
Medina az-Zahara 10, 393, **394 – 403**, 468, 469, 471, 480
Mekka 190, 192, 193, 263, 264, 265, 267, 443, 444, 498
Memling, Hans 336, 337, 339, 518
Mesa, Juan de 78, 473, 519
Michelangelo Buonarroti 356, 511, 519, 521, 522, 525
Mithras 242, **421**, 494
Mohammed 190, 192, 262, 263, 264, 265, 268, 348, 412, 432, 443, 444, 489
Mohammed I. 276, 282, 302, 437, 470, 494
Mohammed V. 51, 282, 284, 288, 298, 301, 302, 472
Molina, Tirso de 75, 473
Montañés, Juan Martinez 45, 78, 88, 149, 197,

198, 319, 473, 513, 519, 520
Moreno Meléndez, Diego 196, 520
Mulva (Munigua) 19, **137**
Muñoz Degrain, Antonio 218, 520
Murillo, Bartolomé Esteban 43, 45, 70, 73, 78, 106, 107, 172, 181, 474, 514, 519, 520, 525
Napoleon 360, 474, 476, 516
Niebla 154 – 155
Murallas 155
Santa María de la Granada **154**, 155
Niculoso Pisano, Francisco 294, 521
Ordóñez, Bartolomé 331
Orea, Juan de 307, 521
Osuna 144 – 147
Antigua Cilla del Cabildo 145
Monasterio de la Encarnación 144
Palacio de los Condes de la Gomera 145
Santa María de la Asunción 146
Ortega, Nufro de 119, 521
Pacheco, Francisco 77, 78, 100, 101, 102, 473, 513, 521, 527
Palomino de Castro y Velasco, Antonio Acisclo 101, 102, 354, 521
Palos de la Frontera 153, **156**, 157, 158, 160, 161, 162, 475
Santa María de la Rábida 153, **156**, 527
Pérez, Juan 148, 160
Peter I. der Grausame 11, 21, 49, 51, 54, 58, 112, 114, 404, 459, 470, 472
Phidias 87, 521, 522
Philipp II. 42, 59, 65, 144, 238, 242, 331, 372, 378, 459, 473, 475, 511, 518
Philipp III. 74, 473
Philipp IV. 74, 77, 79, 100 – 104, 474, 517, 527
Philipp V. 94, 476
Philipp der Schöne 331, 326, 470, 475, 521
Picasso, Pablo 208, 218, 219, 245, 424, 520, 522
Pinzón, Martín Alonso und Vicente Yanez 53, 156, 161
Pompeius 19, 144, 497
Poseidon 240, 479, 495
Poussin, Nicolas 173, 522
Priego de Córdoba 406
Fuente del Rey **406** – **407**, 510
Santa María de la Asunción **407**, 521
Ramos, Antonio 211, 510, 523
Ribera, Andrés de 197, 198, 523
Ribera, José de 146, 147, 368, 514, 523
Roderich 188, 467
Roldán, Pedro 64, 70, 128, 367, 474, 514, 524
Romero, Francisco 242, 244
Romero, Pedro 238, 244
Ronda 167, 203, **234** – **251**, 427
Casa del Rey Moro 235, 237, **248**
Palacio del Marqués de Salvatierra 237, **248**
Palacio de Mondragón 236, **247**
Plaza de Toros 236, **238**, 518
Puente Nuevo **247**, 474, 518
Puente Viejo 237, 238
Santa María la Mayor 251
Templete de la Virgen de los Dolores 237, **238**
Ronda la Vieja 235, **252**
Theater 252
Ruiz, Hernán II. 47, 211, 421, 524
Rubens, Peter Paul 103, 515, 520, 524
Sánchez Cotán, Juan 353, 525
Sánchez, Nufro 33, 472, 514, 525
San Pedro de Alcántara 253
Basilika von Vega del Mar 253
Santiponce 132, 134, **148**, 149
San Isidoro del Campo **148**, 149, 519, 520
Scipio Africanus 19, 132

Seneca 393, 425, 492, 499
Sevilla 9, 11, 12, **18 – 113**, 469, 470
Alcázares Reales 26, **48 – 63**, 472, 517
Ayuntamiento 26, **89**
Barrio de Santa Cruz 412
Capilla del Patrocinio 26, **113**
Casa de Contratación 22, 53, 170, 474
Casa Pilatos 11, 473
Catedral de Santa María 24, 25, **28 – 46**, 472, 473
Expo 23, 26, **110**, 111, 295
Giralda 10, 21, 26, 29, 33, 35, 45, **46 – 47**, 83, 116, 471, 473, 506, 524
Hospital de la Caridad 24, **66 – 71**, 181, 474, 521, 522, 525
Iglesia del Sagrario **64**, 527
Lonja 26, **65**, 473, 492, 518
Museo Arqueológico Provincial **84 – 85**
Museo de Bellas Artes 24, **98–109**, 473, 474
Pabellón Renacimiento 26, **84**, 85
Palacio Español 24, 25, **82**, 83
Palacio San Telmo 24, **73**, 82, 474, 516
Parque María Luisa 26, **82 – 83**, 516
Plaza América 26, **84**, 516
Plaza España **82 – 83**, 516
San Luis 26, **94 – 95**, 474, 516, 525
San Salvador 25, 26, **88**
Santa Ana 26, **112**
Santa María de las Cuevas 110
Santa María Magdalena 26, **96 – 97**, 516
Torre del Oro 18, 21, 24, 25, **72**, 471, 507
Triana 112, 293
Universidad (Antigua Fábrica de Tabacos) 25, 26, **80 – 81**
Sierra Morena 12, 13, 137, 392
Sierra Nevada 13, 14, 274, 278, 282
Siloë, Diego de 211, 271, 314, 317, 333, 344, 357, 388
Suárez, Antonio de 171, 525
Susillo y Fernandez, Antonio 73, 525
Talavera, Hernando de 221, 345, 384
Tarifa 13, 167, 464, 467
Tarik ibn-Ziyad 230, 467
Tartessos 9, 84, 167, 465
Theseus 241, 242
Titus 137, 500
Tizian 103, 476, 513, 524, 527
Toledo 135, 235, 469, 466, 511, 517, 527, 471
Torquemada, Tomás 92, 93
Toscanelli, Paolo 160, 162
Trajan 112, 132, 184, 500
Úbeda 360, 372, **388**, 389, 525
Palacio de las Cadenas **389**, 525
Sacra Capilla del Salvador **388 – 389**, 512
Valdés Leal, Juan 68, 69, 70, 78, 368, 419, 423, 525
Valdés, Lucas 94, 97, 413, 525
Valladolid 40, 163, 324, 326, 511
Vandelvira, Andrés de 367, 368, 372, 386, 388, 389, 525
Vanderbilt Withney, Gertrude 153, 525
Vargas, Luis Ortiz de 216, 525
Vázquez, Juan Bautista 119, 526
Vázquez Díaz, Daniel 157, 526
Vega, Lope de 75, 176, 473
Velázquez y Silva, Diego de 22, 73, 76, 77, 98, 99, **100 – 105**, 516, 521, 526, 527
Vergara, Diego de 211, 227, 527
Vilches, Crisóbal 353, 527
Weyden, Rogier van der 334, 335, 336, 339, 512, 518, 527
Yusuf I. 210, 282, 284, 291, 305, 343
Ziryab **454 – 457**, 468, 471
Zurbarán, Francisco de 22, 77, 97, 108, 182, 183, 196, 198, 474, 514, 527

Bild- und Kartennachweise

Die überwiegende Anzahl der Abbildungen stammt vom Archivo Oronoz in Madrid. Darüber hinaus dankt der Verlag den Museen, Sammlern, Archiven und Fotografen für die erteilten Reproduktionsgenehmigungen und die freundliche Unterstützung bei der Realisierung dieses Buches. Herausgeber und Verlag haben sich bis Produktionsschluß intensiv bemüht, alle weiteren Inhaber von Abbildungsrechten ausfindig zu machen. Personen und Institutionen, die möglicherweise nicht erreicht wurden und Rechte an verwendeten Abbildungen beanspruchen, werden gebeten, sich nachträglich mit dem Verlag in Verbindung zu setzen.

Foto: © AKG Photo, Berlin (18, 22, 23, 37 unten, 47, 75, 91, 142, 158, 161, 174, 175, 177, 178, 179, 190, 191, 193, 204, 205, 206, 207, 240, 241, 242, 268, 320, 348, 383, 393, 426, 427, 433, 434, 435, 442, 446, 456, 457, 491); Foto: © Archivo Fotografico, Madrid (49); Foto: © Archivo Iconografico S.A., Barcelona (13, 327, 349, 380, 401); Foto: © Achim Bednorz, Köln (2, 8, 72, 73, 113 unten rechts, 198, 199, 257, 260, 261, 268, 283, 285, 286, 289, 291, 295, 297, 298, 301, 303, 305, 307, 312, 316, 319 unten rechts, 328, 331, 340, 341, 343, 347, 359/359, 361, 365 unten, 394/395, 398, 399, 414 links, 416, 430, 441, 447, 448, 449, 453, 458, 459, 480, 483); Foto: © BEER, Photography, Barcelona (245); Foto: © Biblioteca Apostolica Vaticana, Vatikanstadt (231); Foto: © Bibliothèque Nationale, Paris (141, 192); Foto: © Bildarchiv Preussischer Kulturbesitz, Berlin (232); © Bildarchiv Steffens, Mainz, Foto: Archephoto (264, 265); Foto: © Collection VIOLLET, Paris (4/5 und 6/7 Hintergrund); Foto: © G. Dagli Orti, Paris (159, 163); © Deutsches Archäologisches Institut, Abteilung Madrid, Foto: P. Witte (180, 187, 371 unten); Foto: © Edinburgh University Library (263); Astrid Fischer-Leitl, München: Vorsatzpapier; Peter Frese, München (24/25, 115, 125, 168/169, 194/195, 208/209, 224/225, 236/237, 258/259, 308-310, 362/363, 375/375, 408/409); Foto: © G. Lopez, Monteagudo (136); © Foto Strenger, Atelier für Werbefotografie, Osnabrück (38); Foto: © Giraudon, Paris (321); © Imagepool, Sevilla (16/17, 27, 34, 35, 57, 65, 84, 111, 112, 113 oben links, 118, 144, 164/165, 166, 170, 171, 172, 196, 197 unten rechts, 200/201, 203, 215, 217, 220, 221, 222, 227, 229, 234, 235, 238, 248, 251, 254/255, 270, 271, 296, 311, 318, 333, 342, 372, 373, 377 oben, 378, 404, 407 oben, 411, 420, 425 oben, 436, 450, 452, 478, 493); Foto: Manuela Rodriguez (110); Foto: © Institut Amatller d'Art Hispànic, Barcelona (12, 108, 325, 384); Foto: © M. Leffler (60); Foto: © Roy Miles Esq./Bridgeman Art Libary, London (269); Foto: © The National Gallery Picture Library, London (78); © Jens Rademacher, Hamburg (Illustration) (281); Rolli Arts, Essen (30/31, 54-56, 132/133, 160, 212/213, 278/279, 280, 314/315, 368, 396/397, 438-440, 443, 445, 471-474); Foto: © Sächsische Landesbibliothek – Staats- und Universitätsbibliothek Dresden, Deutsche Fotothek, Foto: Kramer (143); Foto: © SCALA Istituto Fotografico, Florenz (19, 21, 58, 59, 105, 121, 210, 239, 253, 272, 288, 290, 299, 300, 302, 304, 306, 317, 319 oben links, 334, 335, 336, 354, 379, 392, 414 rechts, 419, 468, 469, 470, 476, 490, 495, 510, 513, 517, 520, 523); Foto: © Staatliche Kunstsammlung Dresden (138); Foto: © Henri Stierlin, Genf (61, 385, 432, 444, 454) © Succession Picasso/VG Bild-Kunst, Bonn 2006 (218, 219); © VG Bild-Kunst, Bonn 2006 (157).

Sevilla Ciudad famosa Corte antigua de los Reyes de España Metropoli de la Andalusia fundada por Hercules Libico a las orillas del Celebrado Rio Betis reidificada por el EMPERADOR Julio Cesar, esta en 1_ grados de longitut y 3_ de Latitud.
S. Lorenço Parroquia.
el Colegio de S. Laureano.
el convento del Carmen.
las monjas mercenarias.
S. Anton.
el Convento de la Merçe.
la Puerta Real.
S. Miguel.
el convento de la Asuncion.
0. Puerta de Triana.
11. La Magdalena.
12. conv.to de S. Pablo.
13. Carmona.
14. La Compañia.
15. S. Salvador.
16. S. Juan de Dios.
17. El Audiencia.
18. S. Ysidoro.
19. Mojas de Madre de Dios
20. S. Alberto.
21. S. Francisco.
22. los Menores.
23. el Sagrario
24. la torre de la Catedral.
25. la Iglesia Mayor.
26. la Puerta del Arenal.
27. El postigo del Aceite.
28. los Venerables.
29. S. Maria la Blanca
30. La Caridad.
31. la Aduana.
32. el postigo del Carbon.
33. la lonja.
34. Majrena Villa.
35. el Alcacer.
36. la torre del Oro
37. el muelle.
38. el colegio de S. Thomas.
39. la Aduana vieja.
40. el Baratillo
41. el monte del Baratillo.
42. el conv.to del Populo.
43. el despacho del pescado.
44. los madereros.
45. la Puente de Triana.
46. el Castillo de la Inquisicion.
47. Parroquia de S. Anna.
48. Triana.
49. La casa de la Moneda.
40. Almasen del Rey.